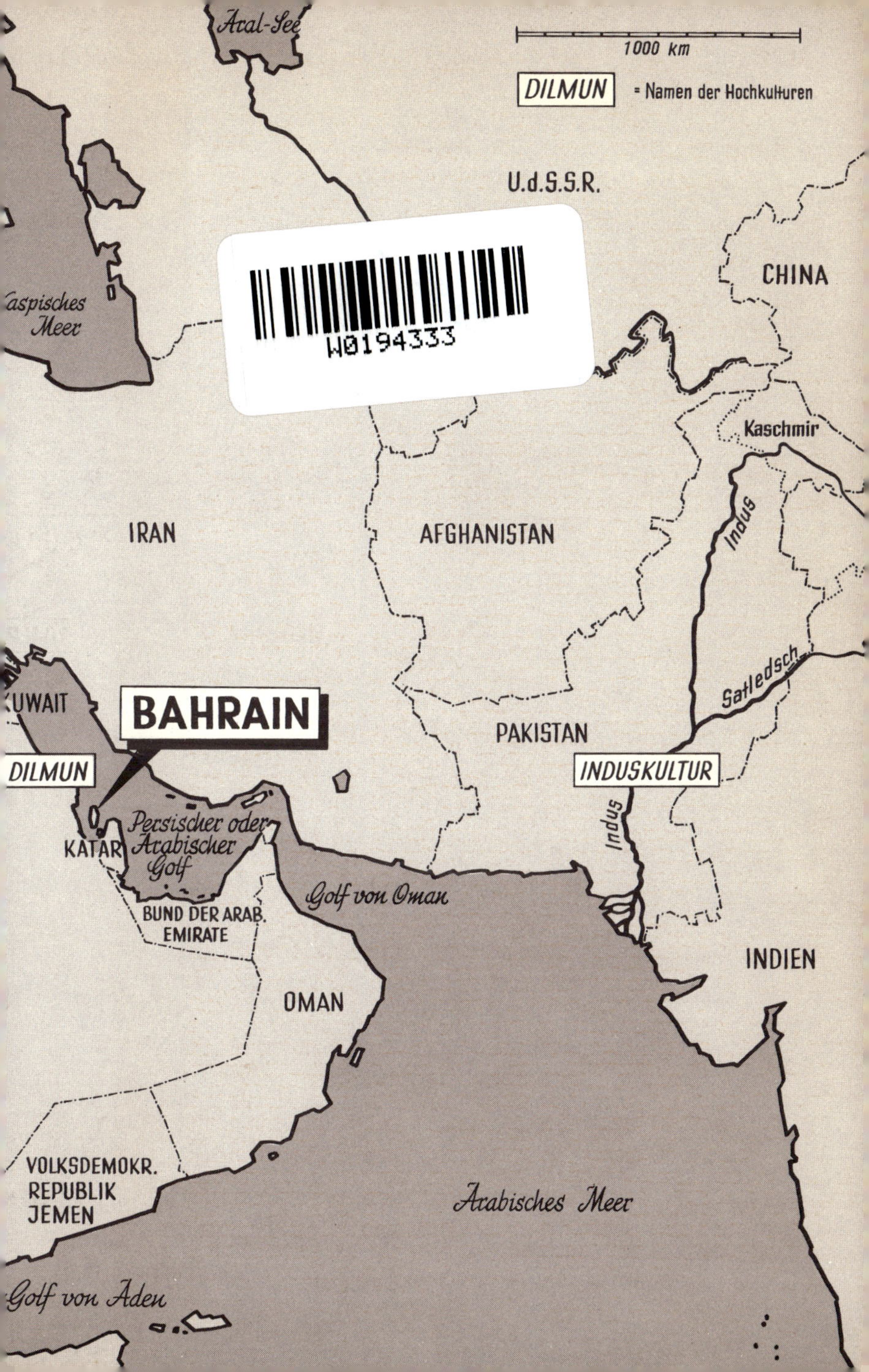
Aral-See
1000 km
DILMUN
= Namen der Hochkulturen
U.d.S.S.R.
CHINA
Kaspisches Meer
Kaschmir
IRAN
AFGHANISTAN
Indus
Satledsch
KUWAIT
BAHRAIN
PAKISTAN
DILMUN
INDUSKULTUR
Persischer oder Arabischer Golf
Indus
KATAR
Golf von Oman
BUND DER ARAB. EMIRATE
INDIEN
OMAN
VOLKSDEMOKR. REPUBLIK JEMEN
Arabisches Meer
Golf von Aden

DEM ANDENKEN AN

Seine Hoheit Scheich Sulman bin Hamad al-Khalifah

Sir Charles Dalrymple Belgrave, britischer Berater

Svend Unmack-Larsen, Bürgermeister

Darwisch Mikdadi, Stellvertretender Direktor im
Ministerium für Erziehung, Kuwait

Edward Skinner, Vizepräsident

Armand Eugène de Granchy, Direktor

Jette Bang, Fotograf

Frode Visti, Konservator

Radi bin Ahmed, Vorarbeiter

Ære være deres minde

Geoffrey Bibby

DILMUN

Die Entdeckung der ältesten Hochkultur

Deutsch von Gustav Kilpper

Rowohlt

Die Originalausgabe erschien unter dem Titel
Looking for Dilmun
im Verlag Alfred A. Knopf, Inc., New York

Schutzumschlag- und Einbandentwurf
von Werner Rebhuhn

1.–10. Tausend September 1973

Satz aus der Garamond-Antiqua auf der Linofilm Super-Quick
Gesamtherstellung Clausen & Bosse, Leck/Schleswig
Werkdruckpapier von der Papierfabrik Temming AG, Glückstadt/Elbe
Printed in Germany
ISBN 3 498 00440 9

Inhaltsverzeichnis

Vorwort

Vor viertausend Jahren beherrschte die «Verlorene Kultur» von Dilmun die Verbindungsstraße nach Indien, die Handelswege zwischen Mesopotamien und der Kultur im Industal. Und fünfzehn Jahre lang hat sie mein Leben beherrscht.

Die Suche nach Dilmun begann 1953 als ein ziemlich harmloses archäologisches Abenteuer. Ich betrachtete es damals wohl eher als eine günstige Gelegenheit zu der ersehnten Rückkehr nach Bahrain, der Insel, auf die mich der Zufall gleich nach dem Zweiten Weltkrieg geführt hatte, und nicht als einen ernsthaften Versuch, die Dilmun-Frage anzugehen, deren Existenz schließlich ja nur einer Handvoll von Sumerologen bekannt war.

Aber dann weitete sich das Projekt durch seine eigene Schwungkraft ganz von selbst aus, als Scheichtum auf Scheichtum an den ölreichen Küsten des Arabischen Golfs die Suche nach seiner Vorgeschichte aufnahm. Sechs Jahre nach ihrem Beginn war die Expedition dreißig Mann stark. und forschte in fünf verschiedenen Ländern. Und es schien mir, als habe mich das Schicksal, ob ich es wollte oder nicht, dazu bestimmt, für den Rest meines Lebens als Spezialist auf dem kleinen Gebiet der ostarabischen Archäologie zu gelten.

Im Lauf der Zeit hat sich der Goldstaub vom Lebkuchen größtenteils verflüchtigt.

Wie Sindbads Alter Mann vom Meer – in genau denselben Gewässern – haben sich die Dilmun-Expeditionen fest auf meine Schultern gesetzt. Seit fünfzehn Jahren verbringe ich selten ein Osterfest oder die Fastnachtszeit bei meiner Familie (und wer Dänemark kennt, weiß, was ich dadurch versäume). Weihnachten auf Weihnachten ist überschattet von den letzten Vorbereitungen einer Expedition, die Anfang Januar starten soll. Das Umackern und Anpflanzen in meinem

Garten, das im März oder April geschehen sollte, wird im Mai in großer Eile durchgepeitscht. Und das Jahr für Jahr.

Unter diesen Umständen ist es nicht leicht, die Romantik der Archäologie, den Zauber der Suche nach der verlorengegangenen Geschichte des Menschen im Blick zu behalten. Vor allem, weil die Archäologie Schwerarbeit ist; viele Kubikmeter Erde und Steine müssen auch wegen jedes weniger wichtigen Objekts entfernt werden.

Wenn also der folgende Bericht prosaisch ist, dann ist es meine Schuld – zu lange habe ich meine Augen zu nahe am Boden gehabt. Denn der Zauber ist wirklich da. Das aufregende Erlebnis einer Entdeckung kehrt immer wieder, dieses plötzliche Aufleuchten unglaublicher Freude, wenn man erkennt, daß der Gegenstand, den man in der Hand hält oder gerade mit seiner Kelle dem Boden entreißt, wieder ein Stück des Puzzlespiels ist, das das Bild des schon Bekannten erweitert und auf neue, weitergehende Ausblicke weist.

Die Entdeckung der Stadt der Grabhügel-Erbauer *(mound-builders)* von Bahrain und ihre Datierung in die Zeit von 2000 v. Chr., genau der Periode von Dilmuns Höhepunkt als Seehandelsmacht; die Auffindung desselben Volkes weit nördlich davon in Kuwait; die Ausdehnung der Kultur am Arabischen Golf immer weiter zurück in die Vergangenheit, bis 3000 und dann bis 4000 v. Chr.; das Auftauchen einer zweiten ungeahnten Kultur an der Küste von Oman in Abu Dhabi; das Auftreten der gleichen Kultur hundert Meilen landeinwärts am Fuß der Berge von Maskat – das waren die Höhepunkte der Expeditionsgeschichte, und sie entschädigen für vieles.

Kaum eine dieser Entdeckungen darf ich mir persönlich zuschreiben; und ich muß betonen, daß dieses Buch, auch wenn es ein persönlicher Bericht ist, von der Arbeit vieler Hände erzählt. Über achtzig Archäologen aus einem halben Dutzend Nationen (obwohl die meisten von ihnen Dänen waren) sowie mehrere hundert Arbeiter aus fast allen arabischen Ländern haben an unseren Expeditionen teilgenommen. Der folgende Bericht wird, so hoffe ich, klar herausstellen, wieviel die Expedition ihrer hingebungsvollen Arbeit verdankt. Aber unsere Schuld ist noch viel größer. Es gibt kaum eine Regierung oder Ölgesellschaft am Arabischen Golf, die uns nicht wiederholt mit Geldzuschüssen zu Hilfe gekommen wäre, mit der Überlassung von Häusern und Zelten, Transportmitteln und schwerer Ausrüstung, mit Landkarten, Instrumenten und Luftaufnahmen, mit der Analyse von Mustern oder Radiocarbon-Datierungen. Viele Firmen und Stiftungen in Dänemark und dem Mittleren Osten haben uns Mittel bewilligt oder ihre speziellen Einrichtungen und Hilfsmittel zur Verfügung gestellt, während hinter uns immer die Carlsberg-Stiftung stand. Bei der Auswahl unserer Freunde hatten wir ganz großes Glück.

Besonders müssen die arabischen, amerikanischen und europäischen Amateur-Archäologen erwähnt werden, die ihrem Hobby am Arabischen Golf nachgehen. Sie sind eine bescheidene, anspruchslose Sorte von Menschen, fast apologetisch in ihrer Leugnung jeglicher Eignung zur Beurteilung dessen, was sie finden. Und doch sind sie immer die ersten draußen im Feld, Forscher mit unerreichten Kenntnissen der örtlichen Gegebenheiten. Wir folgen nur ihren Fußstapfen, und was wir ihnen schulden, ist nicht abzuschätzen.

Ich schulde auch einen persönlichen Dank Peter Glob, meinem Gefährten während des ganzen Verlaufs der Dilmun-Expeditionen. Seine sympathische Liebenswürdigkeit gewann gleichermaßen die Herzen der Scheichs wie der Dorfbewohner, sein Scharfsinn hat uns immer wieder den einzuschlagenden Weg gewiesen. Zusammen haben wir beide fast das ganze Gelände rekognosziert, in dem wir dann später arbeiteten. Ich hätte mir keinen besseren Kameraden wünschen können.

Die Expeditionen werden fortgesetzt, und noch ist kein Ende in Sicht. Aber wir haben nun, glaube ich, einen Punkt erreicht, wo ein zusammenhängendes Bild der Kulturen gegeben werden kann, die, wie man jetzt weiß, in dem scheinbaren Vakuum zwischen dem alten Vorderen Orient und dem alten Indien existiert haben. Wenn das Buch auch, wie gesagt, ein persönlicher Bericht ist und mindestens ebenso ausführlich von den äußeren Umständen der Ausgrabungen in diesen neuen Ländern erzählt, wie davon, *was* entdeckt wurde, so hoffe ich doch, daß auch unsere Forschungskollegen diesen allgemeinen Überblick über unsere Arbeit und unsere Ergebnisse wohlwollend entgegennehmen werden, solange die Publikation der detaillierten und vielbändigen Berichte über die einzelnen Ausgrabungen noch aussteht.

Kalaat al-Bahrain
4. April 1969

1 Die zumeist rückwärts schauende Gazelle ist so häufig auf den Siegeln von Bahrain und Kuwait (dagegen selten auf denjenigen von Mesopotamien und der Induskultur), daß sie irgendwie als Wappenfigur oder Symbol des Landes Dilmun angesehen worden sein muß

1. KAPITEL

Zurück nach Bahrain

Wir waren, soviel ich mich erinnere, gerade dabei, einen Dammweg der Wikingerzeit auszugraben.

Es war ein idyllischer Fleck, tief im Herzen Jütlands, wo ein friedlicher Bach durch sumpfige Wiesen am Fuß grüner Hügel floß und das Vieh sich träge an den Pfosten rieb, die unsere Ausgrabung etwas mangelhaft gegen die Weide abgrenzten. Es war mitten in einem schläfrigen Sommer, dem Sommer 1953.

Durch dieses Tal verlief vor tausend Jahren eine der großen Heerstraßen Dänemarks in der Wikingerzeit, die das Lager Fyrkat mit dem Seehafen Aarhus verband. Sie war ein Teil des Netzes militärischer Bereitschaft, das neues Licht – wenigstens für einen erst vor kurzem nach Dänemark gekommenen englischen Archäologen – auf die scheinbar dem Zufall unterworfenen dänischen Invasionen Englands während des Jahrhunderts vor der normannischen Eroberung warfen. Wo die Straße den sumpfigen Grund des Talbodens erreichte, hatten die Pioniere des Heeres von Sven Gabelbart (um 986–1014) einen Damm gebaut, eine Straße aus starken Eichenplanken, die kreuzweise über eine fünffache Reihe von Längsbalken gelegt waren, die ihrerseits auf einem Bett von Buschholz ruhte und in regelmäßigen Abständen durch tief in den Torf getriebene Pfostendreiecke befestigt war. Es war ein bewundernswertes Werk der Technik, das durch den nassen Boden vollständig konserviert war und nur einen halben Meter unter der Grasnarbe lag.

Aber es war nicht die einzige Straße, die das Tal an dieser Stelle kreuzte. Unter dem Wikingerdamm erzählten drei andere Straßen, die oberste auch aus Holz und die beiden unteren aus runden Steinen, von früheren Zeiten, die weitere anderthalb Jahrtausende bis ins Ende der Bronzezeit zurückreichten. Fünfzig Meter daneben machte sich eine mittelalterliche Poststraße noch durch eine Erhöhung unter dem

Gras der nächsten Wiese bemerkbar, und hundert Meter weiter entfernt verlief eine moderne Straße auf einem Damm, der sie endgültig über die Fluten und Überschwemmungen erhob, die fünfundsiebzig Generationen von Reisenden bedroht und nacheinander über die fünf früheren Straßen triumphiert hatten.

Während wir – ein einheimischer Arbeiter, eine Volontärin und ich – daran arbeiteten, diese Folge von Straßen zu entwirren, stand hinter unserem Rücken das älteste Verkehrszeichen Dänemarks. Wo die Straße in einem Gewirr von Hölzern endete, das die Fluten von einer Brücke oder einer mit Planken belegten Furt über den Fluß Alling übriggelassen hatten, hatten die Wikinger ein Warnzeichen errichtet, einen aufrecht stehenden Stein, in den der Kopf eines Wassertrolls eingehauen war, mit starrenden Augen und einem wallenden Bart aus Wasserpflanzen.

2 Der Aamand

So weit die Erinnerung zurückreichte, hatte der Stein, halb im Sumpf begraben, mit der Vorderseite nach unten dagelegen, und bis ein Historiker vom Nationalmuseum bei einer routinemäßigen Suche nach Runeninschriften vor zwei Jahren den Stein aufrichtete, hatte niemand etwas von dem skulptierten Trollkopf auf ihm gewußt. Und doch muß irgendeine ferne Erinnerung an seine Existenz bewahrt worden sein, denn unter den Leuten der Gegend gab es eine Sage vom Aamand, dem Flußmann. Man erzählte, daß der Aamand jedes Jahr ein Opfer forderte und daß, bevor die Straße auf dem Damm gebaut und der Fluß begradigt und vertieft wurde, jedes Jahr ein Mensch beim Überqueren des Flusses sterben mußte. Einmal freilich vergingen sechs Jahre, ohne daß ein Opfer eingefordert wurde, aber im siebten Jahr versank in einer wilden Winternacht eine Kutsche. Und sieben Menschen ertranken ...

An diesem warmen Julitag war es schwer, an den schlechten Ruf des Flußübergangs zu glauben, und wie die Grabung des langen zentralen Schnitts durch die vier sich überlagernden Straßen hindurch und seine Aufzeichnung fortschritten, wandten sich unsere Gedanken und Augen immer häufiger in die andere Richtung, weg vom Fluß, dorthin, wo das Gasthaus – sicher muß es dort einst auch eine Wikingerherberge gegeben haben – am oberen Rand des Tals stand, von dem die Straße sich den Abhang hinunter zur Brücke zu senken begann.

Als wir nämlich in dem Gasthaus unser Mittagessen einnahmen, war der Telefonanruf des Lokalberichterstatters einer Kopenhagener Tageszeitung gekommen. Die Wissenschaftliche Stiftung hatte an diesem Morgen ihre Liste von Bewilligungen für die nächsten zwölf Monate veröffentlicht, und darunter war eine von viertausend Dollar für eine archäologische Expedition des Vorgeschichtlichen Museums von Aarhus auf die Insel Bahrain. Ob ich ihm sagen könnte, was es damit auf sich habe?

Ich versuchte, meine Gedanken zu ordnen. Denn es gab eine Menge, was ich ihm über diese kleine Palmeninsel erzählen konnte, auf der ich drei Jahre verbracht hatte und auf die ich, wie es schien, nun zurückkehren sollte. Aber es würde nicht leicht sein, Zeitungslesern, die den Arabischen Golf nicht kannten, zu erklären, was Bahrain war und warum Archäologen dafür Interesse hatten. Ich holte tief Atem und begann:

«Bahrain ist eine kleine Insel im Persischen Golf. Oder, wie die Einwohner von Bahrain lieber sagen, im Arabischen Golf. Denn die Einwohner von Bahrain sprechen Arabisch wie alle Einwohner der Länder an der Südküste des Golfs und auf den davorliegenden Inseln.»

Schon schweifte ich ab. Ich schluckte und fing noch einmal an:

«Bahrain ist eine Insel vor der arabischen Küste des sogenannten Persischen Golfs. Es ist eine sehr kleine Insel, nicht mehr als 48 Kilometer von Nord nach Süd und 24 von Ost nach West, aber es ist ein unabhängiges Land, eines der kleinsten unabhängigen Länder der Erde. Es hat ungefähr 150000 Einwohner arabischer Herkunft, Mohammedaner, und diese werden autokratisch, aber mild von einem Groß-Scheich mit einem britischen Berater regiert.»

Ich saß nun im Sattel, wurde aber durch Fragen unterbrochen.

«Der Name des Herrschers? Er heißt Sulman, Seine Hoheit Scheich Sir Sulman bin Hamad bin Isa Al-Khalifah, Knight Commander des hohen britischen Ordens of St. Michael and St. George sowie des Ordens of the Indian Empire. Er ist ein kleiner Mann in den späten fünfziger Jahren mit einem gepflegten schwarzen Bart und sehr klugen braunen Augen. Und der Berater? Sir Charles Belgrave, groß, kühl, Zigarrenraucher, sehr, sehr tüchtig.»

«Soll das heißen, daß Bahrain in Wirklichkeit ein britisches Protektorat ist?»

Ich zögerte. Das bedurfte für dänische Ohren einer wohlüberlegten Erklärung. «Nicht im eigentlichen Sinn», antwortete ich. «Ein britisches Protektorat, wie ich es verstehe, hat einen britischen Gouverneur, der über bewaffnete Streitkräfte verfügt und im Namen oder in Übereinstimmung mit dem einheimischen Herrscher regiert. Das ist in Bahrain durchaus nicht der Fall. Bahrain wird allerdings von den Briten ‹beschützt›. Es besteht ein nunmehr fast hundert Jahre alter Vertrag zwischen dem Herrscher von Bahrain und der britischen Regierung, in dem die britischen Garantien für die Unabhängigkeit Bahrains niedergelegt sind. Bahrain seinerseits ist verpflichtet, auf Piraterie und Sklavenhandel zu verzichten, keine Verträge mit anderen Ländern zu schließen und sich im Ausland durch Großbritannien vertreten zu lassen. Aber andererseits verbietet derselbe Vertrag Großbritannien, sich in die inneren Angelegenheiten der Insel einzumischen, und soweit ich es beobachten konnte, wird dieser Vorbehalt strikt befolgt.»

«Aber wie steht es mit dem britischen Berater?»

«Oh, das ist etwas ganz anderes. Sir Charles ist kein Beamter des britischen Foreign Office. Er wurde einfach als junger Exoffizier von Scheich Sulmans Vater dazu ausersehen, ihm dabei zu helfen, ein Programm für den erzieherischen und technischen Fortschritt nach westlichem Muster aufzustellen, soweit es die mageren Einkünfte, über die Bahrain damals verfügte, zuließen. Seine Macht und sein Einfluß haben sicherlich zugenommen, als die Öleinkünfte zu fließen begannen, aber er ist tatsächlich nur ein Beamter von Bahrain. Sogar daß er ein Brite ist, ist zufällig.»

Als das Zauberwort ‹Öl› gefallen war, hatte der Reporter schon kein Interesse mehr für Sir Charles Belgrave.

«Ja, Öl wurde 1931 in Bahrain gefunden. Vorher hatte niemand geahnt, daß es am Golf überhaupt Öl gebe. Freilich, nach Golf-Maßstäben gibt es wohl nicht sehr viel in Bahrain. Seine Produktion wird sehr erheblich von Kuwait und Saudi-Arabien und sogar vom Nachbarstaat Katar übertroffen. Aber seit nahezu zwanzig Jahren hat sie ein sehr hübsches Einkommen – zwischen fünf und zehn Millionen Dollar pro Jahr – gebracht, und das hat Bahrain die Möglichkeit gegeben, sich nach und nach zu einem sehr behaglichen, recht gut gebildeten und ziemlich wohlhabenden kleinen Land zu entwickeln.»

«Das klingt, als kennten Sie Bahrain. Waren Sie schon einmal dort?»

«Ja, ich verbrachte dort drei Jahre, die drei Jahre, bevor ich 1950 nach Dänemark kam. Ich arbeitete bei einer Ölgesellschaft – nicht derjenigen, die das bahrainische Öl fördert, sondern der, die damals das neue Feld in Katar, gerade auf der anderen Seite des Wassers, erschloß. Diese hatte ein Büro in Bahrain, dem ich angehörte.»

«Und nun werden Sie zurückkehren – als Archäologe. Warum? Gibt es auf Bahrain irgend etwas Interessantes für einen Archäologen?»

Ich lächelte nachsichtig. «Ja», sagte ich. «Dort befindet sich der größte vorgeschichtliche Friedhof der Welt.»

An diesem Nachmittag fiel es mir schwer, mich auf Wikingerdämme zu konzentrieren. Ich durchlebte in der Erinnerung noch einmal den Tag, an dem ich die Grabhügel von Bahrain zum erstenmal sah.

Ich war damals schon vierzehn Tage in Bahrain. Es war mitten im Sommer, und Bahrain war in die beklemmende Decke schweißtriefender Feuchtigkeit eingehüllt, die sich, wie die alten Arbeiter sagen, im Juni über die Insel legt und sie vor Oktober nicht mehr freigibt. Sie sprachen mit verbissener Befriedigung vom «schlechtesten Klima der Welt», und ich muß zugeben, daß ich, als ich im Juli aus England ankam und mein Flugboot in dem dampfenden, seichten Wasser zwischen dem eigentlichen Bahrain und der nördlichen Insel Muharrak landete, wirklich nicht in der Stimmung war, ihnen zu widersprechen. Ein winziges weißgetünchtes Büro war für mich in einem großen weißgetünchten Gebäude eingerichtet worden, und meine offizielle Aufgabe war, die Organisation des Nachschubs für über dreihundert Menschen zu leiten, die damit beschäftigt waren, in der Wüste von Katar nach Öl zu bohren. Obwohl ich sehr bald merkte, daß mein Stab von etwa zwanzig arabischen und indischen Angestellten und Einkäufern glücklicherweise durchaus in der Lage war, alles ohne meine Einmischung zu erledigen, fesselte mich eine falsche Vorstellung von der «Bürde des weißen Mannes» an meinen Schreibtisch, die Fenster weit offen und über dem Kopf einen summenden Ventilator, und ich unterzeichnete Anforderungsscheine für alles, vom Toilettenpapier bis zum

Drei-Tonnen-Lastwagen und Frachtpapiere für eine Flotte von Dhauen, die beständig mit Wasser von einer Quelle auf dem Meeresboden vor der Küste von Bahrain nach dem wasserlosen Katar segelten.

Nach zehn Tagen wurde mein Chef, der einzige weitere Engländer in dem ganzen Gebäude, zu einer dringenden Konferenz nach London zurückgerufen. Und drei Tage später kam einer der arabischen Feiertage, an denen es Sitte ist, daß die Chefs der europäischen Firmen in Bahrain den Herrscher aufsuchen und ihm ihre Glückwünsche aussprechen.

Sehr unvorbereitet und recht nervös ließ ich die große schwarze Limousine des Generaldirektors kommen und begab mich zu Hofe, um als Zeitweilig-stellvertretender-Generaldirektor-in-Bahrain einer der größten Ölgesellschaften der Welt einem absoluten Monarchen meine Aufwartung zu machen.

Der Sommerpalast lag zehn Meilen entfernt südlich der Stadt. Wir fuhren durch die engen Straßen des Basarviertels, an den hohen neuen Wohnblocks am Rand der Stadt vorbei und einige Meilen weit durch dichte Palmenhaine, wo die Dattelpalmen grau und staubig in der Hitze des Morgens standen und dunkelbraune Männer in Lendenschurzen ihre weißen Esel und manchmal auch einen Lastwagen in den tiefen Bewässerungskanälen wuschen, die die Straße säumten. Dann fuhren wir durch eine Kurve und kamen in die Wüste hinaus.

Einen Augenblick lang waren meine Augen nach dem Dunkel der Dattelplantagen durch den strahlenden Glanz der Sonne auf dem Sand geblendet. Dann aber, als sie sich an das Licht gewöhnt hatten, sah ich die Hügel. Zu beiden Seiten der Straße waren Gruppen von kleinen, etwa zwei bis drei Meter hohen und ganz kreisrunden Kieshügeln. Sie wurden zahlreicher. Und größer. Und standen immer dichter beisammen. Bald verdeckten sie die Horizontlinie. Vorn und hinten, rechts und links sah man nun nichts mehr als Hügel, einige davon bis zu sechs Meter hoch. Sie wichen zurück, als wir in ein flaches Tal eintauchten, wo nur ein einzelner, neun Meter hoher Tumulus neben der Straße stand; aber als wir uns den Abhang hinaufschwangen, der zum Palast führte, sah ich, daß der ganze Abhang, der fünf Kilometer weit langsam anstieg, mit so dicht beieinanderstehenden Hügeln bedeckt war, daß sie sich sozusagen auf die Rocksäume traten, denn die Grundfläche des einen Hügels überdeckte den Rand des nächsten. So weit das Auge reichte, nach jeder Richtung 15 Kilometer oder noch mehr, es gab kein Ende des Hügelfelds: Zehntausende von Hügeln müssen sichtbar gewesen sein.

3 Ein kleiner Ausschnitt aus einem der sechs größeren Hügelfelder von Bahrain. Jeder Hügel ist ein Werk von Menschenhand, und jeder bedeckt eine aus Stein erbaute Grabkammer. Hinter der Masse kleinerer Hügel erheben sich die riesigen Hügel beim Dorf Ali – die «Königsgräber» – vor dem Hintergrund der dunkleren Dattelplantagen

Ich hatte schon gehört, daß es auf Bahrain Grabhügel gebe, und da ich mich rühmte, Archäologe zu sein, hatte ich beabsichtigt, sie eines Tages zu besuchen. Aber *das* überstieg meine Erfahrungen. Diese massenhaften, regelmäßigen Hügel mußten ein Naturphänomen sein, eine Laune vulkanischer Tätigkeit oder des Windes. Es war unmöglich, daß diese vielen Tausende von Hügeln alle Grabstätten sein konnten.

Ich sah Ghuloom an und deutete zum Fenster hinaus. Ghuloom war der Fahrer des Generaldirektors und nicht gewohnt, untergeordnete Generalassistenten zu chauffieren. Seine Würde war dadurch verletzt worden, daß ich mir sein geliebtes Auto kommen ließ, und er war zweifellos der Meinung, daß meine Usurpation der Pflichten und Rechte seines Herrn schlimmste Anmaßung war. Er war während der ganzen Fahrt stumm und starrte geradeaus. Aber nun entspannte er sich ein wenig – schließlich war ich ja ganz neu. «Grabhügel, Sahib», sagte er. «Grabhügel der Portugiesen.»

Die Audienz beim Scheich fiel danach fast ab. Ich ging an den rot beturbanten Wächtern am Palasttor vorbei und überquerte den Hof, um mich der kleinen Prozession von Europäern anzuschließen, die sich langsam vorwärts bewegte, um den Scheich zu begrüßen. Scheich Sulman schaute mich fragend an, als ich mich vorstellte, und lächelte mit Verschwörermiene, als ich die Abwesenheit meines Chefs entschuldigte, denn mit Basil Lermitte stand er sich besonders gut, obwohl dieser ja damit beschäftigt war, Öleinkünfte für Scheich Sulmans Erbfeind, Scheich Abdullah von Katar, zu erschließen. Ich wurde zu einem Sessel in dem riesigen Audienzsaal geführt, und die schwarzen Diener gossen den zum Ritual gehörenden bitteren Kaffee aus ihren Messingkaffeekannen und boten, sobald es die Etikette zuließ, das gleichfalls rituelle brennende Sandelholz und die Rosenwasserspritzer, die das Zeichen dafür waren, daß wir gehen sollten.

Auf unserem Heimweg hielt Ghuloom, ohne daß ich ihn darum gebeten hatte, dort an, wo die Grabhügel am dichtesten waren. Ich stieg aus und kletterte auf den höchsten in der Nähe liegenden, wobei meine Füße auf dem festgebackenen Kies ausrutschten und der Schweiß über mein Gesicht rann und Kragen, Krawatte und Jacke, die ich für den Besuch beim Scheich angelegt hatte, in dampfende Lappen verwandelte. Von oben war der Blick auf das Hügelfeld sogar noch eindrucksvoller. Eine grenzenlose Rundsicht auf Hügel öffnete sich. Der weitaus größte Teil waren nur einfache kreisrunde Hügel, aber hier und da konnte man einen entdecken, der von einem niedrigen Ringwall umgeben war, so etwa, als sollten dadurch die anderen Hügel von allzu großer Annäherung abgehalten werden. Und viele Hügel zeigten unverkennbare Spuren von Störungen; flache Vertiefungen oder manchmal tiefe Einschnitte in den westlichen Flanken zeigten an, wo Räuber bis zu den darunterliegenden Gräbern hinabgegraben hatten.

Wie ich so aus dem Abstand von sechs Jahren und als praktischer Archäologe, der mit einer dänischen Routine-Ausgrabung beschäftigt war, an meine erste Begegnung mit den Grabhügeln von Bahrain zurückdachte, konnte ich kaum verstehen, warum ich die drei Jahre, die ich auf der Insel verbrachte, nicht besser genutzt hatte. In der ganzen Zeit grub ich nur einen einzigen Hügel aus, und zwar einen der kleinsten, die ich finden konnte. Es war eine sehr dilettantische «Ausgrabung», gemessen an den Maßstäben, die ich mir in dreijährigen Ausgrabungen dänischer Grabhügel unter der Anleitung erfahrener Lehrer angeeignet hatte. Wie die Grabräuber früherer Zeiten hatte ich mir einen Weg von der Spitze des Hügels hinunter geschaufelt, um die Decksteine einer Grabkammer, die gerade groß genug für einen Körper war, freizulegen. Ich brach zwei Decksteine auf und durchwühlte die wenigen Zentimeter Staub und Erde, die sich auf dem Boden der Kammer angehäuft hatten. Und fand nichts. Entweder waren andere Räuber vor mir dagewesen, oder es handelte sich um das Grab einer so armen Person, daß sie nichts besessen hatte, das ihr hätte beigegeben werden können – der winzige Hügel über ihr konnte sehr wohl das letztere nahelegen.

Außer dieser Ausgrabung hatte ich mich nicht um die Hügel gekümmert. Das Leben auf Bahrain war ernsthafteren Hobbies irgendwie nicht förderlich. Während des Sommers konnte nur ein ganz strammer Enthusiast der Siesta nach der Arbeit widerstehen, und man verbrachte den Nachmittag dösend unter einem Ventilator oder in dem einzigen klimatisierten Schlafraum, mit dem einige Firmen allmählich ihre Angestelltenhäuser ausstatteten. Im Winter war die Versuchung entgegengesetzter Art. Nun reizten die milden Brisen aus dem Norden und die nicht mehr feindliche Sonne, die warm auf den weißen Sand und die kupfergrüne See schien, eher zum Ferienmachen als zu Anstrengungen. Abende und Wochenenden wurden mit Segeln, Schwimmen und Tennis, auf Gartenfesten, Picknicks und Fischfangfahrten verbracht. Man hätte ein asketischer Einzelgänger sein müssen, um alle Einladungen abzulehnen und allein zum Ausgraben zu gehen. Und ein junger Geschäftsführer im Ölgeschäft durfte, so dachte ich, kein Exzentriker sein. Heute weiß ich es besser.

Jetzt jedenfalls sollte ich wieder nach Bahrain zurückkehren. Und diesmal als Archäologe, der es nicht nötig hatte, Entschuldigungen und Zeit außerhalb der Berufsarbeit dafür zu finden, soviel auszugraben, wie er wollte. Und ich ging nicht allein, sondern mit einem sehr erfahrenen Gefährten.

Es ist höchste Zeit, daß ich meinen Lesern Professor Peter Vilhelm

Glob vorstelle, der gewöhnlich einfach P. V. genannt wird.

Seit der Geburt der europäischen Archäologie vor anderthalb Jahrhunderten – die, nebenbei bemerkt, in Dänemark geschah – hat Dänemark immer wieder bedeutende Archäologen hervorgebracht. Christian Jürgensen Thomsen, der seine Laufbahn als Import- und Exportkaufmann begann und durch die Rettung einer Münzensammlung aus den Flammen der britischen Beschießung Kopenhagens im Jahr 1807 Archäologe wurde, ist dann der erste Kurator des Dänischen Nationalmuseums geworden und entdeckte, daß die Vorgeschichte in die Steinzeit, die Bronzezeit und die Eisenzeit eingeteilt werden konnte. Jens Asmussen Worsaae, der schon als Schuljunge Thomsen im Nationalmuseum half, stritt sich mit seinem Chef herum, als die Armut ihn zwang, für seine Tätigkeit eine Bezahlung zu fordern, und ging dann geradewegs zum König von Dänemark, um Geld für ein archäologisches Forschungsprogramm im Ausland zu erbitten und zu erhalten. Er wurde Zechkumpan des Kronprinzen und späteren königlichen Archäologen Frederik VII. und kehrte 1865 zurück, um Nachfolger Thomsens als Leiter des Nationalmuseums zu werden. Sophus Müller, ein ungestümer kleiner Mann mit einem Bocksbart, war im Nationalmuseum auf Worsaae gefolgt und hatte sich dort während seiner Herrschaft einen legendären Ruf als Gegner der damals weitverbreiteten sinnlosen Zerstörung der Grabhügel von Dänemark und als der Entdecker der Streitaxtleute, die von Osten her in das steinzeitliche Europa eingedrungen und in jenen Hügeln beigesetzt worden waren, erworben.

P. V. steht in der Tradition solcher Männer und sitzt heute auch als Leiter des Nationalmuseums und der Staatlichen Altertumsbehörde von Dänemark in ihrem Sessel. Aber in der Zeit, über die ich schreibe, nämlich im Jahr 1953, war er Professor für Archäologie an der Universität Aarhus und Kurator des Vorgeschichtlichen Museums dieser Stadt, des Museums, an dem ich arbeite. Ein großer, stämmiger Mann mit einem kantigen Gesicht und einer blonden Mähne, die schneiden zu lassen er offenbar nie Zeit findet, stammt er aus einer Künstlerfamilie und ist selbst ein ungewöhnlich begabter Maler. Für seine archäologische Arbeit sowie für seine Malerei bringt er eine erstaunliche Hellsicht, eine Fähigkeit, Strukturen in einer scheinbaren Masse zusammenhangloser Details und andererseits Anomalien in einer scheinbaren Ordnung zu sehen, mit. Diese Fähigkeit zeigt sich draußen im Feld, wo P. V. unweigerlich doppelt soviel Feuersteinwerkzeuge oder bemalte Topfscheiben findet wie jeder andere Facharchäologe und stets Entstehungszeit, Herkunft und Bedeutung dessen, was er findet, scheinbar durch bloßes Erraten korrekt angibt. Es kann höchst aufregend sein, wie P. V.s Vermutungen mit der Zeit durch spätere Entdekkungen, von denen er keine Kenntnis gehabt haben konnte, bestätigt werden, und erst wenn man jahrelang mit ihm gearbeitet hat, erkennt man, daß hinter seinen Vermutungen eine phänomenale Kenntnis der Formen und auch des Platzes in der Ordnung der Dinge steht, wohin die Fundstücke gehören können und müssen, um sowohl künstlerisch als auch wissenschaftlich *richtig* zu sein. Auch im Bereich des Planens hat P. V.s intuitive Erfassung der Situationen und Tendenzen aufregend oft dazu geführt, daß er immer gerade dann zur Stelle war, wenn neue Entdeckungen oder Chancen für neue und dramatische Projekte auftauchten.

Bahrain war gerade der richtige Fall. Niemand konnte vorhersehen, daß die Berufung eines Engländers und früheren Ölkaufmanns an ein dänisches Museum zu einer archäologischen Expedition in den Mittleren Osten führen würde. Aber da P. V. eben P. V. ist, sah er, daß das eine Abwechslung in den Lauf einer normalen Museumsarbeit bringen und daher zweifellos irgendein Ergebnis zeitigen würde, das sicher interessant, wahrscheinlich amüsant und vielleicht sogar wichtig war. Das Leben ist nie langweilig, wenn P. V. in der Nähe ist. Ich hatte natürlich von den Grabhügeln auf Bahrain erzählt.

P. V. und die vier Assistenten, die er – jeden auf ziemlich unorthodoxe Weise – für sein Museum angeworben hatte, sowie eine kleine Beigabe von Ehefrauen saßen, soviel ich mich erinnere, nach dem Abendessen bei einem Glas Wein in der Bibliothek von P. V.s weitläufigem altem Haus. Vibeke – das ist meine Frau – hatte soeben von unserem Leben auf Bahrain erzählt, wie wir *dort* nach dem Abendessen gewöhnlich auf der westlichen Straße von der Hauptstadt Manama in Wüstengebiete hinausfuhren, die von Millionen von Topfscherben bedeckt waren, und wir dann umherstreiften, während die Sonne hinter den Palmen unterging, und Stücke von gläsernen Armbändern, Fragmente von Ming-Porzellan und gelegentlich Kupfermünzen auflasen. P. V. schlug mit der Faust auf den Tisch und sagte: «Auf, starten wir eine Expedition nach Bahrain.»

Das war vor anderthalb Jahren. Denn Expeditionen sind durchaus nicht leicht zu arrangieren. Ich muß vielleicht noch hinzufügen, daß das Vorgeschichtliche Museum von Aarhus in Dänemark keine wohlhabende Stiftung ist. Noch zwei Jahre vorher war es ein gemütliches kleines Provinzmuseum, das vom Bibliothekar des Ortes in seiner freien Zeit verwaltet und von einer weißhaarigen alten Dame betreut wurde, die das Museum Besuchern nur öffnete, wenn die Glocke läutete. Es enthielt eine recht gute Sammlung dänischer Gemälde aus dem neunzehnten Jahrhundert und drei Räume mit Vitrinen voll von Feuersteinäxten und eisenzeitlicher Keramik, die in der Umgebung gefunden worden waren. 1950 errichtete die neue Universität von Aarhus einen archäologischen Lehrstuhl und besetzte ihn mit P. V. Weil man aber wußte, daß P. V. von einer rein akademischen und lehrenden Tätigkeit nicht übermäßig begeistert war, betraute man ihn mit der Entwicklung des Museums zu einem Forschungsinstitut und scharrte sogar genügend Geld zusammen, damit er einen jungen und begabten Ausgräber und einen sehr geschickten Konservator vom Nationalmuseum mitbringen konnte. Aber das war alles. Die übrigen zwei Mitglieder des kleinen Stabes, von denen ich einer war, waren überzählig und wurden, wenn überhaupt, aus kleinen, mühsam hereingeholten Zuwendungen literarischer und wissenschaftlicher Stiftungen für einzelne Ausgrabungen und die Übersetzung von Büchern und Artikeln bezahlt.

Die Idee des Vorgeschichtlichen Museums, mit seinen schmalen Finanzen das Feld der Ausgrabungen im Orient zu betreten, ein Feld, das bisher Institutionen vom Kaliber des Metropolitan Museum of Art in New York, des Britischen Museums, des Louvre und der Berliner Staatlichen Museen sowie der reicheren amerikanischen Universitäten vorbehalten war, war völlig widersinnig – aber auch völlig unwiderstehlich. Ich schrieb an Sir Charles Belgrave und fragte an, ob die Regierung von Bahrain eine Expedition genehmigen würde. Dieser schrieb zurück, daß er die Angelegenheit mit dem Herrscher besprochen hätte und daß Scheich Sulman ganz begeistert von dieser Idee sei.

Aber seither war über ein Jahr vergangen, und Scheich Sulman wurde langsam ungeduldig. Ich mußte an Sir Charles schreiben, daß unser erster Antrag an die Wissenschaftliche Stiftung «wegen der Knappheit öffentlicher Mittel» zurückgestellt worden sei. Dann wurde uns inoffiziell mitgeteilt, daß ein nochmaliger Antrag in der von uns ins Auge gefaßten Höhe im nächsten Jahr mit Sicherheit ebenfalls abgelehnt würde, während eine gute Chance für einen geringeren Zuschuß bestünde. Die Sache hatte aber einen bösen Haken, denn unser ursprünglicher Antrag beruhte auf dem Betrag, der nach sehr sorgfältiger Kalkulation das absolute Minimum war, mit dem man eine Zwei-Mann-Expedition nach Bahrain ausrüsten konnte.

Aus dieser Notlage heraus schrieb ich noch einmal an Sir Charles Belgrave und stellte ihm die Sache offen dar. Ich fragte ihn, ob er glaube, daß Seine Hoheit vielleicht gewillt sei, sich an den Kosten der Expedition zu beteiligen.

Ich muß hier unmißverständlich klarstellen, wie völlig unerhört ein solcher Vorschlag war. Regierungen im Mittleren Osten beteiligen sich *nie* finanziell an ausländischen Expeditionen auf ihrem Boden. Im Gegenteil. Seit vielen Jahren ist es eine Grundregel, daß Expeditionen in den Mittleren Osten für ihre Kosten selbst aufkommen, daß sie zusätzlich die Gehälter der Inspektoren zahlen, die von den Ländern, in denen sie arbeiten, ernannt werden, und daß sie am Ende der Ausgrabung alles, was sie gefunden haben, sowie Kopien aller Aufzeichnungen, Skizzen und Fotografien der Regierung des betreffenden Landes übergeben. Das ist gar nicht so unvernünftig, wie es klingt. Die Länder, in denen die großen Kulturen der Alten Welt entstanden sind, wissen sehr genau, daß ihre besten antiken Monumente und die herrlichsten Schätze die Museen Frankreichs, Deutschlands, Englands und der Vereinigten Staaten zieren. In der Zeit vor anderthalb Jahrhunderten, als die großen Amateur-Archäologen Botta, Layard und Napoleons *savants* anscheinend unerschöpfliche Schätze von Steinskulpturen in Mesopotamien und Ägypten entdeckten, erschien es nicht unmoralisch, daß sie die Schätze, die sie fanden, nach Hause mitnahmen. Später, als die mehr wissenschaftlichen Expeditionen von Sir Leonard Woolley, Sir Flinders Petrie, Sir Wallis Budge, Robert Koldewey und Walter Andrae die Städte Ur und Abydos, Babylon und Ninive ausgruben, waren sich die neuen Regierungen der Länder des Mittleren Ostens klar darüber, daß sie, wenn sie wollten, daß ihre neuen nationalen Museen gefüllt würden, diesen westlichen Experten gestatten mußten, das zu tun. So kam es allgemein zu dem Prinzip der hälftigen Teilung der gefundenen Gegenstände. Aber in der jüngsten Zeit hat sich die Lage geändert. Nun gibt es irakische, ägyptische, syrische, libanesische, türkische und palästinensische Archäologen von internationalem Rang, und diese Länder haben erfahrene und gut ausgerüstete Behörden für Altertümer, die durchaus in der Lage sind, die schwierigsten und umfangreichsten Ausgrabungen auf ihrem Territorium selbst durchzuführen. Wenn westliche Archäologen in diesen Ländern arbeiten, so tun sie es in ihrem eigenen Interesse und können nicht mehr geltend machen, daß sie den betreffenden Ländern einen Gefallen erweisen. Es ist daher durchaus vernünftig, daß die nationalen Schätze, die sie finden, in dem Land bleiben, dem sie gehören; und ebenso vernünftig ist es, daß die Archäologen die Arbeit, die sie freiwillig tun, auch selbst bezahlen. In der Praxis wird ihnen übrigens auch gestattet, für ihre eigenen Museen und Sammlungen einen großen Teil ihrer Funde mitzunehmen unter der Voraussetzung, daß die Objekte, die sie behalten, keine Unikate sind. Aber niemals haben sie von den Ländern, in denen sie arbeiten, Zuschüsse zu den Kosten ihrer Arbeiten erhalten.

Daher entschlossen P. V. und ich uns erst nach langem Zögern, den Herrscher von Bahrain um finanzielle Hilfe anzugehen – und mit großer Dankbarkeit begrüßten wir seine Antwort, in der er uns dreitausend Dollar als Beihilfe zu unserer Arbeit unter der Bedingung zusagte, daß die Hälfte der gefundenen Gegenstände im Besitz der Regierung von Bahrain bleiben müßte. Als dann ein wenig später die auf Bahrain konzessionierte Ölgesellschaft uns auch einen Zuschuß anbot und die Wissenschaftliche Stiftung schließlich unseren gekürzten Antrag bewilligte, war die Dänische Archäologische Expedition nach Bahrain endlich Wirklichkeit geworden.

Diese aus drei Quellen kommende Unterstützung unserer Expedition, mit Zuschüssen von dänischen Stiftungen, von der Regierung des Gebiets und von den dort arbeitenden Ölgesellschaften, hat die Richtschnur für unsere spätere Arbeit abgegeben. Wir sind uns der ganz außergewöhnlichen Großzügigkeit, mit der unseren wiederholten Bitten um Hilfe entsprochen wurde, bewußt, und wir haben kein Geheimnis daraus gemacht, daß unser kleines, bescheidenes Museum ohne diese beständige und sich immer steigernde Unterstützung nie in der Lage gewesen wäre, dieses Tätigkeitsfeld überhaupt zu betreten, und noch weniger, Expeditionen von der Größe, wie wir sie in den letzten Jahren an den Golf geschickt haben, auszurüsten. Im Lauf der Jahre wuchsen unsere archäologischen Expeditionen an den Arabischen Golf so an, daß ihr jährliches Budget weit größer war als das des Museums, das sie betrieb, und sechs Jahre nachdem sie begonnen hatten, gehörten sie zu den größten Expeditionen, die irgendwo auf dem Gebiet der Archäologie stattfanden.

Aber 1953 lag all das noch in der Zukunft. Über die erste Expedition hinaus konnten keine Pläne gemacht werden, denn jede weitere Arbeit mußte von ihrem Erfolg abhängen. Ja, es konnten im Augenblick überhaupt keine Pläne gemacht werden. Ich war mit meinem Wikingerdamm beschäftigt, und P. V. war fort, um nach den Ursprüngen der Eskimos in Grönland zu forschen.

Etwas konnte allerdings getan werden, während ich auf P. V.s Rückkehr wartete. Ich konnte mich über die Ereignisse der bisherigen Forschungen hinsichtlich der Bahrain-Grabhügel informieren. Mehr oder weniger wußte ich schon, wo ich suchen mußte. In der Bibliothek der britischen Politischen Agentur in Bahrain gab es Exemplare einiger Berichte sowie Hinweise auf andere. Während meiner drei Jahre bei der Ölgesellschaft hatte ich sie durchgesehen und mir Notizen gemacht.

Als der Herbstregen meinen Wikingerdamm zu überfluten begann, deckte ich ihn wieder mit Torf zu und machte in England verspätete Sommerferien, wobei ich in London die Buchhandlungen gegenüber dem Britischen Museum durchkämmte. Ich hatte Glück. Obwohl die Originalausgaben längst vergriffen waren, gab es antiquarische Exemplare der Berichte über die drei wichtigsten Erforschungen der Altertümer von Bahrain. Da war der Bericht von Ernest Mackay, der sich später mit der Ausgrabung von Mohendscho Daro am Indus einen Namen machte, aber als junger Mann im Jahre 1925 von Flinders Petrie, dem größten Namen in der Archäologie des Nahen Ostens, von Ägypten ausgesandt wurde, um das Geheimnis der Grabhügel von Bahrain zu lüften. Mackay war ein erfahrener Archäologe, der vier Jahre lang, von 1923 bis 1926, Felddirektor der Ausgrabungen der Universität von Oxford und des Naturgeschichtlichen Museums von Chicago in Kisch in Mesopotamien war, und er hat an den Hügeln von Bahrain eine sehr zuverlässige Arbeit geleistet, indem er fast fünfzig davon öffnete, Pläne und Schnitte aufzeichnete und den Inhalt katalogisierte. Dank Mackay hatten wir eine sehr gute Vorstellung von dem, was die Hügel enthielten. Er hatte gezeigt, daß jeder eine aus Stein errichtete Kammer bedeckte, die ungefähr ost-westlich ausgerichtet war, mit dem Eingang nach Westen. Die Mehrzahl war T-förmig, wobei das Querstück des T am inneren Ende der Kammer von zwei Nischen gebildet wurde, die nicht so hoch waren wie die Hauptkammer. Allerdings gab es Abweichungen von dieser allgemeinen Regel. Einige Kammern hatten keine Nischen oder nur eine, andere hatten zwei Nischenpaare, je eines an den Enden der Kammer. Wieder andere Kammern waren «Doppeldecker», d. h. sie hatten eine zweite Kammer über der ersten. Der Inhalt der Kammern war, offen gesagt, enttäuschend. Knochen von Menschen waren in der größten Unordnung, Keramik war meistenteils zerbrochen, und Mackay bemerkt, daß oft Stücke vom gleichen Gefäß innerhalb und außerhalb der Kammer gefunden wurden. Es gab kaum etwas anderes in den Gräbern als Knochen und Topfscherben; nur einige Bruchstücke von Elfenbeinarbeiten und bearbeitetem Kupfer wurden geborgen. Sonderbarerweise ist es Mackay offenbar nie in den Sinn gekommen, daß diese Beobachtungen klar darauf hindeuteten, daß alle Gräber, die er öffnete, ausgeplündert worden waren, und er gab sich große Mühe, die Unordnung in den Kammern auf andere Weise zu erklären. Die fragmentarischen Skelette, behauptete er, müßten Wiederbestattungen von einem Beinhaus oder Leichenhaus sein; die Anwesenheit von Topfscherben innerhalb und außerhalb der Kammern zeige, daß die Gefäße vor der Bestattung «rituell zerbrochen» worden seien.

Es ist natürlich die Pflicht des Berufsarchäologen, Theorien zur Erklärung der Ausgrabungsergebnisse aufzustellen, vorausgesetzt, daß er klar zwischen seinen Theorien und eben jenen beobachteten Ergebnissen unterscheidet (wie Mackay es getan hat, und wie es auch mein Bestreben sein wird), und wir wollen nicht mit Ernest Mackay darüber streiten, daß seine Theorien vielleicht ein wenig weit über das schmale Ausgrabungsmaterial hinausgingen. Aber einige seiner Theorien, die, ohne Widerspruch zu finden, im Verlauf von dreißig Jahren in weiten Kreisen zu gesicherten Tatsachen aufrückten, haben uns bei unserer Arbeit einiges Kopfweh verursacht. Zum Beispiel verzeichnete er Funde von Straußeneierschalen, die für den Gebrauch als Trinkbecher zugeschnitten und bemalt waren, und bemerkte auch, daß alle aufgefundene Keramik einen gerundeten Boden hatte. Darauf gründete er die Theorie, daß die in den Grabkammern bestatteten Menschen auf dem arabischen Festland zu Hause waren, wo es heute noch Leute gibt, die sich erinnern, lebende Strauße gesehen zu haben, und Nomaden in den Sandwüsten, wo Gefäße mit gerundetem Boden sicherer stehen als Töpfe mit flachem Boden. Davon ausgehend und auch von der Annahme der Wiederbestattung der Skelette von anderswoher, wohinzu noch kam, daß er selbst keinerlei Stätten antiker Niederlassungen auf Bahrain entdeckte, zog er den Schluß, daß Bahrain während der ganzen Periode, in der die Grabhügel errichtet wurden (eine Periode, die er mit Vorbehalt etwa in die Zeit um 1500 v. Chr. datierte), überhaupt nicht bewohnt war, sondern lediglich als Bestattungsgelände für Menschen, die auf dem arabischen Festland lebten, benützt wurde.

Dieser Glaube, daß Bahrain in vorislamischen Zeiten nur eine Nekropole war, eine Insel der Toten, war sehr schwer auszurotten, und trotz aller unserer Beweise, daß Bahrain tatsächlich ein volkreiches zivilisiertes Land in der Zeit war, als es seine Toten in den Grabhügeln beisetzte, versuchen Besucher unserer Ausgrabungen immer noch gelegentlich, ihre Kenntnisse dadurch zu demonstrieren, daß sie die Theorie von der Grabstätten-Insel uns gegenüber als geoffenbarte Wahrheit hinstellen. Das war mit ein Grund dafür, warum der Film, der einige Jahre später von der Bahrain-Ölgesellschaft über unsere

Ausgrabungen gedreht wurde, eindeutig «Das Land der Lebenden» genannt wurde.

Eine andere, noch verbreitetere Meinung über die Grabhügel ist, daß sie phönizisch seien. Doch kann dies nicht Mackay zur Last gelegt werden, sondern vielmehr einem früheren Forscher. Unter den in London aufgefundenen Berichten war einer von einem Oberst Prideaux von der kaiserlich indischen Regierung, der 1906 den Auftrag erhalten hatte, die Hügel von Bahrain zu untersuchen. Prideaux war ein ausgesprochener Amateur, aber ein Armeeoffizier von bemerkenswerter Energie. Mit einer großen Arbeitsmannschaft aus einheimischen Arabern griff er die gewaltigste Gruppe von Hügeln auf der Insel an, eine Ansammlung von etwa zwanzig beim Dorf Ali etwas weiter westlich von der Stelle, wo ich einundvierzig Jahre später das Hügelfeld zum erstenmal sah.

Während die Mehrzahl der Grabhügel selten mehr als doppelte Mannshöhe hat, sind die Hügel von Ali ganz erstaunlich; der kleinste ist so hoch wie ein dreistöckiges Gebäude. Zehn Jahre lang zögerten wir, bevor wir es – ohne Erfolg – wagten, auch nur einen dieser Tumuli auszugraben. Prideaux dagegen nahm acht auf einmal in Angriff. Seine Arbeitsmethode war natürlich, gemessen an modernen Maßstäben, nicht über alle Kritik erhaben – in vielen Fällen begnügte er sich damit, Tunnel durch das steinharte Kiesgemisch zu treiben, bis er auf die zentrale Kammer stieß. Diese Kammern waren sehr viel größer als die später von Mackay ausgegrabenen, aber sie beruhten auf dem gleichen Plan und enthielten, wie die von Mackay, wenig und dieses wenige in völliger Unordnung. Prideaux erkannte aber, daß die Geringfügigkeit und Unordnung des Inhalts auf spätere Raubgrabungen zurückgehen mußten. Unter den Gegenständen, die er fand, waren zwei Goldringe und Teile von zwei Elfenbeinstatuetten. Und diese Statuetten waren es, die die Meinung aufkommen ließen, die Gräber seien phönizisch. Denn sie wurden an das Britische Museum gesandt, wo Experten behaupteten, daß sie Ähnlichkeit mit gewissen dort befindlichen Elfenbeinarbeiten hätten, von denen man glaubte, sie seien phönizische Arbeiten. Kaum zehn Jahre später stellte man fest, daß diese Elfenbeinarbeiten, die in Ninive im nördlichen Irak ausgegraben worden seien, nichts mit den Phöniziern zu tun hatten und überhaupt denen aus Bahrain nicht sehr ähnelten. Aber der Schaden war angerichtet; Prideaux hatte in gutem Glauben die Meinung der Experten des Britischen Museums veröffentlicht, und von da an hielt man die Grabhügel von Bahrain fest für phönizisch – obwohl die Araber von Bahrain, die Prideaux' Bericht nicht lesen konnten, ebenso fest glaubten, daß sie die Gräber der Portugiesen seien, die im sechzehnten Jahrhundert auf der Insel eine Garnison unterhielten.

Prideaux' und Mackays Berichte sind umfangreiche Wälzer, die meine Koffer sehr beschwerten, als ich sie für die Rückreise nach Dänemark packte. Der dritte Bericht war ein dünner, gehefteter Sonderdruck aus der Zeitschrift der Royal Asiatic Society und ließ sich leicht in meiner Rocktasche unterbringen, damit ich ihn auf der Reise über die Nordsee lesen konnte. Es ist der früheste und weitaus wertvollste Bericht, eine Übersicht über die Altertümer von Bahrain, die von einem Hauptmann Durand 1879 für das Britische Auswärtige Amt angefertigt worden war.

Unsere Hochachtung und Bewunderung für den Hauptmann Durand wuchs ständig während unserer fünfzehn Jahre Forschertätigkeit auf Bahrain. Er war kein Archäologe. Die Altertümer von Bahrain waren nicht einmal der Hauptgrund für seine Reise auf die Insel – sie waren nur der Deckmantel. Seine Übersicht über die Altertümer wurde im folgenden Jahr veröffentlicht, aber ein umfangreicherer Bericht über die damalige wirtschaftliche und politische Situation auf Bahrain wurde – und wird heute noch – als für den internen Gebrauch des Auswärtigen Amts bestimmt zurückgehalten. Seine Übersicht über die Altertümer ist eine gute und gründliche Arbeit. Wie alle, die nach ihm noch kommen sollten, sah und beschrieb er natürlich die ungeheuren Gräberfelder, und vor Prideaux und Mackay öffnete er einen der großen Hügel bei Ali und beschrieb seine Bauart, obwohl es ihm zweifelhaft erschien, daß die Struktur, die er enthielt, für eine Bestattung bestimmt war. Aber im Gegensatz zu denen, die später kamen, dehnte er seine Untersuchungen auch auf den Rest der Insel aus und wies auf manche andere Charakteristika von vermutlicher historischer Bedeutung hin. Immer wieder entdeckten wir während unserer Arbeit neue Stätten, die erforscht werden mußten, und stellten bei der Durchsicht von Durands Übersicht fest, daß er auch schon dagewesen war, daß er auf dieser Stätte gestanden und von ihr berichtet hatte, daß sich eine nähere Untersuchung lohnen würde. Als Krönung seiner Arbeit entdeckte er eine Keilschriftinschrift, die in einen schwarzen Basaltstein eingemeißelt und in die Wand einer Moschee eingemauert war, und brachte sie mit nach England. Er veröffentlichte diese Inschrift, die viele Jahre lang der einzige existierende Text aus der Vorgeschichte der Insel blieb. Der Stein war ohne Zweifel ein Grundstein, und die vierzeilige Inschrift war enttäuschend kurz. Sie lautete:

Palast
von Rimum,
Diener des Gottes Inzak
Angehöriger von (des Stammes von) Agarum.

Diese Inschrift war trotz ihrer Kürze in manchen Punkten von Bedeutung, besonders hinsichtlich der Erwähnung des Gottes Inzak, was eine Beziehung zu der Frage einer möglichen Identifizierung der Insel Bahrain hatte. Der ganze Fragenkomplex wird im nächsten Kapitel ausführlich behandelt. Hier muß nur erwähnt werden, daß wir uns schon da bewußt wurden, daß uns unsere geplante Expedition

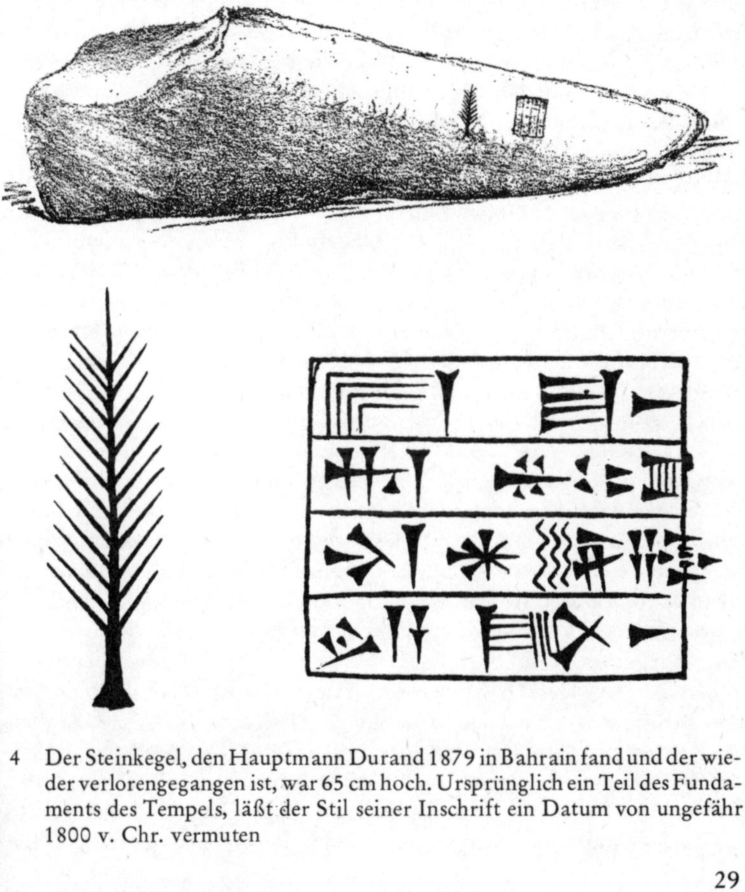

4 Der Steinkegel, den Hauptmann Durand 1879 in Bahrain fand und der wieder verlorengegangen ist, war 65 cm hoch. Ursprünglich ein Teil des Fundaments des Tempels, läßt der Stil seiner Inschrift ein Datum von ungefähr 1800 v. Chr. vermuten

nach Bahrain in eine der wichtigeren Streitfragen der Wissenschaft von Mesopotamien verwickeln würde, nämlich die Frage nach der Lokalisierung des alten Landes Dilmun.

Ich kam mit den Stücken eines viertausend Jahre alten Zusammensetzspiels in meinem Gepäck nach Dänemark zurück, wo mich ein wesentlich gegenwärtigeres Problem erwartete, nämlich ein Telegramm aus Grönland. P. V. wollte wissen, ob ich glaubte, daß der Scheich von Bahrain an dem Geschenk eines Grönlandfalken interessiert sei.

Darüber wenigstens konnte es keine verschiedenen Meinungen geben. Ich schrieb zwar, um sicherzugehen, an den Berater des Scheichs, antwortete aber P. V. sofort, daß Scheich Sulman zweifellos entzückt sein würde. Bei den Scheichs und Prinzen von Arabien war die Falkenbeize ein noch lebendiger Sport, und hierin noch mehr als in anderen Dingen ist die eigentümliche Ähnlichkeit zwischen den Höfen der Scheichtümer und den mittelalterlichen Höfen in Europa frappierend. Bei den täglichen Audienzen der Scheichs stehen Gefolgsleute mit Falken auf der Faust dabei, und außerhalb des Palastes kann man immer Falken und Habichte auf ihren Stangen sitzen sehen, wie sie bewegungslos in die Sonne blinzeln oder mit schlagenden Flügeln an irgendeinem Brocken zerren. Der Oberfalkner ist eine der wichtigsten Personen in der Umgebung des Scheichs, und in jedem Palast gehört die Stallung, wo die Falken gehalten werden, zu den am besten eingerichteten Gebäuden. In den meisten Wochen sind die Scheichs zwei oder drei Tage lang draußen in der Wüste und jagen Gazelle und Trappe mit ihren Falken und schnellen Hunden, und die rivalisierenden Vorzüge ihrer Falken werden eifrig und immerzu diskutiert.

Verschiedene Arten von Habichten und Falken werden für die Jagd verwendet, hauptsächlich Wanderfalken und Hühnerhabichte. Aber die Krone von allen ist der Geierfalke, von dem die besten in Persien eingefangen werden, und die Scheichs zahlen hohe Summen für diese Vögel. Sie sind die größten und stärksten Falken, und im mittelalterlichen Europa waren sie den Männern königlichen Geblüts vorbehalten. Ja, diese Regel gilt sogar heute noch, und infolgedessen gehören alle eingefangenen Grönlandfalken, da sie Geierfalken sind, der dänischen Krone. Dem Scheich von Bahrain einen Geierfalken zum Geschenk zu machen würde also in jedem Fall bedeuten, ihn königlich zu beschenken. Aber es würde noch mehr sein. Der gewöhnliche Geierfalke ist ein prächtiger Vogel, aber wie die meisten Raubvögel von brauner Farbe und weiß gesprenkelt. Doch der Grönlandfalke ist rein weiß, außer den pechschwarzen Spitzen der Federn. Einen solchen

Vogel hatte man noch nie am Arabischen Golf gesehen; er würde einfach unbezahlbar sein. All das wußte P. V. oder vermutete es wenigstens, und als er hörte, daß drei junge Falken in einem Horst im Gebirge nahe der Eisgrenze eingefangen worden waren, erwarb er sie sofort für den Kopenhagener Zoo, reservierte aber einen für den Herrscher von Bahrain. Sobald er zurückgekehrt war, fuhr ich nach Kopenhagen hinüber, und wir wählten den hübschesten Vogel, ein Falkenmännchen, das gerade das prächtige Gefieder des erwachsenen Tiers anlegte, als unser Geschenk aus.

Die Zeit zwischen P. V.s Rückkehr und unserem Abreisetermin Anfang Dezember verging rasch. Es gab nicht viel, was wir an materiellen Vorbereitungen treffen konnten. Wir hatten die Absicht, die Insel so gründlich wie möglich zu erforschen und dann an den erfolgversprechendsten Stellen zu graben. Welche Stellen das sein, auf welche speziellen Probleme wir stoßen würden und was für eine Spezialausrüstung dafür erforderlich wäre, konnten wir nicht vorhersagen. Unsere Ausrüstung beschränkte sich auf jeweils einen soliden Spaten und einen zwei Meter langen Maßstab, ein Winkelmeßgerät und ein paar Fotoapparate. Was wir sonst brauchten, mußten wir uns an Ort und Stelle beschaffen oder uns schicken lassen. Aber ich verbrachte viel Zeit damit, Briefe an Leute dort zu schreiben, die ich noch kannte, an meine alte Gesellschaft, den Direktor des BOAC-Hotels und einige Geschäftsleute. Denn wir waren uns klar darüber, daß wir irgendwo wohnen mußten, irgendein Fahrzeug und früher oder später Arbeiter brauchten. Und da unsere Geldmittel sehr eng begrenzt waren, war es um so besser, je früher wir uns einrichteten und an die Feldarbeit gehen konnten.

Am 2. Dezember, einem grauen Tag mit niedrig hängenden Wolken, verließen wir per Flugzeug Kopenhagen. Wir mußten unser Flugzeug mit Bedacht wählen, da der Grönlandfalke im Frachtabteil reisen und dieses daher Druckausgleich haben mußte. Kälte spielte für ihn keine Rolle – er mußte in Grönland Temperaturen bis vierzig Grad unter Null aushalten –, aber er war ebenso wie wir von genügend Sauerstoff abhängig. Wir mußten direkt nach Beirut fliegen und dort ein anderes Flugzeug nehmen, das uns spät am nächsten Tag nach Bahrain bringen sollte. Zum Abschied waren eine ganze Menge Leute gekommen, die Hälfte von P. V.s Studenten und früheren Kollegen vom Nationalmuseum; und Vibeke mit ziemlich enttäuschter Miene, weil ich ihr, als wir Bahrain vor drei Jahren verließen, versprochen hatte, daß wir eines Tages zurückkehren würden. Und nun kehrte ich zurück. Ohne sie.

Nach einem Flug von einer halben Stunde landeten wir in Hamburg und erfuhren, daß wir an diesem Tag nicht weiterfliegen könnten. Ganz Südeuropa war von Nebel zugedeckt.

Wir machten uns Sorgen um den Falken. Aber die Leute vom Zoo hatten uns, als wir ihn abholten, gesagt, daß er es leicht sechsunddreißig Stunden ohne Futter aushalten könnte. So setzten wir ihn in einem Raum ab, der das vertrauenerweckende Schild «Lebende Fracht» an der Tür hatte, und hofften das Beste. Aber der Nebel hob sich nur langsam, und bevor wir spät am nächsten Morgen starteten, erfuhren wir, daß wir den Anschluß in Beirut verpassen würden. Wir sandten ein Telegramm an Sir Charles Belgrave mit der Bitte, den Scheich davon zu unterrichten, daß der Falke und seine zwei Wärter sich verspäten würden.

Erst um drei Uhr am folgenden Morgen setzten wir in Beirut auf – und mußten feststellen, daß unsere Visa (man brauchte solche damals im Libanon) nicht richtig ausgestellt waren und daß wir den Flughafen nicht verlassen durften. Aber nun merkten wir, daß wir die arabische Welt betreten hatten, und zwar mit einem sehr mächtigen Herold. Wir hatten uns schon damit abgefunden, daß wir den Rest der Nacht auf den harten Stühlen der Transithalle verbringen mußten, erklärten aber, daß wir einen weißen Falken dabei hätten und in Sorge seien, weil er seit fast zwei Tagen weder Futter noch Wasser gehabt habe. Sofort wehte ein anderer Wind. Zoll- und Einwanderungsbeamte drängten sich heran, als der Reisekäfig aufgedeckt wurde und der Grönlandfalke schläfrig ins Licht blinzelte. Ein Träger führte mich zum Flughafen-Restaurant, das um diese Zeit für menschliche Kunden nicht geöffnet war, dessen diensttuender Koch jedoch, als er die Geschichte hörte, sofort eine Schale mit Wasser und ein saftiges Stück Fleisch hervorzauberte. Unter beifälligem Gemurmel in Arabisch fiel der Falke gierig über das rohe Fleisch her, und während er sich vollfraß, entschuldigte sich der Einwanderungsbeamte für den dummen Fehler, den die Gesandtschaft in Kopenhagen offenbar gemacht hatte, als sie uns ungültige Visa erteilte, stempelte unsere Pässe mit einem Schnörkel und geleitete uns zu einem Taxi, wobei er versprach, daß er sich persönlich darum kümmern würde, daß der Falke bis zu unserer Rückkehr gut versorgt würde. Eine halbe Stunde später waren wir in einem der Luxushotels untergebracht, die den Fluggesellschaften dazu dienen, von der Nacht überraschte Passagiere zu besänftigen, und verschliefen den noch verbleibenden Rest der Nacht.

Am nächsten Morgen stellte es sich heraus, daß das erste Flugzeug nach Bahrain am Abend startete, und wir sandten daher ein weiteres

Telegramm an Sir Charles. Am Abend holten wir unser Gepäck und den Falken und gingen an Bord der Maschine. Diesmal freilich reisten wir mit einer arabischen Fluglinie, und es war keine Rede davon, daß der vornehmste Passagier in den Frachtraum verbannt wurde. Der Reisekäfig wurde auf die beiden vorderen Sitze bei der Tür gestellt und blieb unbedeckt, so daß der weiße Falke alle Einsteigenden sehen und von diesen gesehen werden konnte. Die nächtliche Reise verlief ohne besondere Ereignisse, und eine Zwischenlandung am frühen Morgen in Kuwait war nur denkwürdig wegen des lebhaften Interesses, das eine Gruppe von Scheichs, die hier an Bord gingen, für den Inhaber der Vordersitze zeigte. Eine Stunde später, als die Sonne schon höher stand, konnte ich zum Fenster hinausdeuten und P. V. die flachen weißen Umrisse von Bahrain zeigen, das wie auf einer Landkarte unter uns lag, als wir eine Schleife zogen, um auf dem Flugplatz von Muharrak zu landen.

Drei Jahre und fünf Monate waren vergangen, seit ich zuletzt hier war, und nichts hatte sich verändert. Als wir über den Tarmak gingen, löschten die Wärme der Dezembersonne auf unseren Schultern, das blendende Licht des Sands mit dem staubigen Graugrün der Palmen dahinter und vor allem der typische Geruch in der ziemlich feuchten Luft, dieser leicht beißende, teerige Geruch nach Rohöl, mit einem Schlag die dazwischenliegenden Jahre aus und förderten eine Unmenge von unbewußten Erinnerungen bis dicht unter die Schwelle meines Bewußtseins herauf. Arabische Sätze, die ich während der drei Jahre in Dänemark weder gebraucht noch gedacht hatte, kamen mir ganz natürlich auf die Zunge, als Zoll- und Gesundheitsbeamte uns befragten (und mein Arabisch war nie besser als stockend und mühsam). Es war gut, zurück zu sein.

Aber bevor wir die Paß- und Zollbeamten erreicht hatten, während wir noch mit dem Reisekäfig zwischen uns auf das Flughafengebäude zugingen, hielt ein Auto bei uns an, und ein großer Araber in langem weißem Thaub und weißem Kopftuch stieg aus. «Mr. Glob und Mr. Bibby?» fragte er. Wir bejahten. «Ich bin der Falkner seiner Hoheit», sagte er in sehr gutem Englisch. «Sie haben einen Falken für Seine Hoheit?» Wir zeigten ihm den Käfig, den wir trugen. Er gab zwei Trägern einen Wink, und diese nahmen den Käfig und stellten ihn behutsam auf den breiten Rücksitz des Wagens. «Gott sei mit Ihnen», sagte er und setzte sich neben den Fahrer. Und der Wagen wendete und fuhr davon.

P. V. und ich sahen dem entschwindenden Wagen nach und schauten uns dann an. Er hätte uns wenigstens anbieten können, mit ihm in die Stadt zu fahren, dachten wir. Wir hatten das schönste Geschenk gebracht, das Dänemark einem arabischen Scheich anzubieten hatte, und man hatte es uns aus der Hand genommen ohne auch nur ein Wort des Dankes oder eines Anerbietens, uns behilflich zu sein. Das war natürlich falsch von uns, aber es dauerte einige Jahre, bis wir den arabischen Standpunkt verstehen lernten. Ein Geschenk, für das man ein Gegengeschenk erwartet, ist kein Geschenk. Dank oder eine besondere Höflichkeit zu erwarten oder eine offizielle Zeremonie aus der Überreichung der Gabe zu machen, bedeutet, vom Geschenk abzulenken. Als Seine Hoheit *uns* einige Jahre später das Geschenk einer goldenen Uhr und eines vollständigen arabischen Gewands für jedes Mitglied der Expedition machte, brachte einer seiner Fahrer dies alles in einem unförmigen Paket aus braunem Packpapier in unser Lager und überließ es fast verstohlen unserem Diener. Und als wir andeuteten, daß wir gern Scheich Sulman schreiben würden, um ihm zu danken, wurden wir belehrt, daß das gegen die Etikette verstoßen würde. Geschenke müßten heimlich überbracht werden und dürften nie vom Geber oder Empfänger erwähnt werden.

Immerhin war dann schließlich doch ein Wagen für uns da, den der Berater geschickt hatte und mit dem wir zum BOAC-Hotel fuhren, wo ein Doppelzimmer reserviert war.

Eine Woche später merkten wir schon, daß wir ins Leere liefen, und zwar mit ungewöhnlich hoher Geschwindigkeit. Wir hatten bei einer ganzen Reihe von Persönlichkeiten vorgesprochen, bei dem Berater, dem Direktor für Öffentliche Arbeiten, dem Bankdirektor, dem Direktor «meiner» Ölgesellschaft, dem Generaldirektor und dem Produktionsleiter der Bahrain-Ölgesellschaft. Wir waren kilometerweit durch die staubigen Straßen zwischen den hohen, weißgetünchten, fensterlosen arabischen Häusern der Hauptstadt Manama gewandert, von einem Büro zum anderen in einer Stadt, wo kein selbstbewußter Europäer zu Fuß geht. Und jeder, mit dem wir sprachen, war sehr interessiert, erkundigte sich, wann wir mit dem Ausgraben beginnen wollten, und war vermutlich überrascht, daß wir keine fix und fertigen Pläne und Berge von Ausrüstung bei uns hatten. Wir nannten uns ja eine Expedition, und irgendwie schien dieser Begriff nicht auf die zwei ziemlich ratlosen Männer mit je einem Koffer zu passen. Als wir das Büro der Bahrain-Ölgesellschaft verließen, sagte der Produktionsleiter sehr herzlich: «Schön, besuchen Sie uns bitte wieder, wenn Sie uns etwas Definitives mitteilen können.» Das drückte so ungefähr die allgemeine Meinung aus. In der Zwischenzeit wohnten wir in einem sehr teuren Hotel, weil es kein anderes gab, und jede Reise auf der Insel mußte im Taxi gemacht werden. Unsere Mittel wurden dabei mit alarmierender Geschwindigkeit aufgezehrt.

Nur in einer Hinsicht war es uns gelungen, einen Schritt in die richtige Richtung zu machen. Wir hatten entdeckt, daß die Bahrain-Ölgesellschaft (Bapco) einen vollständigen Satz von Luftaufnahmen der ganzen Insel besaß, und hatten zwei Tage damit verbracht, diese mit einem stereoskopischen Vergrößerungsglas zu mustern. Wir legten eine Liste von fünfundfünfzig Stätten an, wo unnatürlich aussehende Hügel, unerklärliche Lichtungen in den Palmenplantagen oder Linien verfallener Mauern vermuten ließen, daß sich eine Untersuchung am Boden lohnen würde. Wir trugen die Gräberfelder in unsere Karte ein und stellten eine grobe Schätzung der Anzahl der Gräber auf der Grundlage der von den Hügelfeldern bedeckten Fläche und der durchschnittlichen Dichte von Hügeln in den Feldern an. Es kam eine Summe von hunderttausend heraus, eine wirklich verblüffende Zahl, mehr Grabhügel als in ganz Dänemark oder England. Aber wir konnten die Hügel und unsere fünfundfünfzig verdächtigen Stätten erst besuchen, wenn wir ein Fahrzeug hatten. Es schien, als müßten wir einen neuen Jeep kaufen, was eine sehr große Lücke in die Reserve reißen würde, die wir für die Kosten der Expedition zurückhielten.

Aber dann wendete sich das Blatt ganz plötzlich. Der Direktor meiner alten Ölgesellschaft, der zwar erst nach meiner Zeit dorthin gekommen war, aber von meiner früheren Verbindung mit seiner Gesellschaft wußte, hatte in seinem Londoner Büro angefragt, wie er sich gegenüber Hilfegesuchen armer Archäologen verhalten sollte, und erhielt die Antwort, er könne jede Unterstützung innerhalb vernünftiger Grenzen anbieten. Nun kam die Maschinerie in Gang. Das war das erste, aber keineswegs das letzte Mal, daß wir erfahren durften, was es hieß, eine Ölgesellschaft hinter sich zu haben, wenn man in neues Gelände vorstößt. Es ergab sich, daß man dort dabei war, einen großen Humber-Kombiwagen, der speziell für den Wüstentransport gebaut und in den Büchern auf 170 Dollar abgeschrieben war, abzustoßen. Wir konnten ihn für diesen Buchwert kaufen. Außerdem würde in Kürze ein möbliertes Haus in ihrem Areal frei, und es sei nichts dagegen einzuwenden, daß wir dort einzögen, wobei es für uns günstig sein würde, unsere Mahlzeiten im Restaurant des Gästehauses gegen eine nominelle Gebühr von einem Dollar pro Tag (die man «vergaß» uns zu berechnen) einzunehmen.

Drei Tage später übernahmen wir den starken blauen Kombiwagen mit seinen schweren Niederdruck-Wüstenreifen und feierten das Ereignis mit einer Fahrt hinaus nach Ali, um die Hügel zu besichtigen, die Hauptmann Durand, Oberst Prideaux und Ernest Mackay vor zwischen dreißig und achtzig Jahren ausgegraben hatten. Da standen sie, genau wie die Ausgräber sie beschrieben hatten, die Wände der Schnitte noch aufrecht und sogar die Decken der Tunnel von Prideaux noch nicht eingefallen. Für Archäologen, die es gewohnt waren, in den Torfmooren Dänemarks zu graben, wo alle Schnitte abgestuft und abgeflacht werden mußten, damit die Wände nicht auf die Ausgräber stürzten, waren diese noch nach zwei Generationen senkrecht stehenden Wände geradezu unheimlich. Inzwischen haben wir gelernt, daß der natürliche Gipsgehalt des Bodens von Bahrain eine der Witterung ausgesetzte Schnittfläche in dem feuchten Klima zu fast zementener Härte verfestigt, und wir haben uns daran gewöhnt, fast unmittelbar am Fuß von dreißig bis vierzig Fuß hohen senkrechten Schnitten zu arbeiten. Niemals ist eine solche Wand eingestürzt, und kaum ein Stein ist je davon heruntergefallen.

Die wirkliche Arbeit hatte nun begonnen, und der Leser hat sicher das Gefühl – ebenso wie der Produktionsleiter der Bapco –, es sei nun höchste Zeit, daß wir unsere Pläne, Hoffnungen und Erwartungen etwas genauer darlegten. An diesem Nachmittag unseres ersten Tags echter Feldarbeit standen wir vor den Ergebnissen der Feldarbeit von drei Vorgängern. Es war naheliegend zu fragen, was wir tun zu können glaubten, das sie nicht schon getan hatten. Diese Frage ist uns während der Monate der Vorbereitung oft genug gestellt worden, und wir antworteten gewöhnlich, daß überhaupt nichts von der Geschichte Bahrains, bevor die Insel im siebten Jahrhundert zum Islam bekehrt wurde, bekannt sei und äußerst wenig von ihrer Geschichte danach, bis die Portugiesen im sechzehnten Jahrhundert ihre Handelsplätze am Golf gründeten. Daher war alles Wasser auf unsere Mühle, was auch immer Licht auf Bahrain in seiner frühen islamischen und besonders der vorislamischen Zeit werfen konnte. Die Grabhügel waren Zeugen dafür, daß Bahrains vorislamische Geschichte in irgendeiner Periode ganz ungewöhnlich und vielleicht bedeutungsvoll war, aber den Grabhügeln ihren Platz in der Geschichte Bahrains zuzuweisen war nicht unser einziges Ziel. Unser Ziel war in Wirklichkeit, Bahrains Platz in der Weltgeschichte aufzuzeigen.

Der Rolle eines Neuschöpfers der Geschichte kann kein Archäologe widerstehen. Theoretisch ist der Archäologe ein Techniker, der durch seine Technik der kontrollierten Erforschung und Ausgrabung das Material beschafft, auf Grund dessen Historiker und Vorgeschichtler ihr Bild von dem zeichnen können, was geschah. In der Praxis sind aber diese beiden Vorgänge untrennbar. Nicht nur kann der Archäologe niemals der Versuchung widerstehen, historische Theorien aufzustellen, die zu den archäologischen Tatsachen passen, und nicht nur ist er häufig am besten dazu geeignet, über das zu theoretisieren, was er gefunden hat, sondern es besteht auch eine ständige Rückkopplung, wobei das ausgegrabene Material die Grundlage für geschichtliche Theorien abgibt, die dann durch weitere Ausgrabungen geprüft, bestätigt oder modifiziert und dann abermals geprüft werden. Wir glaubten nicht, bessere Archäologen zu sein als unsere Vorgänger in Bahrain (obwohl die Technik sich in der Zwischenzeit zweifellos verbessert hatte), aber wir waren der Meinung, daß die von ihnen aufgestellten Theorien, um Bahrain in die Weltgeschichte einzuordnen, nicht hinreichend geprüft worden waren. Mackay hatte behauptet, daß Bahrain im zweiten Jahrtausend v. Chr. eine Grabstätte für die Nomadenstämme war, von denen er glaubte, daß sie in dieser Zeit das arabische Festland bewohnten; diese Theorie wäre völlig einleuchtende «Geschichte» – wenn sie richtig wäre. Prideaux hatte geglaubt, daß Phönizier auf Bahrain gelebt hatten und gestorben waren, bevor sie in das historische Phönizien an der Ostküste des Mittelmeers einwanderten, und auch das wäre einleuchtende Geschichte gewesen – wenn es richtig wäre; es hätte sogar eine Feststellung von Herodot bestätigt, daß die Phönizier zu seiner Zeit behaupteten, ihre Vorfahren seien vom Arabischen Golf gekommen. Durands Theorie – oder vielmehr die im Anhang zu seinem Bericht von einer weit größeren Autorität vorgebrachte Theorie – hatte schon mehr für sich. «Bedenken wir also», schrieb Sir Henry Rawlinson im Jahr 1880, «daß durch die ganzen assyrischen Schrifttafeln, von der ältesten bis zur letzten Periode, dauernd auf eine Insel namens Niduk-ki auf akkadisch, und Tilvun oder Tilmun auf assyrisch angespielt wird, und daß dieser Name, der fraglos für Bahrain verwendet wird ...» Sir Henry Rawlinson hatte eine Intuitionsgabe, die ans Unheimliche grenzte, und schon in dieser frühen Zeit hatte er gesehen, daß Dilmun für die alten Völker von Mesopotamien von ungewöhnlicher Bedeutung war. Spätere Entdeckungen haben erwiesen, daß es in ihrer Geschichte und Mythologie eine einzigartige Stellung einnahm, wie die folgenden Kapitel zu zeigen versuchen. Und Rawlinson setzte tatsächlich voraus, daß Bahrain Dilmun sein könnte. Das Beweismaterial dafür war damals sehr mager. Ob es heute stärker ist, das ist die Frage, die dieses Buch stellen will.

Es wäre unrecht gegenüber einem hervorragenden Gelehrten, hier nicht Dr. Peter Bruce Cornwall zu erwähnen, der während des Zweiten Weltkriegs eine Anzahl von Grabhügeln auf Bahrain ausgrub und einen sehr eingehenden Artikel schrieb, in dem er die Beweise für eine Identifikation von Bahrain mit Dilmun vorlegte. Der Grund, warum er bisher nicht erwähnt wurde, ist, daß wir beim Beginn unserer Arbeit nicht mehr wußten als die nackte Tatsache, daß ein amerikanischer Archäologe eine Zeitlang auf der Insel gearbeitet hatte. Erst einige Jahre später und auf ziemlichen Umwegen konnten wir uns eine Fotokopie des unveröffentlichten Artikels von Dr. Cornwall mit dem Bericht, welche Grabhügel er ausgegraben hatte, verschaffen.

In der Zeit also, als wir mit ernsthafter Feldarbeit begannen, waren wir darauf eingestellt, alles, was früher als die Portugiesen war, als einer Untersuchung wert anzusehen. Unsere Richtlinie war einfach, zu ermitteln, was in Bahrain von der Zeit an geschehen war, als Menschen zum erstenmal ihren Fuß auf die Insel setzten, bis zum Beginn der geschriebenen Geschichte vor knapp fünfhundert Jahren. Theoretisch waren wir genauso an steinzeitlichen Werkzeugen und frühen islamischen Ruinen interessiert wie an dem Problem der Grabhügel, die unsere Vorgänger so ganz in Beschlag genommen hatten. Aber in der Praxis waren wir uns sehr wohl bewußt, daß es eine Frage gab, die größeren Umfang annehmen mußte als alle anderen: daß wir nämlich bei dem Bemühen, Bahrain in den Strom der Weltgeschichte einzuordnen, in Wirklichkeit auf der Suche nach Dilmun waren.

2. KAPITEL

«Wie ein Fisch in der Mitte des Meers»

Ich habe das Gefühl, daß man nicht «verschollene Kulturen entdeckt», sondern daß vielmehr, wenn die Zeit reif ist, verschollene Kulturen sich selbst enthüllen, wobei sie sich zu diesem Zweck eben gerade der Hilfsmittel und Menschen bedienen, die zufällig zur Hand sind. So war es wenigstens bei Dilmun, das nach und nach im Laufe der letzten hundert Jahre an den Wasserspiegel der Weltgeschichte heraufgeschwommen ist, nachdem es vierundzwanzighundert Jahre vollständig untergetaucht war.

Fast zweieinhalb Jahrtausende war Dilmun buchstäblich eine verschollene Kultur, so verschollen, wie Assyrien, Ägypten und Babylonien, ja nicht einmal das Hethiterreich, das minoische Kreta und die Sumerer je waren.

Daß Babylon, Ninive und das hunderttorige Theben die Hauptstädte mächtiger Reiche lange vor der Zeit der Griechen und Römer waren, war nie ganz vergessen worden und war den antiken Historikern, den Mönchen des Mittelalters und den neuen Gelehrten der Renaissance bekannt. Nur die Kenntnis der geographischen Lage dieser alten Hauptstädte war verlorengegangen. Daß Kreta im Mittelmeer schon vor dem Aufstieg des festländischen Griechenland eine Macht war, konnte man in den Epen von Homer und den klassischen Erzählungen der Sage von Theseus und dem Minotauros lesen. Aber es bedurfte der Ausgrabung des großen Palastes in Knossos durch Sir Arthur Evans, um zu beweisen, daß die «Ilias» und die klassischen Sagen keine reinen Werke der Dichtkunst waren. Daß die Hethiter und Sumerer einst große Mächte waren, war der Geschichtswissenschaft vollständig verlorengegangen, aber die Namen waren wenigstens noch lebendig. Die Hethiter und das Land Schinar kommen in den frühen Büchern der Bibel vor.

Aber weder in der klassischen Geschichte noch in der biblischen

Erinnerung, der epischen Dichtung oder der Sage war irgendeine Erwähnung des Landes Dilmun erhalten geblieben. Vierundzwanzighundert Jahre lang hatte niemand je den Namen Dilmun gehört, kein vorhandenes Buch, keine Inschrift erwähnte Dilmun.

Und doch war mehr als zwei Jahrtausende früher Dilmuns Name ebenso lange, wie er nachher vergessen war, ein alltäglicher Begriff. Es war ein Land, das Kaufleuten und Reisenden, Historikern und Geographen sehr wohl bekannt war, berühmt in Dichtung und Epik, Mythologie und Kosmogonie. In diesen Jahrtausenden bereisten die Männer von Dilmun die ganze damals bekannte Welt. Ihre Artefakte und Inschriften findet man von Griechenland bis an die Grenzen Birmas.

Der Weg nach Dilmun führte über die Wiederentdeckung der Kulturen von Assyrien und Babylonien. Hier begann die erste systematische Arbeit im Jahr 1842, als Paul Émile Botta zum französischen Konsul in Mosul im nördlichen Irak ernannt wurde. Es ist schon oft erzählt worden, wie Botta durch die riesigen Hügel Nabi Junus und Kujundschik fasziniert wurde, die gegenüber von Mosul auf dem anderen Ufer des Tigris liegen, und wie er zuerst in Nabi Junus und, als ihm das untersagt wurde, in Kujundschik zu graben anfing. Die Arbeit von drei Monaten in Kujundschik brachte wenig Ergebnisse, erregte aber großes Interesse bei den dortigen Einwohnern. Einer von ihnen, ein Bauer aus dem Dorf Chorsabad, etwa zwölf Meilen weiter nordöstlich, der bemerkte, daß alle Bruchstücke aus Stein oder Ziegeln mit Inschriften sorgsam gesammelt wurden, sagte zu Botta, daß er, wenn er an solchen Dingen interessiert sei, in Chorsabad graben müßte, wo es Tausende davon gebe. Botta war skeptisch, aber er sandte ein paar Arbeiter aus, um in dem Dorf zu graben. Ein wenig unter der Erdoberfläche stießen sie auf eine Mauer, die mit Platten aus skulptiertem Alabaster verkleidet war ...

Nun verlegte Botta seine Arbeit nach Chorsabad und grub in achtzehn Monaten trotz erheblicher Behinderung durch den türkischen Gouverneur von Mosul den Palast aus, der unter dem Dorfhügel lag. Hundert Räume und Korridore wurden freigelegt, die Mehrzahl davon mit Wänden, die mit Flachreliefs, Darstellungen von Schlachtszenen und religiösen Prozessionen, Göttern und Königen in einem Kunststil verkleidet waren, wie man ihn noch nie gesehen hatte. Der Schmuck und die Kleidung der menschlichen Figuren waren von völlig unbekannter Art, die dargestellten Monstren gehörten zu keiner bekannten Mythologie, während die Tore überall von geflügelten Statuen von Stieren und Löwen mit Menschenköpfen flankiert waren.

Zwischen und auf den skulptierten Platten fand man lange Inschriften in einer Schrift aus keilförmigen Zeichen.

Bald nachdem die ersten skulptierten Platten freigelegt waren, wurde es Botta klar, daß der Palast, den er ausgrub, durch Feuer zerstört worden war. Und da Alabaster eine Art Kalkstein ist, begannen die gebrannten Platten schnell sich zu Staub aufzulösen, als sie der Luft ausgesetzt wurden. Während Botta versuchte, die schnell zerfallenden Platten abzuzeichnen, schickte die französische Regierung eiligst einen erfahrenen Künstler, der dann mit dem Fortschreiten der Ausgrabung mit größter Genauigkeit alle Flachreliefs und Inschriften abzeichnete. Im Jahr 1850, sieben Jahre nach der Beendigung der Ausgrabung, konnte Botta in fünf Bänden eine vollständige illustrierte Darstellung des Palastes von Chorsabad veröffentlichen.

Während dieser sieben Jahre hatte ein anderer Ausgräber Entdekkungen gemacht, die denjenigen von Botta ebenbürtig waren. Austen Henry Layard war 1840 als erster auf dem Schauplatz erschienen, als er zusammen mit einem Begleiter eine abenteuerliche Reise machte mit dem Ziel, Indien vom Mittelmeer aus auf dem Landweg zu erreichen. Sie reisten zu Pferd ohne Eskorte und verbrachten einige Zeit in Mosul, wo sie die Hügel von Kujundschik und Nabi Junus besichtigten. Sie machten einen Umweg nach Bagdad und besichtigten dabei andere Hügel weiter abwärts am Tigris, insbesondere einen namens Nimrud. Das Geheimnis dieser Hügel mit ihrem Schutt voll Topfscherben und Ziegeln mit Inschriften ließ Layard keine Ruhe, und als die beiden Gefährten Hamadan in Persien erreichten, entschloß er sich zu einer Abänderung seines Plans und kehrte nach Mosul zurück. Diese Reise ging anscheinend äußerst gemächlich vor sich, und als Layard wieder in Mosul zurück war, war es schon 1842, und Botta hatte in Kujundschik zu graben begonnen. Layard eilte nach Konstantinopel, der Hauptstadt des türkischen Reichs, von dem Mosul und ganz Mesopotamien ein Teil waren, und versuchte von dort aus, Unterstützung für eine britische Ausgrabung der verschütteten Stätten im Gebiet von Mosul zu erhalten. Drei Jahre lang, schrieb er, «habe er zu vielen über Ausgrabungen gesprochen, aber nur wenig Ermutigendes zu hören bekommen». In diesen drei Jahren versetzte Botta die Welt in Staunen mit seiner Entdeckung einer vollständig unbekannten Kultur in Chorsabad, einer Kultur, die die biblischen und klassischen Historiker einmütig als diejenige Assyriens identifizierten. «Schließlich», schreibt Layard, «erbot sich Lord Stratford de Redcliffe, damals Sir Stratford Canning, im Herbst 1845, mit mir zusammen für eine begrenzte Zeit die Kosten für Ausgrabungen in

Assyrien zu übernehmen, in der Hoffnung, daß, wenn der Versuch von Erfolg gekrönt würde, Mittel gefunden würden, um die Arbeit im angemessenen Maßstab durchzuführen.» Layard verließ Konstantinopel sofort. «Ich überquerte das Gebirge von Pontus und die großen Steppen von Usum Jilak so schnell, wie mich die Postpferde tragen konnten, stieg aus dem Hochland in das Tal des Tigris hinab, galoppierte über die weiten Ebenen von Assyrien und erreichte Mosul in zwölf Tagen.»

Es ist nicht der Zweck dieses Kapitels, die Entdeckung Assyriens und Babyloniens im einzelnen zu beschreiben. Kurz gesagt, Layard grub zuerst zwei Jahre lang an dem Hügel von Nimrud, der, wie man jetzt weiß, das Kalach der Bibel ist, und legte Paläste frei, die denjenigen von Chorsabad nicht nachstanden. Die gleichen geflügelten Stiere und Löwen flankierten auf dieselbe Weise die Eingänge zu Hallen, die mit skulptierten Platten verkleidet waren. Und überall zwischen den Reliefs mit Jagd- und Schlachtszenen fanden sich Inschriften in der keilförmigen Schrift der Assyrer.

Nun warf das Britische Museum sein Gewicht in die Waagschale. Und Layard, der jetzt über einigermaßen ausreichende Mittel verfügte, beschloß, neben seinen Ausgrabungen in Nimrud den sehr viel größeren Hügel von Kujundschik zu erforschen. Denn obwohl Botta dort mit geringem Erfolg gegraben hatte, schien es doch sehr wenig zweifelhaft, daß die Hügel von Kujundschik und Nabi Junus die Stadt Ninive selbst, die Hauptstadt von Assyrien, bedeckten. Im Sommer 1847 stellte Layard im Verlauf einer nur einmonatigen Ausgrabung in Kujundschik einen Palast fest, der mit denen von Nimrud und Chorsabad vergleichbar war. Aber seine Mittel waren erschöpft, und er beschloß, nach siebenjähriger Abwesenheit nach London zurückzureisen. Zwei Jahre später kehrte er, wiederum mit Unterstützung des Britischen Museums, zurück und grub im Lauf von achtzehn Monaten in Kujundschik «71 Säle, Kammern und Durchgänge ... 27 aus kolossalen geflügelten Stieren und Löwensphinxen gebildete Portale ... und 9880 Fuß Flachreliefs» aus. Und in dem Schutt, der die skulptierten Räume füllte, fand er eine große Zahl von Tafeln aus gebranntem Ton, die mit derselben keilförmigen Schrift bedeckt waren, wie man sie auf den Wandplatten gefunden hatte.

Das war das erstemal, daß die schon lang bekannte keilförmige Schrift auf Tontafeln gefunden wurde, und diese Entdeckung eröffnete weite Perspektiven. Obwohl die Schrift zu jener Zeit noch nicht gelesen werden konnte, hatten die Philologen an diesem Problem schon seit anderthalb Jahrhunderten gearbeitet und waren zuversichtlich, daß sie dem Erfolg nahe waren. Denn die von Botta und Layard ausgegrabenen Inschriften waren keineswegs die ersten Keilschrifttexte, die entdeckt und publiziert worden waren.

An der Nordküste des Arabischen Golfs, gerade im Norden von Bahrain, liegt Buschir, der größte Hafen Persiens. Von dort verläuft die wichtigste nord-südliche Landverbindung durch Persien, über Schiras und Isfahan zu der Hauptstadt Teheran und dem Kaspischen Meer. 240 Kilometer entfernt auf dieser Route, 65 Kilometer nordöstlich von Schiras, liegen die eindrucksvollen Ruinen einer prächtigen Stadt, die die Perser als Tacht-i-Dschemdschid, «Thron des Dschemdschid» oder Chehil-Minar, «Die vierzig Pfeiler», kennen. Als erster hatte sie im Jahr 1472 Geosafat Barbaro, der venezianische Gesandte am persischen Hof, den Europäern beschrieben; und 1602 erwähnt der portugiesische Gesandte Antonio de Gouuea als erster die Inschriften, die auf den Ruinen zu sehen waren. Eingehender wurden sie 1617 von seinem Nachfolger Don Garcia Silva Figveroa beschrieben, und Don Garcia war es denn auch, der die Ruinen richtig als die Stätte von Persepolis identifizierte, der Hauptstadt Darius' des Großen von Persien. Vier Jahre später, 1621, wurde die Stätte von dem berühmten italienischen Reisenden Pietro della Valle (der auch in Babylon war) besucht, und dabei wurde die erste Kopie eines Teils der Inschriften von Persepolis gemacht und nach Europa gebracht. Im Lauf des siebzehnten Jahrhunderts wurden von europäischen Reisenden zwei oder drei weitere kurze – und ungenaue – Teile der dortigen Inschriften veröffentlicht, und 1700 wurde der Begriff «keilförmig» zuerst benützt, um die so gestaltete Schrift zu beschreiben.

Ein ernsthaftes Studium der Schrift begann aber erst mit der 1778 erfolgten Veröffentlichung genauer Zeichnungen von drei langen dreisprachigen Inschriften aus Persepolis durch Carsten Niebuhr.

Der Geist Carsten Niebuhrs hat unsere dänische Expedition an den Arabischen Golf begleitet. Daß er ein Däne, aus der damals dänischen Provinz Schleswig, daß er ein Teilnehmer – und der einzige Überlebende – einer dänischen wissenschaftlichen Expedition nach Arabien war und daß diese Expedition gerade zweihundert Jahre vor der unsrigen vom König von Dänemark entsandt worden war, erweckte in uns in mancher Hinsicht das Gefühl, daß wir nur das Werk fortsetzten, das dieser bescheidene Pionierleutnant begonnen hatte.

Die Geschichte dieser früheren dänischen Expedition ist kürzlich in Buchform von einem Mitglied *unserer* Expedition (Thorkild Hansen: ‹*Arabia Felix*›) publiziert worden und ist, obwohl dieses Kapitel nun schon Abschweifung auf Abschweifung häuft, wert, hier kurz zusammengefaßt zu werden. Sechs Männer, fünf Wissenschaftler und ein Diener, verließen 1761 Kopenhagen mit Ägypten und dem Jemen in Südwestarabien als erstem Ziel. Von dort sollten sie nach Basra weiterreisen und auf dem Landweg durch Mesopotamien und Syrien zurückkehren. Die Expedition bestand aus einem Professor der Philologie, der die Sprachen und Sitten des Mittleren Osten studieren und Inschriften und Manuskripte sammeln sollte; einem schwedischen Professor der Botanik, einem Schüler des großen Linnaeus, der Pflanzen und andere naturgeschichtliche Dinge zu sammeln hatte; einem Künstler und Kupferstecher, der Abbildungen von den besuchten Ländern und Völkern anfertigen sollte; einem Arzt, um die dortigen Krankheiten und Heilmittel zu studieren und für die Gesundheit der Expedition zu sorgen; einem ausgedienten schwedischen Soldaten als Diener; und Leutnant Carsten Niebuhr, der sich als Landvermesser und Astronom betätigen, Landkarten aufzeichnen und Entfernungen festhalten mußte. Es ergab sich aber, daß außer einer Mappe mit Zeichnungen des Künstlers keines der den ersten fünf Mitgliedern der Expedition gestellten Ziele erreicht wurde. Der Philologe fand keine Inschriften; die Sammlung des Botanikers ging zu einem großen Teil verloren, und der Rest wurde zerstreut; der Arzt sammelte keine Heilmittel, konnte das Leben von vier Expeditionsteilnehmern nicht retten und starb schließlich selbst. Die Expedition wäre ein katastrophaler und völliger Mißerfolg gewesen, wenn nicht der Pionierleutnant, nachdem die letzten seiner Kameraden an Malaria und Unterernährung im Jemen und Indien gestorben waren, die geplante Reise zu Land von Persien nach Dänemark durchgeführt hätte, wobei er ganz allein alle vorgesehenen Forschungsaufgaben, das Sammeln von beispielhaften Stücken, Kopieren der Inschriften, Zeichnen von Panoramen und Porträts und die Herstellung von Landkarten von allem, was an wissenschaftlich Interessantem angetroffen wurde, ausführte. Ende 1767 war er zurück in Kopenhagen, sieben Jahre nachdem die Expedition aufgebrochen war. In den letzten vier dieser sieben Jahre war Niebuhr allein bei seiner Reise und seinen Arbeiten. Wir hatten keinen Grund, uns unseres Vorgängers in diesen Gegenden zu schämen.

Die Kopien, die Carsten Niebuhr von den Inschriften von Persepolis machte, waren der Anstoß zu den ersten echten Versuchen, das Rätsel der Keilschrift zu lösen. Ja, Niebuhr selbst, obwohl kein Philologe, trug als erster dazu bei, indem er darauf hinwies, daß die Inschriften in drei verschiedenen Arten der Keilschrift geschrieben waren, von denen die erste nur zweiundvierzig verschiedene Zeichen verwendete.

Sehr bald wurde der Schluß gezogen, daß die drei Formen der Keilschrift drei verschiedene Sprachen wiedergaben, die alle die Keilschrift verwendeten, und daß die erste davon alphabetisch war, wobei jedes Zeichen einen Buchstaben bedeutete, während die anderen zwei wahrscheinlich syllabisch waren mit verschiedenen Zeichen für jede Silbe, was natürlich wie beim Chinesischen eine große Zahl von Zeichen ergab. Es war logisch anzunehmen, daß bei allen dreisprachigen Inschriften der gleiche Text in jeder der drei Sprachen wiedergegeben war und daß diese drei Sprachen wahrscheinlich die der drei Hauptteile des persischen Reichs waren, des eigentlichen Persien, des Gebiets um Susa und Babyloniens. Die Anstrengungen konzentrierten sich auf die erste Schrift, die offensichtlich am leichtesten zu «knakken» war und die man – was sich als richtig erwies – für die altpersische hielt.

Aber es liegt außerhalb des Rahmens dieses Buchs, die Entzifferung des Altpersischen oder der Keilschrift im allgemeinen darzustellen (was schon oft geschehen ist). Es genügt zu sagen, daß es ein langwieriger Prozeß war, obwohl Fortschritte erzielt wurden und die Namen Hystaspes, Darius und Xerxes identifiziert wurden, was den Lautwert von fünfzehn Zeichen ergab. Die Schwierigkeit lag darin, daß die Inschriften von Persepolis zu kurz waren. Eine unbekannte Schrift zu lesen ist in vieler Hinsicht wie die Entschlüsselung einer Geheimschrift und besteht weitgehend in einem statistischen Prozeß der Vergleichung von Wörtern und Sätzen und der Feststellung, welche Zeichen am häufigsten auftreten und welche Kombinationen oder Variationen von Kombinationen der Zeichen vorkommen. Der Prozeß ist unendlich viel leichter, wenn man lange Texte mit vielen Zeichen zur Verfügung hat, und die hervorragenden Philologen, die in den frühen Jahren des neunzehnten Jahrhunderts viele Stunden und große Findigkeit darauf verwendeten, um die letzten Beweistropfen aus den wenigen drei- und vierzeiligen Inschriften, die Niebuhr nach Hause gebracht hatte, herauszupressen, hätten besser daran getan, Persien nach längeren Inschriften in den gleichen Schriften zu durchforschen.

Zufällig ersparte ihnen die Britisch-Ostindische Kompanie die Mühe, indem sie einen dreiundzwanzig Jahre alten Offizier ihrer indischen Armee damit beauftragte, die persische Armee auszubilden und zu modernisieren. Dieser Offizier war Henry Creswicke Rawlinson, und es war das Jahr 1833.

Während in Persien die Hauptstraße nach Süden von Teheran an Persepolis vorbei zum Arabischen Golf verläuft, verläuft die Hauptstraße nach Westen von Teheran an Hamadan und Kermanschah vorbei nach Bagdad. Sie ist eine alte Straße, denn Hamadan ist das alte Ekbatana, während am westlichen Ende der Straße nicht nur Bagdad, sondern auch Ktesiphon und Babylon liegen. 80 Kilometer westlich von Hamadan und 30 Kilometer östlich von Kermanschah zieht sich die Straße bei Behistun am Ende eines Gebirgszugs unter einer steilen Felswand von über 1150 Meter Höhe hin. In diese Wand ließ Darius der Große fast fünfhundert Jahre vor dem Beginn des christlichen Zeitalters und etwa 150 Meter über dem Boden ein großes Relief von sich als Bezwinger der Könige und dreizehn Spalten Inschriften in denselben drei Keilschriften wie in Persepolis einmeißeln. Diese Inschriften zogen die Aufmerksamkeit des jungen britischen Majors auf sich.

1835 und 1836 kopierte Rawlinson den größten Teil der altpersischen Inschrift, die am leichtesten zu erreichen war, indem er drei- und viermal täglich die steile Felswand bis an den unteren Rand der Inschrift hinaufkletterte, eine kurze Leiter auf dem nur 45 Zentimeter breiten Vorsprung unter dem Fuß der Inschrift aufstellte und dann auf der obersten Sprosse der Leiter stand «mit keinem anderen Halt», berichtet er, «als daß man den Körper mit dem linken Arm am Fels abstützt, während die linke Hand das Notizbuch halten muß und die rechte mit dem Bleistift beschäftigt ist». Bis 1839, nachdem er ohne jede Kenntnis der Forschungen der Philologen in Europa an diesem mühsam gewonnenen Material gearbeitet hatte, war es ihm gelungen, fast die Hälfte der Inschrift zu entziffern. Dann rief ihn jedoch der afghanische Krieg nach Indien und Afghanistan zurück, wo er in Kriegsberichten erwähnt und später zum Politischen Offizier in Kandahar im südlichen Afghanistan ernannt wurde. Erst Ende 1843 konnte er zu seinen Keilschriftstudien zurückkehren. Im Dezember dieses Jahres wurde er Politischer Agent in Bagdad.

Das war gerade das Jahr, in dem Botta die Welt mit seiner Entdekkung der Inschriften auf den Alabasterplatten in Chorsabad weiter nördlich am Tigris in Staunen versetzte und Layard verzweifelt versuchte, Mittel für die Ausgrabungen in Nimrud und Kujundschik aufzutreiben. Aber Rawlinson war mit Darius dem Großen verabredet, und im folgenden Sommer ritt er zweihundert Meilen nach Behistun, um eine neue und genauere Kopie der ganzen persischen und susanischen Inschriften anzufertigen. Der susanische Text war schwieriger zu erreichen als der altpersische, denn hier fehlte der Felsvorsprung über eine weite Strecke, und Rawlinson mußte schließlich auf einer senkrechten Leiter, die auf einer waagrechten, einen Abgrund von einigen dreißig Metern Tiefe überbrückenden Leiter ruhte, seine Arbeit vollenden. Im folgenden Jahr revidierte er seine Übersetzung von 1839, und 1846 wurde sie von der Royal Asiatic Society in London veröffentlicht.

Ein Jahr später, als Layard die ersten Stapel von Keilschrifttafeln in Kujundschik ausgrub, war Rawlinson wieder zurück in Behistun, um sich eine Kopie der babylonischen Version der Darius-Inschrift zu verschaffen. Das war eine sehr viel schwierigere Aufgabe, als die anderen beiden Versionen zu kopieren. Denn die altpersischen und susanischen Texte bilden den unteren Teil der Inschriftplatten, und der Vorsprung unter ihnen konnte über den darunterliegenden Abhang erreicht werden. Aber der babylonische Text ist auf Platten über den anderen beiden Texten geschrieben, und über die geglättete Fläche dieser unteren Platten konnte man unmöglich klettern. Über den Inschriften bildet der Fels einen Überhang, der den Zugang von oben her gleichermaßen unmöglich macht. Rawlinson war in großer Verlegenheit, bis ein «wilder kurdischer Junge» sich erbot, an die Inschriften heranzukommen. Indem er links von den Inschriften in einer Spalte hochkletterte, schlug er einen Pflock mit einem Seil daran in den Fels, faßte das andere Ende des Seils und traversierte den fast glatten Überhang über der Inschrift. Auf der anderen Seite befestigte er einen zweiten Pflock, und da auf diese Weise das Seil in einem Bogen frei über der Inschrift hing, konnte er einen «Hängesitz nach Malerart» anbringen. Von diesem aus machte er nach Rawlinsons Anleitung mit nassem Papier Abdrücke des ganzen babylonischen Texts der Inschrift.

Mit diesem Material kehrte Rawlinson nach Bagdad zurück und arbeitete dann die nächsten vier Jahre zuerst in Bagdad und danach während eines zweijährigen Urlaubs in London (dem ersten in zweiundzwanzig Jahren) an der Entzifferung der babylonischen Sprache und Schrift. Das erwies sich als unerwartet schwierig, da viele Zeichen anscheinend eine große Zahl von völlig verschiedenen syllabischen Lauten wiedergeben konnten. Als er seine Übersetzung zuerst 1850 in Vorlesungen in London und dann 1852 im Druck der Öffentlichkeit bekanntgab, wurde seine Interpretation denn auch aus diesem Grund heftig kritisiert. Wenn die Zeichen so viele verschiedene Lautwerte haben konnten, argumentierte man, hätten die Babylonier selbst nie wissen können, welche gemeint waren, und hätten ihre eigene Sprache nicht lesen können ...

1857 dagegen verstummten die Kritiker, und Rawlinsons Entzifferung kam zu ihrem Recht. In diesem Jahr wurden nämlich Rawlinson und drei andere Philologen, die mehr oder weniger unabhängig voneinander und von Rawlinson an den Problemen der babylonischen Sprache gearbeitet hatten, Hinckes aus Irland, Oppert von Paris und Fox Talbot von London, von der Royal Asiatic Society eingeladen, getrennt und in versiegelten Umschlägen ihre Übersetzung einer jüngst bei einer Ausgrabung von Layards Nachfolger im nördlichen Irak gefundenen Inschrift einzureichen. Als die Umschläge geöffnet wurden, konnte eine Jury aus fünf Mitgliedern der Gesellschaft berichten, daß die Ähnlichkeit zwischen den Übersetzungen so bemerkenswert und die Wiedergabe oft Wort für Wort dieselbe sei, daß kein Zweifel daran bestehen könne, daß die Schrift von Babylonien und Assyrien nunmehr lesbar geworden sei.

Ich will mich nicht für diesen langen Bericht über die ersten Ausgrabungen in Kujundschik und Chorsabad und die Entzifferung der Keilschrift entschuldigen. Zusammen erklären sie nämlich, wie es die Umstände zu der Zeit, als Layard und Botta die Paläste einer ungeahnten Kultur mit ihren monumentalen Inschriften und ihren Tontafelarchiven entdeckten, auf geheimnisvolle Weise zuwege gebracht hatten, daß die Sprache, in der diese Inschriften und Archive geschrieben waren, gerade schon kurz vor der Entzifferung stand. Innerhalb von etwa zwanzig Jahren nach der Ausgrabung der ersten Platte in Chorsabad wurde die Geschichte Assyriens, wie sie von seinen eigenen Königen auf den Wänden ihrer Paläste aufgezeichnet worden war, der Welt bekannt.

Und als zufälliges Nebenprodukt der Rückkehr Assyriens und Babyloniens in das volle Licht der Geschichte, und damals gewiß ganz unbemerkt, wurde die Szenerie für das Wiedererscheinen von Dilmun gestellt.

Wir sahen, daß die erste monumentale, in Mesopotamien gefundene Inschrift auf den Alabasterplatten stand, die Botta 1842 und 1843 in Chorsabad ausgegraben hatte. 1850 wurden diese in Frankreich publiziert, während zur gleichen Zeit Rawlinson in London Vorlesungen über die Übersetzung der Behistun-Inschriften hielt. Vier Jahre nachdem die Royal Asiatic Society bewiesen hatte, daß man die Keilschrift lesen könnte, erschien 1861 eine umfassende Veröffentlichung mit der Übersetzung von Bottas Chorsabad-Inschriften in Frankreich. Sie erwiesen sich als ein vollständiger, neunmal in verschiedenen Worten erzählter Bericht der Ereignisse während der Herrschaft eines gewissen Sharru-kin, König von Assyrien; sie enthielten eine Beschreibung der Feldzüge gegen Israel, was unzweifelhaft bewies, daß Sharru-kin der assyrische König Sargon war, der bei Jesaja genannt wird.

Diese erste Entsprechung zwischen den Annalen der assyrischen Könige und der Bibel reizte die Phantasie der Welt, und es überrascht nicht, daß dem Rest der Inschrift mit Berichten über Feldzüge gegen andere, zumeist unbekannte Länder und Könige, wenig Aufmerksamkeit geschenkt wurde. Ganz sicher beachtete niemand die Schlußsätze eines Berichts über Sargons Feldzug gegen einen aufrührerischen König von Babylonien, Marduk-apel-iddina, den Merodach-Baladan der Bibel. Sargon vertrieb Merodach-Baladan aus Babylon und verfolgte ihn in seine südlichen Provinzen Chaldäa und Bit-Iakin. Er sagt dazu: «Ich brachte unter meine Herrschaft Bit-Iakin am Ufer des Bitteren Meeres bis an die Grenze von Dilmun», und fügt hinzu, daß «Uperi, der König von Dilmun, dessen Heimstatt wie ein Fisch 30 Doppelstunden entfernt in der Mitte des Meeres der aufgehenden Sonne liegt, von der Macht meiner Herrschaft hörte und Geschenke sandte». Dilmun war wieder in die Geschichte eingetreten – und niemand kümmerte sich darum.

In der Zwischenzeit war Rawlinson nicht untätig geblieben. Nun der anerkannte Meister der Keilschrift, hatte er seine Aufmerksamkeit den Tontafeln zugewandt, die Layard aus Kujundschik mitgebracht hatte, und im gleichen Jahr 1861, in dem die Annalen Sargons in Frankreich publiziert wurden, veröffentlichte Rawlinson in London den ersten Band mit Tontafeln aus der Sammlung des Britischen Museums in einer Serie mit dem Titel ‹*Die Keilschrift-Inschriften von Westasien*›. Man wußte nun, daß der von Layard in Kujundschik ausgegrabene Palast der von Assurbanipal, einem anderen aus der Bibel bekannten assyrischen König war, und die Keilschrifttafeln erwiesen sich als Teil der Bibliothek dieses Königs. Aber hier handelte es sich um etwas ganz anderes als bei den monumentalen Inschriften auf den Wänden der Paläste. Sie waren unvergleichlich viel schwieriger zu lesen; in vielen Fällen waren sie bruchstückhaft und in einer mikroskopischen Schrift geschrieben. Ihr Charakter war aber auch ein ganz anderer. Während die Inschriften eindeutig dazu bestimmt waren, eine leicht lesbare Geschichte der Herrschaft der Könige, die sie hatten einmeißeln lassen, zu bieten, war die Bibliothek ein Wirrwar von Aufzeichnungen über alles mögliche. Es gab Listen von Städten, Bruchstücke von Hymnen und Beschwörungen, geschäftliche Berichte, Kopien früherer Inschriften aus anderen Teilen des assyrischen Reichs, Teile von Dichtungen und Mythen, und auch Wörterbücher, Listen von Zeichen mit ihren verschiedenen Bedeutungen und Aussprachen; einige waren sogar in einer neuen und unbekannten Sprache geschrieben, manchmal mit assyrischer Übersetzung, manchmal ohne sie. Und allein schon die Zahl der Tafeln machte die Aufgabe der Auswahl fast unüberwindlich schwierig, denn bis jetzt waren ungefähr fünfundzwanzigtausend Tafeln geborgen worden.

Welches Prinzip Rawlinson bei der Auswahl der Tafeln für die Veröffentlichung in der Serie des Britischen Museums anwandte, weiß man nicht. Es kann kaum Absicht gewesen sein, daß zwei Tafeln im zweiten Band, zwei im dritten und noch einmal zwei im vierten dieses noch unbedeutende Land Dilmun erwähnen. Sie fügten den spärlichen Informationen in der Inschrift von Sargon von Assyrien wenig Neues hinzu. Drei schienen Fragmente von Hymnen oder Beschwörungen zu sein, die in recht dunklen Worten Dilmun mit einer Vielzahl von Göttern in Verbindung brachten. Eine schien Dilmun zu einer Anzahl von Städten und Gebieten zu zählen, die in der Zeit von Assurbanipal unter der Herrschaft Assyriens standen. Eine war einfach eine Liste von Göttern, der die unter ihrem Schutz stehenden Gebiete beigefügt waren. In der Liste findet sich die Zeile:

«Der Gott Enzak; der Gott Nabu von Dilmun.»

Diese Identifikation von Enzak (anderswo auch Inzak geschrieben) als Schutzgott von Dilmun sollte sich später als bedeutungsvoll erweisen. Die sechste Erwähnung von Dilmun war von größerem unmittelbarem Interesse. Sie findet sich auf einer Tafel, die die Laufbahn von König Sargon von Akkad beschreibt und feststellt, daß er das «Untere Meer», das ist der Arabische Golf, erreicht und Dilmun erobert hat.

Sargon von Akkad darf man nicht mit Sargon von Assyrien verwechseln. Schon aus dem Text selbst ging klar hervor, daß Sargon von Akkad unermeßlich viel früher war als Sargon von Assyrien, der im achten Jahrhundert v. Chr. regierte (Rawlinson bezeichnet ihn sogar in seiner Veröffentlichung der Tafel als «mythisch»). Spätere Forschungen und Entdeckungen enthüllten Sargon von Akkad als den Gründer des ersten Großreichs der Geschichte; er wurde 2303 v. Chr. (oder ungefähr um diese Zeit) König von Akkad in Südmesopotamien, also etwa sechzehn Jahrhunderte früher als sein späterer Namensvetter, und eroberte nach und nach alle Gebiete zwischen dem Mittelmeer und dem Arabischen Golf.

In diesem Stadium, zwanzig Jahre nach der ersten Lesung der Keilschrift, war die Situation so, daß etwa ein halbes Dutzend Dokumente entziffert und veröffentlicht waren, die ein Land namens Dilmun erwähnten. Es handelte sich überall um beiläufige Erwähnungen in Dokumenten, die zufällige Hinweise auf Dutzende nicht identifizierbare Länder und Städte enthielten. Auch unter den Forschern, die sich nun Assyriologen nannten, hielt man es für wenig nützlich und interessant, die Jagd nach diesen unbekannten geographischen Namen aufzunehmen. Die Assyriologen mußten sich über andere Dinge Gedanken machen. In dem Maße, wie mehr und mehr Keilschrifttafeln aus Assurbanipals Bibliothek entziffert wurden, erkannten sie – und mit ihnen die Welt –, daß sie dabei waren, eine ganze Literatur zu entdekken. Hymnen und Beschwörungen fügten sich langsam ineinander, und es wurde bald deutlich, daß manche von ihnen Teile ganzer epischer Dichtungen waren, die von den Taten der Götter und Heroen berichteten.

Die epische Dichtung sollte in späteren Jahren bedeutungsvoll für die «Dilmun-Frage» werden. Aber noch als Hauptmann Durand 1880 die Ergebnisse seiner Erforschung der Altertümer von Bahrain veröffentlichte, bestand kein Grund zu der Annahme, daß Dilmun mehr als ein kleines Königreich irgendwo an der Peripherie des assyrischen Reichs war. Doch Durand hatte auf Bahrain eine Keilschrift-Inschrift gefunden, und daher bat die Royal Asiatic Society, die seinen Bericht veröffentlichte, den großen Sir Henry Rawlinson, dem Bericht einen Kommentar beizufügen.

Rawlinsons Kommentar ist ein Artikel, der ebenso lang ist wie der Bericht selbst und schwer befrachtet. Er führt nicht nur alle damals vorhandenen keilschriftlichen Erwähnungen Dilmuns auf, sondern auch alle späteren Mitteilungen über den Arabischen Golf bei griechischen und römischen Autoren und behandelt sehr eingehend und mit erstaunlicher Vorausschau die mögliche Rolle Dilmuns in der Mythologie und Theologie der Babylonier. Aber sein Hauptgesichtspunkt kommt klar heraus. Der Schreiber der Inschrift von Bahrain nannte sich «Sklave des Gottes Inzak». Der Gott Inzak wurde in der Tafel des Britischen Museums, die Rawlinson selbst entziffert und veröffentlicht hatte, als der «Gott Nabu» – mit anderen Worten: die Hauptgottheit – von Dilmun bezeichnet. Und Dilmun war gemäß den Annalen von Sargon von Assyrien das Land, dessen Herrscher «30 Doppelstunden entfernt in der Mitte des Meeres der aufgehenden Sonne» wohnte.

Rawlinson stellte die Behauptung auf, daß Bahrain identisch mit Dilmun sei.

Wir müssen, fürchte ich, das Beweismaterial ein wenig näher besehen. Weil nämlich später einige hervorragende Autoritäten diese Identifikation bestritten. Was Sargon von Assyrien tatsächlich sagt, ist, daß er «Bit-Iakin an der Küste des Bitteren Meeres bis zur Grenze von Dilmun» eroberte. Später sagt er noch, daß er «Bit-Iakin nördlich und südlich bis zu» vier Städten, «die an der elamischen Grenze liegen», eroberte und daß er danach einen seiner Befehlshaber beauftragt habe, eine Festung bei «Saglat an der elamischen Grenze» zu erbauen. Erst dann fährt er fort, daß «Uperi, der König von Dilmun, dessen Heimstatt wie ein Fisch 30 Doppelstunden entfernt in der Mitte des Meeres der aufgehenden Sonne liegt ... Geschenke sandte».

Zwei Dinge gehen hieraus klar hervor. Erstens schloß das Reich des Königs von Dilmun, der auf einer Insel lebte (denn die Ausdrücke «wie ein Fisch» und «in der Mitte des Meeres» werden allgemein für die Kennzeichnung einer Insel gebraucht), auch einen Teil des Festlands ein, da es eine gemeinsame Grenze mit Bik-Iakin hatte. Und zweitens ist die Lokalisierung von Bit-Iakin von ausschlaggebender Bedeutung für die Frage, wo dieses Gebiet des Festlands lag. Daß Bit-Iakin südlich von Babylonien war, wird durch manche Sätze in den Inschriften bezeugt, und auch Sargon berichtet, daß es «an der Küste des Bitteren Meeres» lag und daß es eine gemeinsame Grenze nicht nur mit Dilmun, sondern auch mit Elam hatte. Elam andererseits lag zweifellos im heutigen Persien, und seine Hauptstadt Susa war etwa 320 Kilometer östlich von Babylon. Die Frage ist also, ob Bit-Iakin an der nördlichen, persischen, oder an der südlichen, arabischen, Küste des Bitteren Meeres lag. Denn auf welcher Seite es auch lag, Dilmun mußte auf derselben Seite gewesen sein. Eine weitere Komplikation liegt in der Möglichkeit, daß das Bittere Meer selbst, der Arabische Golf, im Deltagebiet der Mündungen der Flüsse Euphrat und Tigris heute nicht die gleiche Ausdehnung hat wie in der Zeit, als Sargon von Assyrien seine Feldzüge führte.

Wir sind heute eher in der Lage, diese Fragen zu beantworten, als Rawlinson vor über achtzig Jahren. Damals glaubte man, daß der Arabische Golf sich im Altertum über 100 Kilometer weiter nach Mesopotamien hinein erstreckte als heute. Aber neuere geologische Untersuchungen haben zweifelsfrei erwiesen, daß diese Theorie, die noch in den meisten Lehrbüchern zu finden ist, unbegründet ist und daß wir praktisch die heutige Küstenlinie des nördlichen Endes des Golfs als unverändert seit den Zeiten Babylons ansehen dürfen. Hinzu kommt, daß in den 1920er Jahren die Annalen Sanheribs neue Informationen über die geographische Lage von Bit-Iakin lieferten.

Sanherib war der Sohn und Nachfolger von Sargon von Assyrien, und kurz nach seiner Übernahme der Herrschaft im Jahr 705 v. Chr. mußte er gegen denselben Merodach-Baladan, König von Bit-Iakin, ins Feld ziehen, der sich schon gegen seinen Vater erhoben hatte. Auch er, so berichtet er uns, eroberte Bit-Iakin und erreichte das Meer. Und die Einwohner der Küstenstädte von Bit-Iakin flüchteten sich auf ihre Schiffe und überquerten das Meer, um Zuflucht in Elam zu suchen. Das läßt keinen Zweifel daran, daß das Küstengebiet von Bit-Iakin auf der arabischen Seite des Golfs lag und daß die gemeinsame Grenze mit Elam, von der Sargon spricht, in dem Gebiet nördlich des Endes des Golfs, irgendwo im unteren Euphrat–Tigris-Gebiet, verlief. Das festländische Dilmun mußte dann südlich von Bit-Iakin, weiter entlang der arabischen Küste liegen.

Wir sind unglücklicherweise damit immer noch weit davon entfernt zu wissen, wo Dilmun genau lag. Wir wissen nur, daß es einen Teil des arabischen Festlands mit einem Zugang zum Arabischen Golf und auch mindestens eine Insel in diesem Golf umfaßte. Natürlich haben wir die überlieferte Entfernung, die «30 Doppelstunden» von Sargon. Aber das hilft uns wenig. Einmal sind Zahlen in den Annalen der assyrischen Könige selten vertrauenswürdig; und zum anderen wissen wir zwar, daß die Inselhauptstadt von Dilmun am einen Ende dieser Entfernung lag, aber nicht, von wo aus wir zu messen haben; und schließlich ist die Meßeinheit nicht sehr genau. Aber um das Beste aus dem zu machen, was wir haben, können wir vermuten, daß die 30 Doppelstunden von «Saglat an der elamischen Grenze» aus zu messen sind, wohin wahrscheinlich Uperi, der König von Dilmun, Geschenke sandte. Und obwohl wir nicht wissen, wo Saglat lag, kann es nicht weit nördlich des Endes des Golfs gewesen sein. Von dort sind es 500 Kilometer nach Bahrain. Nun ist eine «Doppelstunde» ganz einfach die Entfernung, die man in zwei Stunden bewältigen kann, und wird gewöhnlich für einen zweistündigen Marsch gebraucht. Daran gemessen würde Bahrain zu weit entfernt liegen, obwohl noch nicht außerhalb des Bereichs der normalen Ungenauigkeit assyrischer Maßangaben. Aber wenn eine «Doppelstunde» im Fall von Entfernungen auf dem Meer eine zweistündige Bootsfahrt bedeuten kann (ich bin nicht sicher, ob die Philologen mir eine solche Möglichkeit einräumen), dann ist die Entfernung fast unwahrscheinlich genau. Bei Nordwind, der an vier von fünf Tagen im Golf weht, wäre eine Geschwindigkeit von fünf Meilen in der Stunde, d. h. 4,3 Knoten, durchaus denkbar, und arabische Dhauen, die wahrscheinlich schneller sind als die Schiffe von vor dreitausend Jahren, rechnen für die Reise vom Schatt el-Arab nach Bahrain gut zwei Tage.

Wir sind also zu dem Schluß gekommen, daß wir, wenn wir nicht die einzige geographische Information, die uns zur Verfügung steht, außer acht lassen wollen, zugeben müssen, daß Rawlinsons Gleichsetzung von Dilmun mit Bahrain am besten mit den Tatsachen übereinstimmt, obwohl wir nicht vergessen dürfen, daß Dilmun mehr als nur Bahrain war; es bedeutete auch ein noch nicht identifiziertes Gebiet an der arabischen Küste.

Es ist schon lange her, daß unsere ungeduldigen Leser P. V. und mich bei unseren Vorbereitungen zur Erforschung Bahrains verlassen haben. Aber nach der langen Abschweifung dieses Kapitels wissen wir alle, wie ich hoffe, mehr über das, wonach wir suchen mußten. Denn wenn Bahrain wirklich Dilmun oder der Sitz der Könige von Dilmun war, dann konnten wir erwarten, Städte – vielleicht sogar große – der Einwohner von Dilmun zu finden, die in die Periode zu datieren wären, während der unseres Wissens Dilmun existierte. Und das war die Zeitspanne von Sargon, König von Akkad, bis Sargon, König von Assyrien, also etwa 2300 v. Chr. bis etwa 700 v. Chr. Ja, wir waren noch besser daran. Denn seit den Zeiten von Durands und Rawlinsons Bericht sind weitere historische Inschriften, die Dilmun erwähnen, ans Licht gekommen. Wir wußten, daß sich die allererste Erwähnung von Dilmun auf einer Tafel von Urnansche, einem König von Lagasch in Südbabylonien fand, der etwa 2520 v. Chr. lebte und behauptet, daß «die Schiffe von Dilmun mir Holz aus den fremden Ländern als Tribut brachten». Die späteste

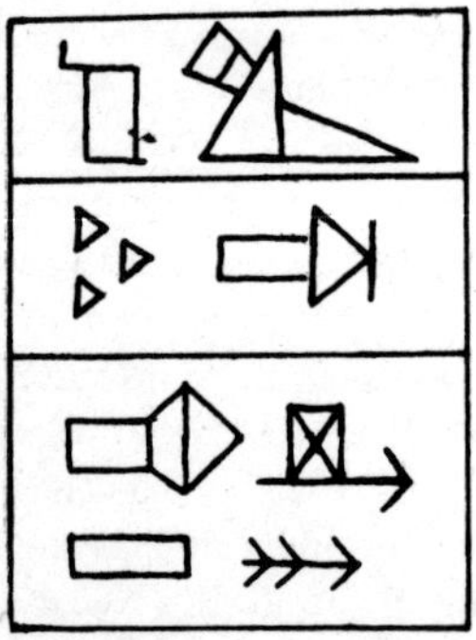

5 Diese Inschrift von Ur-nansche, König von Lagasch um 2520 v. Chr., berichtet, daß Schiffe von Dilmun ihm Holz aus fernen Ländern brachten. Es ist das früheste existierende Dokument, das Dilmun erwähnt

Erwähnung kommt in einem Verwaltungsdokument aus dem elften Jahr des Königs Nabonid von Babylonien vor, also 544 v. Chr., in dem ein «Gouverneur von Dilmun» genannt wird.

Man wußte nun also, daß Dilmun fast genau zweitausend Jahre lang bestanden hat, und alles, was wir in Bahrain fanden und in diese zweitausend Jahre zu datieren war, mußte für die Geschichte von Dilmun von Bedeutung sein. So begannen wir, nach Dilmun zu suchen.

Es war ein schöner und windiger Tag. Wir waren schon tief im Dezember, nur noch wenige Tage vor Weihnachten, und es war eine für das übliche milde Winterwetter von Bahrain ungewöhnliche Kälte in der Luft. Der Himmel war mattblau mit hohen Wolken. Der übliche Dunst, der die Fernsicht verhüllt, war weggeblasen, und über den schmalen Wasserstreifen hinweg konnte man im Westen die ockerfarbene Küste von Saudi-Arabien deutlich sehen. Ungefähr eine Meile hinter uns hob sich die dunkelblaue Masse unseres Kombiwagens scharf gegen den gelben Sand der Wüste ab, wo wir ihn am Ende einer Straße der Ölgesellschaft zurückgelassen hatten. Vor uns erstreckten sich kleine Hügel aus Sand und dürrem Buschwerk bis zum Horizont, wo sich die Randfelsen zu der Mulde in der Mitte der Insel hinabsenkten. Wir waren unterwegs zu einer Ruine, fern jeder bewohnten Stätte, die wir auf den Luftbildern hier in der südwestlichen Wüstenzone entdeckt hatten.

P. V., der ein wenig voraus war, bückte sich, drehte sich um und hielt mir seine geballte Faust entgegen. «Die Expedition hat vom Boden abgehoben», sagte er und ließ ein flaches Stück Feuerstein in meine ausgestreckte Hand fallen.

Ich muß nun erklären, daß man zwischen zwei Hauptarten von Archäologen unterscheiden kann. Die einen sind verrückt nach Topfscherben und die anderen nach Feuerstein. Ich gehöre zur ersten Kategorie, und P. V., obwohl so vielseitig wie nur irgend jemand, gehört zur zweiten. Der echte Feuerstein-Enthusiast hat eine Art von Zweitem Gesicht. Er kann bearbeiteten Feuerstein nicht nur auf eine Entfernung sehen, in der es offenbar unmöglich ist, Feuerstein von Stein zu unterscheiden, sondern, wie ich überzeugt bin, auch bis zu drei Zentimeter unter der Erdoberfläche. Das Feuersteinstück, das P. V. aufgelesen hatte, war unzweifelhaft bearbeitet. Es war nur ein «Ausschuß», ein Stück, das bei der Formung eines Feuersteinwerkzeugs abgeschlagen worden war; aber es wies die unverkennbaren Schlagspuren auf, die nur von Menschenhand hervorgebracht werden können. Wir hatten die Steinzeit Bahrains gefunden.

Natürlich hatten wir nicht Dilmun gefunden. Bearbeiteten Feuerstein, der offen auf dem Boden liegt, kann man aus sich heraus nicht datieren. Feuerstein altert und verrottet nicht. Nur unter bestimmten Umständen bekommt er eine Patina oder Verwitterung, aus der man sicher schließen kann, daß er nicht erst vorgestern bearbeitet wurde. Und obwohl Patina, wenn vorhanden, ein beträchtliches Alter beweist, kann man danach doch nicht sagen, ob der Feuerstein fünfhundert oder fünfzigtausend Jahre alt ist. Aber wie wir so den Rest des Morgens herumstreiften und nach und nach alle verfügbaren Taschen mit Fragmenten von bearbeitetem Feuerstein füllten, begann unsere Bekanntschaft mit den Menschen, die den Feuerstein bearbeitet hatten. Richtige Werkzeuge gab es wenige, vielleicht ein Dutzend im ganzen, die alle, soweit ich mich erinnere, von P. V. gefunden wurden. Hauptsächlich waren es Schaber und ziemlich grobe Schneidwerkzeuge. Es waren Werkzeuge, wie sie von Jägern benützt wurden, um Häute zu präparieren und Knochen zu bearbeiten, und obwohl sie keinen Hinweis auf ihr Alter gaben, gehörten sie doch eindeutig in den Hauptstrom der Kulturen des Mittelpaläolithikums. Sie waren wahrscheinlich nicht mehr als fünfzigtausend, aber auch kaum weniger als vielleicht zwölftausend Jahre alt. Und auch dann wären sie fast dreimal so alt wie die erste Erwähnung von Dilmun.

Aber wir waren nicht in erster Linie, um Dilmun zu finden, nach Bahrain gekommen. Wir wollten Vorgeschichte finden, und das war Vorgeschichte, die sich sehen lassen konnte! P. V., der wußte – und mir an diesem Abend erzählte –, daß eine weite geographische Lücke die bekannten Steinzeitkulturen von Palästina und Afrika von denen Indiens trennt, hatte schon die Vision einer Verbindung durch eine arabische Steinzeit; und ich glaube, an diesem Tag begannen wir in weiteren Begriffen als der Insel Bahrain zu denken. Auch die Tatsache, daß sich die Ruine, die wir hatten besichtigen wollen, als Trümmer einer wahrscheinlich nicht mehr als ein oder zwei Jahrhunderte alten Moschee entpuppten, konnte in keiner Weise die helle Begeisterung über unsere erste Entdeckung dämpfen.

3. KAPITEL

Die versteckten Gärten

Den Rest des Jahres und bis in den Januar hinein waren wir jeden Tag vom frühen Morgen bis nach Einbruch der Dunkelheit draußen. Es war die kalte Jahreszeit, und wenn wir zur Stadt hinausfuhren, war die Luft feucht und frostig. Der Nebel hing dick zwischen den Palmen, und der Asphalt der Straße war schwarz und glitschig vom Tau. Aber bevor wir noch aus den Dattelplantagen hinauskamen, drang schon die Sonne durch den Nebel, über der Wüste war der Himmel klar und die Straße trocknete rasch. Wir verließen die Asphaltstraße und kamen auf eine Sandpiste; P. V. saß am Steuer, und ich versuchte mühsam, mit Hilfe unserer vierzig Jahre alten Karte und der Notizen, die wir nach den Luftaufnahmen gemacht hatten, unserer vorgesehenen Route zu folgen. Oft trafen wir auf Bewässerungsgräben, über die ein paar Dattelpalmen als Brücke mehr für Esel als für Autos gelegt waren. Dann mußten wir oft umkehren und einen neuen Weg ausprobieren, obwohl wir manchmal die Überquerung versuchten, wobei der am Steuer Sitzende genau und mit zusammengebissenen Zähnen den Zeichen des anderen folgte, der die Räder über die zwei schmalen Brücken dirigierte. Früher oder später mußten wir den Wagen verlassen und zu Fuß weitergehen. Die Ziele unserer Ausflüge waren verschiedenartig. Meistens ging es zu zerfallenen, zu drei Vierteln von Sand bedeckten Gebäuden, von denen oft nur noch eine oder zwei Lagen von Korallenblöcken zu sehen waren; oder zu unregelmäßigen Sandhügeln, bei denen es sich gut um dasselbe in einem späteren Stadium – nun vollständig vom Sand bedeckt – handeln konnte. Einmal war es ein Fort auf einem Hügel, ein Ring von durcheinandergeworfenen Steinen um den Rand einer isolierten flachen Erhebung, die aus den Randfelsen etwas südlich der Ölstadt Awali in der Mitte der Insel durch Verwitterung entstanden war. Manchmal galt unsere Suche dem Verlauf eines Kanats. Die Kanats sind unterirdische, von Hand gegrabene und mit Steinplatten verkleidete Wasserkanäle, die oft über sechs Meter unter der Erdoberfläche verlaufen. Sie ziehen sich kilometerweit von den unteren Abhängen der Hügel im Inneren von Bahrain in das Unterland der Westküste hinunter, wo noch ein paar armselige Dörfer existieren und etwas Ackerbau betrieben wird. Aber die Kanats bringen kein Wasser mehr für diesen Ackerbau, und als wir den Kanälen bergwärts bis zu ihren Quellen nachgingen, sahen wir, warum.

Es war nicht schwierig, den unterirdischen Kanälen zu folgen. Ungefähr alle fünfzig Meter führen kreisförmige Stein-«Kamine» von der Oberfläche zu ihnen hinunter, und die oberen Enden dieser Schächte, die 30 bis 120 Zentimeter über die Sandfläche hinausragen, bilden lange Reihen, die schnurstracks in die Ferne führen. Folgt man ihnen zwei oder drei Kilometer weit, so sieht man im heißen Dunst des frühen Nachmittags eine niedrige braune Mauer und das Graugrün von Palmbüschen dahinter. Man kommt näher und steigt schließlich die flache sandige Böschung hinauf, die fast an den oberen Rand der Mauer heranreicht. Und dann sieht man, daß die Palmzweige nicht die niedrigen Büsche sind, als die sie erschienen waren. Sie sind die Wipfel hoher Bäume. Die Mauer umgibt eine große, bis zu zweihundert Meter lange ovale Fläche; über diesem Oval erhebt sich ringsum die Mauer senkrecht sechs bis neun Meter hoch. Auf der ganzen Fläche der Einfriedung gibt es keinen Sand. Der Kalkstein des felsigen Grundes, der kleine Absätze und sanft geschwungene Platten bildet, ist hier und da mit Graspolstern bedeckt und wird locker von den rund zwanzig Palmen bestanden, die wir von weitem sahen. In den Mulden des Felsens stehen kleine Teiche von kristallklarem Wasser, das durch Quellen an ihren tiefsten Punkten in ständiger Bewegung ist, überläuft und Ketten von Rinnsalen bildet, die in Miniaturwasserfällen über die Felsabsätze hinunterfließen.

Stufen führen an der Innenseite der Mauern hinab, und P. V. und ich verzehrten unsere Lunchpakete oft in einem dieser versteckten Gärten, während wir im Schatten der Bäume lagen, geschützt gegen den Wind, der den Sand der höher gelegenen Wüste aufwirbelte. Diese Gärten waren einst die Quellen, aus denen die Kanats gespeist wurden. Aber sie speisen sie nicht mehr. Der Grundwasserspiegel ist gesunken, und die Quellen halten heute nur noch mit der Oberflächenverdunstung der kleinen Teiche Schritt. Am einen Ende der Umfriedung war der Eingang des Kanats mit seinem verschlammten Boden nur 30 Zentimeter *über* dem Wasserspiegel zu sehen. Natürlich fließt kein Wasser *in* den Kanal. Manchmal war es offensichtlich, daß das Wasser zu niedrig stand, um jemals wieder abfließen zu können; aber manchmal schien es auch, als sei es nur nötig, den Kanal in seiner ganzen Länge – durch die zweifellos zu diesem Zweck gebauten «Kamine» – zu reinigen, damit der Kanat wieder für die Bewässerung benutzbar würde. Doch das wird nicht geschehen. Am Ende der kilometerlangen Gefällestrecke, in den Dörfern, die die Kanats einst versorgten, beruht der Ackerbau, der noch betrieben wird, auf Bohrungen bis zum Grundwasserspiegel hinab und auf Motorpumpen, die das Wasser mit viel weniger Aufwand an Kraft und Gefahr heraufbringen, als für den Bau und den Unterhalt der unterirdischen Wasserkanäle nötig wäre.

Aber für den Archäologen bedeuten die Kanats und die Quellen an ihrem Ursprung ein Problem. Und dieses ist nicht so sehr eines des Alters, sondern der Tiefe, des Unterschieds nämlich zwischen dem Niveau des Sandes außerhalb der Schutzmauer und dem der Fläche des Felsengartens innerhalb. Sind sechs Meter Sand von Hand auf der enormen Fläche weggegraben worden, um fünfzehntausend Quadratmeter gewachsenen Bodens und die dort aufsprudelnden Quellen freizulegen? Und wurde dann eine sechs Meter hohe Mauer gebaut und der Sand rundherum dahinter aufgeschüttet? Und wenn es so war, woher wußte man, wo man graben mußte, um auf die Quellen zu stoßen? Denn wenn nicht, dann gab es nur eine einzige andere Erklärung. Daß wir nämlich hier auf der ursprünglichen Erdoberfläche standen. Daß irgendwann einmal die ganze Hügelböschung nackter Fels von dem Niveau war, auf dem wir standen, mit Quellen in den Mulden, und daß die Bewässerungskanäle, zwar wahrscheinlich von Anfang an überdeckt, um die Verdunstung zu verhindern, in die Oberfläche oder nur ein wenig tiefer gegraben worden waren. In diesem Fall mußte der Sand später gekommen sein, und die Mauern um die Quellen wären zusammen mit den «Kaminen», durch die man die Kanats erreichen konnte, nach und nach erhöht worden, um dem vordringenden Sand Einhalt zu gebieten. Das würde bedeuten, daß der Sand verhältnismäßig neueren Datums war, was allerdings nur durch eine Untersuchung des Alters der Kanats genauer bestimmt werden konnte.

Ich möchte keine falschen Erwartungen erwecken. Diese Untersuchung haben wir nie angestellt. Sie ist eine der vielen Dinge auf unserer Liste der «Projekte, die wir in Angriff nehmen, sobald wir Geld und Zeit dazu haben», und sie steht hoch oben auf dieser Liste. Sie würde nicht schwierig, aber mühsam sein. Man müßte an der Außenseite der die Quellen umgebenden Mauern hinuntergraben, um Werkzeuge und Topfscherben der ursprünglichen Erbauer der Mauern zu finden. Man sollte das tun. Aber es lag nur am Rande unserer Hauptaufgabe, die Wohnstätten der frühen Bewohner der Insel aufzufinden. Wir begnügten uns also damit, Muster der Topfscherben auf dem Gelände um die Quellen herum zu sammeln, und nahmen uns vor, eines Tages wiederzukommen und mehr zu tun. Wir sind nie zu diesen versteckten Oasen zurückgekehrt.

Obwohl wir uns immer fest einredeten, daß wir nach Siedlungen aus der Zeit der Erbauer der Grabhügel oder später Ausschau hielten, fanden wir doch häufig Ausreden dafür, daß wir in die südwestlichen Gebiete der Insel hinunterfuhren. Wir machten einander gegenüber geltend, daß es auch dort sehr wohl Siedlungen geben könnte, aber irgendwie kam es immer darauf hinaus, daß wir Feuerstein suchten. Es ist faszinierend, langsam kilometerweit durch die leere Wüste zu wandern und die Steine mit den Kamelstöcken, mit denen wir uns ausgerüstet hatten, umzuwenden in der Hoffnung, die glänzende Fläche bearbeiteten Feuersteins zu entdecken. Wir kamen nie zurück, ohne mindestens eine neue Fundstelle von Feuersteinen in unsere Karte eintragen zu können und ohne einen Sack voll Feuersteine für unsere Sammlung. Die Fundstellen erstreckten sich weiter nach Süden, und wir folgten ihnen in ein Gebiet, wo Schilder neben den Wüstenpisten verkündeten, daß der Südteil der Insel das private Jagdrevier des Herrschers von Bahrain sei und ohne Erlaubnis nicht betreten werden dürfe.

Etwa eine Woche vorher hatten wir Seiner Hoheit unsere Aufwartung gemacht und waren in dem weiträumigen Thronsaal empfangen worden, wo ich dem Scheich sechs Jahre früher zum erstenmal begegnet war. Er hatte sich sehr interessiert für unsere Arbeit gezeigt und ließ den Grönlandfalken holen, der auf der Faust des Falkners sitzend hereingebracht wurde. Er war schon an Kappe und Fessel gewöhnt und blickte aufmerksam, als der Scheich seinen Namen mit einem heiseren Grunzen rief. Scheich Sulman erzählte uns ausführlich von den Methoden, erwachsene Falken einzufangen – die wir seiner Meinung nach in Grönland einführen sollten –, und auf welche Art man mit Falken die Gazelle und die Trappe jagte. Er sagte uns, wir könnten in seinem kleinen Königreich hingehen, wo wir wollten, aber trotzdem waren wir nicht sicher, ob diese Erlaubnis auch für seine privaten Jagdgründe galt.

Als wir also eines Tages auf dem Kamm eines Höhenzugs ankamen und hundert Meter entfernt ein kleines Gebäude sahen, bei dem einige Autos und Lastwagen geparkt waren, glaubten wir, die Höflichkeit gebiete uns, umzudrehen und an unserer Seite des Abhangs weiter nach Feuerstein zu suchen. Aber die Araber der Wüste haben schärfere Augen als wir, und einige Minuten später kam ein großer Araber zu uns herunter und sagte uns, Seine Hoheit wünsche uns zu sprechen. Als wir uns näherten, sahen wir Scheich Sulman auf einem Teppich sitzen, der vor dem Gebäude auf dem Sand ausgebreitet war. Auf beiden Seiten stand seine Leibwache, mit angriffslustigen Bärten, grimmig blikkenden Augen und verdächtig nachlässig gehaltenen Gewehren. Aber der Scheich hatte anscheinend durchaus nichts dagegen, in seinem Jagdvergnügen von ein paar europäischen Eindringlingen gestört zu werden. Er hieß uns Platz zu nehmen, ließ Kaffee kommen und fragte uns in mühsamem Englisch danach, was wir gefunden hätten. Wir zeigten ihm unsere Feuersteine und versuchten, ihn davon zu überzeugen, daß sie von Menschenhand bearbeitet seien. Aber er schien nicht überzeugt, sondern reagierte damit, daß er einen Diener wegschickte, um aus einer staubigen Ecke der Jagdhütte einige große versteinerte Muscheln zu holen, die in der Nähe gefunden worden waren. Dann erbot er sich, uns zu den Stätten im Süden der Insel zu bringen, wo der Überlieferung zufolge Dörfer gestanden hatten, bevor die Wasserversorgung versiegt war. Er machte ein Zeichen, und die lange schwarze Limousine, die neben der Hütte geparkt war, summte heran. Man ließ uns auf dem breiten Rücksitz Platz nehmen, und der Scheich Sulman stieg ein und zwängte sich zwischen uns. Der Fahrer und eine Wache, die sowohl die Jagdflinte des Scheichs als auch ihre eigene Lee Enfield trug, setzten sich nach vorn, und wir fuhren südwärts. Als ich zurückblickte, sah ich zwei große gedeckte Lastwagen anfahren und uns folgen.

Das Südende von Bahrain verengt sich zu einer Spitze, so daß die Entfernungen im südlichen Teil der Insel nicht groß sind. Nachdem wir zwanzig Minuten lang weichgefedert über wegloses Land gefahren waren, wo in unserem Kombiwagen unsere Zähne geklappert hätten und die Insassen der hinter uns fahrenden Lastwagen einiges zu schimpfen gehabt haben mußten, fuhren wir in ein Tal zu ein paar Palmen und einer Quelle hinunter. Es waren keine Ruinen von Häusern zu sehen, aber in einem Umkreis von vielleicht zweihundert Metern von der Quelle war der Boden bestreut mit Topfscherben. Ich hob ein Stück typisches blau-weißes, glasiertes Ming-Porzellan auf, wie ich es an meinen freien Nachmittagen im Bezirk des Portugiesischen Forts an der Nordküste der Insel zu sammeln pflegte. «Aus der Zeit der Portugiesen», sagte ich nachdrücklich.

Es war Scheich Sulman noch nie passiert, daß eine Stätte anders als durch etwas Geschriebenes datiert werden konnte, und er drehte die

Scherbe hin und her und suchte nach einem darauf geschriebenen Datum. «Wo ist die Inschrift?» fragte er. Ich erklärte, daß es keine Inschrift gab, aber daß Keramik wie diese vor vierhundert Jahren in China hergestellt wurde und nur von den Portugiesen hierher gebracht worden sein konnte. Scheich Sulman begriff das Prinzip der Datierung von Stätten auf Grund der Fundumstände mit dem blitzschnellen Verständnis, auf das man bei Archäologiestudenten im ersten Semester hofft, das man aber selten antrifft. Die nächste halbe Stunde verbrachten er, P. V. und ich auf der Stätte, lasen Musterscherben von jedem Keramiktyp auf und trafen uns gelegentlich, um Notizen und Scherben zu vergleichen und Vermutungen darüber aufzustellen, ob irgend etwas aus unserer Sammlung vielleicht aus der Zeit vor den Portugiesen stammen könnte. Ich habe Scheich Sulman in späteren Jahren bis zu seinem Tod im Jahr 1962 oft bei offiziellen Anlässen und Empfängen oder bei Besuchen unserer Ausgrabungen gesehen, aber er hat nie einen so starken Eindruck auf mich gemacht wie an diesem Nachmittag, als er uns in seinem im Wind flatternden knöchellangen rot-blauen Abba und mit einem fast jungenhaften Lächeln auf dem grimmig bärtigen Gesicht Händevoll von Topfscherben zur Begutachtung brachte. Nicht wenige Könige waren Archäologen von Ruf, und ich bin sicher, daß Scheich Sulman, wenn er ausgebildet worden wäre, sich ihnen würdig angereiht hätte.

Den ganzen Nachmittag fuhren wir von Stätte zu Stätte und sammelten Scherben, und immer, wenn wir zum Auto zurückkamen, war schon der Teppich daneben ausgerollt und stand der Koch, der in einem der Lastwagen fuhr, mit frisch gebrühtem Kaffee in der Messingkanne dabei. Wir saßen dann zehn Minuten, um die rituellen drei Tassen zu trinken, aßen süße Biskuits oder klebrige Halwa und bestiegen danach den Wagen wieder. Die Leibwache und die Falkner kletterten in ihren Lastwagen, die Diener und der Koch rafften rasch den Teppich und die Kaffeetassen zusammen und bestiegen den anderen Lastwagen, und die Kavalkade startete wieder. Die Sonne sank, und es war Zeit für das Abendgebet, als wir zur Jagdhütte zurückkamen. Wir verabschiedeten uns, ergriffen unsere Säcke mit Topfscherben, bestiegen unseren entschieden schäbig aussehenden Kombiwagen und betätigten den Anlasser. Nichts geschah. Der Scheich, der sich nach Mekka gewendet hatte, um sein Rakat zu beginnen, blickte über die Schulter zurück und schnalzte mit den Fingern. Die Wache, der Falkner, ja sogar der Koch gingen hinter den Wagen und schoben. Nach zehn Metern sprang der Motor an, und wir fuhren über den Höhenrükken fort. Scheich Sulman war schon wieder bei seinem Gebet.

Wo wir auch hinkamen, sammelten wir Topfscherben. Langsam füllte sich unsere Karte mit numerierten Stätten, und unsere Zimmer in unserem bequemen Haus der Ölgesellschaft waren gespickt mit Stapeln von Beuteln, die entsprechende Nummern trugen.

Die Topfscherben hat man das Alphabet des Archäologen genannt. Das kommt daher, daß sie dem Archäologen so oft Auskunft darüber geben, womit er sich gerade beschäftigt. Dem Uneingeweihten erscheint das alles sehr eindrucksvoll. In einem Hügelgrab in England oder auf einem Hügel, der in Griechenland oder einer mesopotamischen Stadt Häuserruinen bedeckt, liest der Archäologe ein unbedeutendes Stück Töpferware auf und sagt: «Ach ja, eine B-Becherleute-Grabstätte» oder «spätmykenisch» oder «Frühe Dynastie III B.» Und oft fügt er ein sehr exakt klingendes Datum hinzu und vielleicht auch einige Ausführungen über die Ursprünge und die Lebensweise des Volkes, dessen Überreste hier liegen. Natürlich handelt es sich dabei nicht um Hellseherei. Es beruht darauf, daß Keramik eine recht bemerkenswerte Sache ist. Seit ungefähr 6000 v. Chr. nach neuester Berechnung brennen die Menschen Ton, um Gefäße herzustellen, und seit dieser Zeit bis heute hat keine Menschengruppe in der Welt je Keramik genauso gemacht wie eine andere Gemeinschaft. Die Variationen an Form, Struktur, Verzierung und Herstellungsart sind offenbar unendlich, und Mode und Stil verändern sich unaufhörlich. In jeder Gemeinschaft zu jeder bestimmten Zeit wird immer eine starke Ähnlichkeit zwischen allen hergestellten Töpfen zu finden sein; aber auch in der traditionsverhaftetsten Gemeinschaft wird der Gefäßtyp hundert Jahre später deutlich verschieden sein. Es muß hinzugefügt werden, daß Keramik ein allgemeiner Gebrauchsartikel ist, ziemlich wenig kostet und ständig in Brüche geht. Sogar heute ist es sehr selten, daß ein Stück Porzellan hundert Jahre überdauert. Und doch ist Keramik, so merkwürdig es klingt, praktisch unzerstörbar. Während Holz und Textilien, Leder und Pergament, Eisen und sogar Kupfer und Silber sich im Verlauf von Zeiträumen zwischen wenigen Jahren und einigen Jahrhunderten im Boden auflösen, überdauern Topfscherben, wie auch Stein und Gold, die Jahrtausende.

All das zusammen ist der Grund dafür, daß Topfscherben bei weitem die häufigsten Objekte sind, die auf irgendeiner Stätte gefunden werden, wo der Mensch während der letzten fünf- oder sechstausend Jahre gelebt hat, und daß sie das einfachste Mittel sind, um Menschen als Angehörige einer bestimmten Gemeinschaft zu einer bestimmten Zeit zu identifizieren. Aber die Sache hat einen Haken. Für sich allein genommen sagt Keramik überhaupt nichts aus. Um eine Topfscherbe spätmykenisch nennen zu können, mußte jemand zuerst Mykene ausgraben und dort entdecken, welche Keramiktypen bei den frühesten Bewohnern der Stätte, bei den späteren und bei den letzten im Gebrauch waren. Erst dann kann man diese Typen früh-, mittel- und spätmykenisch nennen und diese Klassifizierungen anderswo anwenden, wo Keramik derselben Art gefunden wird. Aber wenn man spätmykenische Ware datieren will, muß man irgendwo und irgendwann zusammen mit dieser Ware etwas gefunden haben, das auf andere Weise datiert werden konnte, vielleicht einen Skarabäus eines bekannten ägyptischen Pharaos oder etwas Holzkohle, die durch restliche Radioaktivität zeitlich bestimmt wurde.

Wie sich unsere Sammlung von Keramikbeuteln von unseren verschiedenen Fundstätten anhäufte, empfanden wir diesen Haken immer schmerzlicher. Denn wir fanden keine spätmykenische oder frühdynastische mesopotamische Ware. Obwohl wir viele verschiedene Stile von Topfscherben bei den verschiedenen Stätten fanden, war sehr wenig davon irgendwo sonst in der Welt bekannt. Und die wenigen Stücke, deren Typ von anderswoher bekannt war, waren unbestreitbar jungen Datums. Die älteste Keramik, die wir identifizieren konnten, war genau das blau-weiße Porzellan der chinesischen Ming-Dynastie aus dem historisch jungen sechzehnten oder siebzehnten Jahrhundert.

Dieses Ergebnis kam nicht ganz unerwartet. Es hatte zwar immer die Möglichkeit bestanden, daß wir Topfscherben von bekannten mesopotamischen Typen in Bahrain finden würden, aber schließlich befanden wir uns über sechshundert Kilometer von Ur und Eridu, den südlichsten ausgegrabenen mesopotamischen Städten, entfernt, und es war nicht wahrscheinlich, daß die Einwohner von Bahrain in den Zeiten der Babylonier und Assyrer dieselbe Keramik benützten wie die Babylonier oder genügend viel von dort einführten, daß Reste davon offen auf dem Boden hätten gefunden werden können. Was wir zu finden hofften, war der gleiche Keramiktyp, wie er von Prideaux und Mackay in den Grabhügeln gefunden worden war. Wir hatten die Berichte dieser Ausgräber bei uns, und ich hatte sogar einige Scherben von Mackays Ausgrabung im Britischen Museum gesehen. Aber wir merkten, daß diese Berichte und auch meine Erinnerung an die Stücke selbst nicht ausreichten. Alle Ausgrabungsberichte sind voll von Zeichnungen und Fotografien von Tongefäßen und Scherben. So gut sie auch sind, sie genügen trotzdem nicht. Immer wieder in den folgenden Jahren wurden wir durch scheinbare Ähnlichkeiten zwischen der von uns gefundenen Keramik und solcher, die irgendwo abgebildet war, irregeführt, während andere hingegen durch unsere Beschreibungen und Zeichnungen getäuscht wurden. Ständig zeigt man uns Scherben, die andere Forscher in verschiedenen Teilen Arabiens gefunden haben und von denen sie glauben, sie ähnelten den von uns beschriebenen. Fast jedesmal genügt schon ein kurzer Blick, um festzustellen, daß die Ähnlichkeit illusorisch ist. Denn die Form eines Gefäßes ist nur eins seiner Merkmale. Farbe und Struktur, Dicke des Scherbens, die genaue Beimischung von Kies, Sand oder Stroh als Bindemittel, die Härte des Brandes, die Schattierung und Beständigkeit des Überzugs von flüssigem Ton, der oft zum Schluß noch aufgetragen wird; alles das variiert von einer Gemeinschaft oder einem Jahrhundert zum anderen. Auch nicht die besten farbigen Abbildungen können alle diese Einzelheiten vermitteln oder das richtige «Gefühl» des Scherbentyps wiedergeben. Während wir auf Grund der früheren Berichte die Mehrzahl unserer Fundmuster als zweifellos nicht zum Grabhügeltyp gehörig verwerfen mußten, gab es doch zu viele Fälle, wo wir im Zweifel waren. Wir brauchten unbedingt wirkliche Topfscherben aus den Grabhügeln zum Vergleich. Und diese waren, wie wir meinten, ziemlich leicht zu beschaffen.

Gleich nach Neujahr beschlossen wir, zwei Grabhügel auszugraben, in der Hoffnung, typische Keramik zu finden.

Wir wählten ein Gräberfeld im Nordwesten der Insel aus, das so weit wie möglich von Dörfern entfernt, aber doch auf einer Straße noch zu erreichen war. Wir hofften so, allerdings vergeblich, wie sich zeigte, ungeplünderte Gräber zu finden. Das Gräberfeld war auch weit weg von dem Gebiet, auf das Durand, Prideaux und später Mackay sich konzentriert hatten, so daß wir gleichzeitig feststellen konnten, ob alle Hügelfelder Gräber und Artefakte vom gleichen Typ aufwiesen. Wir suchten zwei Hügel aus, einen großen – etwa 3,5 Meter hoch – und einen, der nur etwas mehr als halb so groß war. Dann standen wir vor dem Problem der Organisation der Ausgrabung.

Wir fragten einen irakischen Bauunternehmer in Manama um Rat, und er nahm die Sache für uns in die Hand. Er verschaffte uns eine Kolonne von zwanzig Arbeitern mit einem Vorarbeiter, traf Vorkehrungen, um sie jeden Tag im Lastwagen zur Grabungsstätte hinauszufahren, und stellte einen Wächter und ein großes schwarzes, geteertes Zelt für ihn sowie einen großen runden, verzinkten Tank für Trinkwasser zur Verfügung. Wir verbrachten einen Tag damit, Spitzhaken, Schaufeln, Meßbänder, Pflöcke, Stricke und Wasserwaagen zu kaufen, und fingen am 9. Januar 1954 mit der Arbeit an.

Obwohl der Inhalt der Gräber unser Hauptobjekt war, war uns die

6 Unsere erste Grabkammer von Bahrain, ausgeraubt, aber noch mit einem Becher aus einem Straußenei (1) und den Scherben eines roten Topfes (2) zu Füßen des teilweise erhaltenen Skeletts (5). Das Kopfende der Kammer war von den Räubern geleert worden, aber diese hatten zwei in die Mauer gesteckte kupferne Speerspitzen übersehen (3, 4)

7 Einer der kleineren Hügel von Bahrain, der während unserer ersten Ausgrabungskampagne durchgeschnitten wurde, zeigt Einzelheiten der Konstruktion. Die zentrale Steinkammer (die obere Lage der Verschlußmauer wurde von Räubern entfernt) war einige Zeit nur von einem minimalen Hügel bedeckt, wahrscheinlich in Erwartung des zu Bestattenden. Nach der Bestattung wurde der Hügel weiter erhöht und durch einen Ring aus groben Steinen eingegrenzt

penible Technik der Ausgrabung dänischer Tumuli so sehr ins Blut übergegangen, daß wir keinen direkten Graben zur zentralen Kammer anlegten. Außerdem war das unsere erste Ausgrabung auf der Insel, und wir mußten mit Besuchern rechnen, auch mit denen, die uns Unterstützung gewährt hatten und offen fragten, wann diese dänischen Archäologen denn endlich zu graben beginnen wollten. Die übliche Technik bei einem Tumulus ist, ihn vollständig abzutragen, und zwar ein Viertel nach dem anderen. Wenn das erste Viertel abgetragen ist, werden die stehengebliebenen Erdwände in Zeichnungen festgehalten, damit alle Phasen des Baus des Hügels zu sehen sind. Dann kommt das zweite Viertel dran, und die neue Schnittfläche wird gezeichnet. Das dritte Viertel ergibt eine vierte Schnittfläche, die gezeichnet wird, und in diesem Stadium sind dann zwei vollständige, rechtwinklig zueinanderstehende Schnitte durch den Hügel aufgezeichnet. Schließlich wird das vierte Viertel abgegraben, und der Grundplan der ursprünglichen Erdoberfläche unter dem Hügel, der während des Grabens nach und nach abgezeichnet wurde, kann jetzt vollendet werden. Erst danach wird die zentrale Kammer oder das zentrale Grab in Angriff genommen. Indessen, um Geld und Zeit zu sparen und um etwas übrigzulassen, das man betrachten konnte (denn ein vollständig ausgegrabener Tumulus ist schließlich kein Tumulus mehr), entschlossen wir uns, der Zweckmäßigkeit Konzessionen zu machen. Der kleinere Hügel wurde ganz entzweigeschnitten, und vom größeren nahmen wir nur einen einzigen Quadranten heraus.

Besonders der kleinere Hügel sah recht eindrucksvoll aus, als er durchgeschnitten war. Man konnte jetzt sehen, daß ursprünglich ein Ring aus Steinen den Umkreis des Hügels bezeichnet hatte, und im senkrechten Schnitt durch den Aufbau des Hügels konnte man fast jeden einzelnen Korbvoll Kies dort liegen sehen, wo er bei der Errichtung des Hügels hingeschüttet worden war. In der Mitte des Schnitts ragten die Steinplatten der Kammer hervor, deren Eingang noch durch zwei Lagen von behauenem Stein versperrt war. Die dritte Lage fehlte, wodurch ein Loch in das Innere der Kammer entstanden war. In dem darüberliegenden Teil konnte man den Umriß des Tunnels, den Grabräuber zur Kammer hinuntergegraben hatten, noch genau erkennen. Als wir die Blöcke vor dem Eingang entfernten, enthüllte sich der Rest der Geschichte. Die Steine der fehlenden dritten Lage lagen direkt hinter dem Eingang, wohin die Räuber sie geworfen hatten, und hinter ihnen war die Kammer leer, außer einigen verstreuten Bruchstücken von Knochen. Wir machten uns an die undankbare Aufgabe, einen Plan davon zu zeichnen, was die Räuber übriggelassen hatten. Das erste, was wir zu zeichnen hatten, waren die hinuntergefallenen Verschlußsteine, und als das geschehen war, hoben wir sie weg, um den Weg nach drinnen freizumachen. Sobald wir sie anhoben, sahen wir die darunterliegenden Topfscherben. Unsere Stimmung besserte sich sofort, und wir griffen zu unseren Kellen und Bürsten. Als wir den Staub und Treibsand wegbürsteten, kamen weitere Bruchstücke von roter Keramik zum Vorschein und mit ihnen glänzende elfenbeinfarbene Fragmente, die wir erst nach einigen Minuten identifizieren konnten. Dann erkannten wir beide gleichzeitig, daß es sich um Stücke der Schale eines großen Eies, zweifellos eines Straußeneies handelte. Zwischen der Schale und den Topfscherben lagen Knochen, die durch die heruntergefallenen Steine zertrümmert waren, aber offenbar noch in der ursprünglichen Position lagen. Nach zwei Tagen mühevoller Arbeit, zusammengekrümmt unter den niedrigen Deckplatten der Kammer, sahen wir, wie die Umrisse der unteren Hälfte des Skeletts vor uns Gestalt annahmen. Es war das Skelett eines erwachsenen Menschen, der auf der rechten Seite mit halbangezogenen Beinen lag. Etwas über der Hüfte endete das Skelett, weil die Räuber es zertrampelt hatten. Aber wir hatten genug. Wir hatten die Lage der Bestattung und besaßen jede Scherbe eines großen roten Tongefäßes. Und wir hatten auch das Straußenei, an dem genau zu sehen war, wo die Spitze abgeschnitten worden war, damit das Ei als Trinkgefäß benützt werden konnte, und das noch Spuren eines Streifens von roter Bemalung am Oberteil aufwies. Das Grab hatte aber noch einen Schlußpreis für uns. Als wir den Weg zum Kopfende der Kammer freigelegt hatten, fanden wir etwas, das den Räubern entgangen war: zwei schöne kupferne Speerspitzen, die man in Spalten zwischen den Steinen unmittelbar unter den Deckplatten getrieben hatte.

Der größere Hügel hatte eine kompliziertere Struktur. Allem Anschein nach ein Kieshügel, entpuppte er sich direkt unter der äußeren Schale aus Kies als eine Reihe konzentrischer Ringmauern, die nach innen abgetreppt waren, so daß der Hügel bei seiner Erbauung recht prächtig mit seinen weißen Kalkmauern, die unter der abschließenden Kies-«Kuppel» neunzig Zentimeter hohe Stufen bildeten, dagestanden haben muß. Diese Kieskuppel verbarg den Eingang zum eigentlichen Grab, einem quadratischen, aus Stein erbauten Schacht als Zugang zu zwei übereinander errichteten Kammern. Aber je prächtiger das Grab erschienen war, um so gründlicher war die Plünderung gewesen. Beide Kammern waren erbrochen und ausgeraubt worden. Außer den üblichen zerstreuten Knochen – die nur in der unteren Kammer lagen – enthielt der Hügel nur ein kleines Fragment eines Gegenstands, der offenbar ein Kupferspiegel war, und wenige Topfscherben, von denen einige zu dem größeren Teil einer rundbauchigen Vase mit einem kurzen und engen Hals zusammengesetzt werden konnten.

Immerhin, wir hatten unsere Topfscherben, und das war ja alles, was wir wirklich zu finden gehofft hatten.

Doch sie halfen uns nicht im geringsten weiter. In unserer ganzen Sammlung von Topfscherben von den Fundstätten an der Erdoberfläche fanden wir nicht ein einziges Stück, das der Töpferware aus den Grabkammern glich.

Das konnte bedeuten, daß Mackays Theorie, wonach die Menschen, die die Grabhügel erbaut hatten, nicht auf Bahrain gelebt hatten, richtig war. Es konnte aber auch bedeuten, daß wir nicht an den richtigen Stellen gesucht hatten. Aber wir hatten ja den Boden recht sorgfältig

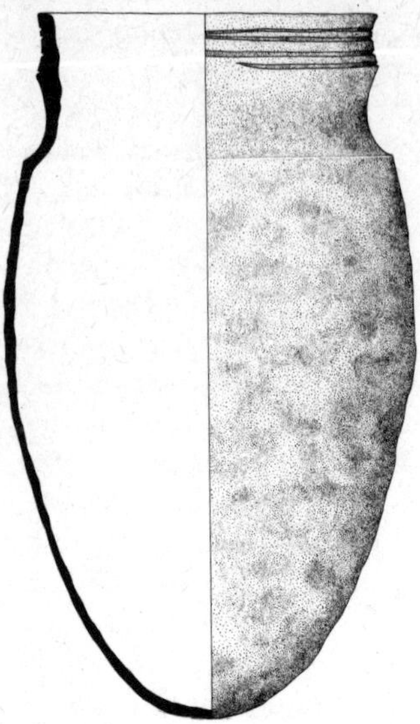

8 Dieser rundbödige Topf mit zylindrischem Rumpf – aus dünnem roten Ton – ist die vorherrschende Form in den Grabhügeln von Bahrain, während Bruchstücke davon nur sehr selten in den Städten derselben Periode vorkommen

durchforscht – und die Siedlungen der Erbauer von hunderttausend Grabhügeln hätten sich in einer ziemlich dicken Schicht auf dem Boden bemerkbar machen müssen. Es gab noch eine dritte Möglichkeit: daß die Siedlungen nicht *auf* dem Boden, sondern *unter* ihm lagen.

Daß Siedlungen unter der Erdoberfläche liegen, ist natürlich für den Archäologen nichts Neues. Er verbringt die meiste Zeit damit, unter dem Boden zu graben. Aber die Überreste alter Völker geraten nicht durch eine Art von Naturgesetz unter den Boden. Sie versinken nicht im Boden; sie werden zugedeckt... In den gemäßigten Zonen, in denen wir zu graben gewöhnt sind, kann das auf natürliche Weise geschehen. Gras, Bäume und Büsche wachsen in den Ruinen verlassener Häuser. Eine Schicht von Rasen und später Humus bildet sich über der Stätte, und im Lauf der Jahrhunderte bezeichnet nur noch ein niedriger, mit Gras bedeckter Hügel die Stätte der menschlichen Behausung. Aber auf Bahrain wächst kein Gras. In unseren Feuersteinstätten fanden wir die Werkzeuge und Waffen des Steinzeitmenschen offen auf dem Boden liegend, genauso, wie sie vor dreißig oder vierzig Jahrtausenden fallen gelassen worden waren. Wenn die Stätten, nach denen wir suchten, unter dem Boden lagen, dann müssen sie auf andere Weise als durch die Vegetation dort hinunter gekommen sein.

Es konnte Sand gewesen sein. Die Quellen an den Ursprüngen der Kanats legten die Vermutung sehr nahe, daß sich in manchen Gebieten von Bahrain dicke Ablagerungen von Sand in historischen Zeiten angesammelt haben. Andererseits standen die Grabhügel eindeutig noch auf derselben Grundfläche, auf der sie errichtet worden waren – es gab keine ganz oder halb im Sand versunkenen Gräberfelder. Die wahrscheinlichste Erklärung war die naheliegendste, daß nämlich unsere früheren Stätten von späteren Siedlungen überlagert waren.

Das ist im Mittleren Osten fast die Regel. In Ländern, wo Wasser nicht allgemein zur Verfügung steht, bauen die Menschen in jeder Epoche ihre Städte und Dörfer dort, wo es Wasser gibt. Städte stehen Tausende von Jahren auf derselben Stelle, und auch wenn sie verlassen werden, wird ihre Stelle früher oder später wieder für eine neue Stadt gewählt. Die Häuser und Straßen, Topfscherben und Abfälle einer Stadt werden von den Häusern, Straßen und Abfällen der nächsten Stadt überdeckt, und diese wieder von denen der dritten Stadt. Theoretisch wird überhaupt nichts von den Überresten der ersten Stadt an der Oberfläche liegen. In der Praxis aber ist es so, daß Menschen selten irgendwo längere Zeit wohnen, ohne daß sie für Keller, Getreidelager, Brunnen sowie Senk- und Abfallgruben Löcher graben oder Bausteine von den Häuserruinen ihrer Vorgänger als Baumaterial verwenden. So findet dann manches von dem begrabenen Material seinen Weg an die Oberfläche zurück. Aber es wird natürlich sehr wenig sein im Vergleich zu den Tausenden von Scherben und anderen Überresten, die von den letzten Bewohnern stammen, und wir konnten nicht sicher sein, ob dieses Material nicht unserer Aufmerksamkeit entgangen war.

Wir mußten also nach Stätten Ausschau halten, die Anzeichen von mehreren Phasen von Ansiedlungen zeigten. Das bedeutete in mittelöstlichen Begriffen, daß wir nach «Tells» suchen mußten. *Tell* ist ein arabisches Wort und bedeutet Stadthügel. Eine Stadt, die während einer beträchtlichen Zeitspanne besiedelt war, wächst zu einem ganz stattlichen Hügel an. Das Bauen auf den Ruinen und Trümmern einer früheren Stadt ist ein Wachstumsvorgang, und jedes neue Gebäude hebt das Niveau an. In Mesopotamien, wo die Häuser aus Lehmziegeln erbaut werden, wachsen die Tells schnell und können im Lauf von zwei- oder dreitausend Jahren gut eine Höhe von über 60 Meter erreichen. In Bahrain, wo es Stein für Bauzwecke gab, hatten die Häuser eine längere Lebensdauer, und die Steine wurden wieder benützt, so daß die Wachstumsrate viel kleiner ist. Aber auch dann müßte eine Stätte mit einer langen Besiedlungszeit eine ganz beachtliche Höhe haben.

Wir hielten nun also nach Tells Ausschau.

4. KAPITEL

«Das Land von Dilmun ist heilig»

Von der Spitze des niedrigen Hügels schauten wir oft sehnsüchtig hinunter zu dem Schatten der Palmen im Norden. Hinter den Palmen waren die weißen Häuser und flachen Dächer des Dorfs Barbar zu sehen, und noch weiter entfernt blinkte das grüne Wasser des Golfs kühl und einladend. Es war schon tief im April; drei Monate waren vergangen, seitdem wir unsere Grabhügel ausgegraben hatten, und jeden Tag schien die Sonne höher zu steigen und unbarmherziger herniederzubrennen. Auf der Spitze des Hügels bewegte die schwache Brise, die es da oben gab, die feuchte Luft, und die Hitze war zu ertragen. Aber dreieinhalb Meter weiter unten in dem Graben durch das Zentrum des Hügels war die Luft unbeweglich und die Hitze erstikkend. Der Graben verlief von Nord nach Süd, so daß es um die Mittagszeit überhaupt keinen Schatten gab, und dann gaben sogar die zähen braunen Dorfbewohner, die wir in Barbar und Diraz angeworben hatten, auf. Dann legten wir uns alle unter die Palmen, während der Schweiß auf unseren Kleidern langsam zu weißen Salzflecken trocknete, und aßen grüne Tomaten aus einem nahe gelegenen Garten. Aber wenn nach einer Stunde der Schatten wieder über den Boden des Grabens kroch, rief Muhamed, der Vorsteher des Dorfs Barbar, die Arbeiter an ihre Schaufeln und Körbe zurück, und nur um uns nicht schämen zu müssen, folgten wir ihnen zur Arbeit.

Wir sagten uns oft, daß es für Ausgrabungen zu spät im Jahr sei. Aber endlich hatten wir einen Tell, und solange unser Geld reichte, wollten wir ihn ausgraben.

P. V. hatte ihn natürlich gefunden. Vorher hatten wir mit wenig Erfolg an vier anderen Stellen gegraben. Die erste hatte vielversprechend ausgesehen. Sar, ein nur anderthalb Kilometer von unseren Grabhügeln entferntes Dorf, lag oben auf einem deutlich sichtbaren und zweifellos künstlichem Hügel, und während ich das Abzeichnen meines Grabhügels abschloß, hatte P. V. sechs Arbeiter mitgenommen und ein Probeloch in das vom Dorf nicht bedeckte westliche Ende des Hügels gegraben. Sogleich traf er auf Treibsand, und vier Tage lang grub er heroisch hinunter durch den Sand, der wie Mehl war. Den ganzen Tag rieselte der Sand ununterbrochen von den Flanken der Ausgrabung herunter und zwang dazu, das Loch immer mehr zu verbreitern, damit die Arbeiter nicht von den rutschenden Massen verschüttet wurden. Schließlich wurde in einer Tiefe von drei Metern der Boden der Sandschicht erreicht und die Überreste von Gebäuden gefunden. Aber die Töpferware zwischen den Gebäuden enthielt glasierte Ware unzweifelhaft islamischen Datums, und darunter war der jungfräuliche Wüstengrund. Wir zogen mit unserem schwarzen Zelt nach dem weiter nördlich gelegenen Diraz um.

Diraz ist ein Dorf fast in der äußersten Nordwestecke von Bahrain, und östlich des Dorfs erstreckt sich ein weites Gebiet mit Sandhügeln, voll von Millionen Topfscherben. Nahe beim Dorf befindet sich eine bemerkenswerte kreisförmige Mulde, umringt von sandbedeckten Hügeln, auf denen etwa hundert quadratische Steinblöcke liegen. Die Sage berichtet, daß diese Mulde einst der größte Brunnen auf Bahrain war, der von Abdul-Malik bin Marwan, einem der frühen Omaijaden-Kalifen, zur Bestrafung der Einwohner von Bahrain für den Versuch des Rückfalls ins Heidentum zugeschüttet worden sei. Als wir im Zentrum der Mulde gruben, stießen wir auch tatsächlich auf ein Gewirr von ähnlichen großen Blöcken und darunter auf Wasser. Hier eine Ausgrabung vorzunehmen hätte ein ununterbrochenes Pumpen erfordert, und wir besaßen keine Pumpe. Während ich anfing, einen Block des Mauerwerks, der aus der Böschung der Mulde herausragte, freizulegen, hatte P. V. seine Arbeiter ein Stück weiter weggeholt, um in einem 800 Meter entfernten Hügel zu graben. Auch hier stieß er dicht unter der Oberfläche auf Treibsand und ging weiter zu einer noch entfernteren Stätte. Inzwischen hatte ich hinter meinem Mauerstein eine Reihe von Stufen entdeckt, die in den Sandhügel hinunterführte, und folgte ihr. Ich kenne keine aufregendere archäologische Entdeckung als eine absteigende Treppe. Zweifellos führt sie irgendwohin, und man erinnert sich unwillkürlich an Tutenchamuns Grab ...

Meine Stufen führten zu einem Brunnen hinunter. Es war wirklich ein schöner Brunnen. Der eigentliche Brunnenkopf, auf dem gleichen Niveau wie der Fußboden einer kleinen, aus Stein erbauten Kammer am Fuß der Stufen, war ein einzelner Steinblock von neunzig Zentimeter im Quadrat und fünfundvierzig Zentimeter stark, durchbohrt

9 Der «heilige Brunnen» von Diraz auf Bahrain, von oben gesehen. Die Stufen führen zum Brunnenrand hinunter, der aus einem einzigen behauenen Steinblock besteht. Töpferware bezeugt die Datierung des Brunnens ungefähr in die Zeit um 2000 v. Chr.

von einem runden Loch von über sechzig Zentimeter Durchmesser. Das Loch war wie die Kammer mit Sand gefüllt, aber sobald wir es freizulegen begannen, quoll frisches Wasser hervor. Als der Brunnen saubergemacht war, stieg der Wasserspiegel bis zwei Fingerbreit unter den Rand des Steins. Es war wirklich eine schöne Konstruktion und doch recht rätselhaft, wenn, wie die Sage meint, der größte Brunnen von Bahrain gerade außerhalb des Anfangs der Treppe gelegen haben sollte.

Als wir uns die Treppe entlang hinuntergruben, fanden wir zwei

Kalksteinfiguren kniender Vierfüßler, die etwa fünfzig Zentimeter lang waren. Zuerst nannten wir sie Stiere, aber unsere Arbeiter sagten, es seien Schafe. Es war schwierig, das Richtige zu finden, denn in beiden Fällen waren die Köpfe abgeschlagen und nicht aufzufinden. Aber wir entdeckten, wo sie hingehörten. Am Anfang der Treppe war auf beiden Seiten ein leerer Sockel, gerade groß genug, um eine Figur zu tragen.

Ich muß mich dieser Ausgrabung ziemlich schämen. Technisch war sie wohl gut genug ausgeführt; alles wurde gezeichnet und fotografiert, und alle gefundenen Gegenstände, die beiden Statuen, ein Stück eines Alabastergefäßes und etwa dreißig Topfscherben waren vermessen und etikettiert. Aber es hätte mir auffallen müssen, daß bei den Topfscherben nichts von der glasierten Ware war, die hätte vorhanden sein müssen, wenn der Brunnen wirklich aus islamischer Zeit gewesen wäre. Die Töpferware war im Gegenteil ganz anders als alles, was wir bisher gesehen hatten. Sie war vorherrschend rotfarbig mit parallelen waagrechten Rippen. Sie war keine Grabhügel-Keramik, aber auch nicht islamisch. Ich packte sie damals weg und sah sie zwei Jahre lang

10 Das Paar kniender Tiere aus Kalk und 45 cm lang wurde auf den zum Brunnen von Diraz hinunterführenden Stufen gefunden. Es sind wahrscheinlich Widder, die geköpft wurden, als der Brunnen zerstört wurde. Von den Köpfen fand sich keine Spur

nicht mehr an. Es schien ja, als erkläre sich die Stätte selbst. Die Sage berichtet, daß die Stätte im achten Jahrhundert n. Chr. als Strafe für Abgötterei zerstört worden sei, und hier hatten wir eine zerstörte Stätte mit zwei Idolen, denen die Köpfe abgeschlagen worden waren. In der Rückschau nach weiteren vierzehn Jahren Arbeit können wir nun sagen, daß die Töpferware aus der Brunnenkammer von Diraz nicht in das achte Jahrhundert *nach* Christi Geburt, sondern ins dritte Jahrtausend *vor* Christi Geburt datiert werden mußte!

Eines Tages, wenn wir Zeit und Geld – und Pumpen – haben, möchte ich nach Diraz zurückkehren und herausfinden, was es ist, das unter den heruntergefallenen Kalksteinblöcken in der Mulde und unter den umgebenden Sandhügeln verborgen liegt. Denn das ist die bei weitem aussichtsreichste Stätte auf Bahrain – teils wegen ihrer Größe, teils weil ein erheblicher Teil von ihr unter dem Grundwasserspiegel liegt und Wasser ja vieles konserviert, z. B. Holz, Textilien, Korbgeflecht, was in einer «trockenen» Stätte verrottet und verschwindet.

Während ich die Brunnenkammer von Diraz ausgrub, hielt P. V. Ausschau nach neuen Möglichkeiten. Jeden Nachmittag verließ er seine Arbeiter, die unter der Aufsicht ihres Vorarbeiters weitergruben, und streifte durch das Gelände der Umgebung. Auf einem dieser Abstecher fand er den Hügel beim Dorf Barbar, etwa zwei Kilometer östlich der Stelle, wo ich grub.

In diesem Gebiet gibt es parallel zur Küste und ungefähr fünfzehnhundert Meter landeinwärts eine ganze Kette von Hügeln. Es sind riesige Sandhaufen, eindeutig künstlich, aber größer und völlig anders als sogar der größte der Kiesgrabhügel von Ali. Sie sind bereits von Durand und Mackay bemerkt worden, und in einen davon ist sogar von einem der britischen politischen Agenten hineingegraben worden. Wir hatten sie sorgfältig untersucht, besonders den, an dem gegraben worden war. Aber es schien wenig Zweifel daran zu bestehen, daß es sich um Grabhügel handelte, allerdings von einem anderen Typ und daher wahrscheinlich aus einer anderen Zeit als die Grabhügel der großen Gräberfelder. Sie waren viel zu groß, als daß wir sie hätten in Angriff nehmen können; jedenfalls war es unwahrscheinlich, daß sie eine Antwort auf irgendeine unserer Fragen geben konnten. Viel wahrscheinlicher war es, daß sie uns neue Fragen stellen würden.

Der Barbar-Hügel lag am Westende dieser Hügelkette und war von den anderen etwas verschieden. Seine Grundfläche war größer, aber er war niedriger. Doch wir hätten angenommen, daß auch er ein Grabhügel sei, hätte nicht P. V. die Ecken von zwei sehr großen Blöcken aus behauenem Kalkstein aus dem nördlichen Abhang des Hügels herausragen sehen. Einer dieser Blöcke wies die Ränder von zwei quadratischen Vertiefungen auf. Ich glaube, wir begriffen damals schon, daß Blöcke aus viereckig behauenem Stein ein ziemlich respektables Alter anzeigten. Jedenfalls war das gerade das, wonach wir suchten, ein Projekt, wo wir mit einem Minimum von Grabarbeit feststellen konnten, ob sich hier ein größerer Aufwand lohnen würde oder nicht. P. V. zog ein paar Männer von seiner Ausgrabung in Diraz ab und legte die beiden Blöcke frei. Sie stellten sich als sehr groß heraus, zwei Steinwürfel von 120 Zentimeter Seitenlänge und einem Gewicht von wahrscheinlich je über drei Tonnen. Und sie standen auf einem Pflaster aus Kalksteinplatten.

P. V. holte sofort seine ganze Arbeiterkolonne herüber, und ich folgte mit der meinigen, sobald ich mit gutem Gewissen meine Brunnenkammer verlassen konnte. Wir zogen einen Graben von den Steinblöcken gegen das Zentrum des Hügels. Es war eine höchst merkwürdige Ausgrabung – und sie wurde immer merkwürdiger. Wir machten den Graben zwei Meter breit mit ganz senkrechten Wänden, die wir mit unseren Kellen glattschabten, damit jede Schichtung in der Struktur des Hügels klar sichtbar wurde. Diese Schnitte sowie das Material aus dem Graben, das unsere Arbeiter in ihren Körben aus Kokosbast fortschafften, erwiesen sich als völlig steriler Sand. Und doch setzte sich unter unseren Füßen das Steinpflaster fort. Nun besteht, wie ich schon zu erklären versucht habe, ein Tell, das heißt, ein Hügel, der eine von Menschen einst bewohnte Stätte bedeckt, ganz aus Material, in dem diese hier gelebt haben, aus den zusammengestürzten Resten ihrer Häuser, den Abfällen und dem Teil ihrer Wohnungseinrichtung, den sie nicht mitnahmen, als sie wegzogen; aus nichts anderem, außer vielleicht ein wenig Sand, der in die Hohlräume und Spalten der Ruinen hineingeweht wurde. Ein Schnitt durch einen Hügel dieser Art zeigt Schichten von Abfällen, Mauerstümpfe, durcheinandergeworfene Steine von unten bis oben. Aber hier gab es nur sterilen Sand, der schon höher war als unsere Köpfe. Und es war kein vom Wind hergewehter Sand. Wir hatten schon gesehen, wie meterdicke Ablagerungen von Flugsand Stätten von Dörfern zudecken konnten; aber das zu erkennen hat uns harte Mühe gekostet. Wir hätten nie unsere senkrechten Schnitte in die staubfeine Beschaffenheit solchen Sands machen können. Hier handelte es sich um viel gröberen Sand, der mit Kieselsteinen durchsetzt war, die kein Wind so hoch hinauf hätte wehen können. Auch war er etwa alle sechzig Zentimeter durch eine dünne waagrechte Schicht von Gipszement verfestigt, und das war eine Technik, wie wir sie bei einem der größeren Grabhügel bei Ali gesehen hatten, eine Vorkehrung, um zu verhindern, daß die unteren Sandschichten nach außen rutschten, wenn mehr darauf gehäuft wurde. Es bestand kein Zweifel, daß diese dicke Sandschicht auf dem Barbar-Hügel absichtlich durch Menschenhand hierhergebracht worden war.

Längere Zeit waren wir trotzdem mehr als halb davon überzeugt, daß wir einen Grabhügel ausgruben. Ein Grabhügel mit sechzig Meter Durchmesser und nur fünf oder sechs Meter Höhe und außerdem gänzlich mit Steinfliesen unterlegt, war zwar kaum glaubhaft, aber ebenso unglaubhaft war es, daß ein Gebäude von dieser Größe absichtlich in einer Tiefe von drei oder vier Metern mit Sand bedeckt wurde. Man kann es immer noch nicht recht glauben, aber acht Jahre Arbeit haben keinerlei Zweifel daran gelassen, daß das tatsächlich doch der Fall ist.

Unser Graben schritt fort, und nach neun Metern trafen wir auf eine Mauer, senkrecht zur Richtung des Grabens. Sie war aus schönem feinkörnigem Kalkstein, die behauenen Blöcke fügten sich sauber ohne Mörtel aneinander, nur drei Lagen hoch. Hinter ihr setzten sich die Bodenplatten aus Stein fort. Acht Meter weiter trafen wir auf eine weitere solche Mauer, und diese bildete eine Stufe; das Steinpflaster auf der anderen Seite setzte sich auf einem höheren Niveau fort. Wir näherten uns nun der Mitte des Hügels, und die Sandmauern auf beiden Seiten waren über drei Meter hoch. Nach weiteren sechs Metern stießen wir wieder auf Steinblöcke, die gleich sorgfältig behauen waren und genau aneinanderpaßten, aber diesmal bildeten sie einen Kreis von ungefähr zwei Meter Durchmesser. Wir waren im Zentrum des Hügels.

Es stand nun fest, daß, was wir hier auch immer gefunden hatten, es lohnte, weiter untersucht zu werden. Wir mußten unseren Graben mitten durch den Hügel vervollständigen, und wir wollten gern unsere Grabung im zentralen Gebiet verbreitern, um herauszufinden, was es mit der kreisrunden Struktur auf sich hatte. Aber gleichzeitig wollten wir uns nicht in eine einzelne Stätte verbeißen. In jedem freien Augenblick hatten wir unsere Erkundungsreisen über den Rest der Insel fortgesetzt, und wir hatten auch andere Projekte im Sinn. Insbesondere hatten wir einen sehr großen Tell von ganz orthodoxem Charakter mit Mauern und Fußböden bis zum Gipfel des Hügels hinauf gefunden. Von diesem soll in Kürze ausführlich gesprochen werden.

Wir forderten telegrafisch zu Hause einen weiteren Mann an. Es

11 Der Mittelhof des Barbar-Tempels. Im Vordergrund der doppelte Säulensockel, zwei Kreise aus Steinen, die von einem erhöhten Rechteck eingerahmt sind. Dahinter die zwei Steinstützen des «Throns» auf einer Estrade und davor der viereckige «Altar» mit einer Höhlung in der Oberfläche. Man sieht, wie der «Trinkopferabfluß» durch die rückwärtige Mauer verläuft, während ganz links die Grube ist, in der Opfergaben gefunden wurden

war nun März geworden, und wir waren schon drei Monate im Feld. Kristian war klassischer Archäologe, aber er war auch Architekt, und gleich nach seiner Ankunft machte er sich daran, hinter den Sinn der Mauern und Pflasterungen des Barbar-Hügels zu kommen. P. V. und ich verbrachten die meiste Zeit gleichfalls noch dort, aber ein paar Tage in der Woche gingen wir mit einem halben Dutzend ausgesuchter Männer zu anderen Grabungen, P. V. zu seinem «Stadt»-Tell und ich zu einigen knapp eine Meile von Barbar entfernten Grabhügeln.

Wir hatten ein Gebiet von zehn Meter im Quadrat um die kreisförmige Struktur im Zentrum des Barbar-Hügels abgesteckt und gruben es bis zum Steinpflaster hinunter auf. Jetzt, im April, konnten wir innehalten und diese Ausgrabung übersehen. Und wir erkannten, was wir gefunden hatten.

Wir schauten aus einer Höhe von dreieinhalb Metern auf den Innenhof eines Tempels hinab!

Es war kein Tempel von einem uns schon bekannten Typ, aber es schien uns kein Zweifel über seine Natur zu bestehen. Im Zentrum entpuppte sich nun die kreisförmige Struktur als eine rechteckige Plattform, die zwei Kreise umrahmte. Ihr Zweck war noch nicht geklärt, aber sie sahen genau wie die Sockelplatten für zwei Statuen aus. Auf der einen Seite neben ihnen stand eine aufrechte Steinplatte, und etwa dreißig Zentimeter weiter weg lag eine zweite, deren früherer Standort noch mit Mörtel auf dem Steinpflaster markiert war. Beide hatten am oberen Rand Vertiefungen, und als der zweite Stein wieder aufgestellt war, zeigte es sich, daß es sich um die Stützen einer kurzen Bank oder eines Stuhls handelte. Vor ihnen stand ein Altar, ein kubischer Stein mit einer quadratischen Vertiefung in der Oberfläche, und vor diesem wiederum ein Stein mit einer runden Höhlung, die zu einer offenen Steinröhre führte, die sich zu einem Loch in der Umfassungsmauer hinuntersenkte. Vor diesem ganzen Komplex war eine viereckige Grube im Hof, die von auf der Kante stehenden Steinplatten eingerahmt war.

Wir erkannten diese Szenerie. Die auf den Rollsiegeln von Mesopotamien am häufigsten dargestellte Szene ist die, wo ein Gott auf einer genau solchen Bank sitzt, einen genau solchen Altar vor sich, während vor ihm die Bittsteller stehen, Opfergaben zum Altar tragen, Trankopfer vor dem Gott ausgießen oder in Gebetshaltung dastehen, die Hände vor der Brust zusammengelegt. Hätten wir noch weiterer Bestätigung bedurft, so hätten wir sie bekommen, als wir die Grube vor dem Altar freilegten. Dort fanden wir die Opfergaben, allerdings

12 Ein mesopotamisches Rollsiegel von etwa 2300 v. Chr., jetzt in Berlin, zeigt einen Gott auf dem Thron und vor ihm seinen Altar und einen Bittsteller. Becher von dem Typ, wie ihn der Gott in der Hand hält, wurden im Barbar-Tempel gefunden, und die Dattelpalme könnte sogar an eine Beziehung zum Arabischen Golf denken lassen

in einer Unordnung, die erkennen ließ, daß die Grube gründlich ausgeraubt worden war. Unter Mengen von Topfscherben lagen Lapislazuliperlen, Alabastervasen, die Kupferfigur eines Vogels und als Schlußbeweis die kleine Kupferstatuette eines nackten Mannes, genau in der Haltung des Bittstellers wie auf den Siegeln. Solche Votivstatuetten sind in großer Zahl in Mesopotamien gefunden worden, jedoch dort hauptsächlich aus Stein oder Terrakotta, und zwar immer und ausschließlich in Tempeln.

Das Ganze ergab nun einen Sinn. Und als wir dastanden und zuschauten, wie die Grabung sich langsam ausweitete, konnten wir fast die Zeremonien sehen, die im Hof stattgefunden hatten. Die Bittsteller, die sicher nicht sehr verschieden waren von unseren fröhlichen, dunklen Dorfbewohnern, die nackt bis zur Hüfte ihre Spitzhacken und Schaufeln unter uns schwangen, standen in einer Reihe und warteten, bis der zelebrierende Priester sie der Gottheit auf dem Thron vorstellte. Nacheinander legten sie ihre Opfergaben auf den Altar und gossen ihr Trankopfer aus Wein, Bier oder Milch (oder sogar Blut?) in den ausgehöhlten Stein. Die Fliegen umschwärmten sie, wie sie uns umschwärmten, und dieselbe Sonne brannte auf sie nieder, als sie ihre Gebete verrichteten – um einen Sohn und Erben, um die Heilung eines kranken Kindes oder um eine gute Ernte oder einen guten Fischfang. Dann gingen sie weiter, indem sie vielleicht, wenn sie es sich leisten konnten, eine Beterfigurine zurückließen, die sie an die Hofmauer lehnten, um den Gott auch nach ihrem Weggang an ihr Gebet zu erinnern.

Es war schwierig für die Phantasie, sich die Gottheit auf dem Thron vorzustellen. Sie konnte kaum eine Statue gewesen sein, denn der Thron war in Lebensgröße, konnte aber kaum das Gewicht einer Steinfigur in Lebensgröße tragen. Vielleicht war sie ein Bildwerk aus Holz und mit Kupfer überzogen, denn wir fanden größere Mengen von verbogenen Kupferbeschlägen mit Reihen von Nagellöchern und einige hundert Kupfernägel. Vielleicht saß auch der Oberpriester als Vertreter des Gottes auf dem Thron; oder man opferte gar vor dem leeren Thron der unsichtbaren Gegenwart des Gottes.

Die kreisförmigen Sockel neben dem Thron versagten sich gleichfalls der Einbildungskraft. Standen dort die Statuen der Gottheiten, vielleicht eines Gottes und einer Göttin? Ich möchte keine Erwartungen wecken; wir haben das Rätsel nie gelöst. Keine Bildwerke der im Barbar-Tempel verehrten Gottheiten sind während der acht Jahre, in denen wir gruben, entdeckt worden. Nur zwei rätselhafte Steinfragmente sind ans Licht gekommen, der Teil eines Arms und der Teil einer Schulter einer lebensgroßen Kalksteinstatue mit einer Andeutung von Bekleidung und eines kreuzweisen Schmucks aus Perlenketten. Man fand sie in einem Abfallhaufen, wohin der Schutt eines früheren, kleineren Tempels geworfen worden war, als der Tempel, den wir vor uns hatten, gebaut wurde; und sogar dieser Abfallhaufen ist später durchwühlt worden.

Wir hatten eine ziemlich gute Vorstellung davon, wann der Tempel von Barbar gebaut wurde. Der kleine Kupfer-Beter mit den großen runden Augen und dem kahlgeschorenen Kopf sah ganz sumerisch aus. Wäre er in Mesopotamien gefunden worden, hätten wir ihn zweifellos in die Zeit zwischen 2500 und 1800 v. Chr. datiert, und er konnte auch hier nicht aus einer sehr viel anderen Zeit sein. Außerdem hatte eine der Alabastervasen eine Form, die in Mesopotamien in den letzten Jahrhunderten des dritten Jahrtausends in Gebrauch war.

Diese versuchsweise Datierung verstärkte unser Interesse für die Töpferware, die wir in wachsender Zahl fanden, nachdem wir nun das Zentrum des Tempels ausgruben. Die Scherben waren erstaunlich gleichförmig. Die großen Mengen an dünner roter Ware, fast immer mit niedrigen horizontalen, etwa einen halben Zentimeter auseinanderliegenden Rippen, stammten anscheinend alle von fast kugelförmigen, etwa dreißig oder fünfzig Zentimeter hohen rundbödigen Gefäßen. Wir fanden sehr viele Bruchstücke von Rändern, aus denen

13 Als Opfergaben einer späteren Zeit lagen diese Schalen aus dem 9. Jahrhundert n. Chr. mit prächtiger, flammenartiger Verzierung in dem Hauptbrunnen des Barbar-Tempels, der fast dreitausend Jahre nach der Zerstörung des Tempels gereinigt und wieder benützt wurde

zu ersehen war, daß die Gefäße entweder keinen Hals gehabt hatten, sondern am oberen Ende des eiförmigen Rumpfs in einem verbreiterten Rand endeten, oder andernfalls einen kurzen Hals mit einem nach außen gebogenen, im Profil dreieckigen Rand hatten. Diese «Barbar-Keramik», wie wir sie nun nannten, hatte einen ganz eigenen Charakter und war leicht zu erkennen, wenn wir anderswo auf sie stießen. Es ist mir unerklärlich, warum ich mich nicht sofort daran erinnerte, sie schon einmal angetroffen zu haben, nämlich einige Wochen früher in der Brunnenkammer von Diraz. Das einzige, was uns damals auffiel, war, daß sie, abgesehen von den runden Böden, keine Ähnlichkeit mit der Töpferware aus den Grabhügeln hatte.

Aber obwohl wir damit das Hauptproblem unserer Expedition noch nicht gelöst hatten, war der aus dem dritten vorchristlichen Jahrtausend stammende Tempel von Barbar doch eine Entdeckung allerersten Rangs, und als wir unsere Kisten voll mit Topfscherben und Mustern aller Art packten, wußten wir, daß wir im nächsten Jahr zurück sein würden, um hier und an anderen Stätten, die wir ausfindig gemacht hatten, weiterzugraben. Es war von großer Bedeutung, daß die erste in Bahrain entdeckte größere Stätte ein Tempel war, und zwar einer mit sumerischen Anklängen. Es ist jetzt an der Zeit zu erklären, warum.

Als Rawlinson 1880 seinen Kommentar zu Hauptmann Durands Bericht über die Altertümer von Bahrain schrieb, war Dilmun, wie wir gesehen haben, als ein Königreich jenseits der Grenzen der babylonischen und assyrischen Reiche bekannt. Seit dieser Zeit hatte Dilmun auf eine ganz andere Weise Bedeutung erlangt.

Genaugenommen wurde Dilmuns einzigartige Stellung in der mesopotamischen Mythologie schon zu der Zeit vorausgeahnt, als Rawlinson seine Aufmerksamkeit Bahrain zuwandte. So wie die monumentalen Inschriften aus den Palästen von Sargon, Sanherib und Assurbanipal die Welt in die verlorengegangene Geschichte des assyrischen Reiches eingeführt hatten, hatte die Bibliothek von Assurbanipal mit ihren Zehntausenden von Keilschrifttafeln der Menschheit die Kenntnis der Literatur Mesopotamiens und besonders der großen kosmologischen und epischen Dichtungen Babyloniens und Assyriens wiedergeschenkt.

Wie bei den königlichen Inschriften war es auch bei dieser epischen Dichtung das neue Licht, das sie auf die Bibel warfen, was die Phantasie breiter Schichten am meisten fesselte. Die Jahre, in denen sie veröffentlicht wurden, waren ja die, als die Bibel unter heftigem Beschuß lag. Darwins Werk *‹Über den Ursprung der Arten›* war 1859 erschienen, und im gleichen Jahr war die Echtheit der steinzeitlichen Werkzeuge aus dem Kies der Somme erkannt worden, die zusammen und deshalb gleichzeitig mit den Knochen lang ausgestorbener Tiere dort abgelagert worden waren. Die Biologen attackierten mit ihrer Evolutionstheorie den Schöpfungsbericht, und die Geologen stellten mit ihren Thesen von den Eiszeiten die Auffassung von einer weltweiten Sintflut in Frage. Es war daher kein Wunder, daß die Annalen der assyrischen Könige, die sozusagen von der anderen Seite des Zauns her viele Ereignisse der späteren Bücher des Alten Testaments wiedererzählten, mit Freuden als Gegenzeugnis für die Wahrheit der Schrift aufgegriffen wurden.

Und dann fand man 1872 einen assyrischen Bericht von einer weltweiten Sintflut in den im Britischen Museum aufbewahrten Tafeln aus Assurbanipals Bibliothek.

Die Sintfluttafel war das elfte «Kapitel» des Epos von Gilgamesch, des halbmythischen Königs von Uruk, der viele Jahre seines Lebens mit der vergeblichen Suche nach Unsterblichkeit verbrachte. Es berichtet von seinem Besuch bei dem einzigen Sterblichen, dem je die Unsterblichkeit verliehen war, Utu-nipischtim oder Utnapischtim, dem Überlebenden der Sintflut. Utu-nipischtim, ein ziemlich geschwätziger alter Mann, benützt die Gelegenheit, um die ganze

Geschichte von der Flut zu erzählen. Er berichtet, wie die Götter beschlossen, die Menschheit zu vernichten, wie aber Enki, der Gott der Wasser unter der Erde, den Erzähler warnte und ihn aufforderte, eine Arche zu bauen und seine Familie und sein Vieh an Bord zu nehmen. Sechs Tage und Nächte wütete der Sturm, und am siebten Tag kam die Arche auf einem Berggipfel im oberen Kurdistan auf Grund. Eine Taube und eine Schwalbe wurden nacheinander ausgesandt, kehrten aber zurück; dann wurde ein Rabe ausgesandt, und dieser kehrte nicht zurück, was anzeigte, daß die Wasser gesunken waren. Utu-nipischtim stieg aus seiner Arche und opferte den Göttern. Enki setzte sich beim obersten Gott dafür ein, daß er nie wieder die ganze Menschheit wegen der Sünden einiger bestrafe. Enlil, der große Gott, willigt ein, geht an Bord der Arche und berührt Utu-nipischtim und seine Frau an der Stirn. «Bisher war Utu-nipischtim sterblich», sagt er. «Nun sollen er und seine Frau sein wie die Götter; und sie werden in der Ferne leben, an der Mündung der Flüsse.»

Diese assyrische Sintflutsage hatte in so vielen Einzelheiten Ähnlichkeit mit dem biblischen Bericht, daß niemand den gemeinsamen Ursprung von beiden bezweifeln konnte. Es war auch damals schon klar, daß die assyrische Version, wie so manches in Assurbanipals Bibliothek, nur die Kopie einer viel älteren Version sein mußte. Aber es vergingen noch vierzig Jahre, bis die frühere Version entdeckt wurde, und erst dann wurde die Beziehung zwischen der Sintflutgeschichte und der Dilmun-Frage klar.

1899 und 1900 grub die Universität von Pennsylvania in Nippur, der Stätte einer einst berühmten Stadt im unteren Mesopotamien. In sumerischer Zeit und in der Zeit Sargons von Akkad, jenes ersten großen semitischen Eroberers, war Nippur das führende religiöse Zentrum von Mesopotamien, denn der Schutzgott dieser Stadt war Enlil, der oberste der Götter, der die Sintflut befohlen und Utu-nipischtim Unsterblichkeit gewährt hatte. In mancher Hinsicht bedeuteten die amerikanischen Ausgrabungen in Nippur einen Wendepunkt in der Archäologie des Mittleren Ostens. Hier ging es zum erstenmal in der Hauptsache nicht um die Entdeckung von Statuen und monumentalen Inschriften, mit denen man Museen schmücken konnte, sondern um die Freilegung von Gebäuden in ihrer Ganzheit. Dieses Prinzip hatte die Entdeckung der ersten Zikkurat zur Folge, eines jener merkwürdigen terrassierten Hügel mit einem Tempel auf der Spitze, wie sie das Hauptkennzeichen der mesopotamischen Städte waren. Jede Stadt hatte eine Zikkurat, und nur eine, und diese war der Schutzgottheit der Stadt geweiht; die Zikkurat von Nippur, die E-kur, das «Haus auf dem Berge», hieß, war Enlil geweiht. Zu ihren Füßen lag der Haupttempel von Enlil, und hier grub Hilprecht, der Expeditionsleiter und selbst eine Autorität auf dem Gebiet der Keilschrift, das Tempelarchiv aus, eine Sammlung von 35 000 Tafeln, die an Zahl sogar die der königlichen Bibliothek Assurbanipals übertraf.

Eine so gewaltige Zahl von Tafeln konnte natürlich nicht in kurzer Frist übersetzt und veröffentlicht werden. Auch heute, zwei Generationen nach der Entdeckung, ist der größere Teil der Tafeln noch unveröffentlicht, und wichtige Entdeckungen werden immer noch in ihnen gemacht. Viele der Tafeln waren in Sumerisch, der Sprache, die dem semitischen Babylonisch und Assyrisch mindestens als Schriftsprache von Mesopotamien vorausging, und diese Tafeln stellen die Grundlage für unsere Kenntnis des Sumerischen dar. Es ist also nicht überraschend, daß erst 1914 eine Tafel aus Nippur veröffentlicht wurde, die einen Teil des Textes der sumerischen Flutsage wiedergibt. Die Tafel war unvollständig, da nur das untere Drittel erhalten war, so daß es manche Lücke im Text gab. Aber die Geschichte ist erkennbar die gleiche wie die, die Utu-nipischtim Gilgamesch erzählte, obwohl der Überlebende der Flut in der sumerischen Version nicht Utu-nipischtim heißt, sondern Ziusudra. Von unserem Gesichtspunkt aus ist der letzte Teil des Textes der interessanteste. Wo die babylonische Version berichtet, daß Utu-nipischtim Unsterblichkeit verliehen werden und er «in der Ferne, an der Mündung der Flüsse» wohnen sollte, lautet die sumerische Version:

«Anu und Enlil liebten Ziusudra,
Leben wie einem Gott geben sie ihm,
ewigen Atem wie einem Gott bringen sie für ihn herunter.
Dann hießen sie Ziusudra, den König,
den Bewahrer des Namens der Pflanzenwelt
und des Samens der Menschheit,
wohnen im Land des Übergangs,
dem Land Dilmun,
dem Ort, wo die Sonne aufgeht.»

Den letzten Satz müssen wir sorgfältig prüfen. Die Stelle «das Land des Übergangs» ist nicht leicht zu erklären. Aber das ist nicht die Schuld des Übersetzers. Das Sumerische *(kur.bala)* ist nicht klarer. *Kur* bedeutet «Land», und *bala* ist die Substantivform des Verbs, das «kreuzen» bedeutet, und wird für die Überquerung von Flüssen und dergleichen verwendet. «Der Ort, wo die Sonne aufgeht» ist dagegen völlig eindeutig und wurde als Argument gegen die Identifikation von Bahrain mit Dilmun ins Feld geführt. Bahrain liegt zwischen südöstlich und süd-südöstlich von Nippur, während «ein Ort, wo die Sonne aufgeht», ziemlich genau östlich liegen müßte.

Ich möchte gerecht gegenüber den Gegnern einer Identifikation sein, die wir – wie sicher deutlich geworden ist – aufrechtzuerhalten geneigt sind, denn es handelt sich um Gelehrte, deren Wissen und Urteil niemand in Zweifel ziehen wird. Es ist nichts damit gewonnen, wenn man eine Gewißheit behauptet, die keine ist, und wir behaupten nicht, bis jetzt irgendeinen Grenzstein mit der Inschrift «Stadtgrenze von Dilmun» gefunden zu haben. Aber ich gestehe, daß ich diesem Argument hinsichtlich der Richtung des Orts, wo die Sonne aufgeht, keine große Bedeutung zumesse. Denn es ist bekannt, daß die Sumerer und Babylonier im allgemeinen drei Ausdrücke hatten, um den Arabischen Golf zu bezeichnen. Sie nannten ihn das Untere Meer, das Bittere Meer oder das Meer der aufgehenden Sonne. Es wäre für sie also nur natürlich gewesen, jeden Ort an oder in diesem Meer den «Ort, wo die Sonne aufgeht» zu nennen.

Mit dieser Entdeckung des neuen Sintfluttextes wurde Dilmun ein viel wichtigerer Ort, als es nach den Erwähnungen in den Inschriften der assyrischen Könige geschienen hatte. Es war die ewige Heimat des unsterblichen Ahnen der ganzen Menschheit, und dorthin mußte Gilgamesch auf seiner Suche nach Unsterblichkeit gekommen sein. Aber warum hatten die Götter Dilmun als Heimstatt für den Menschen, den sie aus der Flut errettet hatten, auserwählt? Es gab keinen Hinweis darauf, daß Dilmun der Ort war, wo die Arche an Land gegangen war; im Gegenteil, die Arche soll ja in den kurdischen Bergen gelandet sein, die die ganze Länge des Zweistromlandes entfernt waren.

Ein anderer Text aus Nippur ließ den Grund vermuten und erwies gleichzeitig die ganz besondere Stellung, die Dilmun in der Religion Mesopotamiens einnahm. Diesen Text, eine große Tontafel mit 278 Zeilen Keilschrift in sechs Spalten, brachten die Ausgräber in das Museum der Universität von Pennsylvania, wo er jetzt aufbewahrt wird. Er wurde zuerst im Jahre 1915 veröffentlicht, aber die damalige Übersetzung war weitgehend unverständlich, und erst 1945 stellte Professor Kramer, eine der größten Autoritäten des Sumerischen und Kurator der Abteilung Naher Osten des Universitätsmuseums von Philadelphia, eine befriedigende Übersetzung her. Der Text ist eine mythologische Dichtung und gewöhnlich bekannt unter dem Titel

«Enki und Ninchursag», nach den Namen von zwei Hauptpersonen der Dichtung. Enki sind wir schon einmal begegnet als dem Gott, der Utu-nipischtim vor der Flut rettete. Er ist eine der vier Hauptgottheiten des sumerischen Pantheons, der Schutzgott von Eridu (der südlichsten und nach der Überlieferung ältesten Stadt in Südmesopotamien) und der Gott des Urozeans. Das Wort Urozean müssen wir noch näher erläutern. Das sumerische Wort *abzu* bedeutet die ‹Wasser unter der Erde›. Die Sumerer glaubten, daß die Erde und das Meer auf einem weiteren Meer, dem Abzu, ruhten. Im Gegensatz zum gewöhnlichen Meer, das aus Salzwasser besteht, ist der Abzu aus Süßwasser, und die beiden werden streng auseinandergehalten, sowohl im religiösen Glauben als auch in der Wirklichkeit, da der Boden des Salzmeers verhindert, daß die beiden sich vermischen. Die Sumerer glaubten, daß der Abzu die Quelle allen Süßwassers sei, wobei die Flüsse ihren Ursprung in dem unterirdischen Meer haben und die Brunnen und Quellen künstliche oder natürliche Löcher seien, die zu ihm hinunterreichen. Enki war der Herrscher und Wächter dieses Süßwassermeers. Ninchursag war eine weitere der vier Hauptgottheiten und die einzige Göttin unter ihnen. Sie war ursprünglich die große Muttergottheit, die Göttin der Erde, des festen Landes.

Die in dem Mythos von Enki und Ninchursag berichteten Ereignisse finden in Dilmun statt, und die Dichtung beginnt mit einem Loblied auf dieses Land:

«Die heiligen Städte – stelle sie ihm [Enki?] vor,
  Das Land Dilmun ist heilig.
Heiliges Sumer – stelle es ihm vor,
  Das Land Dilmun ist heilig.
Das Land Dilmun ist heilig, das Land Dilmun ist rein,
das Land Dilmun ist sauber, das Land Dilmun ist heilig.»

Nach einigen weiteren Zeilen in dieser Art wird der Text konkreter. Dilmun ist heilig, weil es in ihm keine Jagd von Tieren auf Tiere, keine Krankheit, kein Alter gibt:

«In Dilmun stoßen die Raben ihre Schreie nicht aus,
die wilde Henne stößt nicht den Schrei der wilden Hennen aus,
der Löwe tötet nicht,
der Wolf reißt nicht das Lamm,
unbekannt ist der das Zicklein verschlingende wilde Hund,
unbekannt ist das kornverschlingende Wildschwein.

Das Malz, das die Witwe auf dem Dach ausbreitet –
die Vögel des Himmels essen dieses Malz nicht auf.
Die Taube läßt nicht den Kopf hängen.
Der Augenkranke sagt nicht: ‹Ich bin augenkrank›,
der Kopfkranke sagt nicht: ‹Ich bin kopfkrank›,
seine *[Dilmuns]* alte Frau sagt nicht: ‹Ich bin eine alte Frau›,
sein alter Mann sagt nicht: ‹Ich bin ein alter Mann›.»

Darauf folgt offenbar eine Bitte der Göttin Nin-sikilla an Enki, Dilmun mit Wasser zu versorgen. Nin-sikilla war eine Tochter von Enki, und wir wissen aus einer anderen Dichtung, daß Enki Nin-sikilla zur Schutzgöttin von Dilmun bestimmt hatte:

«Vater Enki antwortete Nin-sikilla, seiner Tochter:
‹Laß Utu *[den Sonnengott]*, der im Himmel ist,
dir süßes Wasser von der Erde bringen,
von den Wasserquellen der Erde;
laß ihn das Wasser in deine großen Behälter *[?]* heraufbringen;
er soll deine Stadt aus ihnen trinken lassen
von dem Wasser des Überflusses;
er soll Dilmun aus ihnen trinken lassen
von dem Wasser des Überflusses;
laß deine Brunnen mit bitterem Wasser
Brunnen mit süßem Wasser werden;
laß deine gepflügten Felder und Äcker dir ihr Korn liefern;
laß deine Stadt das «Lagerhaus»
des *[bewohnten]* Landes werden›.»

Wie Enki es befiehlt, so geschieht es. In diesem Land des süßen Wassers und der sprießenden Ernten spielen sich die weiteren Ereignisse der Dichtung ab. Kurz, Ninchursag läßt acht Pflanzen in Dilmun wachsen. Wie Professor Kramer seinen langen Text geschickt zusammenfaßt, «gelingt es ihr, diese Pflanzen ins Leben zu rufen durch einen schwierigen» (und, wie ich hinzufügen möchte, inzestuösen) «Prozeß, in den drei Generationen von Göttinnen verwickelt werden, die alle von Enki gezeugt und ohne Schmerz und Mühe geboren werden». Aber Enki ißt diese Pflanzen und bekommt acht verschiedene Krankheiten. Ninchursag, wütend über Enkis Tat, zieht sich aus der Gemeinschaft der Götter zurück und droht, nicht zurückzukehren, bis Enki tot ist. Dem Fuchs gelingt es jedoch, Ninchursag zur Rückkehr zu bewegen, und sie willigt ein, Enki zu heilen. Dies tut sie dadurch, daß sie acht Götter und Göttinnen gebiert, jede Gottheit soll eine der Krankheiten Enkis heilen. Der letzte ist der Gott Enschag, und Enschag ist im Sumerischen gleichbedeutend mit Inzak, dem Gott von Dilmun, dessen Name in den von Hauptmann Durand auf Bahrain gefundenen Stein eingehauen ist.

Das ist die Geschichte von Enki und Ninchursag – keine sehr erhebende oder moralische Geschichte, nicht einmal von sehr hoher literarischer Qualität, außer vielleicht, wenn man ihr hohes Alter als Maßstab nimmt. Aber sie ist eine der ältesten Erzählungen der Welt. Sie wurde zum erstenmal vor fast viertausend Jahren niedergeschrieben und war wahrscheinlich damals schon eine alte Sage. Von unserem Standpunkt ist das Interessanteste daran natürlich, daß die berichteten Ereignisse in Dilmun stattfinden. Es ist wirklich sehr bemerkenswert, wenn man den lokalen Charakter der sumerischen Götter in Betracht zieht, daß ein Land, das durch die ganze geschriebene Geschichte hindurch von den Sumerern und Babyloniern als Ausland betrachtet wurde, eine so wichtige Rolle in ihrer Mythologie spielt. Es wird wohl so sein, daß Enki, der Herr des süßen Wassers unter der Erde, ursprünglich ein Gott von Dilmun war und daß der Mythos, den wir wiedergegeben haben, von dort nach Mesopotamien kam. Sicher ist jetzt, daß die sumerischen und babylonischen Bewohner von Südmesopotamien glaubten, daß in uralten Zeiten die Götter einen großen Teil ihrer Tage in Dilmun verbrachten und das Land mit Süßwasser und Vegetation, mit Gesundheit und ewiger Jugend gesegnet hatten. Nachdem Enki Ziusudra aus der Flut errettet und Enlil ihm ewiges Leben gewährt hatte, war es daher natürlich, daß er Wohnung in dem gesegneten Land nehmen sollte, wo der Tod unbekannt war. Dort hat dann, so scheint es, in der Morgendämmerung der Geschichte Gilgamesch Ziusudra besucht, als er auf seiner Suche nach Unsterblichkeit in das Land kam, wo man dieses Geheimnis schon kannte. Damit befinden wir uns freilich im Bereich der Spekulation; in dem babylonischen Epos von Gilgamesch wird Dilmun nirgends mit Namen erwähnt.

Aber daß Dilmun in den Augen der Sumerer ein heiliges Land war, ist keine Spekulation. Es wird wiederholt mit vielen Worten im Mythos von Enki und Ninchursag gesagt. Es war deshalb ganz natürlich, daß das erste größere, mit Sumer zeitgenössische Gebäude, das wir auf Bahrain fanden, ein Tempel war.

5. KAPITEL

Das Portugiesische Fort

Zwei Jahre waren vergangen, und unser Lager war im Entstehen. Junis und ich hatten vor vier Tagen den Grundriß abgesteckt, und nun waren Dschafar und sein Trupp aus kleinen alten Männern eifrig mit dem Bau beschäftigt. Von meinem Sitzplatz auf dem höchsten noch vorhandenen Teil der Wälle des Forts konnte ich die Männer bei ihrer Arbeit beobachten oder, wenn ich den Kopf drehte, über den Tell und die meilenweiten Dattelplantagen hinweg in die Ferne schauen. Oder auch auf das Meer hinaus. Die Portugiesen hatten hier einen wundervollen Ausblick gehabt.

Das Fort muß das nördliche Bahrain und die nordwestlichen Zugänge zur Insel in der Zeit überwacht haben, als die Portugiesen den Arabischen Golf und den ganzen Handel mit Indien beherrschten. Im Jahre 1498, sechs Jahre nachdem Kolumbus Amerika entdeckt hatte, war Vasco da Gama um Afrika herumgesegelt und hatte den Seeweg nach Indien entdeckt. In den folgenden zwanzig Jahren setzten sich die Portugiesen unter ihrem großen Admiral Affonso d'Albuquerque an allen Küsten vom Kap der Guten Hoffnung bis Hinterindien fest. 1521 eroberten sie Bahrain und hielten es mit wechselndem Geschick bis 1602. Es muß kurz nach 1521 gewesen sein, als sie ihr gewaltiges Fort auf einem auffälligen Hügel in der Mitte der Nordküste von Bahrain errichteten.

Im Volksmund und auf allen Karten wird das Fort immer das Portugiesische Fort genannt; aber sein offizieller Name, den wir auch in unseren Berichten verwenden, ist Kalaat al-Bahrain, das Fort von Bahrain. Und zwar deswegen, weil der Herrscher von Bahrain, unser guter Freund Scheich Sulman, immer behauptete, daß das Fort nicht wirklich von den Portugiesen erbaut worden sei, sondern daß diese lediglich ein arabisches Fort, das schon vor ihrer Ankunft dort gestanden habe, umgebaut hätten. Scheich Sulman war natürlich kein Ken-

14 Einer der verfallenen Türme des Portugiesischen Forts schaut immer noch über die Einöde des Tells von Kalaat al-Bahrain auf das Meer hinaus. Wir gruben ihn in einem Jahr aus und legten zwei gewölbte Räume frei, die die Expedition als Bankettsaal oder bei festlichen Gelegenheiten benützt ...

ner von Befestigungsanlagen aus dem sechzehnten Jahrhundert, und wir waren lange der Meinung, daß sein Glaube an die Priorität einer arabischen Befestigung aus dem Wunsch herrührte, den Einfluß der Europäer auf die Geschichte seines Landes zu verkleinern. Das war ein Irrtum. Obwohl der Herrscher das sechzehnte Jahrhundert nicht besser kannte als wir, war sein Instinkt für strategische Erfordernisse ungleich viel schärfer. Er muß erkannt haben, daß ein so beherrschender Punkt nie unbefestigt geblieben sein kann. Als wir dann einige Jahre nach dem Bau unseres Lagers nur zum Vergnügen einen der viereckigen Ecktürme von offenkundig europäischer Konstruktion freigruben, stellten wir fest, daß er auf einem früheren Rundturm von ebenso offenkundig arabischer Bauweise ruhte.

Aber diese Entdeckung lag wie so manche andere in der Zukunft, als ich an diesem Januarnachmittag des Jahres 1956 dasaß und zuschaute, wie unser Lager drunten in die Höhe wuchs. Um mich herum standen die Ruinen des Forts. Das ganze Innere war ein gewaltiges Gewirr von herumliegenden Steinen und Treibsand, das sich vom oberen Rand der Wälle steil zu einem ziemlich ebenen sandigen Streifen in der Mitte hinuntersenkte. Dort, durch die Wälle gegen den das ganze Jahr wehenden Nordwind geschützt, hatten wir das Lager abgesteckt. Wir hatten ein schmales, achtzehn Meter langes und vier Meter breites Rechteck in den Sand gezogen. Das sollte das Wohngebäude werden, das durch acht Querwände in neun kleine, je zwei auf vier Meter große Räume geteilt wurde. Gegenüber sollten zwei kleine Hütten stehen, die eine die Küche und die andere das Wohngebäude des Kochs und des Küchenjungen, die wir beide mit viel Bedacht ausgesucht hatten. Zwischen der Küche und dem Wohnflügel sollte als dritte Seite des rechteckigen Grundplans eine größere Hütte als Speise- und Arbeitsraum entstehen. Die Größe all dieser Räume wurde nach eingehenden Beratungen mit Dschafar festgelegt. Denn das ganze Lager sollte in Barasti-Bauweise errichtet werden, und Dschafar war Bahrains anerkannter Experte in der Barasti-Bauweise.

Ein *barasti* ist eine Hütte aus Palmblättern, errichtet in einer Bauweise, die am Aussterben ist. Noch vor zwanzig Jahren, als ich Bahrain kennenlernte, waren die Dörfer bei den Palmenplantagen vollständig aus Palmblättern errichtet, und sogar viele Häuser in den größeren Städten waren so gebaut. Jetzt war alles anders geworden. Eine Anzahl katastrophaler Brände in den dicht bebauten Barasti-Außenvierteln der Städte haben diese Hausform unpopulär gemacht und sogar die Regierung veranlaßt, ein Gesetz gegen sie zu erlassen. Mit dem Vordringen der Elektrizität und damit der Ventilatoren und der Klimaanlagen in die Dörfer ist die Luftigkeit des Barasti in der Sommerhitze kein Argument zu seinen Gunsten mehr. Was noch wichtiger ist, der wachsende Wohlstand hat es den meisten Dorfbewohnern ermöglicht, sich Steinhäuser zu leisten. Barastis sind jetzt die Wohnstätten der Armen – einschließlich der Archäologen.

Einer der Gründe, warum wir unser Lager innerhalb der verfallenen Wälle des Portugiesischen Forts bauten, war, daß wir es uns nicht mehr leisten konnten, in Manama zu leben. Die Expedition war angewachsen. Die Zweite Expedition im Jahr vorher war fünf Mann stark gewesen. Alle Ölgesellschaften hatten nachdrücklich und verständlicherweise geltend gemacht, daß sie ihre Häuser für ihre eigenen Leute brauchten, und wir hatten ein Haus mit drei Zimmern gemietet, in das wir uns ziemlich unbequem hineinzwängten, indem wir Betten in die Küche und die Dachkammer stellten. In diesem Jahr sollte die Dritte Expedition neun Köpfe umfassen, und die Aussicht darauf, bei den in die Höhe geschnellten Stadtmieten in Manama Unterkunft für neun Mann, oder vielmehr acht Mann und eine Frau, bezahlen zu müssen, hatte unser Budget und unser Organisationstalent erschreckt. Wir entschlossen uns, «einheimisch» zu werden.

Aber es gab noch andere Gründe, die von meinem Ausguck auf dem Turm der Umwallung besonders ins Auge sprangen. Die Lage der Stätte war herrlich. Hundert Meter weiter nördlich säumte ein weißer Sandstrand das smaragdgrüne Wasser der flachen Küste, dessen Farbe sich mit der zunehmenden Tiefe weiter draußen zu einem intensiven Kobaltblau wandelte. Im Osten, Westen und Süden näherten sich die Lustgärten der Scheichs mit ihrem lebhaften Grün des Jasmins, Hibiskus und Pfefferbaums unter dem Graugrün der Palmen bis auf ein paar hundert Meter. Außerdem wohnten wir gerade über unserem Arbeitsplatz. Das Gelände um das Fort, der weiße Sandhügel, etwa sechshundert Meter von Ost nach West und dreihundert Meter südlich des Strands, war unser Tell. Unter ihm lagen die Überreste einer oder mehrerer Städte. Wir hatten seit zwei Jahren an ihm gegraben, hatten aber noch keine Vorstellung davon, wie weit zurück in die Zeit er reichte. Wir wollten es herausbekommen – in diesem Jahr, wenn möglich.

Es war unterhaltend, hier oben zu sitzen und die lebhafte Aktivität drunten zu beobachten. Zehn Mann waren am Werk, einem Werk, zu dem wir, nachdem wir den Plan des Lagers abgesteckt hatten, nichts mehr beitragen konnten. Sie kamen aus dem Dorf Bani Dschumra, dessen Einwohner auf Weben und den Bau von Barastis spezialisiert waren. Außer Dschafar, der der Vorsteher des Dorfs, der Händler des Orts und ein begabter Barasti-Architekt in einem war, bestand die Gruppe aus sechs Jungen, die nichts taten, als Material herbeizuschaffen, und drei unglaublich runzligen und fleißigen alten Männern, die die eigentliche Bauarbeit leisteten. Außerdem war ein ständiger Strom von Eselskarren unterwegs, die Ladungen von Palmblättern, Ballen von Juteschnur, Rollen von Palmblättermatten und Stöße von langen dicken Stangen aus indischem Mangrovenholz brachten. Alle diese Grundbestandteile des Barasti wurden in dem trockenen Graben unterhalb des Forts aufgestapelt und von den sechs Trägern nach Bedarf heraufgebracht.

Die Konstruktion des Barasti ist einfach in der Theorie, aber kompliziert in der Praxis. Kein einziger Nagel wurde beim Bau des ganzen Lagers verwendet. Aber über ein Zentner Schnur wurde gebraucht. Zuerst wurde die Rahmenkonstruktion des langen Gebäudes errichtet, wobei drei Meter lange, einen Meter auseinanderstehende senkrechte Stangen zu einem Drittel ihrer Länge fest in Bodenlöcher eingerammt wurden. Eine Reihe längerer, zwei Meter auseinanderstehender Stangen verliefen längs der Mitte des Gebäudes. An den Spitzen dieser senkrechten Stützen wurden Stangen waagrecht als Dachkanten und First des spitzen Daches befestigt, während weitere Stangen schräg von den Dachkanten zum First verliefen. All das wurde zu einer starren Struktur zusammengebunden. Dann kamen die inneren Rippen der Palmblätter an die Reihe. Diese wurden zehn Zentimeter auseinander senkrecht zwischen den Stangen in den Boden gesteckt, außer dort, wo Türen sein sollten, und an den Dachkanten festgemacht. Dann wurden weitere Rippen waagrecht im gleichen Abstand angebracht und an die Stangen und senkrechten Rippen an jedem Punkt, wo sie sich kreuzten, festgebunden. Die Seitenwände, die Querwände, die acht Trennwände und das Dach wurden mit diesem sauberen Gitterwerk aus nackten Rippen ausgefüllt, was mit unglaublicher Geschwindigkeit vor sich ging. Dann wurde das Gitterwerk gedeckt. Bündel von Palmblättern wurden sorgfältig auf die Stützrippen aufgenäht. Einer der drei alten Männer präparierte die Bündel mit einer gezackten eisernen Sichel, und die beiden anderen brachten sie an die vorgesehene Stelle, wobei auf jeder Seite der Wand einer stand und die Schnur mit einer großen hölzernen Nadel, die an Ort und Stelle aus einer Palmrippe gefertigt worden war, vom einen zum anderen vor- und zurückführte. So wurden die Wände ausgefüllt; das Dach ging noch schneller. Es bestand aus zwei Lagen geflochtener Palmblättermatten und dazwischen einer dicken Lage Bananenblät-

15 1956 wurde unser Lager innerhalb der Wälle des verfallenen Portugiesischen Forts erbaut. Hier befindet sich der Schlafzimmerflügel im Bau mit dem Rahmenwerk der Wände und des Dachs aus Palmblätterrippen, die später mit Palmblättern bedeckt wurden

16 Das fertige Lager mit der Bibliothek und der Reihe von «Einsiedlerzellen» war einigen zwanzig dänischen Archäologen neun Jahre lang ein gemütliches und überraschend attraktives Heim

ter. Dschafar versicherte mir, daß das ausreichte. Wenn es regnete, erklärte er, würden die Bananenblätter die Feuchtigkeit aufsaugen, anschwellen und damit alle etwaigen Löcher schließen. (Das war Wunschdenken. Wir hatten in dieser Saison sehr wenig Regen – vielleicht zu wenig, um die Bananenblätter zum genügenden Anschwellen zu bringen. Sicher ist jedenfalls, daß aller Regen, der auf das Dach fiel, seinen Weg erbarmungslos ins Innere fand; in der nächsten Saison verbesserten wir die einheimische Konstruktion, indem wir geteerte Planen auf die Dächer legten.)

So faszinierend es war, zu beobachten, wie das Lager wuchs, konnte ich doch nicht meine ganze Zeit auf den Wällen des Forts verbringen. Junis und ich hatten nur einen Vorsprung von zehn Tagen vor der Hauptgruppe der Expedition, und es gab noch viel zu tun. Jeden Tag nahm ich den Geländewagen, der den Kombiwagen aus unserem ersten Jahr ersetzt hatte, und fuhr nach Manama zum Einkaufen. Das Lager mußte eingerichtet werden. Matten für die Fußböden und die Türöffnungen, Bettstellen, Stühle, Kapokmatratzen und Bettwäsche mußten beschafft werden; ebenso Handtücher, Geschirr und Besteck, Töpfe und Pfannen und ein Kerosin-Ofen, Sturmlampen, Wassertanks, Wasserfilter, Kissen, emaillierte Waschschüsseln und ein großer roter Feuerlöscher, der mitten im Hof aufgestellt werden sollte. Die Liste war endlos.

Während ich meine Einkäufe machte, blieb Junis im Lager, um den Bau zu überwachen, eine tiefe Abortgrube zu graben, eine Rückwand aus Trockenziegeln für die Küche zu errichten, weil dort die Brandgefahr am größten sein würde, und zwei schwere Tische für den Speisesaal anzufertigen. Junis war früher ein fahrender Zimmermann gewesen, und seine Tische waren dazu bestimmt, die Zeiten zu überdauern. Und das taten sie auch, zumindest seine Zeit.

Junis und Carsten Niebuhr hätten, glaube ich, vieles gemeinsam gehabt. Denn Junis war ein praktischer Mann, der überall Hand anlegen konnte und dem Orient verfallen war. Vor vielen Jahren war er als junger fahrender Zimmermann bis nach Ägypten gekommen, und seither hatte er mehr Jahre in arabischen Ländern verbracht als in Dänemark. Bei archäologischen Expeditionen hatte er endlich seinen richtigen Platz gefunden. Er lernte nie, zu graben; aber bei dänischen, schwedischen, französischen, deutschen und englischen Expeditionen hatte er alles andere sonst getan, Lager errichten, kochen, konservieren, packen, Ausrüstungsgegenstände reparieren. Sein Arabisch war fließend, ebenso sein Englisch, Französisch und Deutsch, und er war bei unseren arabischen Arbeitern ungeheuer beliebt. Die Araber hatten ihm auch den Namen Junis gegeben, weil sie seinen dänischen Namen unaussprechlich fanden. Er war schon über Sechzig, als er unser Lager erbaute, und die nächsten fünf Jahre war er unser Lagerleiter. Er verließ uns wegen einer anderweitigen dringenderen Aufgabe in der Archäologie. Er starb im Jahre 1963 an einem Herzanfall, während er die Lagerleitung der gemeinsamen skandinavischen Expedition innehatte, die an der Rettung der nubischen Altertümer, die durch den Staudamm von Assuan bedroht waren, beteiligt war. Noch immer essen wir jedes Jahr an den Tischen, die er 1956 anfertigte.

Junis machte den ersten Fund dieser Saison. Unsere zehntägige Gnadenfrist war fast vorüber. Die Wände des Speisesaals waren fertig, nur zwei Trennwände des Wohnflügels mußten noch belegt werden, und die Küche war im Bau. Junis brauchte noch Steine für die Rückwand und nahm diese von einem kleinen Steinhügel unmittelbar hinter seiner Wand. Direkt unter dem Boden fand er eine große Kanonenkugel aus Stein, dann eine zweite und schließlich eine dritte. Als ich aus der Stadt zurückkam, war eine regelrechte Ausgrabung hinter der Küche im Gang. Die Wände einer kleinen Kammer waren freigelegt worden, und man konnte sehen, daß die ganze Kammer vier Lagen hoch mit Kanonenkugeln angefüllt war. Wir schätzten, daß es über zweihundert waren, alle aus Stein mit fünfundzwanzig Zentimeter Durchmesser und so schwer, daß ein Mann sie gerade noch hochheben konnte. Wir hatten unsere Küche praktisch auf das Arsenal unserer portugiesischen Vorgänger gebaut. Die Kugeln sind noch immer dort. Wir ließen sie offen liegen, bis unsere Hauptgruppe zwei Tage später ankam, und deckten sie dann wieder zu. Wir haben uns oft Gedanken darüber gemacht, ob die Kanonen, für die diese runde Munition bestimmt war, auch unter dem Hügel hinter dem Lager begraben sind.

Die zehn Tage, die wir für den Bau des Lagers zur Verfügung hatten, genügten gerade knapp. Als Junis und ich wegfuhren, um P. V. und seine fünf Kameraden vom Flugzeug in Muharrak abzuholen, war das Lager eigentlich noch kaum bewohnbar. Aber Küche und Schlafräume hatten ihr Dach, wir waren mit Essen und Getränken versehen und hatten einen persischen Koch und einen arabischen Küchenjungen, die Meister der Improvisation waren und die, ohne zu klagen, in der Küche schliefen, solange ihre eigene Hütte noch im Bau war. In den nächsten Tagen wurde diese Hütte fertiggestellt, der Speisesaal überdacht und schließlich ein mannshoher Zaun errichtet, der jedes Gebäude mit dem nächsten verband und so die scheinbar zufällige Gruppe von Hütten in einen rechteckigen Komplex verwandelte, der einen großen sandbedeckten Hof umgab.

Was es jetzt noch zu tun gäbe, sagte Dschafar, sei, die Vollendung des Werks zu feiern. Wir fragten, wie, und er antwortete, daß sie sich, wenn wir ein Schaf bezahlten, um das übrige kümmern würden. So ließen wir sie machen und spendierten fünfzig Rupien. Am gleichen Nachmittag noch gingen die drei Alten nach Manama und kehrten eine Stunde später mit einer großen schwarzen Ziege in einem gemieteten Lastwagen zurück.

Die Zeremonie, die nun folgte, hätte sicher nicht die Billigung orthodoxer Mohammedaner gefunden und hatte ihre Wurzeln mit ziemlicher Sicherheit weit zurück in der vorislamischen Religion der Insel. Als Habib bin Dschasim, der älteste der drei alten Männer, ein flaches Loch in der Mitte des Hofs grub und, nachdem er den Hals der unglücklichen Ziege durchschnitten hatte, das Blut in das Loch fließen ließ, wurden wir an den Stein mit der tiefen, zu der Steinröhre führenden Höhlung erinnert, den wir zwei Jahre vorher vor dem Altar-Thron im Barbar-Tempel gefunden hatten ... Das Tier wurde dann gereinigt, abgehäutet, zerteilt und dem Koch übergeben, damit er es brate; aber das Ritual war damit noch keineswegs zu Ende. Ein junger Palmbaum wurde in dem mit dem Blut der Ziege getränkten Loch gepflanzt, der Kopf des Tiers wurde beim Lagereingang und die vier Beine je in den Ecken des Lagers vergraben. Nun waren wir, sagte man uns, gegen die bösen Geister, die Dschinns, gefeit, die bekanntlich Ruinen wie das Portugiesische Fort unsicher machten. Dann setzten wir uns alle, die Archäologen und die Barasti-Bauer, der Koch, die Wächter und die Wasserträger zu einem Fest mit Ziegenfleisch, ungesäuertem Brotkuchen – und Büchsenpfirsichen und Coca-Cola aus unserem Vorratsmagazin nieder.

Aber das war erst fast eine Woche nachdem unsere Hauptgruppe angekommen war. Die Tage dazwischen hatten wir damit verbracht, den neuen Mitgliedern der Expedition zu zeigen, wo wir gegraben hatten und noch graben wollten. Während der Zeit unseres Barasti-Baus hatte ich kaum einen Augenblick nach unseren Grabungen sehen können, obwohl sie buchstäblich nur einen Steinwurf vom Lager entfernt waren. Aber jetzt war die Zeit gekommen, um uns eingehender mit unserem Tell zu beschäftigen.

P. V. hatte den Stadthügel beim Portugiesischen Fort während unserer ersten Kampagne vor zwei Jahren entdeckt. In gewisser Weise kann man es eigentlich gar keine Entdeckung nennen. Das Portugiesische Fort war eine der Sehenswürdigkeiten der Insel, wo alle Besucher hingeführt wurden. Meine Frau Vibeke und ich hatten es während meiner Zeit bei der Ölgesellschaft oft besucht. Wir hatten die blauweißen Scherben von chinesischem Ming-Porzellan aus derselben Zeit des sechzehnten Jahrhunderts wie die Portugiesen, die auf dem Gelände um das Fort herum verstreut lagen, gesammelt in der vergeblichen Hoffnung, wir könnten aus ihnen eine vollständige Ming-Schale zusammensetzen. Wie alle anderen Besucher hatten auch wir die eindeutigen Anzeichen von Gebäuden, die sich über mehrere hundert Meter rings um das Fort erstreckten, bemerkt: geborstene Zementfußböden, Bruchstücke von behauenem Stein und sogar die obere Kante von Mauern, die bis zur Sandoberfläche heraufreichten. Ebenfalls wie jeder Besucher hatten wir angenommen, daß diese Überreste von Gebäuden aus der gleichen Zeit wie das Fort seien, die Ruinen eines Dorfs oder einer Stadt, die sich um das Fort drängte, während es von der persischen Garnison, die die Portugiesen hier unterhielten, besetzt war.

P. V. jedoch hatte die Irrtümer dieser Auffassung erkannt. Einer war, daß die Schießscharten und Geschützluken in den Ecktürmen des Forts eindeutig so ausgerichtet waren, daß sie das Gelände auf allen Seiten des Forts beherrschten; aber das konnten sie nur dann wirksam tun, wenn rund um das Fort ein freies Schußfeld war. Gebäude in dem Gelände jenseits des trockenen Grabens hätten diesen Zweck natürlich vereitelt und wären deshalb sicher nicht erlaubt gewesen. Ein anderer und wichtigerer Punkt war, daß das offene Gelände um das Fort erhöht war, ein breites Plateau, das stellenweise mehr als neun Meter über dem allgemeinen Niveau des umgebenden Landes lag. Es war einleuchtend, daß das Plateau nicht natürlich sein konnte, daß es ein Tell im mesopotamischen Sinn war, eine Anhäufung übereinandergelagerter Gebäude. Die ungefähr hundert Jahre der portugiesischen Besetzung oder auch die vierhundert Jahre von der Zeit der Portugiesen bis heute hätten keine neun Meter an Gebäude- und Besiedlungsschutt ansammeln können.

Im April 1954 war P. V. auf einem seiner Forschungsausflüge von der Ausgrabungsstätte bei Barbar aus zu diesen Schlüssen über das Portugiesische Fort gelangt; und obwohl unsere erste Saison schon weit vorgeschritten und die Hitze kaum erträglich geworden war, hatte er fünf seiner besten Arbeiter von Barbar abgezogen und an der neuen Stätte zu graben begonnen.

Nun ist freilich ein Stadt-Tell keine leichtzunehmende Sache. Sogar eine sehr kleine Stadt bedeckt eine ganze Menge Boden, und dieser Tell war keine kleine Stadt. Mit ihrer Fläche von fast sechzehn

Hektar konnte sie den Vergleich mit den größeren Städten Mesopotamiens aushalten. Sie hatte zum Beispiel etwa zwei Drittel der Größe von Ur in Chaldäa, wo Sir Leonard Woolley zwölf Jahre lang gearbeitet hat, ohne mehr als nur einen Teil der ganzen Fläche freizulegen. Hier jedoch war keine Zikkurat wie in Ur, die uns hätte anzeigen können, wo die wichtigsten Gebäude der Stadt zu finden seien. Aufs Geratewohl zu graben konnte nur zufällige Resultate zeitigen, und Jahre könnten vergehen, bevor die Stadtviertel entdeckt würden, die die besten Ergebnisse brächten. Aber irgendwo mußte ein Anfang gemacht werden, und das Wichtigste war, die Geschichte der Stätte zu bestimmen, das heißt, wie weit zurück in die Zeit sie reichte. Das konnte nur durch eine tiefe Grabung erreicht werden, eine Sondage, und zwar etwa in der Mitte der Stadt. P. V. wählte eine Stelle fast am höchsten Punkt des Hügels, die in bequemer Nähe des tiefen Grabens lag, der das Portugiesische Fort umgab und in den die ausgegrabene Erde hineingeschüttet werden konnte. Er steckte eine Fläche von vier Meter im Quadrat ab und begann zu graben.

P. V.s Instinkt läßt ihn selten im Stich, und in einer Tiefe von knapp einem Meter unter der Oberfläche stieß er auf die Ecke einer Mauer aus großen Steinblöcken. Als er dieses Mauerwerk freilegte, fand er, daß zwei massive, einen Meter dicke Mauern sich in der Mitte der nördlichen Kante seiner Sondage trafen. Er setzte die Grabung in dem nun beschränkteren Gebiet innerhalb der Mauern fort. In dem Maße, wie er tiefer kam, setzten sich auch die Mauern nach unten fort. Sie bestanden aus behauenen Kalksteinblöcken von bis zu vier Meter Länge in Lagen von etwa dreißig Zentimeter Höhe.

Jeden Tag, wenn unsere Arbeit in Barbar und an meinen eisenzeitlichen Grabhügeln vorüber war, fuhren Kristian und ich zum Fort, um P. V. und seine Arbeiter abzuholen, und standen dann am Rand der Ausgrabung und schauten in die immer tiefer werdende Grube hinunter. Es war eine Ausgrabung, über die jeder normale Archäologe gestaunt hätte. Der Raum innerhalb der Mauern war kaum zwei Meter im Quadrat, und im Süden schien es, als drohe ständig eine senkrechte Erdwand, dreimal so hoch wie die Ausgrabung breit war, einzufallen und die Arbeiter unter sich zu begraben. In der drückenden Hitze eines subtropischen Aprils war die Temperatur am Boden des Lochs kaum zu ertragen. Nur zwei Männer konnten ihr auch widerstehen, P. V. und Khalil bin Ibrahim. Und Khalil war nach der Meinung der übrigen Arbeiter verrückt. Er war früher Perlentaucher und fürchtete sich vor nichts. In Barbar hatte er sich dadurch ausgezeichnet, daß er eine lebende und bekanntermaßen giftige Schlange am Schwanz faßte und die erschreckten Arbeiter in die Flucht jagte, als er, die Schlange um den Kopf wirbelnd, daherrannte, um sie uns zu zeigen. Jetzt, bei der Ausgrabung im Fort, bestand er allein darauf, das sich vertiefende Loch weiterzugraben, wobei er die Erde in die Kokosbastkörbe füllte, die von den anderen Arbeitern, die oben auf der Mauer saßen oder sich an den Mauersteinen anklammerten, an die Oberfläche hinaufgebracht wurden. P. V. stand die ganze Zeit neben ihm, zeichnete jede neue Schicht, auf die man traf, sammelte Topfscherben und machte Notizen. Fünfeinhalb Meter kamen sie hinunter, und die Mauer hörte immer noch nicht auf. Sie stand nun viereinhalb Meter über dem Boden der Ausgrabung, und ihre tieferen Lagen waren noch massiver als die höheren; einige Blöcke waren volle zwei Meter lang.

Dann trafen sie auf einen Zementfußboden, der von zwei großen ovalen Löchern durchbrochen war. Als sie in diese Löcher hinuntergruben, stießen sie auf zwei – Badewannen! So wenigstens sahen sie aus, als die Ränder über der Erde auftauchten. Drei Fuß lang, eckig am einen Ende und abgerundet am anderen, waren sie aus dickem Ton und innen und außen mit Bitumen verkleidet. Wir hatten ihren Zweck schon erraten, bevor wir, nachdem wir die Erde aus dem Innern vorsichtig entfernt hatten, in beiden ein menschliches Skelett fanden, das mit bis an das Kinn angezogenen Knien am Boden lag. Die Badewannen waren Sarkophage, irdene Särge.

Wir hatten, seitdem wir auf sie gestoßen waren, über das Alter der ungeheuren Mauern Vermutungen angestellt. Die Sarkophage bewiesen uns nun, daß sie mindestens aus vorislamischer Zeit waren. Denn die Bestattungen waren mit Sicherheit nicht mohammedanisch, weil sie in keiner Weise nach Mekka ausgerichtet waren, wie alle Rechtgläubigen begraben werden. Die Bestattungen waren überdies eindeutig späteren Datums als die Mauern, in denen sie lagen, und der Fußboden, aus dem ihre Gräber herausgehauen waren. Zudem war der Fußboden nicht einmal der ursprüngliche Boden der Gebäude.

17 Die erste Sondage am Tell von Kalaat al-Bahrain traf etwa einen Meter unter der Oberfläche auf die massiven Mauern des «Palastes» und ging an ihnen in einem Loch, das viel tiefer als breit war, zu zwei Badewannensärgen hinunter, die durch Löcher im Fußboden des «Palastes» gegraben waren. Die Särge (einer ist schon entfernt) bestanden aus bitumenüberzogenem Ton und können in die Zeit der assyrischen Könige etwa 700 v. Chr. datiert werden. Der Topf neben dem Sarg hat bezeichnenderweise dieselbe Form wie der auf Bild 29 unten

18 Sechs Jahre später bietet die «Palast»-Ausgrabung ein anderes Bild. Von den Wällen des Portugiesischen Forts schauen wir auf eine ausgedehnte Ausgrabung hinab, in der die Mauern des «Palastes» sich an einigen Stellen noch bis zu einer Höhe von vier Metern erheben

Die Löcher für die Särge waren durch zwei aufeinanderfolgende Böden gehauen worden, und diese ruhten auf einem dritten.

Das ist alles, was wir zu dieser Zeit über die Sondage berichten konnten. An diesem Punkt mußten wir aufhören, da das Herausschaffen der beiden Särge die ganze Zeit aufbrauchte, die uns in diesem ersten Jahr noch zur Verfügung stand.

Das zweite Jahr brachte uns noch eine ganze Menge weiteres Material – aber keine Antworten. Wenn man auf die Arbeit von einem Dutzend Jahren zurückblickt, kann man feststellen – wie es während der Arbeit selbst nicht möglich ist –, daß einige Jahre sozusagen Interimsjahre gewesen sind. Nicht ohne Gewinn, weil in ihnen wesentliche Arbeit getan und wesentliche Fortschritte gemacht wurden; aber trotzdem ist man an ihrem Ende anscheinend nicht weiter, nicht näher an der Erkenntnis dessen, was man ausgräbt. So war es im zweiten Jahr. Es war natürlich eine kürzere Saison. Im ersten Jahr waren wir volle fünf Monate in Bahrain, aber wir konnten nicht jedes Jahr fünf Monate weg sein. Auch einem Archäologen stellt das Familienleben Gegenansprüche und -reize; und – noch zwingender – ein Professor kann nicht Jahre hintereinander fünf Wintermonate von seiner Universität und seinen Studenten abwesend sein. 1955 verkürzten wir unsere Saison auf drei Monate. Aber das war nicht der Grund. Wenn wir auch nur drei Monate anstatt fünf draußen waren, waren wir fünf Mann an Stelle von drei. Wir hatten auch bedeutend mehr Geld. Scheich Sulman und Sir Charles Belgrave, der ihn in finanziellen Dingen beriet, hatten ihre Zuschüsse verdoppelt. Ebenso die Bahrain-Ölgesellschaft. Die Carlsberg-Stiftung, diese einzigartige Brauerei, die testamentarisch zur Förderung der dänischen Kultur bestimmt ist, sehr erfolgreich von einem Rat von Professoren und Künstlern verwaltet wird und deren Gewinne ausschließlich der reinen Kunst und Wissenschaft gewidmet sind – die Carlsberg-Stiftung also hatte beschlossen, unsere weitere Arbeit zu unterstützen. Das Museum der Universität von Pennsylvania hatte Bob, seinen besten jungen Archäologen, mit einem Scheck in der Tasche geschickt. Wir waren also in jeder Hinsicht besser ausgerüstet als im Jahr vorher, und nach Kubikmetern beseitigter Erde berechnet, hatten wir auch mehr erreicht. Und doch fanden wir nur neue Fragen, keine neuen Antworten.

Kristian hatte seine Ausgrabung in Barbar fortgesetzt. Der Mittelhof des Tempels war in seiner ganzen Ausdehnung freigelegt, und drei stehende Steine, von denen einer einen vollplastischen Stierkopf trug und alle mit Löchern durchbohrt waren, zeigten zweifelsfrei an, wo die Opfertiere angebunden waren. Ausgrabungen unter dem Hof hatten, was wir auf Grund unseres Schnittgrabens vom Vorjahr schon vermuteten, erwiesen, daß der Tempel dreimal wiederaufgebaut worden war, daß es aber das gleiche Volk, und nicht um viele Generationen getrennt, war, das alle drei Tempel errichtet hatte; die gleichen rundbauchigen Töpfe aus roter Ware, verziert mit waagrechten Rippen, wurden in allen Schichten gefunden. In einer Ecke des Hofs des zweiten Tempels hatten wir einen Gegenstand gefunden, der heute noch eines unserer besten Schauobjekte ist. In einem Haufen weggeworfener Kupferbänder und -streifen lag ein prachtvoller Stierkopf aus Kupfer. Ein glänzendes Kunstwerk, mit großen, nach außen geboge-

19 Dieser Stierkopf, 20 cm hoch und vollplastisch, lag in der Ecke eines Raums im Tempel II bei Barbar, zusammen mit einem Haufen Kupferstreifen und Kupferblättern, die von Nägeln durchbohrt waren. Die Augen waren ursprünglich eingelegt

nen Hörnern und geblähten Nüstern; aber, was bedeutungsvoller war, es entstammte einer Kunstrichtung, die ganz eindeutig mit den Stierköpfen aus Gold und Kupfer verwandt war, die Leonard Woolley in den Königsgräbern von Ur in Mesopotamien gefunden hatte. Über die Datierung der Königsgräber gab es unter den Experten einigen Streit, aber abgesehen von Sir Leonard selbst, der sich für ein Datum im vierten Jahrtausend vor Christi Geburt aussprach, bewegten sich die Meinungsverschiedenheiten in den Grenzen zwischen 2500 bis 2200 v. Chr. So hatten wir in Barbar schließlich doch einen Anhaltspunkt für ein festes Datum.

In Kalaat al-Bahrain – dem Portugiesischen Fort – hatte P. V. mit der Hilfe von Mogens seine entsetzlich enge Sondage erweitert und bei der damit erzielten größeren Ellbogenfreiheit zwei Schächte vom

Fußbodenniveau seines großen steinernen Gebäudes weitere zehn Fuß bis zum gewachsenen Boden hinuntergetrieben. Aber dabei war das Gebäude ein Hindernis. Seine Mauern konnten weder entfernt noch unterminiert werden, und die für die tiefe Sondage zur Verfügung stehende Fläche beschränkte sich daher auf zwei etwa einen Quadratmeter große Löcher. Nur viel Glück konnte aus einem so engen Versuchsgrund etwas schlüssig Datierbares erbringen, und diesmal ließ P. V. sein Glück im Stich. Lediglich ein paar Scherben von bemalter Töpferware hatten den Anschein beachtlichen Alters, und ein Feuersteinkern deutete an, daß wir in die Nähe der Jungsteinzeit gekommen waren, vielleicht 3000 v. Chr. oder früher.

Bob aus Philadelphia und ich hatten mit dem nächsten Abschnitt der Erforschung des Stadthügels begonnen. Da die zentrale Sondage gezeigt hatte, daß die Stätte eine weitere Untersuchung lohnen würde, beschlossen wir, einen Schnitt vom Rand her zu machen.

Einen Tell von der Seite anzugraben hat beträchtliche Vorteile. Man muß nicht dieselbe Tiefe an Erdreich bewegen, und diese Erde bringt man leichter weg, ohne Flächen zu verschütten, die man vielleicht später ausgraben möchte. Außerdem kann der äußere Rand einer Stadt ein sehr interessantes Gebiet sein, denn dort können Befestigungsanlagen gefunden werden. Andererseits ist es freilich möglich, daß, wenn eine Stadt von einem kleineren Kern aus in die Breite gewachsen ist, die Überreste am Rand nicht so alt sind wie die tiefsten Schichten im Zentrum. Deswegen ist eine zentrale Sondage eine nützliche Vorarbeit.

Aus manchen Gründen wählten wir den Nordrand des Hügels als Ausgangspunkt. Dort senkte sich der Hügel bis zum Strand hinab, und die älteste Stadt muß sicher am Meer gelegen haben. Außerdem hatten Winterstürme sich tief in den Hügel hineingefressen und schon viel Arbeit für uns getan. Wir fanden denn auch eine Stelle, wo die Wellen erst in neuerer Zeit einen kurzen Streifen sehr schönen Mauerwerks freigelegt hatten. Möglicherweise hatten wir schon die Stadtmauer entdeckt.

Nach zwei Tagen Arbeit war ich ganz sicher, daß das tatsächlich der Fall war. Die Mauer, die das Meer freigespült hatte, schwang sich in einem halbmondförmigen Bogen zurück und stieß an eine dahinterliegende, sehr viel massivere Mauer. Innerhalb weniger Stunden nach Beginn der Arbeit der Saison konnten wir schon sehen, was wir ausgruben – einen kleinen halbkreisförmigen Turm, der aus einer Festungsmauer hervorsprang. Die Festungsmauer war zwei Meter stark, stand auf dem gewachsenen Boden und war ganz hinauf bis zur Oberfläche des Hügels erhalten – die hier am Rand des Tells natürlich nicht annähernd so hoch war wie bei P. V.s Grabung im Zentrum. Aber auch so erhob sich die Mauer drei Meter hoch über den Strand. Bob und ich kreuzten die Mauer und begannen, indem wir den Graben genau südlich fortsetzten, die Straßen und Häuser einer versunkenen Stadt auszugraben.

Das Gebiet der höheren Schicht hinter der Mauer, das wir in diesem zweiten Jahr freilegten, war von sehr eindrucksvoller Größe. Hinter der Mauer fanden wir eine Straße mit Fundamenten von Steinhäusern auf beiden Seiten; wir folgten der Straße genau südlich und erreichten bald einen kleinen Platz. Dieser war unregelmäßig mit Steinplatten gepflastert und senkte sich zu einem Kanal in der Mitte. Als wir den Platz freilegten, stellten wir ein sehr seltsames Merkmal unserer Stadt fest. Sie schien vollständig symmetrisch angelegt zu sein. In der Mitte jeder der vier Seiten des Platzes begannen die Straßen, die ganz gleich waren wie die, auf der wir den Platz erreicht hatten, und in die anderen Himmelsrichtungen hinausführten. Auch die Anordnung der Räume und der Eingänge zu den Räumen war auf beiden Seiten der Straße identisch. Es muß wohl einen Gesamtplan für diesen Teil der Stadt gegeben haben.

Als wir im Jahr vorher unsere Grabungen beendet hatten, waren wir auf der vom Platz nach Süden verlaufenden Straße fast so weit gekommen, wie die Straße nach Norden zum Turm lang war. Ich hatte Vermutungen darüber angestellt, was wohl passieren würde, wenn wir die gleiche Entfernung zurückgelegt hätten; ob die Symmetrie sich mit einem gleichen gepflasterten Platz fortsetzen oder ob der Gesamtplan irgendeine radikale Veränderung aufweisen würde. Darauf, was wir dann tatsächlich fanden, war ich nicht vorbereitet.

Und nun war die Expedition wieder in Bahrain. Ich stand auf dem Wall über dem Magazin der portugiesischen Kanonenkugeln, während hinter mir das Lager zum Leben erwachte und mir die steigende Sonne ins Gesicht schien, und sah zu, wie sich der Dunst des Meeres von den Schutthaufen und dem Graben des Vorjahrs hob. Die Arbeit eines weiteren Jahres lag vor uns.

6. KAPITEL

Die Romantik der Archäologie

Viel geschah im dritten Jahr. Es war das Jahr, als wir im Portugiesischen Fort belagert wurden; das Jahr, als die Sieben-Städte-Folge ausgearbeitet wurde; und das Jahr, als die Grabhügel schließlich fest in den wachsenden Rahmen der Vorgeschichte von Bahrain eingefügt wurden. Es war auch das Jahr, in dem Scheich Sulman uns die arabischen Gewänder schenkte und wir uns zum erstenmal auf das arabische Festland wagten. Wie wir schon sahen, war es das Jahr, als wir das Lager bauten.

Das Lager brachte eine große Veränderung unseres Lebensstils. Früher fuhren wir jeden Morgen zu den Ausgrabungsstätten hinaus und abends zu einem Haus in einer Stadt zurück, zu elektrischem Licht und Kühlschränken, in Zimmer mit Fußböden aus Holz, verputzten Wänden und Decken, mit Glas in den Fenstern und Teppichen und bequemem Mobiliar. Wir aßen europäische Menüs in den Restaurants der Ölgesellschaften, die bei den in die Ferne verschlagenen Engländern und Amerikanern heimatliche Gefühle erwecken sollten. Nun wohnen wir genau über unserer Hauptausgrabungsstätte. Die Fußböden sind aus Erde und bedeckt mit Palmblättermatten, die Wände und Decken bestehen aus Palmblättern. Ständig leben wir mit dem Wetter. Wenn wir schlafen – in unseren winzigen Würfeln von zwei auf vier Meter –, spüren wir immer die Bewegung der Luft im Gesicht, denn die dünnen Wände lassen jeder Brise freien Durchlaß. Wenn wir erwachen, bildet das Sonnenlicht durch die Ritzen des Dachs und der Wände hübsche Muster. Wir waschen uns in kaltem Wasser, das in Emailschüsseln von dem großen runden Tank über den Hof drüben hergebracht wird – und die meisten verzichten auf die Rasur. In der Küche hat der persische Koch, der bald durch ein paar Jungens aus dem nächsten Dorf verstärkt wurde, schnell begriffen, daß den neuen Sahibs der Sinn nicht nach Eiern und Speck zum Frühstück steht, sondern daß sie statt dessen kübelweise Kaffee und Brotlaib um Brotlaib mit sechs verschiedenen Sorten Marmelade verzehren können. Wenn wir an dem langen Tisch sitzen, hören wir schon die ersten «Kulis», wie sie nach ihrer Ankunft einander und den Wachmann grüßen und ihre Schaufeln und Körbe aus dem Stapel am Lagerzaun auswählen. Die Barbar-Mannschaft packt Säcke mit Obst, Brot und Käse und sucht Reißbretter, Winkelmeßgeräte, Meßlatten, Schnur und Kellen zusammen, während Junis, P. V. oder ich in den Graben hinuntergehen, um zu versuchen, einen der Geländewagen in der feuchten Morgenluft durch gutes Zureden ins Leben zu rufen. Denn jeden Tag muß einer von uns die Mannschaft nach Barbar hinausfahren und dann mit dem Fahrzeug zurückkehren. Bis wir zurückkommen, ist die Arbeit an der Fort-Stätte schon in vollem Gang. Der Appell ist dann vorüber, und die endlose Kette von Körben mit Erde kommt schon aus den Grabungen herauf, um in die Schubkarren geschüttet und zu den Ablageplätzen hinausgeschafft zu werden. Die Arbeiter singen schon – sie hören eigentlich von morgens bis abends nicht auf –, und auf einer Seite jedes Grabens baut das älteste Mitglied jeder Kolonne die kleine Feuerstelle auf, die die glimmende Kohle für die Wasserpfeife liefert, die bald ihre periodische Runde macht.

Im Lager ist dann alles ruhig. Junis ist mit dem anderen Geländewagen fort in der Stadt, um Proviant, Sechs-Zoll-Nägel und weitere Bleistifte und Pinsel einzukaufen. Der Koch ist damit beschäftigt, in der Küche den Tagesbedarf an Brot und einen Kuchen für den Nachmittagstee zu backen. Seine jungen Gehilfen fegen die Speisehütte flüchtig aus. In einer Ecke des Hofs wäscht Dschasim unter einem privat aufgestellten Sonnenschirm die Topfscherben, die tags zuvor ausgegraben wurden, und legt sie auf Matten aus, um sie in dem nun strahlenden Sonnenschein zu trocknen. Ungefähr jede Viertelstunde erscheint Hassan auf den Wällen des Forts und bringt mit einem Joch zwei Eimer Wasser von der Quelle am Rand des Tells, um den großen Tank vor der Küche aufzufüllen.

Ungefähr um zehn Uhr kommt dann die «Esel-Pause». Die Marktchancen bei sechzig Arbeitern sind schnell von den Händlern der umliegenden Dörfer entdeckt worden, und der regelmäßigste ist der Bäcker. Jeden Morgen rollt sein Eselskarren, beladen mit ungesäuertem Brotkuchen, Zuckerbrot und grellfarbigem Kuchen den Abhang des Tells herunter, und die Arbeit wird für eine halbe Stunde eingestellt, damit die Arbeiter Brot, Biskuits und klebrige Süßigkeiten einkaufen können. Unsere Archäologen kommen zu einer Extratasse Kaffee ins Lager herauf, meistens beladen mit großen Stücken von dikkem, süßem Brotkuchen, die ihnen ihre Arbeiter aufgedrängt haben.

Zur Mittagszeit brechen unsere Araber, alles gute Mohammedaner, die Arbeit ab, um das Gebet zu verrichten, wobei die frömmsten bei ihrem Rakat, der zeremoniellen Niederwerfung in der Richtung nach Mekka, von Sulman bin Jussuf angeführt werden, der zwar einer unserer weniger tüchtigen Arbeiter, aber ein stattlicher alter Mann und in seinem Dorf ein Mullah, ein Laienpriester, ist. Nach den kurzen Gebeten essen sie zu Mittag. Wir haben schnell gelernt, unsere Grabungen sogleich zu verlassen und zum Lager zu eilen, während das Gebet noch im Gang ist. Denn sonst fordert uns jede Gruppe von Arabern, die um ihre flachen Schalen mit Reis und Gemüse herumsitzen, förmlich auf, uns zu ihnen zu setzen, wenn wir vorbeigehen. Während es gegen die Anstandsregeln wäre, die Einladung anzunehmen, würde es jedoch unser mageres Arabisch aufs äußerste strapazieren, mit der gebotenen Höflichkeit und Formstrenge die freundlichen Einladungen abzulehnen – insbesondere weil das Mahl, das die Arbeiter über ihrem Feuer bereitet haben, viel appetitanregender aussieht als das, das der Koch auf unserem Speisetisch bereitgestellt hat. Das frische Brot ist dort eingerahmt von einem bunten Gemisch von grob geöffneten Büchsen mit Pökelfleisch, Sardinen, Muscheln und Leberpastete, die fast alle unberührt bleiben. Das Mahl wird gerettet durch die Schalen mit hartgekochten Eiern, den Korb mit einheimischem Salat sowie Tomaten und Schnittlauch, die unsere Dorfbewohner aus ihren Gärten mitgebracht haben. Jedenfalls ist das Mittagessen eine gehetzte Mahlzeit, denn nach einer halben Stunde beginnt die Arbeit wieder. Wir haben oft versucht, unsere Männer zu überreden, sich eine Stunde Zeit für das Mittagessen zu nehmen, aber sie haben es immer vorgezogen, die Mittagspause abzukürzen und dafür am Abend mit der Arbeit eine halbe Stunde früher aufzuhören. Denn viele kommen aus weit entfernten Dörfern, und einige haben mehr als eine Stunde Fußmarsch oder Eselritt nach Hause. So endet die Arbeit also um halb fünf Uhr, und eine Prozession von Arbeitern trägt Werkzeuge und Körbe mit Topfscherben ins Lager hinauf.

Sobald die letzten Arbeiter fort sind, beginnt das Lager zu leben. Junis kommt mit der Barbar-Mannschaft, und über Tee mit Biskuits – und dem Kuchen – vergleichen die Stadtgräber und die Tempelgräber im Speisesaal ihre Aufzeichnungen und stellen Theorien auf über die Lage einer Mauer oder über das Vorhandensein einer sterilen Schicht, die dann gegen einen Wall von Gegenargumenten verteidigt werden müssen. Nachzügler, die nach dem Abzug der Arbeiter bei ihren Grabungen geblieben sind, um die Zeichnung eines Schnitts aufs laufende zu bringen, treffen noch ein; andere gehen hinaus, um sich zu waschen, umzuziehen und einen der Geländewagen zu nehmen, der fast jeden Abend mit denjenigen in die Stadt fährt, die den Basar besuchen wollen. Es gibt viel zu tun vor Sonnenuntergang, der hier am Rand der Tropen früh hereinbricht. Kleider müssen gewaschen und Aufzeichnungen gemacht werden. Die tags zuvor ausgegrabene und heute gewaschene Töpferware muß geprüft, sortiert und eingepackt werden. Bei Flut findet am Strand eine Bade-Party statt, während bei Ebbe Austern an den Riffen der äußeren Ränder der Korallenbänke gesammelt werden. Briefe müssen gelesen und geschrieben werden; und aus einer Ecke ertönt das Klappern einer Schreibmaschine, auf der ein unternehmungslustiger Autor einen Artikel für sein heimatliches Lokalblatt mit dem Titel «Die Romantik der Archäologie im Vorderen Orient» tippt.

Um halb sieben Uhr geht die Sonne unter, und das halbe Lager steigt auf die Wälle, um zuzuschauen. Als wir in Manama wohnten, wußten wir nichts von dem Glanz der Sonnenuntergänge in Bahrain, wo die Farbe der Wolken während des Zuschauens von Weiß zu Perlrosa und Gold wechselt und dann zu einem immer tiefer werdenden Rot, gegen das die Palmen wie aus schwarzem Papier ausgeschnitten dastehen. Wie die Glut verblaßt und die Dunkelheit tiefer wird, blinken die Lichter von Manama und Muharrak von Osten über die Bucht herüber, während über unseren Köpfen die halbe Milchstraße langsam heller erglänzt, ein zunehmender Mond auf dem Rücken liegt, der Große Bär im Norden auf seinem Schwanz steht und Orion im Süden breitbeinig über den Himmel schreitet. Im Lager leben wir unter freiem Himmel, und wir verfolgen den Lauf der Sterne und die Phasen des Monds mit ganz persönlichem Interesse. Schließlich sind der Mond und die Sterne die einzige Straßenbeleuchtung, die wir haben, und ohne Mondschein ist es wirklich stockdunkel im Portugiesischen Fort.

Aber nun erscheint Saleh mit dem zischenden weißen Licht der Gaslampen, die im Speisesaal aufgehängt werden. In den Schlafzimmern beginnt das mildere Licht der Sturmlampen durch die Ritzen der Palmblätterwände schimmern. Die vom Stadtbummel Zurückkehrenden zeigen ihre Basareinkäufe, Messingkannen und gestickte Kopftücher, und mitten hinein gibt Abdullah das Zeichen zum Abendessen, indem er den Stößel mit einem hellen Glockenton an das Messing des Kaffeemörsers schlägt.

Das Abendessen ist die Hauptmahlzeit des Tages und ganz orientalisch mit Fisch oder Hammel und Reis und frischem Obst. Es endet mit Datteln, dem ungesüßten, nach Kardamom schmeckenden Kaffee und langen indischen Zigarren. Das Essen dauert eine oder auch zwei Stunden, denn es ist die einzige Gelegenheit des Tages, wo die ganze Expedition beisammen ist, und es wird mehr gesprochen als gegessen. Außerdem haben die beiden größten dänischen Brauereien – unabhängig und, wie das Gerücht geht, ohne es voneinander zu wissen – der Expedition unbegrenzte Lieferungen ihres Biers bewilligt, und die Dänen sind große Biertrinker. Sogar der mächtige Tisch, den Junis zimmerte, schwankt zu den Trinkliedern, von denen dänische Studenten ein gewaltiges Repertoire haben, und der Koch und seine Gehilfen – die alle gute Mohammedaner sind und nie Alkohol anrühren – kommen herein, um das Konzert anzuhören und die Kaffeetassen nachzufüllen. Ich möchte aber nicht den Eindruck von nächtlichen Orgien im Lager erwecken. Der Tag war anstrengend, und gegen neun Uhr lichtet sich die Tafelrunde schnell. Ein paar ganz Unverwüstliche machen vielleicht noch eine Runde über die Wälle, um noch einmal nach den Lichtern von Manama zu schauen, aber die meisten ziehen sich in ihre Zimmer zurück, um vor dem Schlafen noch ein wenig zu lesen. Um zehn Uhr herrscht Stille im Lager. Die meisten Lichter sind gelöscht, und nur das schwache Rascheln der trockenen Palmblattwände unterbricht das Schweigen. Denn im Lager geht der Wind nie zur Ruhe.

Mein langer Schnittgraben, den ich im Jahr vorher angefangen hatte, setzte sich wieder südwärts in Bewegung. Ich war, wie der Leser sich erinnert, dabei, mir einen Weg durch eine befestigte islamische Stadt zu graben. Am Anfang in Strandnähe war ich auf die Stadtmauer mit ihrem Turm gestoßen; war dann der Straße südwärts bis zu einem gepflasterten Platz und von dort einer anderen Straße nach Süden gefolgt. Jetzt, fast am ersten Tag der Grabung der neuen Saison stieß der Graben auf eine Mauer, die meine nach Süden führende Straße querte. Es war eine dicke Mauer, ungewöhnlich dick für eine Mauer mitten in der Stadt, fast dick genug für eine Festungsmauer. Hinter ihr kam eine gerundete Mauer, deren Gestalt sich bald unverkennbar herausbildete. Es war ein halbkreisförmiger Turm an der *südlichen* Seite der dicken Mauer, der genau dem halbkreisförmigen Turm an der Nordseite der Mauer zum Strand hin glich.

Es bedurfte nur einer kurzen Überlegung, um zu erkennen, daß meine islamische Stadt eine Fabel war. Was ich ausgrub, war ein islamisches Fort, und zwar ein ganz kleines. Seine nördliche Mauer verlief die Küste entlang, und jetzt hatte ich kaum sechzig Meter landeinwärts seine südliche Mauer gefunden. Nun fügte sich alles sinnvoll zusammen. Die merkwürdige Symmetrie der Straßen auf beiden Seiten des gepflasterten Platzes war völlig verständlich. Dieser war der Mittelpunkt eines viereckigen Forts, und die Symmetrie erstreckte sich nicht nur nord- und südwärts, sondern auch östlich und westlich des Zentrums. Durch genaue Messungen auf dem Boden konnten wir feststellen, wo die Ecken eines solchen quadratischen Forts liegen mußten, und tatsächlich, als wir an zweien dieser Punkte gruben, stießen wir auf die runden Türme, die die Ecken verteidigt hatten.

Jetzt war die Frage, was als nächstes zu tun war. Wir hätten das ganze Fort freilegen und dadurch ein recht eindrucksvolles kleines Monument ans Licht bringen können. Aber das war ja nicht gerade das, was wir suchten. Wir wußten aus unseren Grabungen im Zentrum des Tells, in dem nun immer mehr Mauern des gewaltigen Gebäudes, in dem die «Badewannensärge» im ersten Jahr gefunden worden waren, freigelegt wurden, daß der Tell weit ältere Reste als mein Fort bedeckte, das durch die chinesischen Kupfermünzen und die verzierte glasierte Keramik, die in seinen Räumen gefunden worden war, unbestreitbar irgendwo innerhalb der letzten tausend Jahre zu datieren war. Unser Hauptziel war es ja immer noch, die Geschichte des Tells zu ermitteln, zu entdecken, nicht wer seine letzten Bewohner waren, sondern wer zuerst dort gelebt hatte, wie lange das her war und was seitdem geschehen war. Wir mußten tiefer in den Tell hinein und auch tiefer hinunter kommen. Ich zog meine Leute von den Ecktürmen ab und ließ sie den ursprünglichen Graben weiter nach Süden vortreiben.

Damit hatte ich die richtige Entscheidung getroffen. Denn in einem Raum von mindestens zwanzig Meter südlich der Mauer des islamischen Forts gab es keinerlei Gebäude aus islamischer Zeit. Das war ganz natürlich – jeder Erbauer eines Forts hätte dafür gesorgt, daß kein Gebäude innerhalb Bogenschußweite von seinen Mauern war, das einem Angreifer Deckung hätte gewähren können. In diesem freien Gebiet begannen wir, eine Reihe von quadratischen Löchern mit fünf Meter Seitenlänge und einem einen Meter breiten Steg dazwischen bis zum gewachsenen Boden hinunter zu graben. In drei aufeinanderfolgenden Löchern kamen wir die ganzen gut sieben Meter bis zum gewachsenen Boden hinunter, ohne die geringste Spur von Gebäuden zu finden, außer einer niedrigen Mauer, die schräg aus einem der Stege hereinkam.

Von ernsthaften Archäologen habe ich sagen hören, daß die vollkommene Ausgrabung die sei, bei der gar nichts gefunden wird. Ich verstehe nun, was damit gemeint ist. Ganz sicher sind Bauwerke von

20 Am Meer am Nordrand des Tells von Kalaat al-Bahrain lag ein befestigter islamischer Palast aus dem 11. oder 12. Jahrhundert n. Chr. Sein gepflasterter Mittelhof war umgeben von einem symmetrischen System von Gebäuden und Straßen, die zu den Türmen an der äußeren Mauer führten

Nachteil. Baut man eine Mauer, so macht man für sie zuerst ein Fundament; man zieht einen Graben, um die Fundamente zu legen. Wenn man einen Graben zieht, vermischt man den Inhalt einer älteren Schicht mit dem der Schicht, die man selbst legt. Dadurch wird die Stratigraphie gestört. Und früher oder später wird sicher jemand anders ein Loch durch die neugelegte Schicht graben, um die Steine zu bergen, die man für seine Mauer verwendet hat, und sie für seine eigene wiederzuverwenden. Abermals wird die Stratigraphie gestört. Jedenfalls ist es eine harte Arbeit für den Archäologen, eine Mauer zu beseitigen, und wenn es sich um ein bedeutendes Gebäude handelt wie unser islamisches Fort oder P. V.s «Palast» oder den Barbar-Tempel, versucht man, die Mauern nicht zu beseitigen, und hat dann im Handumdrehen keinen Platz mehr, um tiefer zu graben und die darunterliegende Stratigraphie zu untersuchen.

Wir waren also sehr froh über unsere Löcher, in denen nichts war. Wir gruben sie sehr vorsichtig und forschten die ganze Zeit nach der kleinsten Veränderung in Farbe oder Beschaffenheit des Bodens. Wir verlegten unsere Arbeiter von einem Loch zum anderen, wenn wir eine Atempause brauchten, um eine Schicht mit unseren Kellen sauberzukratzen und uns zu vergewissern, daß wir uns nicht irgendwelche Dinge einbildeten. Wie bei einem Schreibheft hielten wir die Seitenflächen unserer Ausgrabungen senkrecht und sauber geputzt, zeichneten Diagramme der senkrechten Flächen und numerierten unsere Schichten mit Etiketten, die mit Sechs-Zoll-Nägeln an der Erdfläche befestigt wurden. Jede Topfscherbe aus den einzelnen Schichten numerierten wir entsprechend unseren Schnittdiagrammen. Dann analysierten wir die Töpferware.

Ich arbeitete in diesem Jahr mit Toto. Toto war eine Holländerin und die erste Frau, die an unserer Expedition teilnahm. Sie hatte soeben einen Lehrgang an der London School of Archæology absolviert und dabei nicht wenig von dem technischen Perfektionismus dieser bewundernswerten und einzigartigen Institution in sich aufgenommen. Außerdem war sie eine Antreibernatur. Pünktlich um drei Uhr jeden Nachmittag übergab sie mir ihre Ausgrabung und ging zum Lager hinauf. Wenn ich dann nach Beendigung der Tagesarbeit auch hinaufkam, waren schon alle Topfscherben von der Grabung des Vortags auf dem langen Tisch im Lagerhof ausgebreitet, jede Schicht sorgfältig von ihrem Nachbarn getrennt und alle Randscherben, Bodenscherben und verzierte Scherben in gesonderten Gruppen. Es wurde von mir erwartet, daß ich noch vor Sonnenuntergang eine detaillierte Analyse von bis zu zwei engbeschriebenen Seiten von der Töpferware jeder Schicht niederschrieb.

Da ich nicht nur erzählen möchte, wie wir zu unseren Ergebnissen gekommen waren, sondern was für Ergebnisse wir erzielten, muß ich nun etwas mehr ins Detail gehen. Ich habe schon erwähnt, daß die Keramik einem sagen kann, woran man in der Archäologie ist. Während ihre Variationen und Kombinationen zahllos sind, fertigen doch die Töpfer einer bestimmten Epoche in Wirklichkeit nur etwa ein Dutzend verschiedene Formen von Töpfen an, und sogar dieses Dutzend hat eine zugrunde liegende Ähnlichkeit, weil sie aus demselben Ton und auf derselben Scheibe gemacht und im gleichen Ofen gebrannt sind. Die Möglichkeit, daß der Töpfer einer Epoche einen Topf herstellt, den man irrtümlicherweise für den Topf eines Töpfers einer anderen Epoche halten könnte, ist so gering, daß man sie vernachlässigen kann. Gleiche Töpfe haben die gleiche Datierung, und nicht nur das: sie gehören zu derselben «Kultur», womit wir meinen, daß Menschen, die dieselbe Töpferware benützen, auch dasselbe kulturelle Erbe und dieselben Traditionen haben und daß man von ihnen zum mindesten annehmen darf, daß sie ethnisch und politisch eine Einheit bilden, daß sie eine «Nation», ein «Land» sind.

Was wir mit unserer Keramik-Analyse erreichen wollten, war, in unserer stratigraphischen Folge «Kulturen» unterscheiden zu können; das Sortiment von Töpfen zu ermitteln, die die Töpfer in jeder Schicht herstellten. Wir wollten feststellen, ob diese Sorten von Töpfen stufenweise in einem langsamen Fortschreiten der Veränderungen in den Formen und Techniken ineinander übergingen, oder ob es Brüche in der Folge gab, wo ein Sortiment von Töpfen ohne Übergang einem neuen und völlig anderen Platz machte. Denn solche Brüche, wenn sie vorkamen, würden grundlegende Brüche in der historischen Abfolge widerspiegeln. Sie würden entweder eine Lücke in der Chronologie anzeigen, eine Periode etwa, wo die Stätte lang genug unbewohnt war, damit die Keramik ihren Charakter vollständig ändern konnte; oder auch die plötzliche Ablösung einer Bevölkerung mit einer Keramiktradition durch eine andere Bevölkerung mit einer verschiedenen Tradition. Und das konnte kaum etwas anderes bedeuten als die Eroberung durch ein fremdes Volk.

Soviel über unsere Ziele. Die Methode war ebenso scharf umrissen. Wir machten eine Liste der besonderen Merkmale der Keramik aller Schichten, wie sie aufeinander folgten. Auf einem großen Blatt Papier wurden die charakteristischen Merkmale der Töpferware der obersten Schicht am Kopf von senkrechten Spalten verzeichnet, und waagrechte Linien wurden entsprechend der Zahl der von uns unterschiedenen Schichten quer über das Blatt gezogen. In der Zeile für Schicht 1 bezeichneten Kreuze das Vorkommen der identifizierten Merkmale in dieser Schicht. Schicht 2 wurde auf dieselbe Weise analysiert, und Kreuze markierten, wo die gleichen Merkmale wiederkehrten. Wenn neue Merkmale auftraten, wurden neue Überschriften für weitere senkrechte Spalten hinzugefügt. Zwei solche Tabellen entstanden gleichzeitig, denn Toto und ich hatten beide unser eigenes Grabungsloch, und wir machten für jedes getrennte Analysen, wenn auch auf demselben Blatt Papier und unter Verwendung der gleichen Keramik-Merkmale als Schlüssel. In dem Maße, wie die Grabung und die Analyse fortschritten, vermehrte sich die Zahl der Keramikmerkmale am Kopf des Blattes und die der Schichten untereinander auf der Seite. Als wir den gewachsenen Boden erreichten und die Analyse der letzten Schicht beendeten, war das Muster der Kreuze das Blatt hinunter ganz unverkennbar. Wir hatten zwei absolute Brüche in der Folge; südlich des kleinen Forts an der Küste hatten wir den unwiderleglichen Beweis für drei deutlich verschiedene Besiedlungsphasen.

Phase 1, die obersten sechs Schichten von Totos Grabung und die obersten fünf der meinigen, hatte ein sehr vielfältiges Inventar an Keramik, das leichter im Bild zu zeigen als zu beschreiben ist. Es gab (1) breitrandige «Suppenteller», glasiert und mit einer Vielfalt von vor der Glasur schwarz aufgemalten Mustern, die im allgemeinen von einer Art radialer Symmetrie zusammengehalten wurden. Die Glasur war in vielen Fällen schlecht erhalten, manchmal ganz verschwunden, und die Farben der ursprünglichen Muster hatten schwer gelitten. Besonders wenn die Scherben in der Sonne getrocknet wurden, tendierten die Farben dazu, zu verschwinden, und übrig blieb nur ein grau-schwarzes Muster auf einem lehmfarbenen Weiß. Aber manchmal erwachten das ursprüngliche Blau, Grün und Gelb zu neuem Leben, wenn die Scherbe beim gründlichen Waschen in das Wasser getaucht wurde.

Außer den «Suppentellern» und einer gelegentlichen tiefen Schale von ähnlicher Ware gab es nur einen anderen Typ von glasierter Ware, aber dieser Typ war unverkennbar und wurde uns bald sehr vertraut. Es war ein schönes graues Porzellan mit einer olivgrünen Glasur, die nie die geringsten Zeichen einer Beeinträchtigung durch die Einwirkung des Bodens aufwies. Es hatte ein so ausgesprochen modernes Aussehen, daß es, als wir die ersten Muster davon vor zwei Jahren auf der Oberfläche des Hügels aufgelesen hatten, schwierig war zu glauben, daß es achthundert oder tausend Jahre alt sein konnte. Aber wir wußten, daß das doch der Fall sein mußte, denn wir waren uns klar, was es war – chinesisches Porzellan vom Typ Celadon (2), das (nach zeitgenössischen arabischen und chinesischen Schriftstellern) während der Sung-Dynastie, 900 bis 1150 n. Chr., zum erstenmal in die arabische Welt importiert wurde.

Es gab einen Typ von Gefäßen, den wir «Kaffeekanne» nannten, sobald wir genügend Scherben gesammelt hatten, um seine Form rekonstruieren zu können (3). Er glich einer breitbödigen Vase mit zwei Henkeln, von denen einer hohl war und als Tülle diente. Das war der einzige bemalte, aber unglasierte Gefäßtyp, und die Bemalung war immer dieselbe: dunkelrote Linien und «Leitern» auf einem rötlich-weißen Grund.

Vier weitere Gefäße vervollständigten das Sortiment der ersten

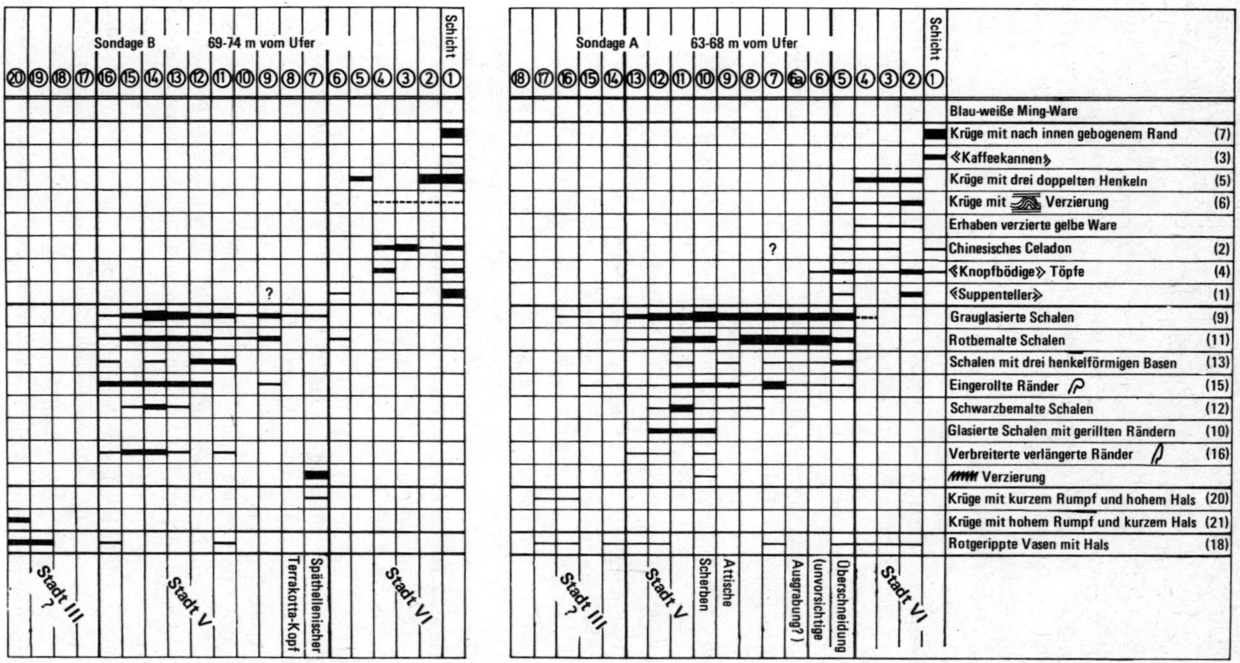

21 Keramik-Analyse von zwei benachbarten Sondagen außerhalb der Nordmauer in Kalaat al-Bahrain, die die deutlichen Brüche in der Abfolge zeigt

Phase: Eine kleine Vase mit vier winzigen Henkeln und einem sehr kleinen Boden (4), eine größere Vase mit drei großen Henkeln, wobei die Henkel die Eigenart hatten, daß sie immer doppelt oder dreifach waren (5), ein rundbauchiger Topf, der immer oben rund um den Rumpf mit einem eingravierten Muster von drei Wellenlinien zwischen zwei Bändern aus drei waagrechten Linien war (6), und ein ein Meter hoher, aber nicht sehr breiter Vorratskrug mit einem nach innen gebogenen Rand (7).

Sieben Gefäßtypen charakterisierten also die obersten sechs Schichten – und sogar von diesen waren die «Kaffeekanne» und der Vorratskrug mit nach innen gebogenem Rand Spätlinge, die nur in den ersten beiden Schichten vorkamen. Es gab natürlich auch Scherben von anderen Gefäßen; aber nicht viele, aus denen die Gestalt des ursprünglichen Gefäßes auch nur hätte erraten werden können – Scherben einer dünnen gelben Ware mit erhabener Zeichnung, die offensichtlich in einer Gußform hergestellt war, und Scherben mit eingraviertem Dreiecksmuster, die mit einer grünen Glasur überzogen waren und, wie wir jetzt wissen, zu den tiefen «Puddingschüsseln» (8) gehören.

Ich würde einen falschen Eindruck erwecken, wenn man nun vermutete, daß dieses Inventar irgendeine Überraschung für uns war. Anderthalb Kampagnen lang grub ich nun schon genau diese Töpferware aus. Denn das war das Geschirr, das überall in den Räumen und Straßen meines islamischen Forts herumlag, und es war uns schon völlig klar, daß die Menschen, die dieses Küstenfort erbaut und bewohnt hatten, ihr Essen mit diesem Küchen- und Tischgeschirr zubereiteten. Wenn wir also das Fort datieren konnten, konnten wir die Töpferware datieren. Oder umgekehrt.

Unterhalb der Schichten, bei denen wir nun angelangt waren (Schicht 5 in meiner Grabung, Schicht 6 in der von Toto), änderte sich die Töpferware vollständig. In den nächsten zwei Metern, in denen ich neun Schichten unterscheiden konnte und Toto zehn, kam ein gänzlich anderes, aber untereinander zusammenhängendes Inventar von Gefäßen ans Licht. Wir waren versucht, unsere neue «Kultur» die der «Cornflakes-Leute» zu nennen, denn auf ihren Tischen herrschten anscheinend flache Schalen vor. Es gab ziemlich viele verschiedene. Einige waren glasiert mit einer bläulich-grauen, rissigen Glasur, die offenbar gegenüber der Einwirkung des Bodens viel widerstandsfähiger war als die der Phase 1. Andere waren bemalt, und zwar nur auf der Innenseite und etwa einen Zentimeter oben an der Außenseite, teils in einem tiefen Blutrot auf einem strohfarbenen Untergrund, teils in Schwarz auf grauem Grund. Diese bemalten Schalen waren in der Regel teilweise geglättet. Glätten ist ein Prozeß, der nach der Trocknung des Tons, aber vor dem Brennen, durch Reiben mit einem glatten Gegenstand erzielt wird und oft eine hohe Politur bewirkt. Aber diese Schalen waren nicht auf der ganzen Fläche geglättet, sondern in radikalen, von der Mitte der Schale ausgehenden Linien. Es gab auch ganz einfache, weder glasierte noch bemalte, noch geglättete Schalen. Sie fanden sich in allen Größen von fünf bis zwölf Zentimeter Höhe und zwölf bis zweiundzwanzig Zentimeter Durchmesser. Ihnen allen gemeinsam war der entweder flache oder mit drei stumpfen Füßen versehene Boden, während die Gefäße der Phase 1 alle Ringböden hatten. Die Ränder waren ziemlich einfach, oft leicht gebogen und manchmal mit einer oder zwei Rillen unmittelbar unter dem Rand. Ich habe eine Auswahl solcher Schalen gezeichnet (9–13).

Die Leute von Phase 2 lebten aber nicht ausschließlich von Cornflakes. Wir fanden Scherben von runden glasierten Flaschen mit engen Hälsen und zwei kleinen runden Henkeln, wo der Rumpf in den Hals übergeht (14). Es gab auch größere Scherben von Gefäßen mit größeren Hälsen. Wir konnten damals die Form dieser Gefäße nicht aus den zerstreuten Scherben, die uns zur Verfügung standen, rekonstruieren, aber die Ränder waren von allen in Phase 1 verschieden. Sie hatten zwei Hauptformen, die wir den «gerollten» Rand (15) und «verdickt breitrandig» (16) nannten. Das war also Phase 2. Im allgemeinen war eine Leichtigkeit und Eleganz bei der Keramik dieser Phase festzustellen, die im Gegensatz zu Phase 1 stand. Es gab allerdings wenig Verzierung; keine Bemalung, keine gegossenen Ornamente und sehr wenig eingravierte Verzierungen. Die einzige gravierte Verzierung war ein «Sägezahn»-Zickzack, den wir bald als typisch für diese Phase erkannten.

Wie unsere Arbeit, Phase 2 objektiv nach Keramiktypen, Randformen und Verzierungen zu identifizieren und zu beschreiben, fortschritt, erlahmte unsere wissenschaftliche Objektivität allmählich. Wir hätten überaus gern gewußt, wo wir waren, oder besser, in welcher Zeit wir waren. Da tauchten in der Mitte der Phase, in meiner Schicht 9, um genau zu sein, zwei Scherben auf, die die Antwort gaben. Sie waren von der normalen Art der Scherben ebenso verschieden, wie die chinesische Celadon-Scherbe von den übrigen Scherben der Phase 1 verschieden gewesen war. Aus rotem Ton, waren sie mit einem pechschwarzen Lack übermalt, der dann dermaßen geglättet worden war, daß sie wie poliert aussahen. Eine davon war mit einem «Rädchen»-Muster verziert, gerade als hätte man einen gezähnten Zylinder vor

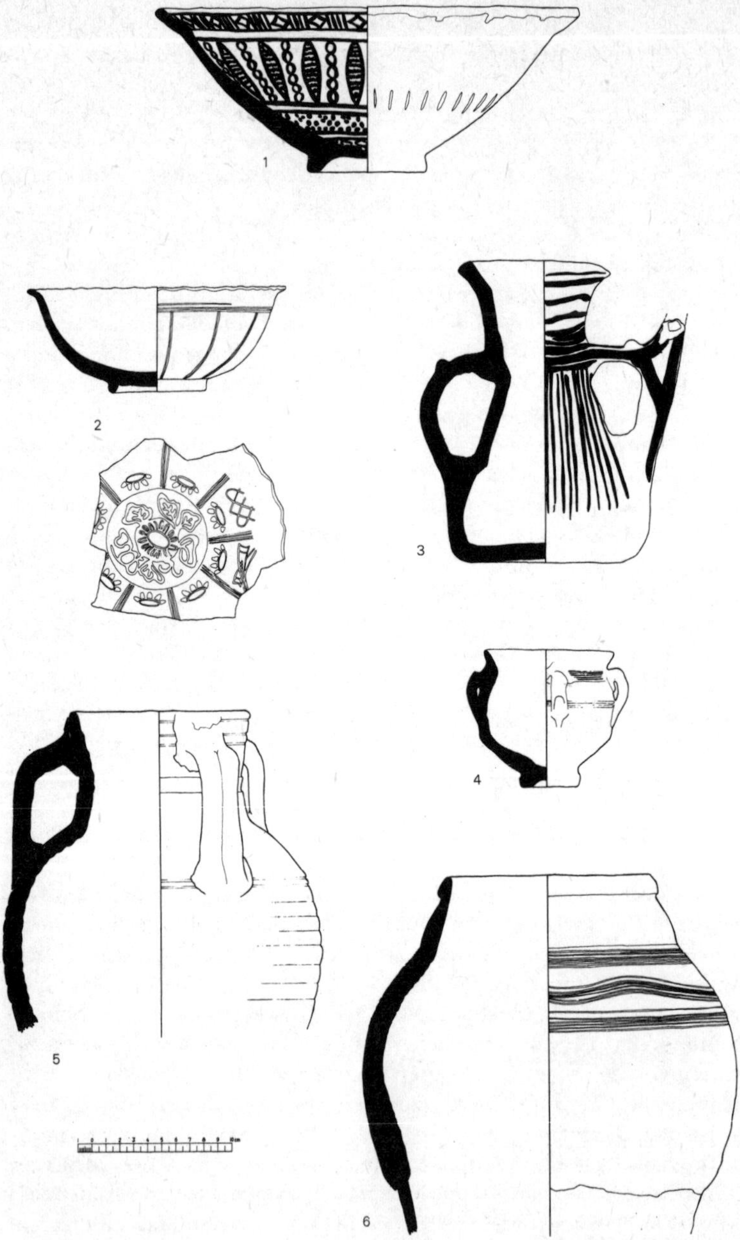
1
2
3
4
5
6

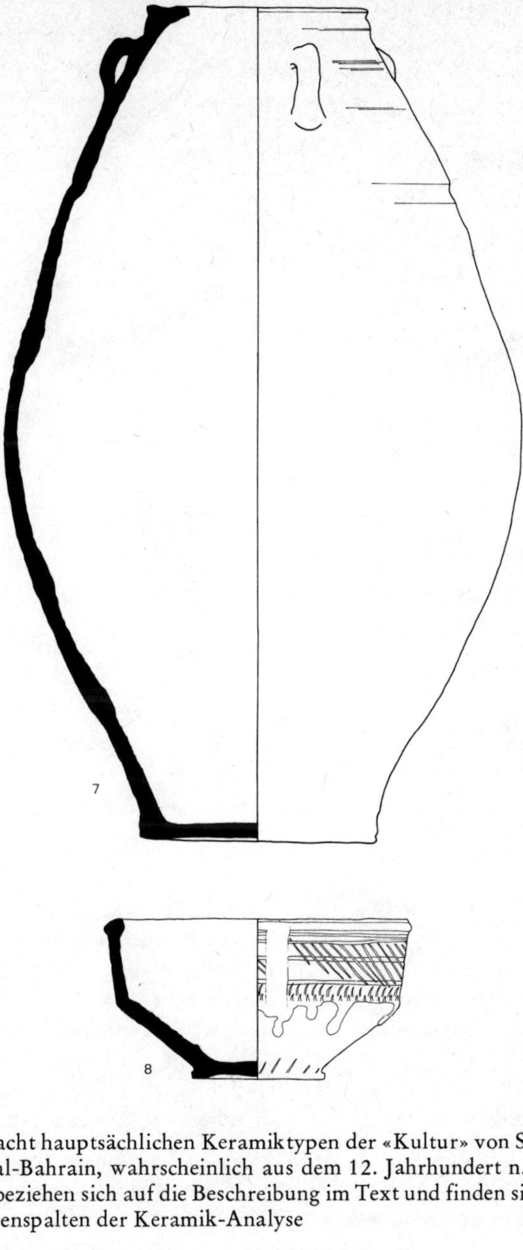

22/23 Die acht hauptsächlichen Keramiktypen der «Kultur» von Stadt VI in Kalaat al-Bahrain, wahrscheinlich aus dem 12. Jahrhundert n. Chr. Die Zahlen beziehen sich auf die Beschreibung im Text und finden sich auch in den Typenspalten der Keramik-Analyse

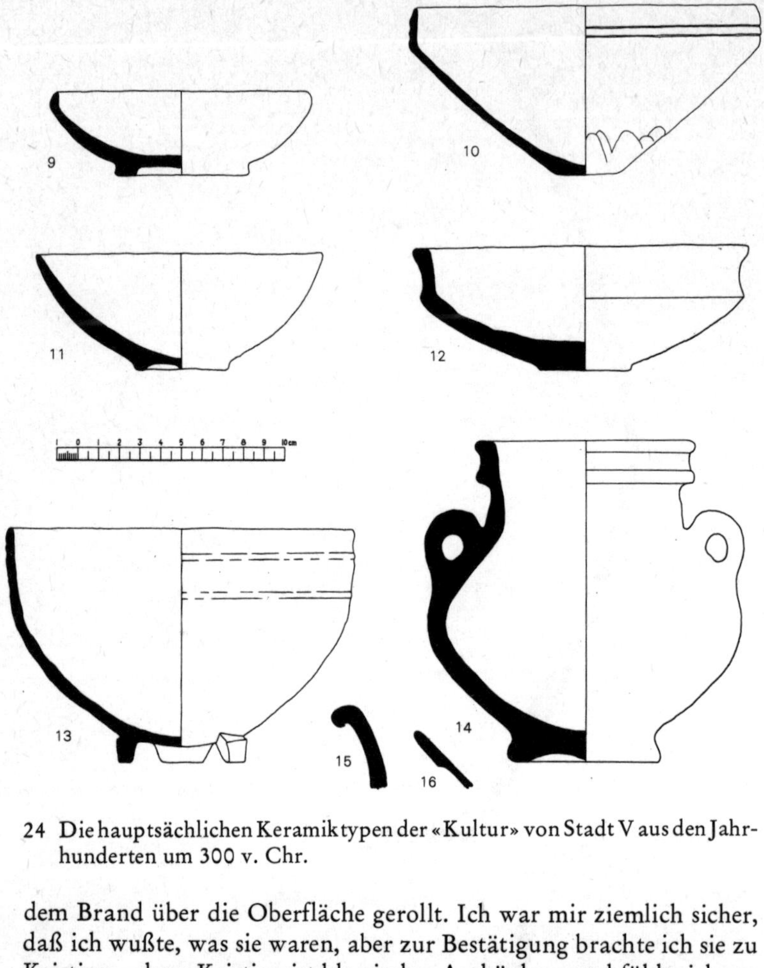

24 Die hauptsächlichen Keramiktypen der «Kultur» von Stadt V aus den Jahrhunderten um 300 v. Chr.

dem Brand über die Oberfläche gerollt. Ich war mir ziemlich sicher, daß ich wußte, was sie waren, aber zur Bestätigung brachte ich sie zu Kristian – denn Kristian ist klassischer Archäologe und fühlt sich am wohlsten, wenn er an griechischen Tempeln Vermessungen vornimmt (einige Jahre später sollten wir eine ganz auf ihn zugeschnittene Ausgrabung finden). Er warf einen Blick auf die Scherben und gab sie zurück. «Attische Ware», sagte er, «Schwarz auf Rot, drittes oder viertes Jahrhundert vor Christus, wahrscheinlich spätes viertes.»

Ein so genaues Datum präsentiert zu bekommen entspricht nicht den Regeln der Keramik-Analyse. Wenn es einem gelungen ist, seine Töpferware in verschiedene Fächer, genannt «Kulturen», aufzutei-

25 Zwei der typischen Keramik-Gefäße der ersten Stadt von Kalaat al-Bahrain (Stadt I – vielleicht 2500 v. Chr.). Der Topf links trägt die Kettenrippen, die charakteristisch für diese Periode sind. Beide sind aus rotem Ton

26 Typische Töpferware von Stadt II (um 2000 v. Chr.). Kettenrippen gibt es jetzt nicht mehr, und der Topf in der Mitte zeigt die flachen Rippen, die jetzt vorherrschen. Links hinten ist eine der verhältnismäßig seltenen bemalten Vasen, polychrom weiß und rot. Die beiden Becher rechts vorn wurden für diese Abbildung vom Barbar-Tempel «entlehnt». Sie gehören in diese Periode, obwohl nur Bruchstücke davon im Stadt-Tell gefunden wurden

27 Eine Auswahl von Töpferware aus den Grabhügeln von Bahrain. Die beiden großen Gefäße sind eindeutig vom selben roten gerippten Typ wie auf Bild 26. Die beiden Pokale und die drei Schalen kommen aus einem der riesigen «Königshügel» in Ali

28 Töpferware der Stadt III in Kalaat al-Bahrain. Aus honigbraunem Ton, bilden sie einen vollkommenen Gegensatz zu den Gefäßen der vorhergehenden Periode und sind identisch mit mesopotamischer Töpferware der Periode 1800 bis 1200 v. Chr.

len, neigt man früher oder später dazu, in einem der Fächer etwas zu finden, das den ganzen Inhalt mehr oder weniger genau datieren kann. Aber die Keramik-Analyse soll auch ohne solche zufällige Hilfe brauchbare Ergebnisse bringen. Denn auch im ungünstigsten Fall erbringt sie ihre eigene *relative* Chronologie – man weiß zum mindesten, daß jede Kultur späteren Datums ist als die darunter- und früher als die darüberliegende, auch wenn man keine Vorstellung vom tatsächlichen Datum irgendeiner von ihnen hat.

Aber es ist immer erregend, ein wirkliches Datum zu erhalten, insbesondere ein so exaktes wie das von Kristian. Was diesen speziellen Fall ganz ungewöhnlich aufregend machte, war gerade dieses Datum, das er angegeben hatte. Es konnten kaum zwei Sekunden vergangen sein, nachdem er «spätes viertes» gesagt hatte, bis jemand hinzufügte, «Alexander der Große ...»

29 Um das Jahr 650 v. Chr. vergrub ein Silberschmied seinen Vorrat an Metall – hauptsächlich Ringe, Ohrringe und zerbrochene Armreifen – in einem typischen Topf der Periode unter dem Fußboden des «Palastes» in Kalaat al-Bahrain. Ein Siegelring phönizischer Herkunft in dem Schatz verrät das Datum. Der Anlaß kann gut eine assyrische Eroberung von Dilmun durch Asarhaddon oder Assurbanipal gewesen sein

30 Obwohl diese Sammlung aus einem Grab auf Bahrain stammt, zeigt sie die typische Töpferware der Stadt V aus der Periode des seleukidischen Reichs (300–100 v. Chr.). Vor den beiden Gefäßen liegen ein Deckel aus Steatit und eine Spindel aus Knochen

Wir werden Alexander dem Großen später noch begegnen und seine Beziehungen zum Arabischen Golf ausführlich behandeln. Es genügt vorläufig zu sagen, daß Alexanders Biograph Arrian, der Zugang zu den Logbüchern von Alexanders Admiral hatte, berichtet, daß Alexander, als er nach Indien kam, auf dem Indus eine Flotte baute. Diese Flotte segelte im Winter 326/325 v. Chr. von Indien die persische Küste entlang nach Babylon zurück. In den folgenden drei Jahren machten griechische Kapitäne drei Erkundungsfahrten die arabische Küste des Golfs hinunter bis mindestens nach Bahrain. Diese Fahrten waren als Vorbereitung eines Feldzugs nach Arabien gedacht, der nach dem Tod Alexanders im Jahr 323 aufgegeben wurde. Ich brauche kaum zu sagen, daß unsere attischen Scherben sofort «Alexanders Teeservice» genannt wurden, obwohl wir nicht wirklich daran glaubten, daß die Scherben unbedingt von einem der drei griechischen Kapitäne auf die Insel gebracht worden waren. In den Jahren nach Alexanders Feldzug, und vielleicht sogar schon vorher, kann es gut einen ausgedehnten Handel den Golf hinauf und hinab gegeben haben, und das Vorhandensein attischer Ware bedeutet nicht notwendig die Anwesenheit von Griechen.

Immerhin, Phase 2 war datiert, und unsere These, daß ein völliger Wechsel in den Keramiktypen wahrscheinlich eine chronologische Lücke in der Geschichte der Stätte bedeute, hatte sich als richtig erwiesen. Denn das chinesische Celadon, das wir in Phase 1 fanden, konnte unmöglich älter als 900 n. Chr. sein, während die attische Ware von Phase 2 nicht später als 200 v. Chr. sein konnte. Über tausend Jahre zwischen den beiden Phasen war die Stätte verlassen.

Unter der Schicht 13 meiner Grabung und Schicht 16 in der von Toto verschwand die Keramik der Phase 2, und zwischen diesem Punkt und dem gewachsenen Boden kam eine neue Phase ans Licht, die ich in fünf, Toto in vier Schichten einteilte. Es ist vielleicht nicht ganz exakt, von einer neuen Phase zu sprechen – es erwies sich als ungeheuer schwierig, hier das runde Dutzend scharf umrissener Merkmale auszumachen, in welches Phase 1 und 2 sich fast von selbst unterteilt hatten. Gewiß, es *war* eine neue Phase, aber nur aus dem ziemlich negativen Grund, daß es nicht mehr Phase 2 war. Jedes Merkmal der Phase 2 außer dem eingerollten und dem verdickt-breiten Rand war verschwunden, ebenso die Eleganz und Dünne der Ware. An ihre Stelle war ein schwer definierbarer Wirrwarr getreten. Vielleicht herrschten die Scherben aus einem grünlichen Ton vor, aber es gab auch hellrote Scherben mit cremefarbener Abtönung sowie gewöhnliche strohfarbene Scherben und solche in einem tieferen, wärmeren Braun, etwa wie Karamel. Auch fanden sich hier und da Barbar-Scherben.

Auf Barbar-Scherben zu treffen hatten wir gehofft. In unserer Tempelstätte bei Barbar, wo Anders, Kristian und Peder gerade gruben, hatten wir eine unbezweifelbare «Kultur», und zwar eine, die mit Hilfe des Stierkopfs vom vorigen Jahr und des «sumerischen» Männchens aus dem ersten Jahr in die Zeit von ungefähr 2300 v. Chr. oder früher datiert werden konnte. Die Töpferware war ganz leicht erkennbar und sehr gleichförmig – große Gefäße, so groß wie ein Kürbis und eiförmig, aus rotem Ton und verziert mit waagrechten, vielleicht einen Zentimeter auseinanderliegenden Rippen. Der Leser erinnert sich, daß es zwei Variationen dieses Topfes gab; eine, wo der Topf oben einfach eine runde Öffnung am breiten Ende des Eies hatte, wobei der Rand der Öffnung verdickt war (17); die andere, wo am breiten Ende ein kurzer Hals war, der in einem nach außen gebogenen dreieckigen Rand endete (18). Wir waren mit diesen Gefäßen der «Barbar-Kultur» vertraut und konnten sie mit geschlossenen Augen erkennen. Es bestand kein Zweifel, daß die in Totos und meiner tiefsten Schicht auftretenden Scherben zur «Barbar-Kultur» gehörten.

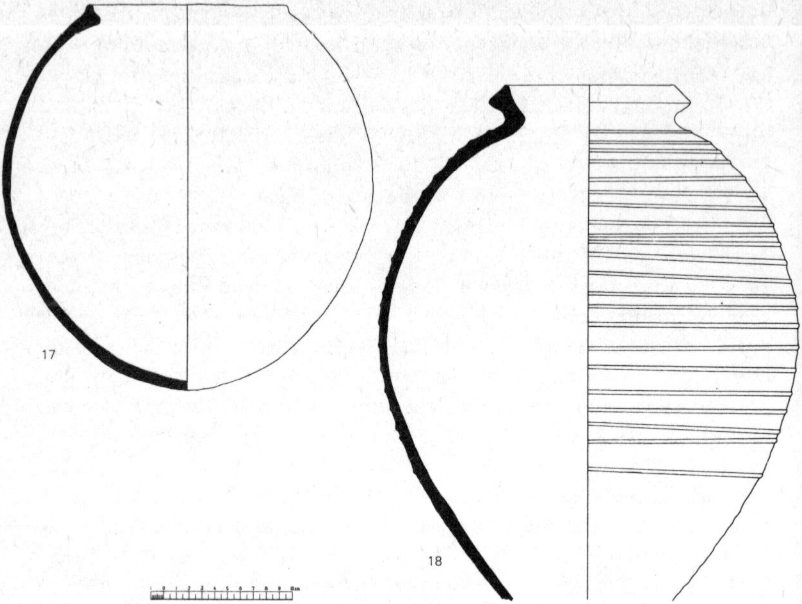

31 Die beiden vorherrschenden Keramiktypen von Stadt II sowie dem Barbar-Tempel und der Stadtgemeinde auf Failaka. Typ 18 kommt auch häufig in den Grabhügeln von Bahrain vor. Sie stammen aus der Zeit um 2000 v. Chr.

Aber es waren zu wenige, vielleicht fünfzehn oder zwanzig Scherben unter fünf- oder sechshundert in einer Schicht.

Diesen Anteil an nicht in den Zusammenhang passenden Scherben konnten wir normalerweise als «Eindringlinge» in eine Kulturschicht von der darunterliegenden Schicht her erwarten. Solche «Invasionen» gibt es immer; jedesmal, wenn ein Loch für einen Hüttenpfosten oder einen Vorratskrug gegraben, wenn ein Stein oder ein Baum entfernt wird oder wenn ein Hund einen Knochen vergräbt, werden Scherben von der tieferen Schicht mit der in Bildung begriffenen vermischt. (Darum gilt für den Archäologen die Faustregel, daß eine Schicht so alt ist wie der *späteste* in ihr gefundene Gegenstand.) Aber hier gab es keine tiefere Schicht, von der die Barbar-Scherben gekommen sein konnten. Wir gruben in dem feinen weißen Sand der ursprünglichen Küste, und unter uns war – unerbittlich – der gewachsene Boden.

Da lag die Antwort natürlich, obwohl wir eine Woche brauchten, um sie zu sehen. Der Sand über dem gewachsenen Boden war überhaupt keine angesammelte «Besiedlungs»-Schicht; er war schon da, bevor zum erstenmal Menschen nach Bahrain gekommen waren. Phase 2 war eine typische Reihe von Besiedlungsschichten – obwohl ihre Häuser nicht dauerhafter gewesen sein konnten als unsere Palmblätterhütten –, aber Phase 3 waren nur die auf dem Strand liegenden Überreste *außerhalb* der früheren Städte, Abfälle aus vielen Perioden, die zwischen der Stadt und dem Strand in den Sand getreten worden waren. Um unsere «Barbar-Kultur» zu finden, mußten wir nicht tiefer hinunter, sondern weiter landeinwärts graben.

Die Saison war inzwischen weit fortgeschritten. In vierzehn Tagen sollte unsere Gruppe abreisen. Ich beschloß, einen Sprung von fünfundzwanzig Metern zu machen und ein neues Loch zu graben.

7. KAPITEL

Katar

Bevor ich mit meiner neuen Grabung begann, machten P. V. und ich Ferien – aber es war eigentlich eine Erkundungsreise. Das kam so.

Wenn wir von den Wällen unseres Portugiesischen Forts Ausschau hielten, konnten wir in klaren Nächten unter dem östlichen Horizont einen roten Schein sehen. Er kam von den Flammen des ausströmenden Gases der Ölfelder von Dukhan auf Katar. Und vor zwei Jahren hatte uns Scheich Sulman zu einem Wachtturm auf einem Felsklotz nahe der Südostküste von Bahrain mitgenommen, der erbaut worden war, um die Küste von Katar zu überwachen und im Falle einer Invasionsflotte Alarm zu geben. Von dem Turm aus hatten wir die Küste von Katar gesehen, einen gelben Streifen hinter dem Türkisblau der Meerenge dazwischen.

Katar ist Bahrains Nachbarfürstentum, eine Halbinsel von über hundertfünfzig Kilometer Länge und achtzig Kilometer Breite, die genau nördlich aus der arabischen Küste herausragt und mit dieser Küste die tiefe dreieckige Bucht bildet, an deren Eingang die Inseln von Bahrain liegen. Ich kannte es gut, denn während meiner Zeit bei der Ölgesellschaft war es meine Aufgabe, den Bohrtrupp der Katar-Ölgesellschaft von Bahrain aus mit dem notwendigen Nachschub – und allzu wenig darüber hinaus – zu versorgen, und ich war oft drüben. Ich war sogar dort, als Scheich Abdullah von Katar den Sperrhahn aufdrehte, um das Rohöl in den ersten Tanker am Ladepier von Umm Said auf der anderen Seite der Halbinsel fließen zu lassen, und als der Scheich nachher in einem ungeheuren Zelt vierhundert Gäste mit fünfzig gebratenen und auf riesigen Reisbergen ausgebreiteten Schafen bewirtete. Scheich Abdullah hatte inzwischen abgedankt, und Seine Hoheit Scheich Ali bin Abdullah Al-Thani, sein Sohn, regierte über die Halbinsel. Mit seiner Erlaubnis verbrachten P. V. und ich nun drei Tage in Katar.

Die Initiative dazu war nicht von uns ausgegangen. Das Echo unserer Unternehmungen hallte am ganzen Golf wider. Der Araber ist ein großer Reisender und ein großer Erzähler. Auch die Europäer im Orient kommen herum, und auf den Cocktail-Parties wird genauso geklatscht wie bei der täglichen Audienz des Scheichs. So war es in allen arabischen Staaten des Golfs bekanntgeworden, daß Bahrain im Begriff war, sich mit einer Vergangenheit auszustatten. Und in diesen Ländern fingen nun die Europäer, die Neigung zur Altertumsforschung hatten, und die Araber, die sich für ihre Vorfahren interessierten (und welcher Araber tut das nicht?) an, sich Gedanken zu machen.

Die Initiative kam von dem Polizeikommandanten von Katar. Ich kannte Ron aus den alten Tagen, wo er Inspektor der Polizei von Bahrain war, ein großer rothaariger Schotte. Nachdem er nach Katar versetzt worden war, sah ich ihn einmal in arabischer Kleidung mit markantem rotem Bart, eine raubvogelähnliche Gestalt und beduinischer als ein Beduine. Nun sandte er uns eine Einladung und bot uns Fahrgelegenheit und Führer an, um uns überallhin auf der Halbinsel zu bringen, wenn wir herüberkämen, um zu rekognoszieren. Die Katar-Ölgesellschaft machte das Angebot, uns in ihrem Motorboot hinüberzufahren und uns während unseres Aufenthaltes zu beherbergen.

Wir hatten in dem Motorboot eine gemächliche Fahrt von fünf Stunden. Denn obwohl Bahrain und Katar keine fünfzig Kilometer auseinanderliegen, ist die Fahrtrinne durch das seichte Wasser gewunden, und wir kamen mehr als einmal auf Grund. Am frühen Nachmittag bogen wir in die Zekritbucht ein und fanden am Pier eine lange schwarze Limousine und einen Zwei-Tonnen-Lastwagen vor, die auf uns warteten. Wir mußten großartig in der Limousine fahren, während der Lastwagen mit einer Korporalschaft bewaffneter Polizei in Khaki und beladen mit Benzin, Wasser, Ersatzreifen – und einer Winde, um uns aus jeder Schwierigkeit herauszuziehen, hinterherfuhr. Denn Katar ist echte Wüste, mit der ganzen Vielfalt von Komplikationen, an denen die Wüste so reich ist.

Die meisten dieser Komplikationen erlebten wir dann auch an den folgenden zwei Tagen. Nach einer Nacht im Lager des Bohrtrupps schnurrten wir am ersten Tag los nach Norden durch phantastisch verwitterte Kreide- und Kalkfelsen hinauf zu einer welligen Kiesebene. Sogleich entdeckten wir auf den Höhenrücken der Ebene die unverkennbaren Höcker der Grabhügel. Sie waren weder so zahlreich noch so groß wie die Hügel von Bahrain. Es waren nur flache Hügel aus verwitterten Steinen. Aber sie waren unzweifelhaft vorislamisch, denn

Steinbestattungen vertragen sich nicht mit den Grundsätzen des Islam.

Meilenweit waren die Steinhügel das einzige, was die Monotonie der Landschaft unterbrach, eine endlose Berg- und Talfahrt durch flache Mulden und über niedrige Anhöhen, über graue Kieselsteine und Felstrümmer. Das war die echte Wüste, sehr verschieden von den Sandflächen Bahrains, wo das Meer oder die Berge im Inneren selten außer Sicht kommen. Und doch stellten wir bald fest, daß die Wüste keineswegs ausdruckslos ist. Zwischen den Steinen gab es Pflanzen, flüchtige Blicke auf winzige Blüten; es gab Eidechsen, und es war natürlich P. V., der eine davongleitende Schlange entdeckte. Unser Fahrer hielt plötzlich mit einem Ruck an und stieg mit dem Korporal aus, um eine Pflanze mit einer zwiebelförmigen Wurzel auszugraben, die er vom Lastwagen aus bemerkt hatte, und um nach weiteren zu suchen. P. V. und ich vertraten uns die Beine und suchten nach Feuerstein; aber es gab keinen. Wir fuhren weiter. Hinter dem nächsten Horizont war eine breite Mulde, und in der Mitte, in der sich aller Regen, der im Winter fällt, sammeln muß, gab es grüne Büsche, Sandboden und Gras, die mich aus irgendeinem Grund innerlich geradenwegs in die mit Ginster bedeckten Hügel von Dartmoor in Südwestengland versetzten. Vielleicht war es der Anblick der zwischen den Büschen grasenden Schafe, aber die zwei niedrigen, waagrecht braun und weiß gestreiften Zelte am Hang hätte es nie in den Hügeln von Devonshire geben können. Auf ein Wort des Korporals schwenkte der Fahrer ein und hielt bei den Zelten an.

Schwarzgekleidete Frauen waren bei unserem Herannahen in den Zelten verschwunden und ließen einen Schwarm von kleinen Kindern mit schwarzen Locken und braunen, knöchellangen Röcken zurück, die uns mit schwermütigen Augen entgegenschauten. Als wir herankamen, traten zwei Männer aus dem Zelt heraus, schlanke, drahtige braune Männer mit kurzen Bärten, im langen graubraunen Thaub und mit rotgewürfeltem Kopftuch. Sie begrüßten den Korporal mit freundschaftlichen Küssen auf Nase und Stirn und schüttelten uns sowie dem Fahrer und der Eskorte vom Lastwagen die Hand. Der Korporal erklärte, daß sie Männer seines Stammes, der Naim, seien, und forderte uns auf, beim Eingang des größeren Zelts Platz zu nehmen. Der jüngere Mann ging ins Zelt und kam mit einer großen hölzernen Schale voll Quark aus Kamelmilch und einem Korb Datteln zurück, die er vor uns auf den Boden stellte. Wir folgten dem Beispiel unserer Eskorte und löffelten den Quark mit den Datteln, was sich als eine überraschend schmackhafte Zusammenstellung erwies.

Inzwischen fachte der ältere Mann das Kamelmistfeuer vor dem Zelt an, setzte eine geschwärzte Kaffeekanne mit Wasser zum Kochen auf und streute grüne Kaffeebohnen auf einen langstieligen flachen Schöpflöffel aus Metall. Er röstete die Bohnen mit geübter Hand über dem Feuer, indem er sie von Zeit zu Zeit mit einem kurzen eisernen Rechen umwendete. In wenigen Minuten war das Rösten fertig, und die Bohnen wurden in einen Messingmörser geschüttet. Die Glokkentöne des Stößels in dem Mörser, wenn die Bohnen zerstoßen werden, kann man in der Wüste meilenweit hören, und man sagt, daß sie eine Einladung an jeden Reisenden in Hörweite seien, die Gastfreundschaft der Wüste in Anspruch zu nehmen. Während der letzten Schläge des Mörsers werden ein paar Kardamom-Beeren und zwei oder drei Gewürznelken dazugetan, und dann wird der Inhalt des Mörsers in die mittlerweile kochende Kanne geschüttet.

P. V. und ich hatten diesen gewürzten Kaffee schwarz und ungesüßt oft schon zu Besuch bei Scheichs und Kaufleuten getrunken, waren aber nie Zeugen seiner Zubereitung gewesen. Als wir nun dasaßen und aus den kleinen henkellosen Tassen schlürften, während sich der frische Geruch des Kaffeeröstens mit dem beizenden Rauch des schwelenden Feuers mischte und die schwarzen Ziegen vor der Zelttür grasten, versuchten wir, unseren Gastgebern den Zweck unserer Fahrten durch die Wüste von Katar begreiflich zu machen. Wir sagten, daß wir nach Feuerstein suchten – wir wußten das arabische Wort für Feuerstein – und nach den Häusern und Gräbern der Menschen aus der Zeit der Unwissenheit, der Zeit vor der Offenbarung des Islams durch den Propheten. Sie nickten; sie hatten, wie jeder Araber, schon von Archäologen gehört und berichteten uns von Grabhügeln weiter nördlich und einem alten Fort im selben Gebiet. Wie alt, fragten wir? Oh, sehr alt, antworteten sie, aus der Türkenzeit. Wir dankten ihnen für die Information; wir wußten, daß die «Türkenzeit» die Periode unmittelbar vor dem Ersten Weltkrieg war.

Eine halbe Stunde später kamen wir dann auch an dem Fort vorbei, einer verfallenen Ruine aus verwitterten Steinen, die eindeutig weniger als ein Jahrhundert alt war. Ein wenig später hielten wir an einem moderneren Fort an, einem weißgetünchten Gebäude aus Stein, über dem die kastanienbraune Fahne von Katar flatterte. Es war ein Polizeiposten, und wir wurden von der Polizeiabteilung als eine willkommene Abwechslung in der Monotonie ihres einsamen Wachtpostens begrüßt. Unsere Eskorte hatte viele Freunde bei der kleinen Garnison, und wir erhielten sofort Becher mit heißem süßen Tee, bis der Kaffee gebraut war.

Der Posten hatte eine strategische Position auf einem Höhenrükken, der die Küste beherrschte. Unter ihm längs der Küste erstreckte sich eine verlassene Stadt, die Stadt Zubara.

Wir waren sehr vorsichtig mit unserem Besuch von Zubara gewesen, denn unsere Motive konnten gut sowohl von Scheich Sulman von Bahrain als auch von Scheich Ali von Katar mißverstanden werden. Zubara ist nämlich die Heimat der Vorfahren der Scheichs von Bahrain, die Stadt, in der die Al-Khalifah-Familie residiert hatte, als sie in der Mitte des achtzehnten Jahrhunderts aus der Nachbarschaft von Kuwait nach Süden gezogen war. Zwanzig Jahre lang hatten die Al-Khalifah Zubara regiert, bevor sie Bahrain seinen persischen Herren entrissen, und auch nach ihrem Wegzug nach Bahrain hielten sie ihre Rechte an dieser Stadt an der Küste von Katar aufrecht. In den über 150 Jahren seither war Zubara ein Zankapfel zwischen den Scheichs von Katar und Bahrain; die Al-Thanis machten geltend, die Stadt sei geographisch ein Teil von Katar, während die Al-Khalifah den Anspruch erhoben, daß sie historisch in Abhängigkeit von Bahrain stehe. Der letzte bewaffnete Zusammenstoß zwischen den beiden Scheichtümern war noch in lebendiger Erinnerung; bei dieser Gelegenheit hatten sich die letzten Einwohner von Zubara aus Furcht vor Repressalien und weil es ihnen unmöglich war, in einem chronischen Kriegszustand normalen Fischfang und Handel zu betreiben, nach Bahrain zurückgezogen. Die Stadt, die einst als Handelszentrum Rivalin von Basra war, lag nun verlassen an der Nordwestküste der Halbinsel. Der Polizeiposten hatte die Aufgabe, Alarm zu schlagen, wenn es dem Scheich von Bahrain einfallen sollte, auf seinen Anspruch zurückzukommen.

Wir mußten sie sehen. Obwohl wir riskierten, für Spitzel aus Bahrain gehalten zu werden, bestand doch die Möglichkeit, daß Zubara eine antike Stadt war. Sicher war es älter als Doha, die Hauptstadt von Katar, die einzige einigermaßen große Stadt des Landes.

Es war unheimlich, zwischen den zerfallenen Mauern dieser einst bevölkerten Stadt umherzuwandern. Die Füße sanken in dem gelbgrauen Sand ein, der die Räume und Straßen füllte und fast bis zum oberen Rand des Mauerwerks anstieg. Kein Dach war in Zubara mehr erhalten, außer dem der Moschee. Sie war ein vielkuppeliges Gebäude, das fest auf einem Wald von Säulen ruhte und für uns Archäologen eine schöne Illustration der Lektion war, die uns schon das Pantheon in Rom, die Hagia Sophia in Konstantinopel, ja auch der Bogen in Ktesiphon bei Bagdad gelehrt hatten. Die Kuppel ist unverwüstlich; sie hängt von keinen Dachbalken ab und schützt sogar die Mauern, die sie überwölbt. Ein Kuppelbau ist wie eine Pyramide eine dauerhafte Struktur, und nur die Hand des Menschen kann ihn niederreißen. Wir verzehrten unsere Lunchpakete im Schatten der Moschee, dem einzigen Schatten in Zubara. Nach dem Mittagessen sammelten wir Topfscherben, obwohl wir schon sahen, daß Zubara keine antike Stadt war. Es gab keinen Tell, außer dem, der eben im Entstehen war. Die Gebäude, die um uns herum in Ruinen zerfielen und vom Sand bedeckt wurden, würden eines Tages ein flacher Hügel sein, den zukünftige Bewohner von Katar sehr gut als Stätte für eine neue Stadt wählen konnten. Aber diese Gebäude selbst waren auf dem nackten Fels und dem Sand der Küste errichtet – vor dem Zubara der Al-Khalifah hatte es keine Stadt gegeben. Die Topfscherben wußten nichts anderes zu erzählen, obwohl vereinzelte blau-weiße chinesische Scherben vermuten ließen, daß die Stadt vielleicht schon im siebzehnten Jahrhundert existierte, also hundert Jahre, bevor die Al-Khalifah aus Kuwait kamen.

Ich glaube, unsere Eskorte war erleichtert, als wir unsere Reise wiederaufnahmen. Es ging nun landeinwärts, über den gewölbten Rücken von Katar, eine kiesige Ebene mit niedrigen Höhenzügen und Mulden, die die Polizeifahrzeuge mit Tempo und einem Schweif von Kieseln nahmen.

Nach einer Stunde begannen die Höhenrücken sich abwärts zu senken, und bald konnten wir vom Kamm aus vor uns das Meer sehen, das östliche Meer, denn die Halbinsel von Katar teilt ja den Arabischen Golf in ein westliches und ein östliches Becken. Die Mulden zwischen den Kiesrücken waren jetzt mit Sabkha gefüllt, den flachen Salzpfannen, die eine der Tücken der Küstengebiete des Golfs sind. Denn manchmal ist die Sabkha fest und hart und damit ein tadelloser Boden für die Motorfahrzeuge, und manchmal, obschon dem Aussehen nach gleich, nur eine dünne Kruste über einem trügerischen Sumpf. Wir folgten früheren Radspuren über die breiteren Salzpfannen und erklommen einen letzten Kiesrücken zum Dorf Khor.

Khor ist das arabische Wort für Fjord, und Khor hat auch tatsächlich etwas Skandinavisches, das die Mitglieder unserer dänischen Expedition immer seit diesem ersten Besuch angezogen hat. Die weißen Häuser des Dorfs drängen sich an den Rand von dunklen Felsplatten, die steil zu dem Wasser der engen Bucht abfallen. Am Rand des Wassers sind die Boote an Land gezogen, und weiter draußen schaukelt eine Dhau am Anker. In der Luft liegt der scharfe Geruch von Salz und trocknendem Seetang.

Das Polizei-Fort steht am inneren Rand des Dorfs zwischen den dachlosen Schalen verlassener Häuser. Khor war einst größer als heute. Als Perlentauchen noch die Hauptquelle des Reichtums am Golf war, war Khor eine blühende und aufstrebende Stadt mit einer eigenen Flotte von Perlenfischer-Dhauen. Jetzt streben die jungen Männer zu den Ölfeldern und der wachsenden Hauptstadt, und die Wüste dringt in die Außenbezirke der Stadt vor.

Wir tranken Tee und Kaffee und aßen süße Biskuits im Fort, während der kommandierende Unteroffizier über Funk nach Zubara meldete, daß wir angekommen seien. Sobald wir wieder fortgefahren waren, meldete er zweifellos dem Fort von Doha, daß wir unterwegs seien. Das Netz des Polizeifunks in Katar sollte uns in späteren Jahren viel Ärger und auch Kosten ersparen. Von Ron ursprünglich als ein Frühwarnsystem gegen Überfälle von Beduinen aufgebaut, bewies es bald seinen mehr alltäglichen Nutzen als Lebensretter. Immer mehr benützt der Araber das Auto in der Wüste, und mit einem unerschütterlichen Glauben an Allahs Barmherzigkeit startet er in einem baufälligen Lastwagen oder einer klapprigen Limousine ohne einen Gedanken an Notproviant und ohne genügende Vorsorge für Benzin zu einer Fahrt durch die wasserlose Wüste. Aber wohin er auch fährt, der Polizeifunk folgt ihm. Als wir im folgenden Jahr mit ernsthaften Erkundungen in Katar begannen, hielten wir es für eine notwendige Vorsichtsmaßnahme, zwei Fahrzeuge zu haben – aber wir merkten bald, daß wir nur eines brauchten. Wo auch immer wir anhielten, um ein Gebiet der Wüste zu Fuß zu erkunden, was wir oft taten, streckte zwei oder drei Stunden später ein Polizeiwagen, der feststellen sollte, warum wir überfällig waren, die Nase über den Horizont. Irgendeine Motorpanne, die unter anderen Umständen den Tod durch Verdursten bedeutet hätte oder zumindest eine tagelange Fußwanderung durch die wasserlose Wüste, wurde zu einer geringfügigen Unbequemlichkeit – um so mehr, als die Polizei sich weitgehend gerade aus denjenigen Beduinen rekrutiert, gegen die sie ursprünglich Schutz hatte gewähren sollen und die jeden Zoll der Wüste und, so scheint es mir, die Reifenspuren jedes einzelnen Fahrzeugs, das ihr «Revier» frequentiert, kennen.

Wir kamen am Spätnachmittag über die Salzebenen der Ostküste nach Doha. Doha hatte sich seit meinem letzten Aufenthalt dort vor sechs Jahren verändert. Damals mußten wir unsere Fahrzeuge außerhalb der Stadt verlassen, weil die Straßen für alles außer Eselskarren zu eng waren. Jetzt trafen sich breite geteerte Straßen bei der neuen Moschee neben dem halb vollendeten neuen Palast im Zentrum der

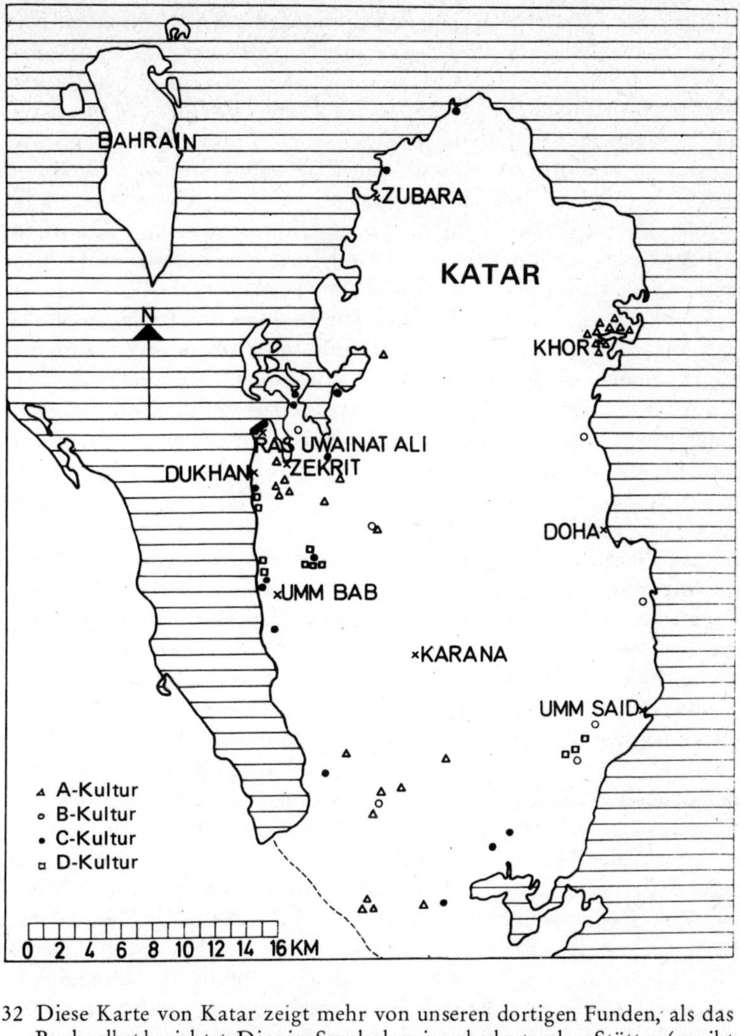

32 Diese Karte von Katar zeigt mehr von unseren dortigen Funden, als das Buch selbst berichtet. Die vier Symbole zeigen bedeutendere Stätten (es gibt weitere 63 weniger wichtige) der vier festgestellten steinzeitlichen Kulturen. Kultur A ist die älteste, fast unteres Paläolithikum; B wird charakterisiert durch Pfeilspitzen ohne Widerhaken, C durch Schaber, und D, nur 6000–7000 Jahre alt, durch Pfeilspitzen mit Widerhaken und Dorn. Feuerstein-Fans, die mehr darüber wissen wollen, müssen Band I der Ausgrabungsberichte, Holger Kabels *Atlas der steinzeitlichen Kulturen von Katar* (Aarhus 1968), leihen – oder gar kaufen

Stadt; die Ringstraße war halb fertig, und ihre doppelte Fahrbahn war schon abgesteckt.

Wir wurden mitten durch die Hauptstadt zu dem neuen Polizei-Fort in den Außenbezirken mit seinen zinnenbewehrten Mauern, die einen ungeheuren Paradeplatz umschlossen, hinausgefahren. Es war typisch für die in Katar herrschende Auffassung von der Hierarchie der Werte, daß der Bau von Moscheen und Verteidigungsanlagen die Priorität in der Verwendung des neuen Ölreichtums hatte. Als drittes auf der Liste kam das größte und modernste Krankenhaus am Golf – und erst an vierter Stelle der neue Palast des Herrschers.

Ron kam heraus, um uns an der Tür des Hauptquartiers zu begrüßen. Obwohl er keinen Bart mehr trug, sah er in seinem arabischen Kopftuch über der Khaki-Uniform mit braunen Litzen raubvogelhafter aus als je. Er besprach sehr interessiert mit uns die Möglichkeiten einer ernsthaften archäologischen Expedition im nächsten Jahr, während er uns gleichzeitig über den Paradeplatz schleppte, um uns sein neues Spielzeug, die Schwadron von Kettenfahrzeugen, zu zeigen. Ron war als Kommandant der Polizei von Katar ganz offensichtlich in seinem Element. Ich erinnerte mich, wie er als Inspektor in Bahrain, die flache Schirmmütze vor sich auf dem Schreibtisch, dasaß und über Probleme der Verkehrskontrolle grübelte. Hier kommandierte er eine regelrechte Armee, die nur diesen Namen nicht trug, und die gepanzerten Fahrzeuge dienten dazu, die Tatsache zu unterstreichen, daß Katar ein Teil von Festland-Arabien war und ganz andere Polizeiaufgaben hatte als Bahrain. Hier ging es nicht darum, armseligen Diebstahl zu verhindern oder politische Hitzköpfe zu überwachen. Es handelte sich hier um die jahrhundertealte Frage der relativen Stärke der Stadtbevölkerung und der Wüstennomaden. Die Wüste von Katar, in Sichtweite der Küstendörfer, war nur ein Teil der Weidegründe mächtiger Beduinenstämme, der Naim, der Manasir und vor allem der Murra, deren Gebiet weit hinein nach Saudi-Arabien bis zur Oase Dschabrin, dreihundert Kilometer von der Küste entfernt, reichte. Diese Nomadenstämme hatten nie mehr als eine nominelle Abhängigkeit von den Scheichs der Küstenstädte anerkannt, und auch dann nur insoweit, als die Scheichs von Katar eine tatsächliche Kontrolle über die Weidegründe ausüben und das Eindringen anderer Nomaden verhindern konnten. Das war eine Polizeiaufgabe nach Rons Sinn.

Am nächsten Tag benützten wir für den Rückweg nach Dukhan die direkte Straße der Ölgesellschaft quer durch die Halbinsel. Die Nacht hatten wir in Umm Said verbracht, der Ölstadt am Verladehafen der Ostküste südlich von Doha. Die Straße folgt der Pipeline, die im Zickzack vom Ölfeld an der Westküste quer durch Katar verläuft. Die schwarze Straße zieht sich gerade und fast menschenleer durch die monotone Kiesebene. Aber zu unserer Linken, am südlichen Horizont, begleitete uns eine Hügelkette. Das waren Sanddünen. Hier im Südosten von Katar machen die Sandmassen von Arabien in ihrem unmerklich langsamen Wandern einen Versuch – oder einen Anfang – einer Invasion. Hier sind die sich auftürmenden, halbmondförmigen Dünen noch gesonderte Einheiten mit langen Streifen der Kiesebene zwischen der vordersten und der nächsten. Weiter im Süden, gegen die Große Arabische Wüste, die Rub al-Khali, verwachsen sie miteinander, und jede dringt auf die nächste ein – ein Sandmeer unbewegter Wogen. Aber auch hier, noch aus der Ferne, sehen sie bedrohlich aus, als ob sie jeden Augenblick ihr millimeterlangsames Vordringen beschleunigen und vorwärts rollen wollten, um die Steinwüste, die Straße und alle Werke von Menschenhand zu verschlingen.

Wir hätten die Halbinsel auf der geteerten Straße in zwei Stunden durchqueren können, aber wir hatten den ganzen Tag vor uns und viel zu sehen. In der Mitte der Halbinsel wandten wir uns auf einer Sandpiste südwärts nach Karana, wo Scheich Ali von Katar gerade auf der Jagd sein sollte. Karana ist einer der hübschesten Orte von Katar. Niedere Sandhügel und breite Sandmulden sind hier mit spärlichem Graswuchs bedeckt, so spärlich, daß man ganz von der Nähe die einzelnen Grashalme kaum gegen den braunen Sand sehen konnte. Aber aus der Ferne sehen die Hügel und Täler grün aus, und in jeder Mulde gibt es Büsche und Akazienbäume.

Im Schatten der größten Baumgruppen stand die weiße Jagdhütte von Scheich Ali, ein paar Räume mit einer breiten Vorhalle. Ein Hausmeister sagte uns, der Scheich werde bald von der Jagd zurück erwartet, und bat uns, auf den in der Vorhalle ausgebreiteten Teppichen Platz zu nehmen. Eine halbe Stunde später traf Scheich Ali ein und kam sofort heraus, um uns zu begrüßen. Mit der Höflichkeit, die der gute Ton von einem Wüstenaraber fordert, unterhielt er sich eine halbe Stunde mit uns, während der Kaffee geschlürft wurde, obwohl er wahrscheinlich an unserem Besuch völlig uninteressiert, offensichtlich todmüde und, was weder er noch wir wußten, schon ernstlich krank war. Wenige Monate später erlitt er einen Zusammenbruch und wurde nach Indien zu ärztlicher Behandlung geflogen, die sein Leben rettete. Nach einigen Monaten im Krankenhaus kehrte er nach Katar zurück, überließ aber bald die Zügel der Regierung seinem Sohn Achmed. Im Ruhestand besserte sich seine Gesundheit, und zwischen den Jagdausflügen, die die Sitte von einem arabischen Scheich fordert, findet er jetzt Zeit, sich seinen wirklichen Interessen, dem Sammeln und Studium seltener arabischer Manuskripte, zu widmen.

Nach dem Austausch der üblichen Höflichkeiten nahmen wir Abschied und schlenderten zwischen den Baumgruppen und Brunnen von Karana herum, um nach Anzeichen früherer Besiedlung zu suchen. Aber es gab nichts, keinen Feuerstein, keinen Tell, keine Topfscherben. Auch die Brunnen waren allem Anschein nach modern, es fehlte die Verkleidung aus behauenen Steinen, die wir erfahrungsgemäß in Bahrain erwarten konnten. Wir fuhren zur Hauptstraße zurück und wandten uns wieder nach Westen.

Nun konnten wir vor uns die zerklüftete hügelige Kalksteinkette sehen, die die Westküste von Katar südlich des Hauptquartiers der Ölbohrung in Dukhan säumt. Wo die Straße den Kamm erreichte und sich scharf nach Norden wandte, um dem Kamm nach Dukhan zu folgen, kam das Meer in Sicht. Unter uns fiel das Gelände in Felsterrassen zu dem kaum achthundert Meter breiten Sandstreifen ab, der sich zu der Bucht senkt, die hier Katar vom Festland-Arabien trennt. Die Biegung der Straße hat einen Namen – Umm Bab.

Umm Bab wird für mich immer eine Geisterstätte bleiben. Hier steht ein einzelnes Haus, ein unmotivierter Block von Ein-Zimmer-Wohnungen. Es ist die einzige Erinnerung an ein Projekt, aus dem nichts wurde.

1948 sah sich die Ölgesellschaft in Katar im Besitz einer Menge Öl ohne die Möglichkeit, es auf den Markt zu bringen. Sie verwendete in diesem Jahr viel Energie auf die Erforschung der Küsten von Katar, um irgendeinen Weg zu finden, das Öl auf die Tanker zu bringen. Katar ist auf allen Seiten von Untiefen und Riffen umgeben, und für Schiffe mit dem Tiefgang der modernen Tanker ist die Zufahrt unmöglich. Aber schließlich fand man einen Kanal, der es nach heroischen Sprengungen den Tankern ermöglicht hätte, verhältnismäßig tiefes Wasser vor Umm Bab zu erreichen, und der Ort wurde als Verladestelle ausgewählt. So ungünstig der Ort vom Standpunkt der Navigation aus war, so ideal war er für eine Stadt, und die Architekten machten sich mit Genuß an die Skizzierung gründlicher Entwürfe für die Stadt, die auf den Höhenrücken und Terrassen über der Bucht erstehen sollte. Vollständige Pläne wurden gezeichnet mit Kirche, Schule und Klubhaus als Krönung auf dem Kamm und Villen und Junggesellenwohnungen auf den Terrassen. Wir sahen schon dem Augenblick entgegen, wo wir nach Umm Bab umziehen würden. Aber gerade bevor die ersten Bautrupps eintrafen, entdeckte die Entwicklungsabteilung der Marine auf der anderen Seite der Halbinsel bei

Umm Said leicht zugängliches tiefes Wasser, und das ganze Projekt wurde fallengelassen.

Die Ölstadt bei Umm Said, erbaut auf einer eintönigen Sandebene, wo nur die ferne Drohung der Sanddünen die tote Horizontlinie unterbricht, ist ein schwacher Ersatz für die Traumstadt von Umm Bab, aber die Tankerkapitäne, denen der lange Weg um die Halbinsel herum und die Tücken des gewundenen Kanals erspart wurden, sind zweifellos sehr dankbar für diese Änderung der Planung. Nun bezeichnet nur noch die Biegung der Straße die Stelle, wo die schönste Stadt am Arabischen Golf entstanden wäre.

Wir fuhren weiter, vorbei an den Fackeln des ausströmenden Gases der Entgasungsstationen – denn alle Ölquellen in Katar liegen längs des westlichen Kamms – und erreichten Dukhan, als es Abend wurde.

Am nächsten Tag sollten wir nach Bahrain zurückkehren, aber da es Nachmittag wurde, bis das Motorboot auslief, machten wir am Vormittag noch eine Fahrt die Küste hinauf. Zehn Meilen nördlich der Ölstation springt eine Landzunge namens Ras Uwainat Ali ins Meer hinaus. Sobald P. V. die flachen Buchten auf beiden Seiten der Landzunge sah, ließ er den Fahrer anhalten.

Der Feuersteinsucher entwickelt eine fast instinktive Fähigkeit, auf einen Blick die Stellen zu finden, die die Jäger und Fischer der Steinzeit als Wohnstätte ausgesucht hätten. P. V. besitzt diese Fähigkeit in einem fast unheimlichen Maß. Hier in Ras Uwainat Ali hatte er eine Erhöhung des Meeresspiegels um zehn Fuß visiert und festgestellt, daß sich daraus zwei tiefe Buchten ergeben würden, die sich ganz oder doch beinahe hinter der beschützenden Landzunge treffen würden. Es war eine ideale Stätte für ein steinzeitliches Fischerlager. Und fast noch bevor wir vom Wagen gesprungen waren, erwiesen die ersten Feuersteinsplitter seine Vermutung als richtig.

Bevor wir zum Mittagessen und zum Boot nach Bahrain zurückkehrten, hatten wir zwei steinzeitliche, ein paar hundert Meter auseinanderliegende Lager entdeckt und hatten unsere Taschen voll mit Feuersteinschabern und -messern und Abfallsplittern. Die Steinzeit von Katar war eine Wirklichkeit.

Natürlich konnten wir Katars Steinzeit nicht datieren. Wie bei den ganz ähnlichen Feuersteinen von Bahrain war alles, was wir sagen konnten, daß sie in Form und Herstellungsart dem späten Paläolithikum (Aurignacien, Perigordien) von Europa ähnelten. Das würde ein Alter von bis zu vierzigtausend Jahren bedeuten. Aber wir durften nicht einfach eine Gleichzeitigkeit von Kulturen, die ein Viertel des Erdumfangs auseinanderlagen, voraussetzen, insbesondere wenn, wie hier, das Klima das Überleben und sogar die Versteinerung von Kulturen begünstigt haben konnte, die in Europa durch das Ende der letzten Eiszeit gezwungen wurden, entweder sich anzupassen oder unterzugehen.

Aber als wir uns auf den Teppichen ausstreckten, die auf dem Deck des Motorboots ausgebreitet waren, und zuschauten, wie der gelbe Sand von Katar zurückblieb, waren wir uns darin einig, daß wir allen Grund hatten, mit unseren dreitägigen Ferien zufrieden zu sein. Wir brachten zwar keine spektakulären Entdeckungen von Tells oder begrabenen Tempeln nach Hause. Aber die Feuersteinstätten und die vereinzelten Grabhügel waren genügend Beweis dafür, daß Katar eine Vergangenheit *hatte*, und wir beschlossen, im folgenden Jahr zu versuchen, eine Mannschaft dorthin zu schicken, die sich näher mit der Halbinsel beschäftigen sollte. Denn Katar ist zwanzigmal so groß wie Bahrain, und wir hatten nur einen winzigen Bruchteil gesehen.

Wir kamen gerade rechtzeitig zur Revolution nach Bahrain zurück. Ich hatte soeben meine neue Sondage abgesteckt, ein Quadrat von fünf Meter Seitenlänge fünfundzwanzig Meter südlich meiner letzten Grabung, und wir waren dabei, die oberste Bodenschicht zu entfernen, als wir über die Bucht herüber die ersten Schüsse aus Manama hörten.

Es war eine zahme Revolution, glaube ich, und obendrein erfolglos. Aber auch zahme Revolutionen sind hinderlich für eine archäologische Expedition. Es fing mit einem Protest auf dem Marktplatz gegen die Polizei an, die einen Straßenhändler von seinem Stand entfernt hatte, entwickelte sich aber schnell zu Zusammenrottungen, Märschen und Massenversammlungen, die von einer Gruppe junger Männer angeführt wurden, den ersten Produkten der ersten Schule am Arabischen Golf, die vor zwanzig Jahren in Bahrain eröffnet worden war. Innerhalb von vierundzwanzig Stunden verdichtete sich die Aktion zu einem Generalstreik, dessen Hauptziel die Stillegung der Ölproduktion und der Ölraffinerie war, und zu einer Reihe von Forderungen des «Höheren Exekutiv-Ausschusses», wie sich die jungen Leute nannten. Die Forderungen waren durchaus nicht unvernünftig – aber daß sie in Form eines Ultimatums präsentiert wurden, machte ihre Annahme unmöglich. Scheichtum ist traditionsgemäß ein wohlwollender und väterlicher Despotismus, aber auf lange Sicht mit einer gebildeten und wohlhabenden Bevölkerung unvereinbar. Das hatte Scheich Sulman vorausgesehen, und ein Prozeß der schrittweisen Übertragung von Verantwortung, zunächst an gewählte Stadträte und Beratungsausschüsse, war eingeleitet worden und sollte mit dem Wachstum von Bildung und Erziehung in der Bevölkerung zunehmen. Daß die ersten Absolventen der höheren Schule den Wunsch hatten, der Prozeß solle schneller vor sich gehen als geplant, ist ein anscheinend allen Entwicklungsländern gemeinsames Phänomen. Es war offensichtlich, daß beide Seiten in dem Kampf auf Bahrain es gut meinten, aber ebenso, daß keine Seite es sich leisten konnte nachzugeben. Die Affäre wurde zu einem Messen der Kräfte – und die Vollständigkeit des Generalstreiks war ein Maßstab für die Stärke des «Höheren Ausschusses».

Seit dem ersten Jahr waren unsere Arbeiter aus den Dörfern gekommen, und die Dörfer haben eine Selbstregierung mit einem Vorsteher, der dem Minister für Landwirtschaft, einem Vetter des Scheichs verantwortlich ist. Sie sind es nicht gewohnt, von den Stadtleuten aus Manama oder Muharrak Befehle entgegenzunehmen. Als einen Tag nachdem der Streik Manama schon lahmgelegt hatte, junge Männer auf Motorrädern zum Fort heraus kamen und unseren Leuten sagten, sie müßten die Arbeit einstellen, kamen sie ziemlich empört zu uns. Sie hatten Verständnis für die Absicht ihrer für die Bapco arbeitenden Brüder und Söhne, die Arbeit niederzulegen, um die Regierung daran zu hindern, Geld zu verdienen. Aber wenn die Ausgrabungen aufhörten, dann *ersparten* sie ja der Regierung Geld! Am nächsten Tag kamen jedoch unsere zwei Dorfvorsteher schon früh ins Lager, um uns zu sagen, daß sie in den Dörfern Versammlungen abgehalten und beschlossen hätten, es wäre das beste, die Arbeit niederzulegen, da man sonst Repressalien der Hitzköpfe in den Städten gegen die Dörfer oder gegen uns befürchten müsse. Wir akzeptierten ihren Entschluß, wiesen aber darauf hin, daß uns, da der Basar in Manama geschlossen sei, langsam die Nahrungsmittel ausgehen würden. Sie versprachen, daß die Dörfer uns eine gute Versorgung mit Eiern, Reis und Gemüse garantieren würden.

Die Dorfbewohner von Barbar waren aus härterem Holz geschnitzt. Der Vorarbeiter unserer Mannschaft war selbst der Vorsteher des Dorfs, und die Dorfbewohner waren gewaltig stolz auf den wundervollen Steintempel, dessen Terrassen unter ihren Spaten Gestalt annahmen. Als wir am dritten Tag des Streiks wie üblich hinausfuhren, war die Arbeit in vollem Gang, und die Leute lachten nur, als sie hörten, daß die Arbeiter im Fort ihr Werkzeug weggelegt hätten.

Wir erfuhren an diesem Tag wenig Neues in Manama, als wir mit ungewohnter Muße in unseren verlassenen Grabungen herumgingen, um unsere Zeichnungen und Messungen aufs laufende zu bringen.

Aber was an Nachrichten durchkam, war beunruhigend. Es hatte Aufruhr und Verbrennungen von Autos gegeben, und man erzählte (was sich als falsch herausstellte), daß einer der Scheichs aus seinem Wagen gezerrt und zu Tode gesteinigt worden sei. Die Polizei konzentrierte sich darauf, die Straße zwischen Manama und der Raffinerie und der Ölstadt Awali offenzuhalten. Die meisten übrigen Straßen waren von den Aufrührern mit gefällten Palmen blockiert worden. Der Streik war vollständig – mit Ausnahme der Ausgrabungen von Barbar. Weder wir noch Mohamed bin Ibrahim, unser Vorarbeiter in Barbar, begriffen, wie ernst ein Bruch des sonst lückenlosen Streiks genommen wurde. Aber am nächsten Morgen, als wir in unserem Geländewagen auf der Piste nach Barbar fuhren, kamen wir nicht weiter als eine Viertelmeile vom Lager weg. Wo die Piste den ersten Bewässerungsgraben kreuzte, war der Übergang eingebrochen. Wir versuchten es mit einer anderen Piste und einer weiteren und schließlich mit der Hauptpiste, die zur Straße und nach Manama führte. Alle waren durch gefällte Bäume und zerstörte Brücken blockiert. Das Lager war abgeschnitten. Wir fuhren zurück, um Kriegsrat zu halten. Wir befanden uns praktisch im Belagerungszustand und waren einigermaßen verwundbar. Wir wußten, daß es keine Feindseligkeit gegen uns persönlich gab, aber das Ziel des Streikausschusses war es, die Regierung so öffentlich wie möglich in Verlegenheit zu bringen, und ein besonders deutliches Mittel war, zu zeigen, daß die Polizei die Ausländer im Lande nicht mehr beschützen konnte. Am meisten fürchteten wir uns vor Feuer. Die Barasti-Wände und -Dächer unseres Lagers waren nun so trocken wie Zunder. Ein Fanatiker konnte mit einem einzigen Zündholz unser Lager bis auf den Grund niederbrennen. Wir hatten schon Barasti-Brände in den Dörfern gesehen – einmal waren wir ausgefahren, um zu helfen, als im nächsten Dorf Feuer ausbrach, und wir hatten gesehen, wie wirkungslos unser einzelner Feuerlöscher war, sobald ein so ideal entzündbares Gebäude Feuer gefangen hatte.

Andererseits war ein Fort, wenn wir belagert wurden, kein schlechter Platz, um durchzuhalten. Die Wälle des Portugiesischen Forts standen noch kerzengerade und konnten nur an drei Stellen erstiegen werden. Und von den Türmen aus konnte man ungehindert meilenweit sehen. Wir richteten sogleich bei Tag ein Wachsystem vom höchsten Turm aus ein, während bei Nacht jeweils zwei Mann, den Pickel in der Hand, auf den Wällen die Runde machten.

Die beiden nächsten Tage hatten etwas Unwirkliches. Das Lager lag friedlich unter der milden Märzsonne. Jenseits des Grabens herrschte Ruhe in den Grabungen, keine Arbeiter schoben ihre Karren, kein Rauch von der Wasserpfeife, keine Besucher, die sonst ständig herbeitrudelten und am Donnerstag nachmittag und Freitag, dem mohammedanischen Wochenende, in ihren vollen Wagen kamen und oben auf dem breiten Tell herumspazierten. Jetzt bewegte sich kein Mensch, weder auf dem Tell noch in den Palmengärten dahinter. Es gab auch kein Geräusch. Weiter entfernt im Süden verlief durch die nächsten Dattelpalmengruppen und die mit Gestrüpp bedeckte Wüste dahinter die Trasse der Budeija-Straße, die ost-westlich gerichtete Asphaltstraße von Manama, von der die Piste nach Norden zu unserem Fort abzweigte. Die zerstörten Brücken, die uns abschnitten, lagen auf dieser Piste zwischen uns und der Straße, aber es hieß, daß auch die Budeija-Straße mit gefällten Bäumen blockiert wäre. Wir beobachteten die Straße den ganzen Tag, aber es bewegte sich nichts auf ihr, und in der stillen Luft war nicht das geringste Verkehrsgeräusch. Die Straßensperren waren offensichtlich wirksam.

Der Tag verging und nach ihm die Nacht. Es erschien ziemlich lächerlich, die Wälle in der Dunkelheit abzulaufen. Es war wie im neunzehnten Jahrhundert, mit gespitzten Ohren auf einen Angriff der «Eingeborenen» zu warten. Bahrain freilich war nicht von «Eingeborenen» bewohnt, sondern von den Bahraini, die wir seit Jahren kannten, die in Autos oder auf ihren Fahrrädern herausfuhren, um am Rand unserer Ausgrabungen zu stehen, und die gleichen gescheiten oder dummen Fragen stellten wie die Besucher unserer Ausgrabungen in Dänemark. Konnte man sich wirklich vorstellen, daß dieselben Leute aus der Dunkelheit auftauchten und unser Lager in Brand steckten? Wir waren versucht, die Wache abzublasen und zu Bett zu gehen.

Es gab keinen Angriff. Nichts bewegte sich in der ganzen Nacht.

Und auch am folgenden Tag bewegte sich nichts.

Am Abend wurde die Belagerung aufgehoben. Fast eine Stunde lang am Nachmittag hörten wir immer wieder Motorengeräusch irgendwo zwischen den Buschpalmen der Mulden zwischen uns und der Straße. Kurz vor Sonnenuntergang erklommen ein Jeep und zwei Lastwagen den Rand unseres Tells und hielten neben unseren zwei Geländewagen hinter dem Graben. Bewaffnete Polizei sprang von den Lastwagen und bezog Stellung, und zwei Polizeioffiziere kamen uns entgegen, als wir von den Wällen herunterstiegen. Es war sehr effektvoll und sehr militärisch – nur vielleicht dadurch etwas beeinträchtigt, daß kein Feind zu sehen war.

Aber die Vorsichtsmaßnahmen der Polizei waren nicht unbegründet; man hatte vier Straßensperren auf der Piste zwischen uns und der

Straße entfernen müssen, indem Palmstämme auf die Seite gezogen und niedergebrochene Übergänge über die trockenen Bewässerungsgräben überbrückt wurden.

Der Generalstreik war noch im vollen Gang. In Manama, sagte man uns, gebe es keinen Verkehr, und die Budeija-Straße sei an einem halben Dutzend Punkten unterbrochen. Die Polizei hielt das Fort von Manama und das Europäerviertel bei der Marinebasis und hatte die ganze Zeit die Straße nach Awali und der Raffinerie offengehalten. Von der Awali-Straße war man hinter den Straßensperren nordwärts zur Budeija-Straße vorgestoßen und dann noch weiter nördlich zu uns.

Der Inspektor, ein junger Bahraini, wollte, daß wir das Lager sofort räumten und unter ihrem Schutz in die Marinebasis zurückkehrten, solange es hell genug war, um die Straßensperren zu sehen. Wir erklärten, daß wir unmöglich alle Ergebnisse unserer Grabungen vorbeikommenden Brandstiftern auf Gnade und Ungnade überlassen könnten. Die hereinbrechende Dämmerung machte eine längere Debatte unmöglich, und schließlich war er mit uns einig, daß wir auch noch für eine weitere Nacht sicher seien. Aber am anderen Morgen müßten wir unsere wertvollsten Funde in unsere Fahrzeuge packen und um zehn Uhr zum Auszug bereit sein, wenn sie wiederkommen würden, um unseren Rückzug zu decken. Er bot uns an, zwei Mann mit Gewehren dazulassen, aber wir lehnten mit Dank ab. Wir wollten nicht riskieren, daß irgendein Polizist, dessen Nerven durch tagelanges Patrouillieren in Manama gereizt waren, das Feuer auf einen «unserer» Dorfbewohner eröffnete, der uns vielleicht mit Nachrichten und Verpflegung besuchen wollte. Wir stellten in dieser Nacht keine Wachen auf und gingen zu Bett.

Am nächsten Morgen – es war ein Freitag – räumten wir das Lager. Mit drei Polizeifahrzeugen und unseren beiden Geländewagen waren wir ein eindrucksvoller Konvoi, und die von der Polizei ergriffenen Vorsichtsmaßnahmen dämpften bald jede Freude darüber, daß wir wieder Kontakt mit der Welt hatten. Wir passierten vom Feind gehaltenes Gebiet, und um «unsere» Linien zu erreichen, mußten wir die des «Feindes» durchbrechen. Bei jedem ausgebesserten Übergang mußten die Fahrzeuge eine Notbrücke aus zwei Palmstämmen überwinden, indem sie sich unter der Führung eines Polizeiunteroffiziers, der die Räder genau beobachtete, Zoll um Zoll vorarbeiteten. Während der Konvoi sich mit diesen Hindernissen abmühte, schwärmten die Polizisten aus, um den Übergang abzusichern. Wir brauchten eine Stunde. um die Straße zu erreichen, und dort erhielten wir Instruktionen für den Einmarsch in Manama. Auf keinen Fall durften wir anhalten. Etwaige Menschenmengen auf der Straße mußten mit wildem Gehupe und soviel Lärm, wie wir machen konnten, angegangen werden, um Steinschleuderer abzuschrecken. Einer der Polizeilastwagen sollte vorausfahren, ein anderer die Nachhut bilden. Wir versuchten eine Zuversicht zur Schau zu tragen, die wir nicht hatten, und fuhren los. Und wir sahen nirgends eine Seele, bis wir den ersten Polizeiposten auf der Awali-Straße erreichten.

An diesem Abend wurde der Streik abgebrochen. Am nächsten Morgen öffneten die Läden im Basar wie üblich, und wir fuhren an den zur Seite gerollten Palmstämmen vorbei auf der wieder geöffneten Budeija-Straße zu unserem Lager zurück. Unsere Arbeiter warteten im Lager schon auf uns, begierig, die Arbeit wiederaufzunehmen. Noch an diesem Tag begann ich mit meinem neuen Probeloch.

Die Ausgrabungssaison war praktisch vorbei. Es war Ende März, und das wirklich heiße Wetter konnte jeden Tag einsetzen. Eine Woche nach dem Ende des Streiks löste sich unsere Gruppe auf und begab sich auf den Heimweg, und nur Junis und ich blieben zurück, um zu packen und das Lager stillzulegen.

Diese ganze Arbeit tat Junis. Ich hatte ja mein Loch. Endlich konnte ich einmal ohne Unterbrechung graben. Die Pflichten eines stellvertretenden Leiters, die fast täglichen Reisen nach Manama und Awali, um die Visa, Flugscheine und Erlaubnisscheine zu beschaffen, um Kisten zu bitten, Autoreparaturen zu vereinbaren oder Schecks einzulösen, die Lohnzahlung alle zwei Tage – all das war plötzlich auf handliche Proportionen zusammengeschmolzen. Unsere Arbeitermannschaft von achtzig Mann war auf sieben reduziert, die alle ausgewählte Leute waren. Da war mein Vorarbeiter Radi, ein aufrechter alter Mann, der die geringste Veränderung in der Beschaffenheit oder Farbe einer Bodenschicht sah – zwei Jahre später ist er gestorben; Abdul-karim, groß und breitschultrig, der Radis Nachfolger als Vorarbeiter wurde; Ali bin Mohamed, der seit unserem ersten Jahr mit mir gegraben hatte, und Hassan Mubarak, die beide stolz darauf waren, daß sie so groß waren wie ich, einen ganzen Kopf größer als der Durchschnitt der Araber. Dann war da Ali bin Hassan, der Erde unmittelbar über den Rand eines zweieinhalb Meter hohen Schnitts hinwegschaufeln konnte; und Hassan bin Habib mit seinen Falkenaugen, dem nie eine Topfscherbe entging; und Hadschi Hassan, von dem zwei Söhne in diesem Jahr bei uns gearbeitet hatten und dessen Enkel acht Jahre später zu unserem Trupp stieß. Ich brauchte diese Männer nicht zu überwachen und zu instruieren; ich konnte mich darauf konzentrieren, die Schichten so, wie wir sie freilegten, zu zeichnen und zu deuten und die darin enthaltene Töpferware zu analysieren.

Der Leser wird sich erinnern, daß ich von meiner letzten Sondage einen Sprung von fünfundzwanzig Meter nach Süden gemacht hatte, da ich glaubte, daß die frühesten Schichten der Sondage außerhalb der Stadtgrenzen der frühesten Besiedlung des Tells waren; und daß wir hofften, in der neuen Sondage schichtenförmige Reste der «Barbar-Kultur» zu finden. So lag mein neues quadratisches Loch mit fünf Meter Seitenlänge etwas höher an dem Abhang des Tells, nicht weit von dem trockenen Graben, der unser Portugiesisches Fort umgibt, und wir konnten ausrechnen, daß wir ungefähr sieben Meter Erde zwischen uns und dem gewachsenen Boden hatten. Es würde ein tiefes Loch werden.

Ich war, obwohl Toto heimgereist war, entschlossen, meine Keramikanalyse genauso sorgfältig weiterzuführen wie unter ihrer Anleitung. Mit einiger Verblüffung stellte ich daher, als die ersten drei oder vier Schichten ausgebreitet und aufgezeichnet waren, fest, daß das klare Bild unserer ersten Sondagen völlig fehlte. Scherben der dünnen glasierten und unglasierten Schalen von Phase 2 waren mit den zweihenkeligen Gefäßen und dem chinesischen Celadon von Phase 1 vermischt. Unter ihnen fanden sich auch frühere und spätere Scherben, rote gerippte «Barbar»-Scherben und das blau-weiße Porzellan der Ming-Dynastie, das im sechzehnten Jahrhundert, der Zeit, als die Portugiesen das Fort besetzt hielten, eingeführt worden war. Wenn eine Schicht so alt ist wie das späteste Objekt darin, dann waren das portugiesische Schichten – aber sie enthielten viel zuviel älteres Material.

Dann stellte ich an den senkrechten Seitenflächen des sich vertiefenden Lochs fest, daß diese Schichten schräg nach unten geneigt waren, und zwar nach Nordost. Ich blickte nach Südwesten und sah zwanzig Meter entfernt den Graben. Da lag die Antwort. Die Erde, die wir ausgruben, war der Aushub des Grabens, die Erde, die die Portugiesen hinausgeworfen hatten, als sie den trockenen Graben rund um ihr Fort gruben. Natürlich ergab das eine Mischung aus allen Schichten bis hinunter zum gewachsenen Boden.

Tatsächlich endeten die geneigten Schichten bei der sechsten Schicht und stießen an die ursprüngliche, waagrechte Grundfläche. Jetzt müßte ich auf die reine Phase 1 und dann Phase 2 treffen.

Aber ich tat es nicht. Im südwestlichen Viertel der Sondage brachten unsere Pickel und Schaufeln allmählich ziemlich viel von den dicken karamelfarbenen Bodenscherben und Sockeln, die wir in Phase 3 angetroffen hatten, herauf, während aus dem Rest dieses Bereichs die rote gerippte Ware der «Barbar»-Kultur zum Vorschein kam. Ich hörte sofort zu graben auf und kratzte mit Radi zusammen die ganze Bodenfläche unserer Grabung mit unseren Kellen sauber. Nun konnten wir gegen die dunkle Erde ganz deutlich den ungefähr kreisförmigen Umriß einer großen Grube in der Südwestecke erkennen.

Hier kam der Nutzen ausgesuchter Arbeiter voll zur Geltung. Ich konnte zwei Männer damit betrauen, diese Grube auszugraben, während die anderen die übrige Fläche des Bodens Schicht um Schicht abtrugen, wobei sie wußten, daß sie die Töpferware aus den beiden Bezirken sorgfältig getrennt halten mußten. Die Grube, die natürlich späteren Datums sein mußte als die Schichten, in die sie gegraben worden war, war über 120 Zentimeter tief und enthielt eine große Zahl wahlloser Tonscherben. Was auch der Grund für die Herstellung der Grube gewesen sein mag, zweifellos wurde sie später als Ablage für die Abfälle einer Siedlung benützt, von der bis jetzt keine Spur zu finden war. Die Töpferware war sehr einheitlich und hatte alle Merkmale einer «Kultur». Die Töpfe waren ziemlich dickwandig, und der mit Sand vermischte Ton war zu einer warmen Honig- oder Karamelfärbung gebrannt. Sogleich benannten wir die Tonware «Karamelware». Wenn die Menschen der dünnen Schalen, die Zeitgenossen Alexanders des Großen, Cornflakesesser waren, so mußten die «Karamel-Leute» von Bier gelebt haben. Sie hatten freilich auch ein paar Schalen, aber diese waren dick und plump – und auch verhältnismäßig selten (19). Weitaus der größere Teil der Scherben gehörte zu großen Trinkgefäßen mit trichterförmigen Hälsen und schmalen soliden Böden, die sich oft zu richtigen Sockeln ausbildeten. Es gab zwei Hauptformen, eine mit kurzem Rumpf und hohem Hals (20), die andere mit hohem Rumpf und kurzem Hals (21). Auch fanden sich Gegenstände, die ich zunächst für kleine, flache Schüsseln auf einem kleinen Sockel hielt, bis wir sie umdrehten und erkannten, daß es sich um Deckel für die Vasen handelte (22). Es war ein recht kleines Inventar, um darauf eine Kultur aufzubauen. Aber es bestand kein Zweifel daran, daß es homogen und völlig verschieden von der Keramik der Phasen 1 und 2 war, die wir bei unseren früheren Sondagen gefunden hatten. Es war eine dritte Phase, und ich erkannte außerdem sehr bald, daß es die Phase 3 war. Denn wir hatten diese dicken Sockelböden früher schon zwischen dem Gemisch von Keramiktypen angetroffen, das wir unter der Phase 2 gefunden hatten. So daß, auch wenn Phase 2 (und ebenfalls Phase 1) unerklärlicherweise in diesem neuen Loch fehlten, doch kein Zweifel über die stratigraphische Einordnung der Karamelware unter diesen beiden Phasen, und damit früher, bestand.

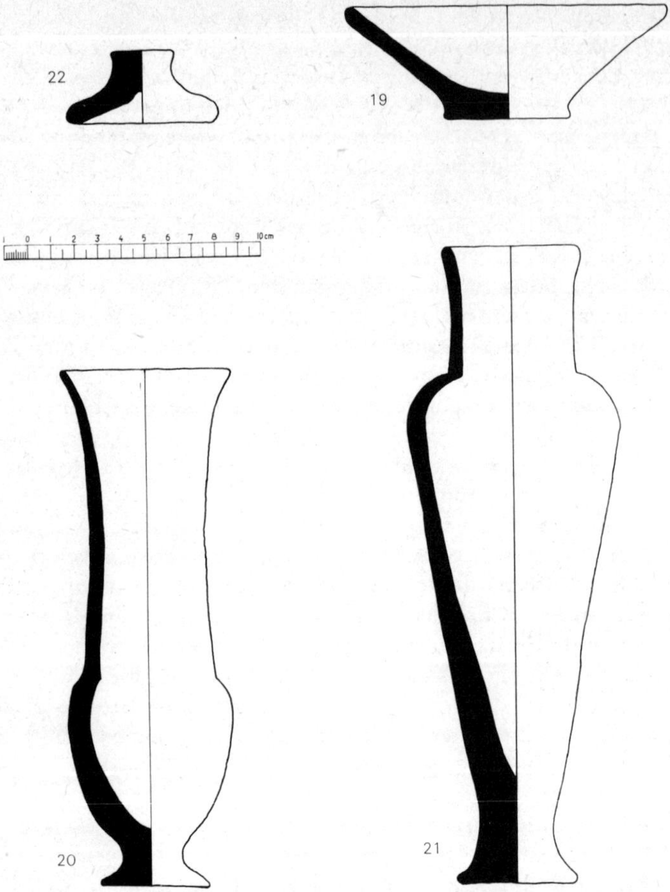

33 Die Keramiktypen von Stadt III aus den Jahrhunderten bis 1200 v. Chr. Man kennt sie aus Mesopotamien in derselben Periode, der Zeit der Kassiten

Daß Phase 4, die Schichten, in die die Abfallgrube mit der Karamelware gegraben worden war, noch älter war, stand außer Zweifel. Es war auch von Anfang an klar, daß Phase 4 die «Barbar-Kultur» war. Der Gegensatz zu der Karamelware war vollständig. An Stelle von dicken gelbbraunen Scherben von kleinen schlanken Gefäßen enthielten die Barbar-Schichten dünne rote Scherben von großen rundbauchigen Gefäßen. Wo die Karamelware mit Sand oder Stroh vermischt

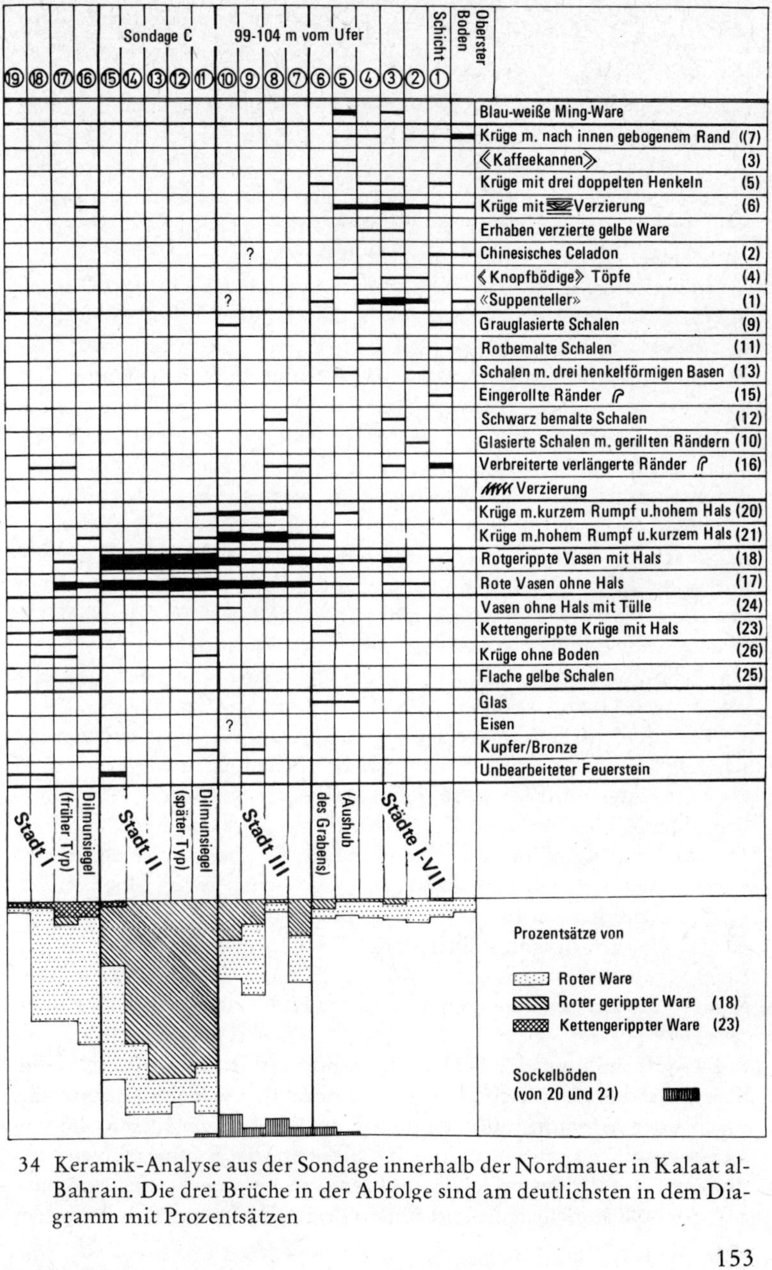

34 Keramik-Analyse aus der Sondage innerhalb der Nordmauer in Kalaat al-Bahrain. Die drei Brüche in der Abfolge sind am deutlichsten in dem Diagramm mit Prozentsätzen

war, war die Barbar-Ware mit recht grobem Kies durchsetzt. Der Übergang von der einen zur anderen war statistisch abrupt – sogar in der obersten Barbar-Schicht gehörten 92 Prozent aller Scherben zu dieser dünnen roten, mit Kies vermischten Ware, und davon wiesen über drei Viertel die waagrechten Rippen auf, die wir von der Tempelstätte bei Barbar so gut kannten. Soweit wir die Gefäße rekonstruieren konnten, waren sie ausschließlich von den beiden eiförmigen Typen von Barbar, die wir schon beschrieben haben (17 und 18), der eine ohne Hals, der andere mit Hals und dreieckigem Rand.

Ich war ungeheuer befriedigt, daß ich endlich die «Barbar-Kultur» in einem Schichtenzusammenhang in dem Stadt-Tell festgestellt hatte. Aber es war bald zu sehen, daß ich nicht nur eine in Schichten festgelegte Kultur ausgrub – ich war inmitten einer Stadt gelandet. Ich hatte vergessen, daß es Städte gab. Seitdem ich vor drei Monaten die Südmauer des islamischen «Palast-Forts» identifiziert und hinter mir gelassen hatte, hatten wir drei Löcher bis zum gewachsenen Boden hinunter gegraben, und dieses war mein viertes. Aber außer der einzelnen Mauer aus Phase 2, die unerklärlich eine Ecke meines ersten Lochs schnitt, hatte ich überall durch nichts als geschichtete Erde hinuntergegraben. Nirgends waren Gebäude, Fußböden, Straßen, Herde, Öfen oder Vorratskrüge, die hätten vermuten lassen, daß jemand in dem Gebiet, in dem ich grub, *gelebt* hatte. In dieser neuen Grabung war ich durch den Aushub des Grabens und die Abfallgrube hindurchgekommen. Dann stand ich plötzlich an einer Straßenecke.

Nach der Entfernung der allerersten «Barbar»-Schicht erschien ein schönes Steinhaus. Seine Mauer aus behauenen Steinen verlief südwärts von der nördlichen Begrenzung meiner Sondage fast bis zum Rand der Abfallgrube mit Karamelware, knickte dann rechtwinklig ab und verschwand im westlichen Rand der Grabung. Vier Meter entfernt, längs des östlichen Rands meines Lochs, verlief eine weitere Mauer in der ganzen Länge der Grabung und bildete die andere Seite der Straße. Ein Eingang führte in das Haus an der Ecke, und als wir tiefer gruben, erschien ein großer behauener Schwellenstein. Die Mauern des Hauses standen noch in einer Höhe von etwa 75 Zentimeter.

Es ist, wenn man eine Schicht mit schönen oder überhaupt erkennbaren Gebäuden erreicht, immer verlockend, innezuhalten und die Fläche der Grabung auszudehnen, den Straßen zu folgen, um zu sehen, wohin sie führen, Häuser zu betreten, die Räume freizulegen, den Schutt auf dem Boden zu sichten und herauszufinden, welchen Zweck die Räume gehabt und welche Art von Menschen darin gelebt haben. Nur ein hartherziger Archäologe kann die Zerstörung einer Mauer anordnen, um feststellen zu können, was darunter ist. Aber bei uns handelte es sich um eine Sondage, ein Tauchen in die Tiefe, um zu sehen, was es dort gab; und es war das Ende der Saison. Junis war mit dem Packen fast fertig, und die Dachmatten waren schon von allen unbenützten Schlafräumen heruntergenommen. Wir wohnten in dem Skelett eines Lagers, und ich konnte keine größere Verlängerung der Frist verlangen. So gingen wir also tiefer hinunter – obwohl die gebotene Eile mich dazu veranlaßte, die Hausmauern nicht zu zerstören, sondern sie stehen zu lassen und in den Straßen außerhalb hinunterzugraben.

Ich hatte erwartet, daß die Hausmauern auf einem Steinfundament ruhten, einem Graben in der Stärke der Mauern und angefüllt mit Steinen, wie es im Altertum üblich war (und mit dem Zusatz von Zement wahrscheinlich heute noch ist). Statt dessen fanden wir hier eine neue Technik; ein Graben von etwa einem Meter Breite, doppelt so breit wie die Mauern und sechzig Zentimeter tief, war mit reinem gelbem Sand gefüllt und hart gestampft, und dann war die Mauer unmittelbar auf den Sand gebaut. Es fällt mir schwer zu glauben, daß diese Bauweise genügt hat, um ein ganz aus Stein erbautes Haus ohne die Gefahr von Senkungen zu tragen. Aber vielleicht waren die steinernen Hausmauern nie höher, als wie wir sie fanden, und trugen einen Überbau aus Holz oder Barasti.

Wir schnitten durch die Fundamente und gingen durch 120 Zentimeter schön geschichtete Ablagerungen, die alle voll von der charakteristischen Töpferware der «Barbar-Kultur» waren, tiefer. Ein weiterer Meter mußte uns zum gewachsenen Boden bringen, und dann konnte ich heimgehen.

Aber plötzlich gab es keine gerippte Ware mehr. Darauf war ich nicht gefaßt. Ich hatte fest erwartet, daß die rote gerippte Ware wie in Barbar bis zum jungfräulichen Sand hinunterging. Aber hier gab es ohne Zweifel eine neue Phase.

Als ich die auf den Tischen zwischen den Versandkisten in dem zum Teil schon abmontierten Lager ausgebreiteten Topfscherben untersuchte, kam klar heraus, daß der Übergang von Phase 4 zu Phase 5 von anderer Art war als die früheren Phasenwechsel. Früher waren die Übergänge so radikal in der Farbe des Tons und der Form der Gefäße, daß sie einen vollständigen Wechsel in der Bevölkerung und sogar eine beträchtliche Zeitspanne, während welcher die frühere Phase vergessen werden konnte, vermuten ließen. Diesmal waren die Ähnlichkeiten zwischen den beiden Phasen ebenso bezeichnend wie die

Unterschiede. In der neuen Phase setzten sich die eiförmigen Gefäße aus rotem, mit Kies vermischtem Ton fort. Die auffälligste Veränderung war in den Verzierungen festzustellen. Während die waagrechten Rippen glatt waren, bildeten sie nun ein, wie ich es nannte, «Ketten»-Muster, indem sie abwechselnd abgeplattet und zusammengepreßt waren. Gleichzeitig war nun der Rand der Gefäße mit Hals nicht mehr dreieckig im Profil und viel einfacher, gerade nur ein wenig eingerollt (23). Die Gefäße ohne Hals hatten jetzt auch einen einfacheren, dünneren Rand; schon in der «Barbar-Kultur» waren sie immer eher ungerippt, außer einem oder zwei Ringen um die Öffnung, und nun waren sie immer glatt und häufig mit einer kurzen, nur gut einen Zentimeter hohen Tülle gerade unter dem Rand (24). Im ganzen waren die «Kettenrippen» weniger häufig, als es die glatten Rippen in Phase 4 waren – kaum zehn Prozent aller Scherben. Und sogar die roten Scherben, die in der früheren Phase so vollständig dominiert hatten, daß meine Arbeiter mich immer riefen, wenn sie eine Scherbe von anderer Farbe als rot fanden, waren nun nur noch etwa die Hälfte. Die anderen waren ein ziemlicher Mischmasch, dick und mit Stroh vermischt, braun oder gelb oder grünlich-weiß, eindeutig von einer ziemlich großen, groben «Küchen-Ware» stammend, aber unmöglich zu einer bestimmten Form rekonstruierbar. Nur zwei weitere Gefäßtypen konnten in dieser Phase identifiziert werden, der eine eine kleine flache Schale aus gelbem Ton (25) und der andere überhaupt kein richtiges Gefäß. Er war aus dem üblichen roten Ton in zylindrischer Form *ohne Boden*. Sein einziger Schmuck war eine scharfkantige Rippe unter dem Rand (26), und er war zweifellos dazu bestimmt, im Fußboden des Hauses als Vorratsbehälter für irgendwelche trockenen Güter wie Korn eingegraben zu werden. Der offene Boden des Gefäßes gestattete eine ungehinderte Entwässerung und trug dazu bei, den Inhalt trockenzuhalten.

In diesem Zusammenhang muß ich bemerken, daß wir nun im Sand gruben, dem mehligen Treibsand, der ursprünglich den gewachsenen Boden bedeckt haben muß, als die ersten Bewohner sich an dieser Stätte niederließen. Die zylindrischen Gefäße ohne Boden konnte man gut in einer solchen Umgebung benützt haben, aber es war nicht überraschend, daß man sie später aufgab, als sich die aus Stein und Abfall bestehenden Schichten bildeten.

Aber nun drängte alles zum Abschluß. Nur eine Kiste war noch offen, um mit meinen Scherben gefüllt zu werden, sobald sie ausgegraben und analysiert waren, und die Speditionsfirma war benachrichtigt, die ganze Ladung in zwei Tagen zu übernehmen. Drei Viertel des

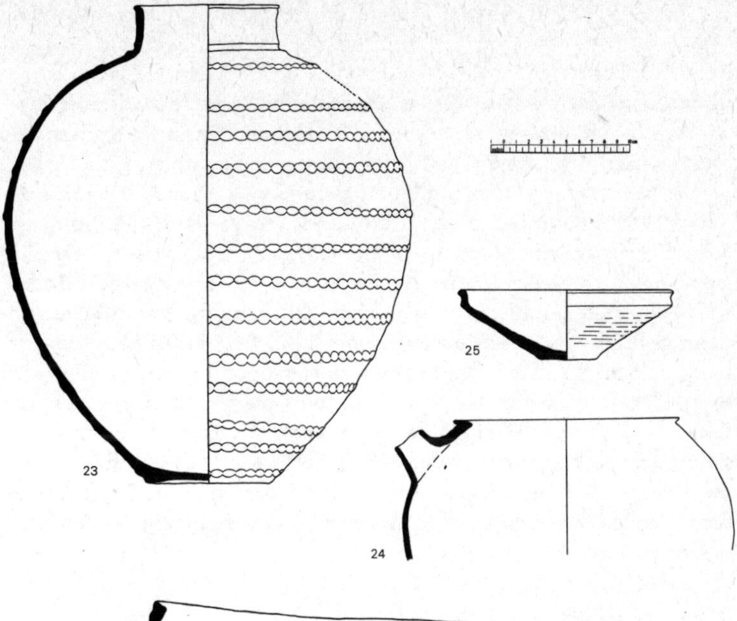

35 Die Keramiktypen der «Kettenrippen»-Periode, Stadt I, wahrscheinlich um 2500 v. Chr.

Speiseraums waren voll mit aufgestapelten Leintüchern, Bettstellen, Matratzen und Dachmatten, und an den letzten Tagen hatten Junis und ich unter freiem Himmel geschlafen, da auch unsere Dächer abgenommen worden waren. Der Koch hatte eine andere Stellung gefunden und uns verlassen; so aßen wir zusammengekratzte Speisen, die Saleh, unser vierzehnjähriger Küchenjunge zubereitete.

Wir hatten eine Mauer in Phase 5 gefunden, die genau der Linie der Straße von Phase 4 darüber folgte und darauf hindeutete, daß der Stadtplan wahrscheinlich in beiden Phasen derselbe war. Dreißig Zentimeter unter der Mauer erreichten wir den gewachsenen Boden. In dieser letzten Lage Sand gab es glücklicherweise kaum Scherben, denn in Junis' letzter Kiste war nur noch Platz für einen einzigen Karton mit Scherben. Als der Lastwagen der Speditionsfirma über den Rand des Tells gerollt kam, nagelte Junis die letzten Ergebnisse der Grabung zu, und ich rief meine sieben Arbeiter von ihrem Platz ab, wo sie die felsige Fläche unter den steilen sechs Meter hohen Erdmauern sauberbürsteten. Sie stiegen langsam die Stufen herauf, die sie in den Schutt der Jahrtausende gehauen hatten, und wir gingen, um den Lastwagen zu beladen.

8. KAPITEL

Die Blume der Unsterblichkeit

Die Monate, während derer man, wieder daheim im Museum, auf die Ankunft der Kisten vom Golf wartet, sind nicht nur Zeiten harter Arbeit, sondern auch der Selbstprüfung. In den Pausen zwischen der Erstellung von Rechnungsabschlüssen, dem Schreiben von Dankbriefen und der endlosen Katalogisierung und Numerierung von Topfscherben und Mustern aus dem vorigen und vorvorigen Jahr, denkt man darüber nach, was man getan hat, was man in diesem Jahr hätte tun sollen und was man unbedingt im nächsten Jahr tun muß. Welche Fragen hat man sich zur Beantwortung gestellt? Wieweit hat man sie beantwortet? Was für neue Fragen sind aufgetaucht?

Die Saison 1956 hatte uns einen großen Schritt vorwärts gebracht. Bei meiner Konzentration auf Stratigraphie und Keramikanalyse hatte ich kaum zur Kenntnis genommen, daß an einem Nachmittag die größte aller Fragen plötzlich ihre Antwort gefunden hatte, die Frage, die uns nach Bahrain gebracht hatte, die Frage nämlich nach dem Alter der Grabhügel.

Alun war der Vikar der Church of England in Bahrain, und sein Sprengel erstreckte sich außerhalb von Bahrain auf Saudi-Arabien, Katar und die Vertragsstaaten, ein Gebiet, das, wie berichtet wird, in vorislamischer Zeit die Diözese von sechs Bischöfen war. Er war ein breitschultriger Mann mit einem kleinen, gestutzten Bart und kleidete sich immer in eine Mönchskutte mit einem dicken Strick um die Taille. Das war keine Affektiertheit. Alun war der Meinung, daß es bei Moslems, bei denen die Religion noch eine lebendige Kraft ist und die Imams sich durch ihre Kleidung unterscheiden, einen schlechten Eindruck machen würde, wenn christliche Priester den Anschein erweckten, als wollten sie ihre Berufung verheimlichen. Alun kam weiter herum als die meisten anderen; er war einer der wenigen Europäer von Bahrain, die regelmäßig nach Saudi-Arabien einreisen durften.

Wir waren mit ihm im Jahr vorher in Berührung gekommen, als er uns einige Speerspitzen aus Feuerstein zur Begutachtung brachte, die ein Geologe der Arabisch-Amerikanischen Ölgesellschaft in der großen Wüste Rub al-Khali gefunden hatte. Dieses Jahr nun war er Anfang März an einem Nachmittag mit einer großen Pappschachtel ins Lager gekommen. Er sagte, daß in Buri eine neue Straße gebaut würde, die durch eines der großen Hügelfelder oberhalb von Ali verlaufe. Er sei heute auf ihr gefahren und habe gesehen, daß ein Bulldozer die Hälfte eines Hügels abgetragen und die Kammer in der Mitte freigelegt habe. Er habe angehalten und ein paar Steine weggeschoben, um in die Kammer gelangen zu können. Drinnen habe ein Topf gelegen, den er mitgebracht habe für den Fall, daß wir Interesse daran hätten. Er öffnete seine Schachtel und stellte ein typisches gerippptes, rotes, eiförmiges, kurzhalsiges, dreieckig gerandetes «Barbar-Kultur»-Gefäß auf den Tisch. Ich erinnere mich, daß wir ihm Bier spendierten.

So stammten also die Grabhügel, der Barbar-Tempel und meine Phase 4 in Kalaat al-Bahrain alle aus derselben Zeit. Das war nicht ganz unerwartet. Obwohl die Gefäße, die wir selbst in den beiden von uns vor zwei Jahren geöffneten Hügeln gefunden hatten, in keiner unserer Schichten vorkamen, gab es doch generelle Ähnlichkeiten, die runden Böden zum Beispiel, die vermuten ließen, daß sie, wenn wir sie finden sollten, in den Barbar-Schichten sein würden. Und ein Jahr vorher hatten Bob und ich in einer freigelegten Fläche eines angeschnittenen Tells bei der Awali-Straße ein Fragment, das unserer Überzeugung nach Grabhügel-Keramik war, zusammen mit gerippten Barbar-Scherben gefunden. (Ich darf hier wohl vorwegnehmen, daß heute nicht der geringste Zweifel an dieser Identifikation besteht. Wir haben seither häufig Bruchstücke – obwohl nie mehr als Bruchstücke – der typischen Grabhügelgefäße in «Barbar»- und sogar in «Kettenrippen»-Schichten gefunden, und wir besitzen sieben oder acht gerippte, rundbauchige Barbar-Gefäße – zufällig nur solche mit Hälsen – aus Grabhügeln, die wir selbst ausgegraben haben. In einigen Fällen sind diese Gefäße offensichtlich von einem ziemlich frühen Typ mit dem einfachen, leicht eingerollten Rand, den wir häufiger mit «Kettenrippen»-Verzierung zusammen finden – aber wir haben noch nie ein «Kettenrippen»-Gefäß in einem Grabhügel entdeckt.)

Nun kam die Gewissensforschung. Wenn wir das «Geheimnis der Grabhügel» gelöst hatten, was unser ursprüngliches Ziel war, gab es dann noch irgendeinen Grund weiterzumachen? Die erste ergänzende Frage dazu war: War unsere Lösung gut genug? Die Grabhügel, so durften wir nun sagen, waren die Begräbnisstätten eines Volkes, das in einer Stadt um das jetzige Portugiesische Fort an der Nordküste von Bahrain herum gewohnt und drei Meilen weiter westlich an der Küste in Barbar einen Tempel erbaut hatte. Es hatte eine sehr eigentümliche Töpferware im Gebrauch, die trotz eingehender Suche nirgendwo sonst in der Alten Welt zu finden war, so daß es wahrscheinlich ein eigenständiges Volk, eine «Kultur» war, und nicht Kolonisten oder Abkömmlinge einer anderen, schon bekannten Kultur. Es war tatsächlich eine «Verlorene Kultur». All das, die Stadt, der Tempel und die Grabhügel, war irgendwo ums Jahr 2300 v. Chr. anzusetzen, eine Datierung, die sich fast ganz auf den kupfernen Stierkopf aus Barbar mit seiner starken Ähnlichkeit mit den Stierköpfen aus den Königsgräbern von Ur stützte, die die meisten Fachleute – außer ihrem Ausgräber – einem Zeitraum innerhalb von etwa hundert Jahren um jenen Zeitpunkt zuschreiben.

Nun, daraus ergaben sich zwei ausgezeichnete Gründe für die Fortsetzung der Grabung. Der eine war, daß der Beweis für das Datum einfach nicht gut genug war. Der andere, daß man, wenn man eine verlorene Kultur auffindet, nicht einfach weggeht und sie sich selbst überläßt. Eine neue Kultur muß eingeordnet werden; ihre Stellung in der Geschichte ihrer Zeit und in der Entwicklung der Weltkultur muß bestimmt werden.

Das war nun genau das Ziel meiner stratigraphischen Grabung, nämlich den Phasen der Kulturen von Bahrain Daten zuzuweisen, auch wenn sie nur relativ waren, und festzustellen, bis zu welchem Grad die Phasen miteinander zusammenhingen. Es war Zeit, meine Notizbücher zu studieren und zu sehen, wie das, was ich gefunden hatte, zu interpretieren war.

Ich hatte, wie man sich erinnert, fünf Phasen, die sorgfältig mit den Veränderungen im Keramikinventar verknüpft waren und die ich bisher von oben nach unten durchgezählt hatte. Das erste, was ich zu tun hatte, war, die Zahlen umzukehren und von unten nach oben zu zählen. Das hat mehr Bedeutung, als es scheint. Während wir sie von oben nach unten entdeckt hatten, sind sie in entgegengesetzter Richtung *entstanden*. Die Umnumerierung war also ein Wechsel von der subjektiven zur objektiven Betrachtungsweise. Das war sehr notwendig. Wir hatten zum Beispiel ausgesprochen und gedacht, daß die glatt gerippte Töpferware der Phase 4, der «Barbar-Kultur», sich zu den kettenförmigen Rippen in Phase 5 verändert hatten. In Wirklichkeit war die Veränderung gerade in umgekehrter Richtung gegangen, denn die Kettenrippen hatten den glatten Rippen Platz gemacht. Wenn dieser Wechsel, wie es schien, auf Bahrain stattgefunden hatte, dann mußten wir, wenn wir nach fremden Ursprüngen unserer verlorenen Kultur Ausschau halten wollten, nach Parallelen zu der Kettenrippen-Ware suchen, anstatt zu der Ware mit glatten Rippen.

So beginnen wir also mit Stadt I: Datum ungewiß, Ursprung ungewiß, anscheinend die Gründungsväter der Stadt. (Doch halt: gab es denn nicht in den frühesten Schichten der Kettenrippen-Leute die gleiche Mischung von nicht zusammengehöriger Töpferware – einerseits die dünne, rote, mit Kies vermischte, kettenverzierte Ware selbst und andererseits die dicke, gelbliche, mit Stroh vermischte «Küchenware» – wie wir sie in unseren ersten Sondagen über dem gewachsenen Boden gefunden hatten? Eine solche Mischung von Unvereinbarem hatte dort bedeutet, daß wir außerhalb unserer Stadt waren und nur die in den Boden getretenen hinausgeworfenen Abfälle von mehr als einer Kultur sichteten. War es jetzt vielleicht nicht wieder so? Könnte sich tiefer im Hügel noch eine ältere Stadt befinden? Wir mußten unbedingt noch viel mehr über Stadt I in Erfahrung bringen.)

Dann Stadt II: Datum etwa um 2300 v. Chr.; Ursprung: Stadt I. Vielleicht nichts anderes als ein Wechsel in der Keramikmode, obwohl wahrscheinlich mehr. Stadt II hatte einige Zeit gedauert, genügend lang, um fünf Schichten im Tell abzulagern, den Barbar-Tempel zu bauen und mehrmals neu zu bauen und etwa hunderttausend Grabhügel anzusammeln. Aber wie lang war das? Hundert Jahre oder drei- oder fünfhundert?

Stadt III: repräsentiert nur durch die Abfallgrube mit «Karamelware». Aber hier half uns die Literatur weiter. «Karamelware» war ja sehr bekannt. Es war die Ware der Kassiten von Mesopotamien. Die Kassiten waren ein Volk, das ums Jahr 1750 v. Chr. von den Bergen des persischen Luristan in Mesopotamien eingedrungen war und seine Herrschaft nach und nach so weit ausgedehnt hatte, daß sie das ganze Tal des Euphrat und Tigris von weit nördlich des heutigen Bagdad bis zum Arabischen Golf umfaßte. Der Herrschaft der kassitischen Könige wurde um 1200 v. Chr. durch die assyrische Eroberung ein Ende gemacht. Während dieser ganzen Periode von über fünfhundert Jahren war die in Südmesopotamien, sogar auch in den nicht von den Kassiten beherrschten Gebieten im Gebrauch befindliche Töpferware überraschend gleichförmig und zeigte überhaupt keine Veränderung von Generation zu Generation. Und sie war identisch mit unserer «Karamelware».

Das war von unserem Gesichtspunkt aus sehr zufriedenstellend. Es war natürlich klar, daß unsere Abfallgrube nicht 550 Jahre gebraucht hatte, um gegraben und gefüllt zu werden. Alles, was wir mit Sicherheit über sie sagen konnten, war, daß das zu irgendeinem Zeitpunkt zwischen 1750 und 1200 v. Chr. geschehen war. Aber auch das war, wenn man bedenkt, daß wir zu Anfang überhaupt kein Datum hatten, eine Verbesserung. Es bedeutete, daß wir jetzt mit Sicherheit sagen konnten, daß jede Periode, die der Stadt III vorausging, älter als spätestens 1200 v. Chr., und jede darauffolgende später als frühestens 1750 v. Chr. war. Daß die Barbar-Periode unter Stadt III unabhängig davon sehr grob mit 2300 v. Chr. zu datieren war und Phase 2 über Stadt III durch ihre attische Töpferware mit ungefähr 330 v. Chr., verlieh dieser Folgerung einen erfreulichen Anschein von Wahrscheinlichkeit. Es schien, als erhalte die Archäologie von Bahrain Perspektive.

Hätten wir als Arbeitsmaterial nur meine Sondagen gehabt, dann wäre «Phase 2» Stadt IV geworden. Aber P. V. hatte nun drei Jahre lang im Zentrum des Stadthügels gegraben und die erste Ausgrabung, die an dieser Stätte gemacht worden war, ausgeweitet. Wo im ersten Jahr nur die Kreuzung von zwei hohen Steinmauern in einer zwei Meter breiten und sechs Meter tiefen Ausgrabung gewesen war, stand nun ein Gebäude von eindrucksvoller Größe in einer Ausgrabung von entsprechendem Umfang. Wir schienen uns in einer 12 Meter großen Halle mit viereinhalb Meter hohen Mauern aus behauenem Stein auf drei Seiten zu befinden, während sich auf der vierten Seite die Schnittfläche unausgegrabener Erde befand. Im Norden der Halle führte eine breite Treppe, die nach sechs Stufen abbrach, aufwärts, und dort, unter und hinter diesen Stufen, waren wir zuerst auf das Gebäude gestoßen. Es war ein eindrucksvolles Bauwerk, ohne Zweifel ein bedeutendes Gebäude – aber alle Versuche, es zu datieren, waren gescheitert.

Das entsprach nicht den Regeln. Es müßte immer möglich sein, die mit einem Gebäude zusammenhängenden Keramiktypen auszumachen und auf diese Weise das Gebäude in der Abfolge der Keramikentwicklung zu «plazieren» und es damit wenigstens relativ zu datieren. Wie ich oft den Anfängern unter unseren Ausgräbern zu erklären versucht habe, müßten vier oder vielleicht fünf Typen von Schichten in Verbindung mit einem Gebäude stehen. Da sind zuerst die vom Bau herrührenden Schichten, Fundamentgräben für die Mauern, Auffüllschichten zur Einebnung der Fußböden, und die Schicht des Maurers selbst aus festgetretenem Ton, Kalk und Steinsplittern; diese Schichten werden durch die Wände und Fußböden sozusagen versiegelt und dürften nichts aus einer späteren Zeit als der des Baus enthalten. Über den Fußböden kommt die zweite Art von Schichten, die Besiedlungsschichten; sie sind ziemlich waagrecht und können aus einer ganzen

Reihe von Fußböden, die über den alten gelegt wurden, bestehen, wobei dazwischen Besiedlungsabfälle liegen. Drittens kommen die Zerstörungsschichten, die Schutthaufen, wo das Dach und die Mauern eingestürzt sind, vielleicht zusammen mit einer dicken Aschenschicht, die anzeigt, daß das Gebäude abbrannte. Diese Schichten sind geneigt und senken sich von den stehengebliebenen Mauerresten hinab und versiegeln wirksam die oberste Besiedlungsschicht, deren Inhalt das Datum der Zerstörung anzeigen müßte. Schließlich gibt es noch die Schichten nach dem Verlassen der Stätte, wenn die Haufen von heruntergefallenem Schutt nach und nach durch die Einwirkung des Wetters eingeebnet wurden und Regen und Wind die Höhlungen mit Staub und Sand ausgefüllt haben. Hier kann man auch die Räuberschichten finden, die Löcher, die auf der Suche nach Wertgegenständen oder wieder benützbaren Bausteinen gegraben wurden.

P. V.s Gebäude (das wir nun schon den Palast nannten) durchbrach die Regel insofern, als es dort überhaupt keine Besiedlungsschichten gab. Die dicken Schuttschichten aus dem Einsturz des Dachs und der Wände senkten sich direkt zu dem Zementfußboden der Halle hinab. Offensichtlich hatte das Gebäude vor dem Einsturz einige Zeit verlassen dagestanden und wurde in dieser Zeit nicht nur von allem Wertvollen, sondern anscheinend auch von allem Besiedlungsschutt gesäubert. Das war sehr merkwürdig. Und ist es heute noch.

Um das Gebäude datieren zu können, müßte man unter den Fußboden hinuntergehen. Vielleicht gab es frühere Fußböden darunter, und dann würde uns der Schutt zwischen den Fußböden die gewünschte Aufklärung geben. Wenn nicht, sollte dann wenigstens die Erbauungsschicht das Datum für die Errichtung des Bauwerks liefern. Das war eines der ersten Ziele unserer nächsten Saison. In der Zwischenzeit hatten wir die badewannenförmigen Sarkophage. Der Leser wird sich erinnern, daß wir zwei solche Tonsärge, die durch Löcher im Fußboden des Gebäudes bestattet worden waren, im ersten Jahr gefunden hatten. Sie waren offensichtlich späteren Datums als das Gebäude, aber früher als der Einsturz des Überbaus. Und in diesem Jahr hatten wir einen dritten Sarkophag gefunden. Es war die eindrucksvollste Entdeckung des Jahres, denn er war nicht ausgeraubt. Als wir ihn hinter der Treppe nicht weit von den ersten beiden Bestattungen fanden, war sein Deckel aus zusammenzementierten Steinplatten noch unzerbrochen an seinem Platz. Er war schwer zu entfernen, denn er ruhte ursprünglich auf einem hölzernen Deckel, der verrottet war und die Steine in einem prekären Gleichgewicht über dem offenen Sarg ließ, so daß diese bei jeder unvorsichtigen Bewegung auf die Bestattung hinuntergefallen wären. Anders brauchte drei Tage, um die Steine zu entfernen, wobei er kaum zu atmen wagte, als er einen nach dem anderen lockerte und weghob. Schließlich konnten wir die vollständige Bestattung darunter sehen.

Das Skelett lag, wie die vorher gefundenen, zusammengekrümmt am Boden des tiefen Sarkophags. Neben ihm war ein vollständiges Trinkgeschirr aus Bronze. Da war eine flache Bronzeschale und eine tiefe Bronzevase mit einem Eimerhenkel. Außerdem ein bronzenes «Teesieb» mit einem Henkel, der in einem Tierkopf endete, und ein kleiner Schöpflöffel mit einem langen Handgriff, der so an der Schale befestigt war, daß man Wein aus einem enghalsigen Krug schöpfen und dann in einen Becher gießen konnte. Der Weinkrug lag auch dabei, ein tiefes Gefäß aus glasierter Töpferware mit einem spitzen Boden. Nachdem wir diese Gegenstände in der aufgefundenen Position gezeichnet und fotografiert hatten, entfernten wir sie vorsichtig aus dem Sarg und untersuchten das Skelett eingehend. Wir stellten fest, daß der Mann mit einem eisernen Dolch an der Seite und einem Siegel aus Achat um den Hals begraben worden war. In das rauchigblaue Siegel war eine Szene mit einem vor einem Baum stehenden Mann oder Gott und darüber eine geflügelte Sonne eingraviert. Die Form des Siegels und die Art der Szene darauf war auch für uns mit unserer beschränkten Erfahrung typisch genug, um sogleich sagen zu können: «Neubabylonisch.» Als wir nun auf die Ankunft des Trinkgeschirrs in der Schiffsladung aus Bahrain warteten, hatte ich das Siegel vor mir, denn P. V. hatte es in der Tasche mit heimgenommen. Ein Studium der Nachschlagewerke ließ keinen Zweifel daran, daß das Siegel um 650 v. Chr., vielleicht fünfzig Jahre früher oder später, datiert werden mußte.

Die Zahl der Festpunkte in unserer Chronologie von Bahrain vermehrte sich in sehr zufriedenstellender Weise, und ich verkündete, daß die Badewannensarg-Periode Stadt IV sei, mit dem privaten Vorbehalt, daß Stadt IV sich auch als die Palast-Periode herausstellen könnte.

So wurde denn die Periode der attischen Ware, die Periode der «Cornflakesleute», zu Stadt V, und ihre Keramik wurde in unserer Umgangssprache die «griechische», obwohl sie das keineswegs war. Das islamische Fort mit seiner «Phase 1»-Keramik war nun Stadt VI, und die letzte Besiedlungsphase, die wir bei unseren Grabungen antrafen, die Löcher, wo die Portugiesen nach Steinen für den Bau ihres Forts gegraben hatten, wurde Stadt VII. Und dann war auch das Fort selbst Stadt VII.

Sieben Städte waren eine ganz hübsche Zahl, eben die Zahl der übereinanderliegenden Städte in Troja, und die «Sieben-Städte-Folge» hatte einen angenehmen Wohlklang. Aber bald wies jemand darauf hin, daß es ja noch eine Stadt VIII gebe, die aus einem Wirrwarr von einem Dutzend Barasti auf dem Rand des Tells bestand, und eine aus dem Ausland eingedrungene Kultur, eine dänische Niederlassung innerhalb der Wälle von Stadt VII. Von da ab nannten wir uns die Carlsberg-Kultur.

Die Ausarbeitung der Sieben- (oder, wenn man will, Acht-) Städte-Folge verschleierte uns für mehrere Wochen die Tatsache, daß wir in Wirklichkeit überhaupt nicht weit gekommen waren. Archäologisch betrachtet, waren wir einen langen Weg gegangen – wir hatten sieben aufeinanderfolgende Kulturen, von denen fünf ziemlich befriedigend datiert waren. Aber historisch gesehen hatten wir wenig Neues aufzuweisen. Es war kaum ein Beitrag zur Weltgeschichte oder auch nur zur Geschichte von Bahrain, daß die Menschen auf Bahrain im zweiten Jahrtausend vor Christi Geburt Löcher im Boden mit Abfall füllten; und auch die Tatsache, daß dieser Abfall identisch mit dem Abfall im zeitgenössischen Mesopotamien war, könnte eine historische Bedeutung nur dann gewinnen, wenn wir zeigen könnten, *warum* er identisch war, welche Verbindung in den Zeiten der Kassiten zwischen Bahrain und Mesopotamien bestanden hatte. Wir konnten – etwas dürftig – die Anwesenheit der attischen Ware in Stadt V mit den Reisen von Alexanders Kapitänen zur Insel Tylos in Verbindung bringen. Aber konnten wir es wagen, das Vorkommen neubabylonischer Siegel in Stadt IV mit dem zu einer annähernd entsprechenden Zeit erhobenen Anspruch Assurbanipals, daß Dilmun eine Provinz seines Reichs war, zu verknüpfen? Und wenn ja, konnte unser «Palast» möglicherweise der Palast von «Uperi, König von Dilmun» sein? Und – das war am wichtigsten – wo hatte Stadt II, die «Barbar-Kultur», ihren Platz in der Weltgeschichte? Sie war nicht früh genug für Gilgamesch, auch wenn Gilgamesch eine historische Persönlichkeit gewesen sein sollte.

Es mußte noch mehr gegraben werden. Ein archäologisches Problem war besonders dringlich. Warum hatte ich Überreste der Städte I, II und III in meiner südlichsten Sondage gefunden und nicht in meinen früheren? Als ich die von mir gezeichneten Schnitte der drei Sondagen verglich, nahm die Frage eine konkrete Form an. In meiner letzten Sondage hatte ich Straßen und Gebäude der Stadt II auf demselben Niveau, auf dem ich weiter nördlich dicke Schichten von Überresten der Stadt V gefunden hatte. Und doch bestand eine zeitliche Differenz von zweitausend Jahren. Irgendwo zwischen meinen beiden letzten Grabungen mußte mit diesen Schichten etwas Radikales vorgehen. Was das war, war ganz offensichtlich: Als ich den Sprung von fünfundzwanzig Metern zu meiner letzten Sondage machte, war ich direkt über die Mauer gesprungen, die Stadt II umgab.

Es war Zeit, die nächste Expedition zu planen. Die Bestandsaufnahme unserer Leistungen und der unbeantworteten Fragen mußte in eine Form gebracht und in Worte gefaßt werden. Wir mußten unseren Förderern berichten, was wir mit ihrem Geld gemacht hatten, und sie um Unterstützung für den nächsten Arbeitsabschnitt bitten. Diese Briefe an die Carlsberg-Stiftung, die Regierung von Bahrain und die Bahrain-Ölgesellschaft zu schreiben war jedes Jahr der Abschluß einer Expedition und die offizielle Eröffnung der nächsten. Dieses Jahr mußten zwei neue Briefe geschrieben werden, und zwar an die Regierung und die Ölgesellschaft von Katar. In mancher Hinsicht waren diese Bettelbriefe der unangenehmste Teil unserer Expeditionen. Obwohl wir immer nur auf ein bereitwilliges und anteilnehmendes Verständnis für die Unvermeidlichkeit unserer Abhängigkeit von Unterstützung durch Regierungen und Ölgesellschaften gestoßen waren, ist es doch nie erfreulich, jedes Jahr betteln gehen zu müssen. Es gab auch noch andere Nachteile. Da unser Museum über gar keine Stiftungsgelder verfügte, mußten wir von der Hand in den Mund leben. Wir konnten immer nur für ein einziges Jahr im voraus planen. Jede größere Kapitalinvestition in Räummaschinen, Schuttlastwagen oder Schmalspureisenbahnen kam nicht in Frage. Einen neuen Geländewagen zu kaufen bedeutete den Verlust von zwanzig Ausgrabungstagen in dem betreffenden Jahr, und wenn wir Katar erkunden wollten, brauchten wir dieses Jahr zwei neue Geländewagen.

Dadurch entstand ein neues Problem, das in den nächsten Jahren gewaltig anwachsen sollte. Die Regierung von Bahrain hätte natürlich jedes Recht zu protestieren, wenn Geld, das sie für Arbeiten auf Bahrain beigesteuert hatte, in Katar verwendet würde. Andererseits würden selbstverständlich die Regierung und die Ölgesellschaft von Katar, die unserer Bitte um finanzielle Unterstützung großzügig nachgekommen waren, erwarten, daß die von ihnen stammenden Mittel in Katar und nicht in Bahrain ausgegeben würden. Die Folge waren endlose kleinliche Probleme der Abrechnung. Während das Porto unserer Briefe an die Regierung von Bahrain und die von Katar jeweils der Bahrain-Expedition und der Katar-Expedition belastet werden mußte – und auch wurde –, fragte es sich, wer das Briefpapier bezahlen sollte. Und während die Flugkosten der Mannschaft von Bahrain und der von Katar leicht aufzuteilen waren, wie konnte man P. V.s und meine Flugkosten anteilig berechnen? Die Abrechnungsarbeit fing an, einen unverhältnismäßig großen Teil meiner Zeit in den Monaten zwischen den Expeditionen in Anspruch zu nehmen.

Aber die Gelder kamen, und die nächste Expedition nahm Gestalt an; und nach dem üblichen ärgerlichen Kampf um Visa und Impfungen während der Weihnachts- und Neujahrsferien versammelte sich die Expedition 1957 Anfang Januar in Kopenhagen und ging an Bord des Flugzeugs nach Bahrain. In diesem Jahr war es schlimmer gewesen als üblich. Denn im Herbst war die Suez-Krise gekommen. Der Nahe Osten war in Aufruhr, und einige Monate hatte es ausgesehen, als ob jede archäologische Arbeit in Frage gestellt wäre. Aber der Sturm war vorübergegangen, und als wir abreisten, war die einzige Folge der Krise, daß wir über den Irak fliegen mußten anstatt über Ägypten.

Wir waren diesmal zehn Mann im Flugzeug, eine ganz stattliche Expedition, wenn ich an uns zwei zurückdachte, die wir vor drei Jahren das Abenteuer in die Welt setzten. Sechs von uns waren Veteranen unserer früheren Kampagnen. Junis sollte wieder das Lager leiten; Peder und Helmuth kehrten zu ihrem Tempel nach Barbar zurück. P. V. und Mogens würden mit der Ausgrabung ihres Palastes fortfahren, und ich ging zu meinem Schnittgraben zurück. Einer der Neulinge war Architekt und würde für uns alle Pläne zeichnen, ein anderer war Student und sollte mir assistieren. Die übrigen zwei waren erfahrene Archäologen. Pouls Aufgabe war, in der Mitte des Portugiesischen Forts eine neue Sondage zu machen; denn uns war der Gedanke gekommen, daß das Fort vielleicht über der Zitadelle der früheren Städte erbaut worden war und daß besonders wichtige Dinge dort liegen könnten. Viggo schließlich sollte einen Muschelhaufen an der Südwestküste von Bahrain ausgraben.

Katar hatten wir nicht vergessen. Aber wir hatten entschieden, daß eine ausgedehnte Erkundung von Katar am besten dadurch zu erreichen war, daß wir eine große Mannschaft, etwa die Hälfte von uns, einen Monat von den drei, die wir am Golf verbringen wollten, hinüberschickten. Auf diese Weise konnten wir ein genauso großes Gebiet erforschen, wie wenn wir zwei Mann die ganze Zeit lang dort arbeiten ließen. Wir wären dann in der Lage, einen unserer Geländewagen mitzunehmen, so daß wir nur ein neues Fahrzeug kaufen müßten.

Wir waren alle gespannt auf Viggos Muschelhaufen. Dänische Archäologen wachsen mit Muschelhaufen auf, die in großer Zahl an den Küsten Dänemarks zu finden sind. Sie sind die berühmten «Kokkenmøddinger» oder «Küchenabfälle», die Abfälle von Jäger- und Fischergemeinschaften, die um 6000 v. Chr., lange bevor die ersten steinzeitlichen Bauern das Land betraten, an den dänischen Küsten siedelten. Wir hatten keinen Grund zu erwarten, daß die «Küchenabfälle» von Bahrain irgendwie ähnlich wären. Diesen Muschelhaufen hatte P. V. entdeckt, als er während unserer zweiten Kampagne in der südlichen Wüste nach Feuersteinstätten suchte. Er lag draußen an der Küste, und zwischen ihm und dem festen Land war eine gefährliche Sabkha; offensichtlich war er, bevor die Sabkha sich gebildet hatte, eine Insel. Die Muscheln, aus denen er bestand, waren Perlmuscheln.

Es war klar, daß es sich um die Abfälle einer Perlenfischer-Niederlassung oder eines Perlenfischerlagers handelte; eine Stelle, wo Perlenfischer ihren Fang an Land brachten, um ihn in der Sonne auszubreiten, bis die Muscheln starben und die Schalen sich öffneten. Das ist bis heute die Praxis in vielen Teilen der Welt, aber nicht am Golf. Die Perlentaucher des Arabischen Golfs bleiben während der ganzen Saison an Bord ihrer Schiffe, durchsuchen dort die Austern nach Perlen und werfen die geöffneten Schalen über Bord. Diese Niederlassung mußte daher älter als die gegenwärtige Fangtechnik sein. Wir hätten sehr gern gewußt, wie alt die Perlenfischerei am Golf war.

Das bringt mich auf die Geschichte von Gilgamesch.

Ich habe das alte babylonische Epos von dem Helden schon erwähnt, dessen Taten und Reisen zwölf lange Keilschrifttafeln füllen. Wir haben auch gehört, wie er auf der Suche nach Unsterblichkeit Utu-nipischtim, zweifellos in Dilmun, besuchte und von ihm die Geschichte von der Sintflut hörte. Aber die Geschichte endet damit nicht. Nachdem Utu-nipischtim Gilgamesch ausführlich erzählt hat, wie *er* die Unsterblichkeit errungen habe, läßt er sich erweichen und gibt Gilgamesch Instruktionen, wie er die Blume der Unsterblichkeit finden könne. Die Blume wächst auf dem Meeresgrund oder vielleicht in den süßen Wassern des Urozeans unter dem Meeresgrund. Gilgamesch muß Steine an den Füßen festbinden, mit ihrer Hilfe auf den Meeresboden sinken und dort die Zauberblume pflücken. Wenn er sie ißt, wird er die Jugend wiedererlangen.

Das ist alles sehr interessant, denn die Perlentaucher von Bahrain binden noch immer Steine an die Füße, um zum Meeresgrund hinunterzukommen, und es kann kaum Zweifel daran bestehen, daß die «Blume der Unsterblichkeit» die Perle ist. Ich habe mich oft gefragt, ob die Tradition, daß die Perle das Elixier ewigen Lebens und ewiger

Jugend sei, nicht noch in klassischen Zeiten in Ägypten geläufig war, als Kleopatra, wie berichtet wird, in Wein aufgelöste Perlen trank.

Die Geschichte von Gilgamesch hat kein Happy-End. Er befolgt zwar Utu-nipischtims Instruktionen auf den Buchstaben genau. Er findet und pflückt die Blume auf dem Meeresgrund und beschließt, sie heimzunehmen und mit den Ältesten seiner Stadt Uruk zu teilen. Aber während er schläft, kommt die Schlange aus einem Wasserloch herauf und prellt, wie in der Genesis, die Menschheit um das ewige Leben. Sie ißt die Blume und erwirbt sich damit die Unsterblichkeit, wie jedermann feststellen kann. Denn wenn die Schlange merkt, daß sie alt wird, entledigt sie sich ihrer Haut und ist wieder jung und stark.

Die Moral der Geschichte ist sehr einfach. Wie kann der Mensch, der nicht einmal den Schlaf überwinden kann, hoffen, Herr über den Tod zu werden?

Aber die Geschichte von Gilgamesch, die vermuten läßt, daß Perlen und sogar die Technik des Perlentauchens den Sumerern und Babyloniern von den frühesten Zeiten an bekannt waren, weckte unser Interesse daran, wenn möglich nachzuprüfen, wie alt die Perlenfischerei auf Bahrain war.

Jeden Morgen nahmen also vier unserer Arbeiter ihre Spaten und kletterten auf den Geländewagen, um mit Viggo die einstündige Fahrt zu dem einsamen weißen Hügel am Meer zu machen. Es war eine jener kleinen Ausgrabungen mit begrenztem Ziel, die oft wertvolle Resultate zeitigen. In diesem Fall wurden unsere Erwartungen übertroffen. Viggos fünf Schnitte durch den Hügel bestätigten unsere Meinung, daß es sich um ein Perlenfischerlager handelte. Die Muscheln in dem Haufen waren fast zu hundert Prozent Perlmuscheln; aber im ganzen Hügel verstreut fanden sich Herde und Nahrungsmittelabfälle der Perlentaucher, hauptsächlich Fischgräten. Um die Herde herum gab es vereinzelte Topfscherben. Und zwei der ganz wenigen Töpfe, die rekonstruiert werden konnten, waren von der roten gerippten Ware, die uns so gut aus dem Barbar-Tempel bekannt war.

Damit brachten wir die Geschichte von Bahrain wirklich ein Stück weiter. In Barbar und Kalaat al-Bahrain hatten wir bewiesen, daß Menschen im dritten Jahrtausend vor Christus auf Bahrain gelebt hatten. Jetzt konnten wir einen der Gründe zeigen, warum sie hier waren, und daß wenigstens einige von ihnen ihren Lebensunterhalt mit der Suche nach der Blume vom Meeresgrund bestritten.

Während Viggo Perlmuscheln ausgrub, benützten wir ausgiebig die drei Fahrzeuge der Expedition. Denn der eine Geländewagen war den ganzen Tag mit Viggo fort, und der andere fast den ganzen Tag in

Manama, während Junis Einkäufe machte. So wurde das dritte Fahrzeug, eine ziemlich bejahrte Limousine, für die zahlreichen Gelegenheitsfahrten eingesetzt. Allzu oft mußte ich mit ihr in die Stadt fahren, um bei Regierungsstellen vorzusprechen, um mir von der Britischen Politischen Agentur Aufenthaltsbewilligungen zu verschaffen und um mit Ölgesellschaften und den Vertretern der Regierung von Katar Abmachungen für unseren bevorstehenden Besuch zu treffen. Sie brachte P. V. hinaus in die Wüste, wo er nach Feuerstein suchte, sobald er sich von seiner «Palast»-Grabung freimachen konnte. Und schließlich beförderte sie Peder und Helmuth jeden Tag nach Barbar und wieder zurück.

Barbar war allmählich nicht mehr zu erkennen. Es wurde immer schwieriger sich vorzustellen, daß wir einst auf dem Gipfel eines nicht sehr hohen Sandhügels gestanden und in den Tempelhof *hinunter*geblickt hatten. Die drei Meter Sand, die den Hof bedeckt hatten, waren weg, und seit nunmehr zwei Jahren gruben wir außerhalb des zentralen Gebiets, das letzte Jahr im Osten und jetzt im Süden. In östlicher Richtung war das Ziel zu ermitteln, was mit dem offenen Abflußkanal passierte, der in dieser Richtung von dem Libationsstein vor dem Altar wegführte. Er ging durch die massive Ostmauer des Hofs hindurch, und als wir auf der hinteren Seite dieser Mauer weitergruben, fanden wir, daß er gute zwei Meter unter das Niveau des Hofs hinunterging. Aber an einem Punkt führte eine Rampe zu einem bemerkenswerten Komplex hinab. Am Ende der Rampe begann auf beiden Seiten eine runde Mauer, die eine ziemlich kreisförmige Fläche von etwa sechs Meter Durchmesser einschloß. In der Mitte war ein großer Block aus Steinen mit Gipsmörtel und hinter ihm eine kleinere kreisförmige Mauer innerhalb der größeren, aber mit einem Durchmesser von nur 120 Zentimeter. Sowohl der kleinere als auch der größere Kreis waren mit einer dunkelgrauen Masse aus geriefeltem, sandigem Lehm, offenbar einer Wasserablagerung, gefüllt. Sie waren nicht nur mit dieser Ablagerung gefüllt; sie waren völlig überschwemmt von ihr. Denn die Ablagerung war über die Mauern hinübergeflossen, und weiter draußen war eine dritte Mauer errichtet worden, um sie einzudämmen. Diese dritte Mauer war oval und umschloß eine Fläche von vollen neun auf fünfzehn Meter. Es sah gerade so aus, als ob die Rampe ursprünglich ganz bis zu dem kleineren zentralen Ring geführt hätte und der Bereich, zu dem sie führte, zweimal erweitert worden wäre. Aber was die Ablagerung war und wie sie dorthin gekommen war, konnten wir nicht erklären und können es bis heute nicht. Sie hatte keine Verbindung mit dem Abflußkanal. Denn dieser lief mittels einer Röhre an der äußeren Seite der hohen Hofmauer zu einem steinüberdeckten Aquädukt hinab, der starke Ähnlichkeit mit den Kanats hatte, die wir in der Wüste gefunden hatten, und der unter der ovalen Struktur und hinaus in nördlicher Richtung auf das Meer zu verlief.

Im Süden des Tempelhofs waren die Baulichkeiten, die in diesem Jahr ans Licht kamen, ebenso kompliziert, aber doch verständlicher. Unmittelbar südlich der Hofmauer erschien eine Folge von Stufen, die genau südwärts führte. Wir folgten ihr mit der Spannung, die eine ins Unbekannte hinabsteigende Treppe immer erweckt, aber nach acht Stufen hörte sie unvermittelt auf. Vor ihr stand eine Mauer, deren oberer Rand dieselbe Höhe hatte wie die oberste Stufe der Treppe. Sie ging sehr viel tiefer hinunter als die unterste erhaltene Stufe, gut zehn Fuß im ganzen. Und es war eine ungewöhnliche Mauer. Auf der äußeren, südlichen Seite war sie gut ausgeführt, aus passend behauenen Steinen; aber die Seite gegen die Treppe war sehr unregelmäßig, die Steine völlig unbehauen und ungeglättet. Man hatte den Eindruck, daß diese Seite nicht gesehen werden sollte.

Es war auch wirklich so. Es handelte sich um die Stützmauer einer Terrasse, die mit Sand aufgefüllt war. Die Treppe muß also älter gewesen sein und hatte zu dem Tempel hinaufgeführt, bevor die Terrasse gebaut worden war. Die Frage blieb aber, wohin sie *hinab*geführt hatte.

Als Peder und Helmuth mit ihrem Arbeitstrupp von Barbar die Außenseite dieser Terrassenmauer freilegten, fanden sie, daß sie nach Westen und Norden gerundet war. Wo die Biegung begann, entdeckten sie eine zweite Treppe. Diese führte nicht nach außen wie die hinter der Mauer, sondern war an sie angebaut und verlief abwärts nach Süden und Osten. Es war ganz klar, daß ihr Fuß genau den Punkt erreichen würde, wo die erste Treppe geendet hätte, wenn sie nicht durch die Terrassenmauer abgebrochen worden wäre.

Die Arbeit wurde beschleunigt fortgeführt, um diesen Punkt zu erreichen. Aber er konnte nicht erreicht werden. Denn direkt über diesem Punkt, auf derselben Höhe mit dem oberen Rand der Mauer, erschien die Mauerkappe eines Brunnens.

Brunnen gehören zu den unbeliebtesten Objekten, die Archäologen finden können. Sie treten immer an den falschen Stellen auf, an einem entscheidenden Punkt in einem Schnitt, oder indem sie eine wichtige Mauer oder einen Fußboden durchbrechen. Sie sind auch immer späteren Datums als die Baulichkeiten, die sie stören. Aber man kann sie nicht ignorieren. Gräbt man die Erde um sie herum weg, stehen sie bald wie Fabrikschornsteine in einer Ausgrabung. Doch das dürfen sie nicht; denn ein Fabrikschornstein ist so gebaut, daß er ohne Stütze stehen kann, während ein Brunnen in die Tiefe der Erde gebaut ist, die ihm Halt gibt. Wenn ein Brunnen ausgegraben wird, muß man ihn zerstören. Unser Brunnen wurde freilich in diesem Jahr nicht völlig zerstört. Denn er hatte Halt zum Teil an der Terrassenmauer, an der er gegraben worden war, und zum Teil an der unausgegrabenen Erde auf der anderen Seite unseres Schnitts. Aber wir leerten ihn, und dabei wurde die Seite an der Treppe längs der Mauer niedergerissen, um zu verhindern, daß sie in die Ausgrabung stürzte.

Es war keine Überraschung, daß die im Brunnen gefundenen Topfscherben nicht vom gewohnten Barbar-Typ waren, sondern viel späteren Datums. Aber überrascht waren wir von der reinen Schönheit der Töpferware. Es war sehr viel, und das meiste war schöne, dünne Ware. Es gab strohfarbene Vasen mit schlanken Hälsen und zwei großen Henkeln. Wir fanden den größeren Teil eines sehr großen runden Topfs mit dunkelblauer Glasur und vier Henkeln. Auch gab es mehrere große glasierte und mit sehr schönen Mustern bemalte Schalen. Die beiden schönsten hatten kein formales Muster, sondern waren mit geschweiften grünen, orangefarbenen und gelben Streifen bemalt, die eine unwiderstehlich flammenartige Wirkung hatten. Alle waren natürlich zerbrochen, aber alle Scherben waren vorhanden. Wie sie unter Junis' Händen im Lager wuchsen, erkannten wir, daß wir Sammlerstücke vor uns hatten, die Art von islamischer glasierter Ware, um die uns manches Kunstmuseum beneiden würde.

Daß sie aus islamischer Zeit stammten, war eindeutig, und ein erschöpfendes Studium der Literatur und mancher europäischer und mittelöstlicher Sammlung hat uns in die Lage versetzt, die Töpferware fest im neunten Jahrhundert zu verankern. Aber wie es dazu kam, daß Keramik von dieser Qualität in unseren Brunnen geworfen wurde, ist unklar. Es gibt in der ganzen näheren Umgebung keine Ruinen aus islamischer Zeit, und solche Töpferware hätte kaum zu der Ausrüstung der Bausteine suchenden Trupps gehört, deren Gräben der einzige weitere Beweis einer späteren Störung unserer viertausendjährigen Tempelstätte waren.

Wir erkannten schnell, daß der Brunnen selbst kein islamischer Eindringling in unsere Stätte war. Denn als Peder und Helmuth um ihn herum weitergruben, fanden sie zwei Dinge, die uns alles sagten, was wir zu wissen brauchten. Wo der Fuß der Treppe längs der Mauerfläche auf den Fuß des Brunnens traf, stand ein viereckiges Steinbecken, über dem der Brunnen erbaut war und in das Wasser einsickerte, sowie der Sand weggegraben wurde. Und jenseits des Brunnens, ungefähr einen Meter weiter südlich lag eine weitere Terrassenmauer mit der gleichen schön behauenen und geglätteten Südseite und der unbearbeiteten Innenseite.

Nun konnten wir die ganze Geschichte rekonstruieren. Ursprünglich stand der Tempel auf einem kleinen Hügel, und von ihm führte eine Reihe von Stufen südlich zu einer Quelle am Fuß des Hügels, die ein viereckiges Auffangbecken hatte. Später wurde der Tempelbezirk vergrößert, indem man eine Terrasse bis zur Quelle baute und an der Terrassenmauer eine Treppe bis zur Quelle hinunterführte. Noch später wurde die Terrasse ein zweites Mal vergrößert, und zwar bis zu der neuen Südmauer. Aber diese Terrasse überdeckte die Quelle, und darum wurde der Brunnenschacht mit dem Brunnenkopf auf der Höhe der Terrasse gebaut, so daß man noch Wasser holen konnte. Dieser Brunnen muß verlassen und aufgefüllt worden sein, als der Tempel verlassen wurde. Aber er wurde in islamischer Zeit wiederentdeckt, gesäubert und später wieder aufgefüllt, und zwar mit dem Sand, der unsere schöne glasierte Ware enthielt.

Das Terrassensystem verlieh unserem Barbar-Tempel eine neue Dimension. Wir sahen nun, daß vor viertausend Jahren die ursprüngliche Bodenfläche zweieinhalb bis drei Meter tiefer als die gegenwärtige Wüstenoberfläche gelegen haben muß und daß der Tempel sehr viel imposanter, als es uns schien, gewirkt hat, wie er da auf seiner Plattform über senkrechten Terrassenmauern stand. Allmählich stellte er sich fast als eine Zikkurat, einer jener terrassierten Tempelhügel von Mesopotamien, heraus. Und wirklich, jedesmal wenn ich hinausfuhr, um Peder und Helmuth nach Beendigung der Arbeit heimzubringen, schien der zentrale Tempelbezirk um so höher zu stehen, je mehr Treppen und Rampen zu ihm hinauf die Ausgrabung freilegte.

Auf ihre Art gleich imposant war die Ausgrabung in Kalaat al-Bahrain, wo P. V. und Mogens nun schon vier Jahre gruben. Beträchtliche Strecken der drei bis viereinhalb Meter hohen Mauern des rätselhaften «Palastes» waren nun freigelegt, und der monumentale Charakter des Bauwerks kam klar heraus. Der Bezirk der Ausgrabung der ersten beiden Jahre, in dem die drei Badewannensärge gefunden worden waren, erwies sich nun lediglich als eine Nische unter einer Treppe in einer Ecke einer weiten, über siebeneinhalb Meter großen Halle.

Wir hätten geglaubt, daß die Halle unter freiem Himmel war, wenn nicht der Sockel aus viereckigen Steinen für einen der Pfeiler, die die Decke getragen hatten, noch an einer Stelle gewesen wäre, während der Platz des anderen als eine viereckige Plattform auf dem Boden sichtbar war.

Noch immer trotzte der Palast allen Bemühungen, ihn zu datieren. Wir übrigen, die anderswo mit Grabungen beschäftigt waren, konnten eine so unglaubliche Situation kaum fassen, und wir gingen von Zeit zu Zeit in die Grabung hinunter, um uns selbst zu überzeugen, daß es wirklich keine Besiedlungsschicht gab. Es gab keine. Die Zerstörungsschicht, eine etwa anderthalb Meter dicke Lage aus zerbrochenen Bausteinen und großen Klumpen von Mörtel, die die oberen Teile der Mauer und das Dach oder sogar ein oberes Stockwerk gewesen sein mußten, lag direkt auf dem Fußboden aus Lehm. Der obere Teil der Zerstörungsschicht enthielt eine große Zahl von Scherben aus der Zeit Alexanders, meiner Stadt V. Es war klar, daß zur Zeit der Stadt V der Palast noch als dachlose Schale stand und als bequemer Abfallplatz diente. So hatten wir, was die Archäologen gern einen *terminus ante quem* nennen, eine obere Zeitgrenze. Der Palast mußte älter als 300 v. Chr. sein. Es war wahrscheinlich, obwohl nicht ganz sicher, daß das Bauwerk älter als die Badewannensärge war, die wir mit einiger Sicherheit um 650 v. Chr. datieren zu dürfen glaubten. Die drei Särge, die wir hinter der Treppe gefunden hatten, waren in Löchern, die durch den Fußboden des Gebäudes gegraben worden waren, bestattet worden, und man konnte sich schwer vorstellen, daß diese Begräbnisse stattgefunden hatten, während das Gebäude benützt wurde. Aber es war auch nicht ganz unmöglich; es gab Perioden in Mesopotamien, wo es üblich war, Menschen unter dem Fußboden ihres Hauses beizusetzen.

Aber eine noch so genaue Obergrenze war nicht genug. Wir brauchten auch einen *terminus post quem*, eine untere Grenze. Ich selbst war, wie schon gesagt, geneigt, den Palast mit den Särgen der Stadt IV, zwischen den Kassiten um 1200 v. Chr. und den Neubabyloniern um 600 v. Chr. zuzuschreiben, und hätte das Gebäude gern mit König Uperi in Verbindung gebracht, der im Jahr 709 v. Chr. Geschenke an Sargon von Assyrien sandte. P. V. wäre es lieber gewesen, wenn der Palast älter, viel älter gewesen wäre, mußte aber zugeben, daß er in diesem Fall sehr lang in Gebrauch gewesen wäre.

Der einzige Weg, dahinterzukommen, war, tiefer zu graben. Zur Vorbereitung wurde der Lehmboden der Halle peinlich saubergeschabt und -gebürstet.

Dabei fanden wir eine Anzahl kleiner kreisförmiger Flecken, wo der Boden von anderer Beschaffenheit und etwas hellerer Farbe war. Als P. V. vorsichtig mit einer Kelle in einem dieser Flecken sondierte, entdeckte er eine umgekehrte Schale. Bald zeigte es sich, daß die Schale der Deckel einer darunterliegenden Schale war. Als der Deckel vorsichtig abgehoben wurde, stellte es sich heraus, daß die Schale voll Sand war, und der ganze Fund wurde ins Lager hinaufgeschickt, wo er mit größerer Umsicht untersucht werden konnte als auf dem Grund einer Ausgrabung. Dann begann P. V. mit dem zweiten Flekken.

Im Lauf einer Woche wurden vierzehn Flecken ausgegraben, und auf dem Arbeitstisch im Lager standen zwölf Schalen. Vier waren mit umgekehrten Schalen zugedeckt, und vier andere hatten eine große Topfscherbe als Deckel. Drei waren nicht zugedeckt, und die letzte war mit einer dicken Lage Gipsmörtel versiegelt. Die zwei übrigen Löcher im Boden waren einfache Löcher, aber eines war mit einer umgekehrten Schale zugedeckt und hatte keinen Inhalt, während das andere mit einer großen Topfscherbe gedeckt war. Unter dieser letzteren lagen sechsundzwanzig Perlen aus Achat, Amethyst und Fayence. Sie hatten ursprünglich ein Halsband gebildet, denn der kleine silberne Ring, der als Schloß gedient hatte, lag auch dabei.

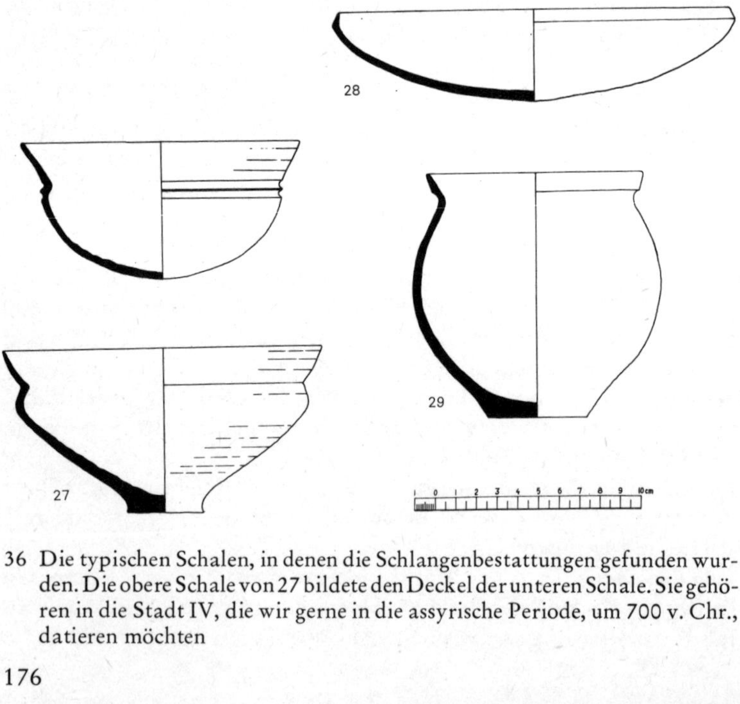

36 Die typischen Schalen, in denen die Schlangenbestattungen gefunden wurden. Die obere Schale von 27 bildete den Deckel der unteren Schale. Sie gehören in die Stadt IV, die wir gerne in die assyrische Periode, um 700 v. Chr., datieren möchten

37 Eines der Schlangenopfer, die unter dem Fußboden des «Palastes», der die Stadt IV von Kalaat al-Bahrain repräsentiert, gefunden wurden. Es geht zweifellos auf die Gilgamesch-Sage (und vielleicht sogar auf die Genesis-Erzählung) von der Schlange, die die Menschheit des ewigen Lebens beraubte, zurück und liefert uns zufällig Keramiktypen, die es uns ermöglichen, Schichten an anderen Orten in die gleiche assyrische Periode zu datieren

Hier hatten wir endlich Töpferware, die eindeutig gleichzeitig mit dem «Palast» war, flache Schalen von zwei Typen, (27) und (28), und einen tieferen Gefäßtyp mit einem schmalen Rand (29). Aber im Augenblick konzentrierte sich das Interesse auf den Inhalt der Gefäße. Junis und P. V. hatten jeden Nachmittag daran gearbeitet, indem sie den Sand sorgfältig mit Kamelhaarbürsten und Spateln entfernten. In sieben Gefäßen hatten sie am Boden zusammengerollt die Skelette von Schlangen gefunden.

Drei weitere Gefäße enthielten einige lose Schlangenknochen, und die übrigen nur Sand. Das bedeutet nicht, daß sie leer waren, als man sie deponierte, sondern nur, daß ihr Inhalt nicht von der Art war, um Jahrtausende zu überdauern.

In über der Hälfte der Schalen fanden wir außerdem zwischen den Schlangenskeletten eine einzelne Perle, meistens einen kleinen Türkis.

Als wir die beiden ersten Perlen fanden, beachteten wir das nicht sonderlich, denn es ist nicht sehr ungewöhnlich, lose Perlen im Sand zu finden, und sie konnten zufällig dorthin gekommen sein. Aber es wurde bald klar, daß die Perle ein ebenso wesentlicher Teil des Depositums war wie die Schlange. Und doch dauerte es sonderbarerweise geraume Zeit, bis wir darauf kamen, daß hier eine deutliche Beziehung zur Geschichte von Gilgamesch vorlag.

Es lag nicht daran, daß wir zu wenig nachgedacht hätten. Es war offensichtlich, daß die Schlangen in ihren zugedeckten Schalen unter dem Fußboden eine religiöse oder magische Bedeutung hatten. Es bedurfte keiner Archäologen, die schon aus Tradition geneigt sind, rituelle Zwecke in allem zu sehen, dessen praktischen Nutzen sie nicht unmittelbar sehen können, um zu erkennen, daß hier keine praktische, weltliche, alltägliche Erklärung möglich war. Wir sprachen von Schlangengöttinen in Kreta und dem bronzezeitlichen Dänemark und von einer mittelalterlichen dänischen Tradition, eine Natter unter der Schwelle zu vergraben, um böse Geister vom Haus fernzuhalten. Es kam uns nicht in den Sinn, daß ja hier in Dilmun die Schlange die Perle gegessen und Unsterblichkeit erlangt hatte; daß hier in Dilmun, weit mehr als in Kleopatras Ägypten, die Schlange und die Perle als Symbole jener Freiheit von Krankheit, Alter und Tod angesehen wurden, für die Dilmun berühmt war. In diesem Fall war es eine wirksame Versicherung gegen Krankheit und Tod, wenn man eine Schlange unter dem Fußboden seines Hauses vergrub. Auch die Perle war in einer Art erklärt. Eine wirkliche Perle wäre uns lieber gewesen, aber man sagte uns, daß eine Perle, die aus Kalziumkarbonat mit einer Spur organischer Substanz besteht, sich in der Erde schnell auflöst. Wir haben später in einer anderen Schlangenbestattung eine echte Perle gefunden, und es ist möglich, daß die Schalen, in denen wir keine Perle fanden, ursprünglich eine echte Perle enthielten. Jedenfalls ist es sicher, daß Perlen damals nicht weniger wertvoll waren als heute, so daß der Türkis sehr wohl die «Unsterblichkeit des kleinen Mannes» gewesen sein könnte.

Ganz zweifellos haben wir damit einen klaren Beweis dafür, daß die Sage von Gilgamesch noch ein lebendiger und wesentlicher Teil der Religion von Bahrain in der Zeit war, als der Palast erbaut und bewohnt wurde. Wir haben seitdem noch viele solche Schlangenbestattungen unter den Fußböden anderer Räume gefunden, im ganzen sicher weit über vierzig. Das ist viel mehr, als man irgendeiner einzelnen «Weihe»-Zeremonie wie der unserer Barasti-Bauer zuschreiben könnte, als sie Kopf und Füße der Opferziege unter dem Boden des Lagers begruben. Vielleicht mußte das Opfer jährlich oder beim Tod oder der Geburt eines Mitglieds der Familie, die in dem großen Haus wohnte, erneuert werden. Vielleicht war das Gebäude auch gar kein Palast, sondern ein Tempel – oder hatte irgendwie beide Funktionen –, und die Schlangenschalen waren die Opfer von Bittstellern, die Gesundheit oder langes Leben wünschten. Wir sind in Verlegenheit wie immer, wenn wir über die Überreste der stofflichen Seite des Lebens hinausgeraten und auf etwas stoßen, das auf das Leben des Geistes deutet.

Es war schwierig, die Hälfte unserer Mannschaft von dieser Kette von Entdeckungen abzuziehen, um unser Programm in Katar durchzuführen. Als wir die lange Reihe unserer «Funde» auf den Regalen unseres Lagerraums betrachteten, beschlossen wir, nach unserer Rückkehr die Saison mit einer öffentlichen Ausstellung der Ergebnisse unserer Arbeit in Bahrain abzuschließen.

Katar fiel in diesem Jahr nach unserer Arbeit an der Stadtkultur von Bahrain eher ab.

Selbst habe ich nicht viel von der Kampagne in Katar erlebt. Nachdem ich gesehen hatte, wie die Arbeitsgruppe sich in einem Bungalow eingerichtet hatte, den die Shell Ölgesellschaft uns in Doha überlassen konnte, und den Kauf eines Geländewagens von der gleichen Gesellschaft arrangiert hatte – zu sehr günstigen Bedingungen, weil die Gesellschaft kürzlich bei einem plötzlichen Sturm eine ihrer Bohrplattformen verloren hatte und nun mit verringerter Kraft arbeiten mußte, bis eine neue Plattform erbaut und verankert war –, hatte P. V. die Leitung der Erkundung übernommen, und ich war zu meinen Grabungen auf Bahrain zurückgekehrt. Die Mannschaft erforschte in diesem Jahr eine sehr große Fläche von Katar, die sich von Doha bis zur Nordspitze der Halbinsel und im Süden bis zu dem Dünengebiet an der Grenze zu Saudi-Arabien erstreckte. Sie hatte zwei Zelte dabei, die wir vom Nationalmuseum in Kopenhagen erbeten hatten und die zuletzt im Inneren der Mongolei Dienst getan hatten. Mit diesen und einem Vorrat an Nahrungsmitteln und Wasser waren die Leute jeweils drei oder vier Tage lang draußen in der Wüste, bevor sie zu den Bädern und dem Restaurant der Ölstation zurückkehrten. Als sie Ende März nach Bahrain zurückkamen, hatte ihre Erkundung ihnen ein viel detaillierteres Bild davon vermittelt, was in Katar zu finden war, als unsere zweitägige Zwei-Mann-Erkundung vom Jahr vorher.

Es schien damals, als sei das negative Resultat wichtiger als das positive. In ganz Katar gab es keine Spur unserer «Barbar-Kultur» oder irgendeiner der Kulturen, die wir in Bahrain in die Periode zu datieren neigten, in der Dilmun blühte. Es gab keine Stadt-Tells und keine gewaltigen Felder von Grabhügeln. Mehrere Gruppen von vierzig oder fünfzig Hügeln, ähnlich denen, die wir im Jahr vorher beobachtet hatten, waren im Nordwesten gefunden worden. Einer davon war ausgegraben worden. Er stellte sich als ein Steingrab heraus, das eine niedrige Steinkiste umgab, und hatte sehr wenig Ähnlichkeit mit den komplizierten Kammern und Nischen der Hügel von Bahrain. Während die Kammern auf Bahrain immer von Ost nach West ausgerichtet waren, war diese nord-südlich. Das Skelett, dem überhaupt keine Gegenstände beigesellt waren, lag in der gleichen halb zusammengekrümmten Stellung auf der rechten Seite, den Kopf nach Norden und die Hände vor dem Gesicht, wie in den Gräbern von Bahrain. Es gab keinen Hinweis auf ein Datum, außer daß die Körperhaltung anzeigte, daß die Bestattung vorislamisch war.

Gleich undatierbar waren zahlreiche Steingravierungen auf Felsplatten ganz im Nordosten. Es gab Reihen und Rosetten von kleinen untertassenähnlichen Vertiefungen, die «Tassenmarken», die aus dem bronzezeitlichen Europa so gut bekannt, aber fast in der ganzen Welt zu finden sind. Es gab auch eingravierte Fußabdrücke und Strichzeichnungen, die stark der pfeilförmigen Form der Fischfallen aus Weidengeflecht ähnelten, die die Untiefen an den Küsten von Bahrain und Katar säumen.

Die wichtigste Entdeckung war die von einem weiteren Dutzend Feuersteinstätten, einem Vorgeschmack der Überfülle von steinzeitlichen Überresten, die uns in den nächsten sechs Jahren in Katar beschäftigen sollten. Wir merkten schon, daß auf den dem Wind ausgesetzten Wüsten von Katar, wo kein Gras wächst, das etwas zu Boden Gefallenes verbergen könnte, und wo auch der Sand, der etwas bedekken könnte, mit jedem Wind kommt und geht, die Werkzeuge und Waffen von Jahrtausenden von steinzeitlichen Jägern noch offen an der Oberfläche lagen. Hier nun zeugten die verschiedenen Formen und Typen der Artefakte genauso deutlich von verschiedenen Perioden wie die Unterschiede in Form und Typ bei der Keramik von Bahrain. An den Felsküsten und auf den niedrigen Plateaus im Nordwesten überwogen in den Feuersteinstätten kleine Schaber, mit denen die Felle für den Gebrauch als Kleidung bearbeitet wurden. Dasselbe Übergewicht hatten wir bei den Feuersteinstätten von Bahrain beobachtet, und die beiden «Kulturen» waren tatsächlich in jeder Hinsicht identisch. Auf einem Felsrücken über dem östlichen Meer wurde ein völlig verschiedener Stil gefunden, lange dünne Feuersteinklingen und dazwischen gelegentlich eine Pfeilspitze einfacher Art, eine am einen Ende zugespitzte und am anderen zu einem Zapfen behauene Klinge. Und schließlich gab es drunten am Meer in den sandigen Rinnen unter der Stelle, wo die Traumstadt Umm Bab hätte erstehen sollen, Mengen von dünnen Schuppen, die als Abfall beim Absplittern im Druckverfahren entstehen, der späten und verfeinerten Technik des Abflachens und Formens von Geräten durch Abstemmen paralleler Schuppen von der Oberfläche. Hier wurde auch ein Exemplar des fertigen Produkts, eine kleine dreieckige, mit Widerhaken und Zapfen versehene Pfeilspitze gefunden. Sie sollte die erste von sehr vielen sein.

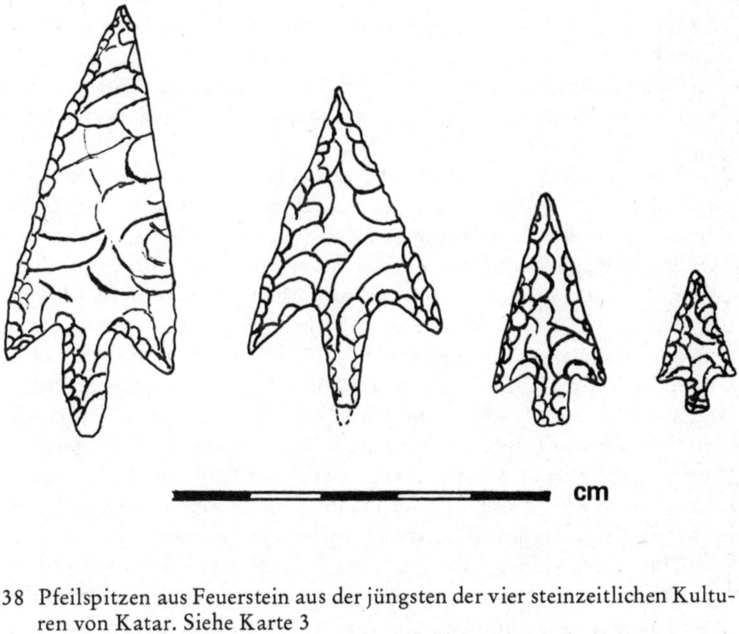

38 Pfeilspitzen aus Feuerstein aus der jüngsten der vier steinzeitlichen Kulturen von Katar. Siehe Karte 3

9. KAPITEL

«Möge das weite Meer dir seinen Überfluß bringen»

Die Bahrain-Ausstellung Anfang April war ein großer Erfolg. Scheich Sulman kam mit seiner halben Familie, um sie offiziell zu eröffnen, betrachtete eine Stunde lang unsere Schaustücke, hörte sich P. V.s Erläuterungen an und stellte unzählige Fragen. Dann wurde das Schulzimmer, das wir uns geliehen hatten, dem Publikum geöffnet, und wir hatten zwei Tage lang keine Ruhe, wie die Männer von Bahrain hereinströmten, um zu sehen, was wir gefunden hatten. Der dritte Tag war der Höhepunkt. An diesem Tag schlossen wir die Ausstellung für Männer und öffneten sie den Frauen. Das war eine Anregung der Direktrice der Mädchenschule, die uns gesagt hatte, es bestehe auch unter den Frauen großes Interesse für unsere Arbeit, daß aber keine Frau zu der Ausstellung kommen könne, wenn Männer dort seien.

Wir waren im Zweifel, was wir selbst tun sollten, denn wir wollten keinen Skandal erregen, konnten aber andererseits unsere Ausstellungsstücke nicht unbewacht lassen. Wir hätten uns keine Sorgen zu machen brauchen. Als die Türen geöffnet wurden und die erste Gruppe von Kopf bis Fuß in schwarze Kleider und Schleier verhüllt eintrat, standen wir schüchtern in den Ecken des Zimmers und versuchten, so wenig wie möglich aufzufallen. Aber die Damen schlugen ihre Schleier zurück, wobei manche das Kleid vom Kopf zu den Schultern hinabgleiten ließen, und eine der Damen legte ihren Umhang ab, enthüllte ein elegantes Kostüm, trat zu uns und sagte in fehlerfreiem Englisch, daß «Ihre Hoheit es sehr schätzen würde, wenn wir sie durch die Ausstellung führen würden». Die Besuchergruppe war die andere Hälfte von Scheich Sulmans Familie, seine Frau, seine Töchter und Schwiegertöchter, ihre Kinder und Erzieherinnen und ihre Hofdamen.

Den ganzen Tag strömten die Frauen zu Hunderten herein, und nicht mehr als drei oder vier hielten es für nötig, Schleier oder

Gesichtsmasken anzubehalten. Wenn wir auf der Straße nur ein wenig nach einer dieser Frauen geschaut hätten, hätte sie den Umhang vor das Gesicht gezogen und wäre weggegangen, obwohl sie verschleiert und maskiert war. Aber in unserem temporären Museum fiel die Konvention mit dem Schleier. Die Damen sprachen über die Ausstellungsstücke mit uns, stellten Fragen und zogen uns auf die Seite, um uns von Plätzen auf der Insel zu erzählen, wo sie von Dingen gehört oder sie auch gesehen hatten, die uns interessieren könnten. Es war weit und breit unser erfolgreichster Tag.

Wir hatten natürlich unsere Schlangenschalen ausgestellt, ebenso zwei Badewannensärge mit den Skeletten. Wir zeigten Feuersteine aus der Wüste und Töpfe und Perlmuscheln von den «Küchenabfällen». Es gab einige kupferne Äxte und Speerspitzen vom Barbar-Tempel und die ganze prächtige Reihe der glasierten Ware aus dem Brunnen. Und dann war da noch eine lange Glasvitrine mit etwa zwanzig kleinen Gegenständen aus meiner eigenen Grabung am Kalaat al-Bahrain-Tell. Der Höhepunkt waren drei kleine Steinsiegel.

Die Bedeutung dieser Stücke stand in gar keinem Verhältnis zu ihrer Größe und Anzahl – wie ich noch darlegen werde.

Die Ausgrabung längs der Nordküste erbrachte noch andere Dinge, die man nicht ausstellen konnte. In erster Linie waren es die Verteidigungsanlagen der Stadt der Barbar-Periode. Sie waren nicht schwer zu finden. Indem ich von meiner letzten Sondage aus dem Vorjahr wieder zurückging, steckte ich zwei weitere Löcher von fünf Meter im Quadrat ab. Im nördlichsten davon stieß ich nur sechzig Zentimeter unter der Oberfläche auf die Stadtmauer.

Es war ein imposantes Bauwerk, nicht ganz dreieinhalb Meter stark und erbaut aus großen, grob viereckig behauenen Steinen mit Gipszement. Aber in den mehr als viertausend Jahren seit seiner Erbauung hatte es schwer gelitten. Mindestens in den letzten zwei Jahrtausenden war es offenbar als bequemer Steinbruch benützt worden. Die ganze äußere nördliche Seite war dahin. Die Mauern der Häuser, die an den groben Kern der Mauer angebaut worden waren und Scherben der dünnen Schalen aus der «griechischen» Periode enthielten, zeigten an, wer die Schuldigen waren. Später noch wurde der überstehende obere Teil der Mauer in Häuser aus derselben islamischen Periode wie mein Küstenfort einbezogen, und schließlich war durch ein tiefes, durch islamische und «griechische» Schichten gegrabenes «Steinbruch»-Loch ein großer Teil der Mauer in ihrer vollen Stärke entnommen worden. Die blau-weißen Scherben von chinesischem Porzellan in diesem Loch wiesen eindeutig auf die Potugiesen als Steinräuber, und wir konnten tatsächlich Steine aus der Stadtmauer in den Mauern des Portugiesischen Forts, in dem wir wohnten, feststellen.

Aber auf der Innenseite war die Mauer besser erhalten, und hier konnten wir dem Verlauf der Straße der «Barbar»-Periode folgen, die ich selbst im Vorjahr gefunden hatte. Damals stand ich in der Mitte eines kleinen viereckigen Lochs im Boden an einer Straßenecke. Jetzt konnte ich, wenn ich an derselben Ecke stand, die Straße zwölf Meter weit nach Norden verfolgen.

Wir befanden uns zweifellos in keiner unbedeutenden Stadt. Die Straße war gerade und eben, vier Meter breit und verlief genau von Nord nach Süd. Auf beiden Seiten standen die Steinmauern der Häuser, auf der rechten Seite massiv und nur durch flache Verstärkungen gegliedert. Auf der linken öffneten sich zwei Tore zur Straße, durch die man in die Häuser gelangen konnte. Die Straße war eine Sackgasse, die an der Innenseite der Stadtmauer endete, die aus viereckig behauenen Steinen mit einem Mörtel aus grünem Lehm erbaut war. Die Stadtplanung, die sich in der sorgfältigen Orientierung der Straße offenbarte, zeigte sich auch noch auf andere Weise. Denn da, wo die Straße an der Mauer endete, war ein Brunnen in einer Nische in der aus der linken Straßenmauer und der Stadtmauer gebildeten Ecke. Davor war in der Mitte der Straße ein großes irdenes Bassin mit einem ganzen Meter Durchmesser eingelassen, dessen Rand auf Straßenniveau lag. Das war eindeutig eine städtische Wasserversorgung. Wahrscheinlich war ein Sklave damit beschäftigt, das Bassin mit dem Wasser aus dem Brunnen immer gefüllt zu halten, so daß die in der Straße wohnenden Leute Wasser holen oder Kleider waschen konnten. Etwas ganz Ähnliches hatte ich in den Straßen von Manama gesehen, wo die fortschrittliche Stadtverwaltung vor noch nicht vielen Jahren eine öffentliche Wasserversorgung mit Röhren von den Wassertürmen zu Hydranten in geeigneten Punkten in den Straßen angelegt hatte. Auch dort hatte man Tröge und offene Tanks aufgestellt, und diese öffentlichen Wasserstellen waren immer umringt von einem Schwarm schwarzgekleideter Hausfrauen, die miteinander schwatzten, wenn sie ihre Krüge füllten und ihre Wäsche schrubbten. Ohne Schwierigkeit konnte man sich ein ähnliches Bild hier vor viertausend Jahren ausmalen, wo die Frauen von Dilmun – denn sicher war das Dilmun – sich an der Wasserstelle unter der hohen Mauer ihrer Stadt trafen, um den Klatsch des Tages auszutauschen.

Wir gruben sehr sorgfältig, als wir uns der Straßenoberfläche näherten. Denn sie war ungepflastert, und in dem Sand, den die Stadtbewohner festgetreten hatten, konnten wir hoffen, Dinge zu finden, die sie weggeworfen oder verloren hatten. Natürlich fanden wir Hunderte von Topfscherben, alle von der roten «Barbar»-Ware, aber wir hielten nach anderen, wertvolleren Dingen Ausschau. Hassan bin Habib mit den Adleraugen machte natürlich den ersten Fund. Er kam zu mir und hielt mir die geballte Faust entgegen. Er öffnete sie und zeigte einen kreisrunden Gegenstand aus Stein, ungefähr so groß wie ein Silberdollar. Es war ein Stempelsiegel, und als ich den Sand wegbürstete und allmählich Einzelheiten erkannte, wußte ich, daß das der Fund des Jahres war. Denn es war ein ganz besonderes Siegel, und wir wußten, was daran Besonderes war.

Ein berühmter französischer Archäologe sagte einmal, daß man unbedingt sofort eine Zigarette anzünden müsse, wenn man eine wichtige Entdeckung gemacht hat. Denn in diesem Augenblick ist es lebenswichtig, nichts Hastiges zu unternehmen, nicht dem Schatzsucherinstinkt zu gestatten, über den wissenschaftlichen zu triumphieren, sondern vielmehr alle Arbeit einzustellen, sich hinzusetzen und über alle möglichen Folgerungen aus der Entdeckung nachzudenken. So ließ ich meine Arbeitergruppe die übliche Wasserpfeife herumreichen, während ich meine Pfeife stopfte und ansteckte und mich auf der Türschwelle des nächsten «Barbar»-Hauses niedersetzte, um das Siegel zu betrachten und darüber nachzudenken.

Es war, wie gesagt, ein rundes Stempelsiegel. Es hatte ungefähr 2,5 Zentimeter Durchmesser und war auf der Vorderseite flach mit einer eingravierten Zeichnung, die, wie ich schon sehen konnte, zwei menschliche Wesen darstellte. Die andere Seite hatte eine flache Wölbung, durch die ein Loch gebohrt war, so daß das Siegel an einer Schnur aufgehängt werden konnte. Die Wölbung war mit einem Band von drei eingravierten Linien und vier Kreisen, jeder mit einem Punkt in der Mitte, verziert. Das Material war Steatit, ein weicher Stein von ziemlich speckigem Aussehen, weswegen er den volkstümlichen Namen Speckstein hat.

Nun hätten wir freilich nicht soviel über diesen Siegeltyp gewußt, wenn wir nicht vorher schon eines gesehen hätten. Das war vor drei Jahren, während unserer ersten Saison auf der Insel. Einer der Amateur-Archäologen von Bahrain, ein amerikanischer Ingenieur bei der Ölgesellschaft, benachrichtigte uns, daß er ein Siegel gefunden habe. Er war zwischen den Grabhügeln auf beiden Seiten der Straße nach Budeija herumgewandert, der Straße, die wir von den Wällen um unser Lager herum sehen konnten. Das Siegel hatte einfach auf dem Boden gelegen. Wir kamen, um es uns anzusehen, liehen es uns aus und machten einen Gipsabguß davon. Wir sandten eine Beschreibung davon nach Aarhus an den Professor für klassische Archäologie und fragten ihn, ob er in der Literatur irgend etwas Ähnliches finden könne. In seiner Antwort wies er auf einen Artikel von Professor C. J. Gadd hin, der fast ein Vierteljahrhundert früher, im Jahr 1932, veröffentlicht worden war *(‹Proceedings of the British Academy›)*.

Dr. Gadd verwaltete damals die Objekte aus Mesopotamien im Britischen Museum, und seine Arbeit bestand zum Teil darin, die Funde, die Sir Leonard Woolley aus seinen nun schon im zehnten Jahr stehenden Ausgrabungen in Ur heimgebracht hatte, für die Ausstellung zu ordnen. Die Ausgrabungen in Ur waren ein gemeinsames Unternehmen des Britischen Museums und des Universitätsmuseums von Philadelphia, und die Funde von Ur wurden deshalb dreifach aufgeteilt, nämlich zwischen London, Philadelphia und Bagdad. Unter den Funden, die nach London kamen, befanden sich einige hundert Siegel, von denen die meisten Rollsiegel waren, wie sie in Mesopotamien von etwa 3000 bis 500 v. Chr. allgemein im Gebrauch waren. Dazwischen war eine kleine Handvoll kreisförmiger Stempelsiegel, und als Gadd die Aufzeichnungen durchsah, stellte er fest, daß zwölf Stempelsiegel, die eine gewisse generelle Ähnlichkeit aufwiesen, in Ur gefunden worden waren. Außerdem gab es in den Sammlungen des Britischen Museums, das seit über hundert Jahren ein Sammelpunkt für eine Vielfalt von Gegenständen aus der ganzen Welt war, schon drei Siegel desselben Typs, von denen man glaubte, daß sie ursprünglich aus Mesopotamien gekommen seien. Diese Sammlung von fünfzehn Siegeln hatte Gadd veröffentlicht.

Professor Gadds Artikel ist von überragender Bedeutung für das Thema dieses Buchs, und ich erinnerte mich genau an seine Hauptgedanken, als ich in der Februarsonne in der Tür eines viertausend Jahre alten Hauses saß. Von unmittelbarster Bedeutung war, daß sieben von Gadds Siegeln aus Ur und eines der drei anderen die gleiche Form hatten wie dasjenige, das ich in der Hand hielt. Die Zeichnungen auf der Vorderseite waren natürlich verschieden, obwohl auch hier Ähnlichkeiten vorhanden waren, denn die sieben Siegel trugen auch Darstellungen von Menschen und Tieren, die sehr ähnlich wie die auf dem Siegel des amerikanischen Ingenieurs und auf dem, das wir soeben gefunden hatten, waren. Aber die Form war die gleiche mit dem sanft gewölbten und mit drei eingravierten Linien und vier Punktkreisen verzierten Buckel.

Daß Siegel von einem in Ur gefundenen Typ in Bahrain auftauchten und nun in einer Straße der «Barbar-Periode» gefunden wurden, war von großer Bedeutung. Logischerweise mußte das bedeuten, daß

Menschen von Ur in Bahrain gewesen waren oder umgekehrt, oder daß Menschen von irgendeinem dritten Ort sowohl in Bahrain als auch in Ur gewesen waren. Aber sogar das verblaßte neben den Folgerungen, die aus den anderen sieben in Gadds Artikel beschriebenen Siegeln gezogen werden mußten.

Diese anderen Siegel waren nicht ganz so wie die unsrigen, obwohl die Ähnlichkeit für Gadd stark genug war, um festzustellen, daß sie eng verwandt waren. Sie waren ebenfalls rund und aus Steatit. Aber der durchbohrte Buckel auf der Rückseite war höher und nicht so breit, so daß ein breiter, flacher Kragen zwischen der Wölbung und dem Rand des Siegels verblieb. Dieser Buckel war nicht verziert, außer mit einer einzigen eingravierten Linie. Es war die Zeichnung auf der Vorderseite dieser Siegel, die so wichtig und der Grund dafür war, warum Gadd seinen Artikel «In Ur gefundene Siegel des altindischen Stils» betitelte. In allen Fällen trug sie die Gestalt eines Stiers, und in fünf Fällen – vier von Ur und einem von anderswo – stand über dem Stier eine Inschrift in der unbekannten Sprache der Kultur des Industals.

Die Induskultur ist das Aschenbrödel der Alten Welt. Durch ein Zusammentreffen von verschiedenen Umständen ist sie durch ihre älteren Schwestern des Niltals und des Euphrat–Tigris-Tals erheblich überschattet worden. Sie ist weiter entfernt von Europa (und von Europa waren ja die Entdecker aller alten Kulturen gekommen); sie ist viel später entdeckt worden; und es hat sich als schwieriger erwiesen, sie in den Zusammenhang der Geschichte der Menschheit einzuordnen. Anders als die Kulturen von Ägypten und Mesopotamien, die den griechischen und römischen Historikern vom Hörensagen bekannt waren und von denen die Bibel berichtet, ahnte man von der Induskultur bis 1921 nichts. In diesem Jahr wurden die Ruinen einer großen Stadt durch den Archaeological Survey von Indien in Harappa im Pandschab an dem früheren Bett eines Nebenflusses festgestellt. Und im folgenden Jahr entdeckte man die Stätte einer gleich großen Stadt in Mohendscho-Daro am Ufer des Indus selbst, 650 Kilometer südwestlich von Harappa. Sir John Marshall, der Generaldirektor des Survey, begann in jenem Jahr mit Ausgrabungen an beiden Stätten, und die Grabungen wurden sechs Jahre lang fortgesetzt. Die beiden Städte waren fast gleich. Sie hatten einen Umfang von knapp fünf Kilometern, und jede hatte eine befestigte Zitadelle im Westen des eigentlichen Stadtbezirks. Sie waren ganz aus zumeist im Ofen gebrannten Ziegeln erbaut. Bemerkenswert war eine offensichtlich zugrundeliegende Stadtplanung. Mohendscho-Daro lag deutlich ein gitterartiger Plan zugrunde mit vierzehn Meter breiten Avenuen, die genau nord-südlich und ost-westlich verliefen und die Stadt in neun Bezirke teilten. Obwohl Harappa vor weniger als hundert Jahren gründlich nach Steinen ausgeraubt wurde, die für den Bau einer Eisenbahn benötigt wurden, blieb noch genug Nachweis für einen ähnlichen Stadtplan auch hier.

Von Anfang an stand es fest, daß diese beiden sechshundertfünfzig Kilometer voneinander entfernten Städte zu derselben Kultur gehörten. Die Ähnlichkeit des Grundrisses spiegelte sich in der Gleichartigkeit der materiellen Kultur wider. Die mit einer Vielzahl sehr eigenständiger Muster bemalte Keramik war identisch. Werkzeuge und Waffen waren gleich und bestanden großenteils aus Feuerstein, aber es gab auch nicht wenige Gegenstände aus Kupfer, Angelhaken, Messer, Speerspitzen und flache Äxte. Aber der deutlichste Beweis war, daß die sehr typischen Siegel identisch waren. Sie waren aus Steatit, etwa zweieinhalb bis dreieinhalb Zentimeter groß und viereckig. Auf der Rückseite hatten sie einen gewölbten Buckel, der für eine Schnur durchbohrt und mit einer einzigen eingravierten Rille verziert war. Das Bild auf der Vorderseite bestand gewöhnlich aus einem Tier und darüber einer Zeile, die offenkundig eine Schrift war. Das Tier war am häufigsten ein Stier, entweder das gebuckelte Zebu oder ein Zebu ohne Buckel, und die Sprache war sonst unbekannt. Einige Hundert solcher Siegel sind gefunden worden.

Drei Siegel aus Mohendscho-Daro waren jedoch nicht viereckig, sondern rund mit dem gleichen gewölbten Buckel und einem breiten flachen Kragen zwischen dem Buckel und dem Rand. Sie waren vom gleichen Typ wie die runden Stempelsiegel mit der Indusschrift, die Woolley in Ur gefunden und die Gadd publiziert hatte.

Das war nun außerordentlich bedeutungsvoll. Denn während es feststand, daß Harappa und Mohendscho-Daro Städte der gleichen, neuen Kultur waren und in dieselbe Zeit gehören mußten, war es keineswegs klar, welche Zeit das war. Geschriebene Aufzeichnungen hätten etwas darüber sagen können, aber außer den kurzen Inschriften auf den Siegeln gab es nichts Geschriebenes, und die Siegelinschriften konnten nicht gelesen werden. Wie wir bei der Entzifferung der Keilschrift gesehen haben, sind lange Texte fast unumgänglich, um das Rätsel einer unbekannten Sprache zu lösen, und lange Texte in der Indusschrift sind nicht entdeckt worden. Aus den Siegeln geht klar hervor, daß die Menschen der Induskultur ein Schriftvolk waren, aber in Indien hatten wir nicht das unglaubliche Glück wie in Mesopotamien, daß die normalen, alltäglichen Aufzeichnungen auf einem unvergänglichen Material festgehalten wurden. So konnte die Induskultur, genau wie es bei unseren Grabungen auf Bahrain war, nur dadurch datiert werden, daß man die gleichen Objekte wie anderswo, wo sie zeitlich bestimmt werden konnten, fand. Die runden Siegel von Mohendscho-Daro konnten also datiert werden, wenn die runden Siegel von Ur zeitlich bestimmt werden konnten.

Das war nicht ganz so leicht, wie man hätte erwarten können. Die Regel, daß eine Schicht so alt ist wie das späteste Objekt in ihr, gilt auch umgekehrt. Ein Objekt kann sehr wohl früher sein als die Schicht, in der es gefunden wurde. Zeuge dafür sind die steinzeitlichen Äxte, die man häufig in dänischen Häusern der Eisenzeit findet, wo man sie, wie angenommen wird, als Zaubermittel zum Schutz des Hauses gegen Blitze aufbewahrte. Die meisten Siegel von Woolley waren beim Durchsieben des Sands gefunden worden und konnten überhaupt keiner Schicht zugeschrieben werden. Von den dreien, bei denen die Fundumstände aufgezeichnet wurden, waren zwei von dem hochgewölbten Mohendscho-Daro-Typ und sind einer sargonidischen Schicht (um 2300 v. Chr.), beziehungsweise einer Schicht der Zweiten Dynastie von Ur (um 2200 v. Chr.) zugeschrieben worden, während das dritte, vom niedrig gewölbten und kreisverzierten Typ, wie es Hassan soeben gefunden hatte, in einer Abfallschicht entdeckt wurde, die mit Vorbehalt der kassitischen Periode (1700–1200 v. Chr.) zugeschrieben wurde. So datierte man die Induskultur versuchsweise in die letzten drei Jahrhunderte des dritten Jahrtausends vor Christi Geburt.

Während ich meine Pfeife in der Ausgrabung von Bahrain rauchte und versuchte, mir diese Tatsachen ins Gedächtnis zurückzurufen, tauchten zwei weitere Gesichtspunkte auf. Erstens, das Vorkommen identischer Siegel in Ur und Mohendscho-Daro bewies, daß es zur Zeit der Induskultur Kontakte zwischen Indien und Mesopotamien gegeben hatte. Und zweitens, die runden Stempelsiegel waren sowohl in Indien als auch in Mesopotamien «ausländisch». In beiden Fällen stellten sie weniger als ein Prozent der Gesamtheit der aufgefundenen Siegel dar. Der Rest waren Rollsiegel in Mesopotamien, viereckige Siegel in Indien.

Wenn sie für Indien und Mesopotamien «ausländisch» waren, war es dann möglich, daß sie für Bahrain «einheimisch» waren? Waren es Reisende aus Bahrain, vielleicht Kaufleute, die die dreizehn runden Siegel in Ur und die drei in Mohendscho-Daro verloren hatten? Ich kam aber zu dem Schluß, daß ich hier ein außergewöhnlich großes Luftschloß auf dem Fundament von nur zwei Siegeln, wovon eines auch noch ein Oberflächenfund war, aufbaute. Außerdem gab es zwei Arten von runden Siegeln, den hochgewölbten Typ mit den Stieren und der Indusschrift und den flachgewölbten kreisverzierten mit Zeichnungen von Menschen und Tieren. Gewiß, Gadd hatte sie als hinreichend ähnlich befunden, um sie zusammen zu publizieren und zu vermuten, daß sie verwandt seien. Aber die Tatsache blieb bestehen, daß die drei Siegel von Mohendscho-Daro zum hochgewölbten Typ gehörten, die zwei von Bahrain aber zum flachgewölbten. Die Verbindung zu Ur war eindeutig genug, aber die zu Indien erschien recht vage.

Die Zigarettenpause, die der Franzose empfahl, war längst überschritten, und meine Arbeiter wurden ungeduldig. Die weiterreichenden Probleme mußten warten, während ich mich darauf zu konzentrieren hatte, sicherzustellen, daß mein Fund in archäologischer Hinsicht korrekt behandelt wurde. Ich dachte an Woolleys zehn undatierbare Siegel; es durfte keinen Zweifel darüber geben, woher dieses gekommen war.

Hassan bin Habib hatte es in einer Schaufelvoll Erde auf seinem Weg zu den Körben gefunden, in denen die Erde zu den Schubkarren am Rand des Ausgrabungsbezirks hinaufgetragen wird. Die Schaufelvoll bestand aus der Ede, die von einem nicht mehr als fünfundzwanzig Zentimeter im Quadrat großen und weniger als zweieinhalb Zentimeter tiefen Gebiet zusammengescharrt worden war. Wir setzten dieses Gebiet auf unseren Plänen ab und brachten es ins Niveau. Wir siebten die Erde einen halben Meter um die Fundstätte herum und zwei Zentimeter tief durch und hielten jede Topfscherbe gesondert in einer Schachtel. Ich gab Hassan ein besonderes Geschenk von zwei Rupien und sagte ihm, daß er das Siegel hätte finden sollen, bevor es von seiner ursprünglichen Stelle weggescharrt war. Jedem Mann, der zuerst ein Siegel *in situ* finden würde, versprach ich fünf Rupien.

Es lagen keine weiteren Siegel mehr auf der Straße. Aber wir fanden einen Tag später ein Stück abgesägtes Elfenbein. Es war etwa drei Zentimeter lang, und man erkannte die Biegung des Zahns auf der einen Seite und die Sägeflächen an beiden Enden. Es sah so aus, als sei der Zahn ungeschickt abgesägt worden, wobei die Sägeschnitte sich überlappten, anstatt sich zu treffen, und dabei ein loses Stück stehen-

39 Schnitt durch die Nordmauer des Stadt-Tells von Kalaat al-Bahrain an dem Punkt, wo der Brunnen am Ende der Sackgasse in die Mauer auf ihrer Innenseite hineinschneidet. Zweitausend Jahre später, in der Zeit von Alexander, schnitten die Menschen von Stadt V in die Außenseite, während im letzten Jahrtausend die Menschen der Städte VI und VII in die Tiefe gruben, um Bausteine aus der Mauer zu rauben

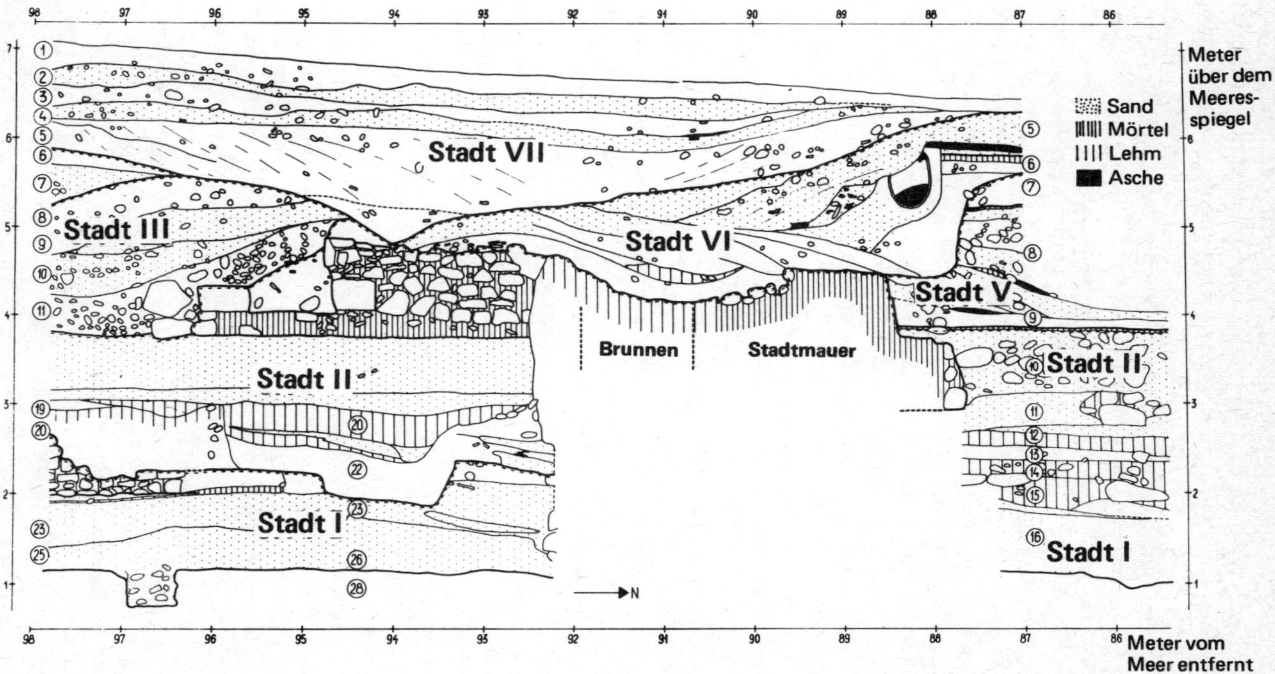
Stadt VII
Stadt VI
Stadt V
Stadt III
Stadt II
Stadt I
Brunnen
Stadtmauer
Sand
Mörtel
Lehm
Asche
Meter über dem Meeresspiegel
Meter vom Meer entfernt
N

ließen, das abbrach, als der Zahn durch die Straße getragen wurde. Auch das Elfenbein konnte ein Hinweis auf Indien sein, obwohl es Elefanten in Afrika und zu dieser Zeit sogar in Mesopotamien gab.

Wir gruben weiter hinunter unter die Straßenoberfläche, hinunter zu den «Kettenrippen»-Schichten von Stadt I, die darunterliegen mußten. Und eine Woche später fand ich selbst das zweite Siegel. Es war *in situ* und lag an der Innenseite der Stadtmauer. Hassan bin Habib bestand triumphierend darauf, daß ich mir selbst aus der Expeditionskasse fünf Rupien zahlte. Ich tat es auch und hatte nicht den Mut, ihm zu sagen, daß es in diesem Fall eigentlich nicht gelte. Denn an diesem Punkt war die ursprüngliche Oberfläche der Rückseite der Stadtmauer in einer späteren Zeit als Baumaterial weggeschafft worden, und das Siegel lag im Raubgraben und hatte somit wenig stratigraphische Bedeutung. In anderer Hinsicht war es freilich von so großer Bedeutung, daß ich meine Theorien drastisch ändern mußte. Denn es war ein rundes Steatitsiegel mit einer hohen durchbohrten Wölbung und verziert mit einer einzelnen eingravierten Linie. Es hatte den breiten flachen Kragen rund um die Wölbung, und auf der Vorderseite war die Figur eines Stiers. Aber es war keine Indusschrift vorhanden. Statt dessen war die Zeichnung eines menschlichen Fußabdrucks und eines Skorpions eingraviert. Es gehörte unzweifelhaft zu dem Typ der drei Mohendscho-Daro-Siegel; und schließlich hatten ja zwei der drei Siegel aus Mohendscho-Daro und zwei der hochgewölbten Siegel im Britischen Museum auch keine Indusschrift.

Es hatte den Anschein, als gebe es vielleicht drei Typen von runden Stempelsiegeln, und nicht zwei. Es gab die hochgewölbten *mit* Indusschrift, und die *ohne*, und dann die flachgewölbten, die nie eine Indusschrift trugen. Alle drei Typen waren in Ur gefunden worden, die beiden ersten Typen in Mohendscho-Daro, die Typen zwei und drei in Bahrain. Wie stand es dann um meine Theorie, daß der Typ drei in Bahrain heimisch war, daß also die Siegel vom flachgewölbten Typ «Dilmunsiegel» waren, wie ich sie schon zu nennen im Begriff war?

War mein letztes Siegel vom Typ zwei von auswärts nach Bahrain gebracht worden, oder konnte es ebenfalls «einheimisch» sein? Immerhin, Gadd hatte die beiden Typen als verwandt angesehen. Vielleicht hatte die gestörte Stratigraphie meines zweiten Siegels nichts zu bedeuten, und es war doch, wie seine Schicht nahelegte, früher als das erste. Vielleicht war der Unterschied zwischen den Typen zwei und drei chronologischer Natur.

Schon wieder baute ich Theorien auf einer absurd schmalen Grundlage auf. Ich konnte nicht einfach ein frühdilmunisches Siegel mit einer hohen Wölbung und ein spätdilmunisches mit einer flachen Wölbung auf der statistischen Grundlage von je einem postulieren! Es war eine Theorie, vielleicht eine wilde Theorie, die zu den wenigen vorliegenden Tatsachen paßte. Und wenn die Archäologen eine Wissenschaft ist, wie wir gern behaupten, dann müssen Theorien durch Experimente getestet werden. Bei weiteren Grabungen würden wir früher oder später mehr Siegel finden. Dann würde die Stratigraphie klären, ob der Unterschied im Typ einem Unterschied im Datum entsprach.

Vierzehn Tage später gewann Hassan bin Habib seine fünf Rupien. Während dieser vierzehn Tage hatten wir auf beiden Seiten der Mauer immer weiter in die Tiefe gegraben, so daß diese nun als eine zweieinhalb Meter hohe Schranke zwischen den beiden Hälften der Ausgrabung stand. Wir hatten die beiden Ausgrabungen annähernd auf dem gleichen Niveau gehalten, aber auf der Nordseite, gegen das Meer zu, gruben wir in Stadt V zwischen der dünnen, rotbemalten oder grauglasierten Töpferware aus der Zeit Alexanders des Großen, und auf der Südseite waren wir tief in Stadt II mit der rot gerippten Keramik, die sehr wohl gleichzeitig mit Sargon von Akkad sein konnte, jenem großen Eroberer, der genau zweitausend Jahre früher war als Alexander der Große.

Der Gewohnheit des Archäologen, Geschichte in Stratigraphie zu übersetzen, droht eine tückische Falle. Man vergißt allzu leicht die Rückübersetzung. Ich mußte mir in die Erinnerung zurückrufen, daß, als die Einwohner unserer Stadt zu Sargons und Hammurabis Zeit lebten und durch die Straßen gingen, die Stadtmauer am Ende der Straße in ihrer vollen Höhe stand, bemannt mit Wachen, die als Silhouetten gegen den Himmel abstachen, den Speer in der Hand und den wollenen Umhang gegen die feuchte Brise vom Meer fest um sich geschlungen, wenn sie über den Steilabfall der Außenseite der Mauer zum Sand des Strandes hinunterschauten, der viel tiefer war als das Niveau der Straße hinter ihnen.

Dann vergingen zweitausend Jahre, eine Zeit so lang wie von Julius Caesar bis zum heutigen Tag. Die Menschen aus der Zeit Alexanders sahen die Mauer verlassen und verfallen, aber auf der Uferseite immer noch über mannshoch dastehen. Innerhalb der Umwallung muß der Sand den Rand der Mauer überspült und die Ruinen von zweitausend Jahren bedeckt haben, aber außerhalb war immer noch der Steilabfall zu den Haufen von Stein und Schutt, aus denen einst der Überbau der Mauer bestanden hatte. Die Menschen der griechischen Periode verwendeten diesen Stein und Schutt als Baumaterial für ihre Häuser und benützten die lange Rückwand der verfallenen Umwallung als Rückwand ihrer Behausungen.

Wir arbeiteten zeitlich rückwärts, zurück in die Periode, als die Mauer erbaut wurde. Und wir fanden diesen Zeitpunkt – früher, als ich gedacht hatte. Wir fanden eine Brandablagerung. Es war eine Schicht, wo der übliche Sandboden durch Rauch und Holzkohlestückchen dunkler gefärbt war. In dieser Schicht fanden wir eine Anzahl rundbauchiger Töpfe, die mit «Kettenrippen» verziert waren. Sie waren bis zur Schulter im Boden vergraben, und der obere Teil, der übergestanden hatte, war abgebrochen. Sie waren voll von einer schwarzen Brandmasse, worüber wir uns freuten, denn wir konnten hier etwas in die Hand bekommen, das durch die Bestimmung des Restwerts an radioaktivem Kohlenstoff zu datieren war. (Leider freuten wir uns zu früh, denn der Inhalt mußte sich stark mit Bitumen oder einem sonstigen undenkbar alten Carbonmaterial vermischt haben. Als er nämlich im Carbon-14-Laboratorium in Kopenhagen behandelt wurde, erhielten wir ganz unmögliche Daten, die sich auf ein Alter zwischen neunzehntausend und sechsunddreißigtausend Jahren erstreckten.)

Als wir dieser Brandablagerung gegen die Stadtmauer zu folgten, entdeckten wir, daß auf diesem Niveau die Mauer endete und die Schicht unter ihr weiterging. Und als unsere Grabung außerhalb der Mauer dieses Niveau erreichte, trafen wir auf dieselbe Schicht, mit den gleichen «kettengerippten» Topfscherben.

Das war nun endlich nicht mehr Archäologie, sondern Geschichte. Eine Stadt, nämlich die Stadt der «Kettenrippen»-Leute, war offensichtlich nicht ummauert und war niedergebrannt. Aber eben diese Leute – denn es war kein wirklicher Bruch in der Kontinuität der Keramik – waren nach der Zerstörung zurückgekehrt und hatten die Stadt wiederaufgebaut. Doch diesmal bauten sie eine drei Meter dicke Mauer um die Stadt. Es wäre nicht wenig interessant gewesen, ein C-14-Datum für dieses Ereignis aufstellen zu können...

Jedenfalls, gerade innerhalb der Stadtmauer über der Brandablagerung lag eine eng begrenzte Schicht von weißem Ufersand. Es war offensichtlich, daß, als die Leute die Mauer bauen wollten, hier eine flache Mulde war und daß sie, um eine ebene Fläche für die Mauer zu erhalten, die Mulde mit einigen Körben Sand vom Strand auffüllten. In diesem Sand nun fand Hassan bin Habib das dritte Siegel und zeigte es mir in seiner ursprünglichen Lage.

Die Verwirrung wurde dadurch nur noch schlimmer, denn es war von wieder einem anderen Typ. Die generelle Ähnlichkeit war zwar unverkennbar, und es war nicht zu bezweifeln, daß alle drei Siegel, die wir in diesem Jahr gefunden hatten, verwandt waren. Aber dieses war kleiner als die anderen, nur knapp anderthalb Zentimeter groß und aus schwarzem Steatit. Es hatte die hohe Wölbung auf dem Rücken, aber mit einer doppelten eingravierten Linie, und es war kein Platz für den breiten flachen Kragen, sondern nur für einen schmalen Rand um die Wölbung. Die Zeichnung auf der Vorderseite war auch kein Stier, sondern eine Ziege oder vielleicht eine Gazelle, und darüber waren eine zweite Ziege und ein Stern.

Wieder begann ich zu spekulieren, immer noch auf der unmöglich schmalen Basis. Vielleicht hatten wir hier eine streng chronologische stilistische Entwicklung von kleinen schwarzen zu größeren hellgrauen Siegeln, beide mit der hohen Wölbung, und von diesen zu den flachgewölbten Siegeln mit Kreisen auf der Wölbung. Aber wir waren uns klar darüber, daß wir weitere Entdeckungen abwarten mußten, bevor wir eine solche Abfolge bestätigen oder leugnen konnten. Es schien aber sicher zu sein, daß wir in diesem Stadium wenigstens behaupten konnten, die auf Bahrain vorherrschende Siegelform sei das runde Stempelsiegel gewesen. Das war jedenfalls allen gemeinsam.

Die Sandschicht, in der dieses Siegel aufgetaucht war, war überraschend reich an «Kleinfunden». Obwohl nur zwei Quadratmeter groß und 1,8 Meter tief, enthielt sie zwei Bruchstücke kleiner Steatitschalen, die mit demselben eingravierten Ornament des Punktkreises verziert waren wie die «späteren» Siegel, drei kleine Türkisperlen und die Hälfte einer größeren Perle aus einem durchscheinenden rötlichbraunen Stein, den wir als einen Karneol identifizierten. Außerdem war der Sand voll von kleinen grünen Körnchen. Diese erwiesen sich bei näherer Untersuchung als kleine Kupferstückchen, die korrodiert waren und dabei die unmittelbar danebenliegenden Sandkörner gefärbt und zusammengeklumpt hatten. Das war höchst merkwürdig. Wir fragten uns, ob aller Sand am Strand zu der Zeit, als die Stadtmauer erbaut wurde, gleich voll von Kupferstückchen, Bruchstücken von gravierten Steinschalen, verlorenen Perlen und verlorenen Siegeln gewesen war. Und wenn ja, warum?

Von dieser speziellen «Ausgrabung» gibt es nicht viel mehr zu berichten. Wir gingen noch tiefer, einen Meter und noch mehr, durch «Kettenrippen»-Schichten und dann durch grauen Sand, bis wir auf den gewachsenen Boden trafen. Dort hörten wir auf...

Ich habe ausführlich, vielleicht zu ausführlich, über diese Ausgrabung der Stadtmauer gesprochen. Es war eben meine eigene persönliche Grabung, und von ihr sah ich natürlich mehr als von den anderen. Außerdem waren die Siegel ohne Zweifel die Höhepunkte der Saison.

Als Ganzes betrachtet, eröffnete die Handvoll kleiner Objekte, die auf zehn Metern einer Straße der Ersten und Zweiten Stadt unter unserem Tell gefunden wurden und nun der Bevölkerung von Bahrain im Rahmen einer Sammlung von viel eindrucksvolleren Funden in einer Ausstellung dargeboten wurden, unglaublich weite Perspektiven. Sie hatten eines gemeinsam. Keines war aus einem auf Bahrain vorkommenden Material. Während die Steatitsiegel und vielleicht auch die Steatitschalen zwar in Bahrain hergestellt worden sein konnten, war der Steatit selbst auf der Insel fremd. Er konnte aus vielen Gebieten stammen, denn Steatit ist nicht selten. Man findet ihn in den Gebirgen von Persien und dem Oman und an vielen weiter entfernten Orten. Die kupfernen Angelhaken und die unzähligen unbearbeiteten Kupferstückchen waren gleichfalls von unbekannter Herkunft; im Oman soll es Kupfer geben, und auf jeden Fall ist es in Indien und im persischen Luristan zu finden. Das Elfenbein deutete entschiedener nach Indien, wenn auch nicht mit absoluter Sicherheit. Die Karneolperle konnte jedoch nur aus Indien gekommen sein, denn die einzigen übrigen Gebiete, wo Karneol vorkommt, nämlich Mitteleuropa und Südamerika, kamen nicht in Frage. Nur ein einziger Gegenstand konnte, soweit es das Material betrifft, aus Bahrain stammen, aber wir wußten, daß das nicht der Fall war. Es war ein Würfel aus poliertem Feuerstein mit einer Seitenlänge von knapp zwei Zentimeter. Wir erkannten sofort, was das war. Es war ein Gewicht von dem Typ, wie er in den Städten des Industals im Gebrauch war und sonst nirgends.

Zusammen waren diese Objekte der Beweis dafür, daß Bahrain in der Barbar-Periode und vorher weitläufige Handelsbeziehungen gehabt hatte. Und genau das hatten wir zu finden erwartet, wenn Bahrain wirklich Dilmun war.

Ich habe die Keilschriftinschriften, die sich auf die historische Tatsache von Dilmuns Existenz und seine historischen Verbindungen zu Mesopotamien beziehen, ausführlich beschrieben. Ich habe auch eingehend die textlichen Beweise dafür dargelegt, daß Dilmun in der Mythologie des alten Sumer und Babylonien ein heiliges Land war. Es gibt aber noch eine dritte Sorte von Keilschriftdokumenten über Dilmun, die näher betrachtet werden muß. Es gibt eine große Zahl von Tafeln, die den Handel zwischen Mesopotamien und Dilmun betreffen.

Wieder einmal müssen wir uns klarmachen, in welch besonders

glücklicher Lage wir sind, daß die normale Korrespondenz Mesopotamiens auf einem Material geschrieben wurde, das die Zeiten überdauerte. In viertausend Jahren wird es keine schriftlichen und kaum irgendwelche indirekten Beweise für den Inhalt der Geschäfte von Lloyds in London oder einer New Yorker Schiffahrtsgesellschaft geben. Aber in den Städten Mesopotamiens wurden die Verträge, Versandscheine, Quittungen und die ganze allgemeine Korrespondenz auf Ton geschrieben. Trotzdem dürfen wir nicht vergessen, daß wir statistisch nur einen sehr kleinen Ausschnitt von dem, was aufgezeichnet wurde, haben und daß dieser Ausschnitt nicht einmal repräsentativ ist.

Bei jeder Ausgrabung einer mesopotamischen Stadt besteht die ganz natürliche Tendenz, die Grabung auf die bedeutendsten Baulichkeiten, die Befestigungsanlagen, Tempel und Paläste zu konzentrieren. Von ihnen darf man erwarten, daß sie die reichsten Funde hergeben und am klarsten die Wechselfälle der Geschichte, die Abfolge der Könige, Zerstörung und Wiederaufbau, widerspiegeln. Sie enthalten die wichtigen historischen Inschriften, die Annalen der Taten der Könige, die Gründungs- und Wiederherstellungsurkunden der Tempel, die Ziegel mit den Namen der Könige, die den Bau anordneten. Die Tempel- und Palastbibliotheken enthalten die Liturgien und Hymnen und die religiösen Epen, die soviel Licht auf den Glauben und die Mythologien der Völker Mesopotamiens werfen.

Ein weiterer glücklicher Umstand ist, daß die Tempel im Handel der Städte eine wichtige Rolle spielten. In den Jahrhunderten um 2000 v. Chr. scheinen sie sogar selbst großzügige Handelsunternehmungen durchgeführt zu haben, indem sie Erzeugnisse ihrer Werkstätten exportierten und Ladungen verschiedener Waren importierten. In den folgenden Jahrhunderten ging der Handel großenteils in die Hände privater Kaufleute über, aber auch dann noch spielten die Tempel sozusagen die Rolle des Notars, indem sie Kopien der Abmachungen zwischen Kapitänen und Aktionären aufbewahrten, während sie in gewissen Fällen anscheinend Einfuhrzölle erhoben oder den Zehnten von den importierten Waren erhielten. So gewinnen wir aus den Tempelarchiven häufig eine recht gute Vorstellung von Reichweite und Ausmaß des Handels.

Aber die Geschäftspapiere der einzelnen Kaufleute wurden in deren Häusern aufbewahrt. Und es ist sehr selten, daß die Ausgrabungen die gewöhnlichen Wohn- und Geschäftsviertel der Städte berühren. Es ist deshalb fast ein blinder Zufall, daß wir in der Lage sind, von einem gewissen Ea-nasir, Import- und Exportkaufmann von Ur, der zwischen den Jahren 1813 und 1790 v. Chr. im Dilmunhandel tätig war, berichten zu können. Das ist traditionsgemäß die Zeit von Abraham, und die beiden können sehr wohl zur gleichen Zeit in Ur gelebt haben. Daß sie sich gekannt haben, ist weniger wahrscheinlich, da die Handelsinteressen der Familie Abrahams im Westen und Norden lagen.

Während der Ausgrabungskampagne im Winter 1930/1931 in Ur entschloß sich Sir Leonard Woolley, die Freilegung der Tempel und Grabkammern der Könige der Dritten Dynastie von Ur eine Zeitlang zu unterbrechen und einen Teil der Wohnbezirke der Stadt auszugraben. In dem Gebiet, das er ausgewählt hatte, waren die Häuser aus der Zeit unmittelbar vor der Plünderung Urs durch Hammurabi von Babylon im Jahr 1780 unerwartet gut erhalten, und er grub eine Fläche von etwa zehntausend Quadratmetern aus, wofür er hundertfünfzig Arbeiter beschäftigte. Das ist ein Operationsmaßstab, den unsere Finanzen niemals gestatteten, und die Aufgabe war auch noch dadurch leichter, daß hier die Straßen und Fußböden nur rund zwei Meter unter der Oberfläche lagen, während wir vier bis sechs Meter tief graben mußten. In seinem vorläufigen Bericht schreibt Woolley darüber:

«... in dieser Periode glänzte die Stadtplanung durch Abwesenheit. Die Straßen sind eng, ungepflastert und winden sich zwischen Häusern hindurch, deren unregelmäßige Vorderfronten deutlich von den Zufälligkeiten des privaten Eigentumsrechts abhängen. Die Häuserblocks sind so groß und dicht gedrängt, daß zu Häusern, die in der Mitte liegen, Sackgassen der einzige Zugang sind. Die Wohnhäuser sind vom gleichen Typ, der sich mehr oder weniger den Gegebenheiten der jeweiligen Lage anpaßt; der Mittelhof, den man von einer Vorhalle erreicht und der von den Wohnräumen umgeben ist, mit einer Treppe zum oberen Stock hinauf, ist die Grundform von Gebäuden sehr verschiedener Größe und anscheinend sehr unterschiedlicher Ausführung. Verstreut zwischen den Wohnhäusern sind kleinere Gebäude, die nur Läden sein können. Die einfachsten davon bestehen aus nur zwei Räumen, einem budenähnlichen ‹Ausstellungsraum› zur Straße hinaus, oft mit ganz offener Front, und dahinter einem langen Magazin oder Lager ... Die Mauern aller Gebäude sind unten aus gebrannten und oben aus Trockenziegeln erbaut, wobei die Fassade ursprünglich verputzt und weiß getüncht war ...»

(Antiquaries Journal, Bd. 11, S. 360–61)

In diesem Bezirk grub Woolley fünfzig Häuser und Läden auf beiden Seiten von sechs Straßen aus. In praktisch jedem Haus fand er rund zwanzig Tontafeln, die in Tonkrügen oder bitumenverkleideten Gruben (denn Feuchtigkeit, nicht Feuer, war für die auf Ton geschriebenen Dokumente gefährlich) aufbewahrt waren oder lose auf dem Boden lagen. In manchen Fällen gaben sie Aufschluß über den Hausbesitzer und das Geschäft, das in dem Haus betrieben wurde. Man fand die Rechnungsbücher des Geldverleihers, die Übungsbücher der Schule – und Ea-nasirs Geschäftskorrespondenz.

Ea-nasirs Haus war eines von denen, die man durch eine Sackgasse erreichte, und auf allen Seiten waren seine Außenmauern auch diejenigen der Nachbarhäuser. Es war von mittlerer Größe, sowohl nach modernem als auch nach antikem Maßstab, mit einer Grundfläche von rund hundertfünfzig Quadratmetern und wahrscheinlich einem Obergeschoß von etwa hundert Quadratmetern. Es war bei weitem nicht das größte Haus in dem von Woolley ausgegrabenen Bezirk und bestand aus nur fünf Räumen um den Mittelhof. Woolley stellte fest, daß das Haus einmal größer gewesen war, aber zwei Räume waren am einen Ende abgetrennt und dem Nachbarhaus einverleibt worden.

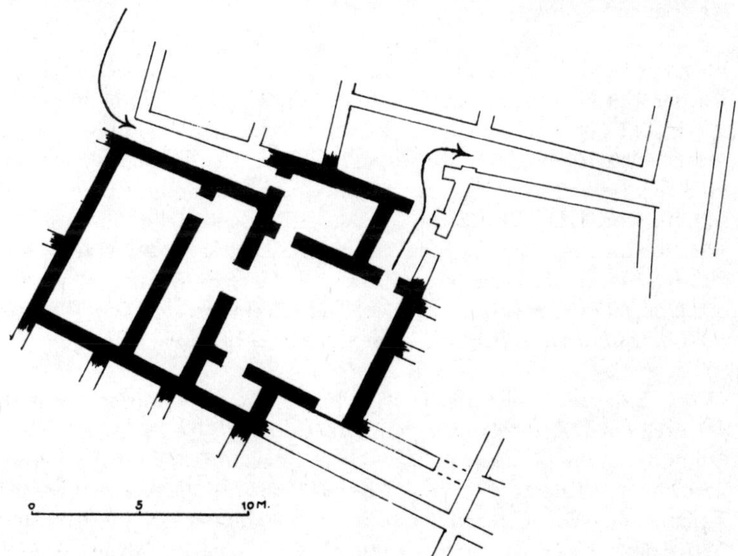

40 Ea-nasirs Haus in Ur, aus dem die den Kupferhandel von Dilmun betreffenden Tontafeln stammen. Ausgegraben von Sir Leonard Woolley im Jahr 1930

Der Anschein sprach nicht dafür, daß Ea-nasir ein besonders erfolgreicher Mann war, sondern eher dafür, daß er es den Nachbarn nicht ganz gleichtun konnte.

Ea-nasir wird auf achtzehn Tafeln erwähnt, die größtenteils in seinem Haus gefunden wurden. Aus diesen geht hervor, daß er ein Makler für Kupfer war, da die Mehrzahl der Dokumente Briefe sind, die Ea-nasir anwiesen, bestimmte Mengen von Kupfer aus den Beständen mit Namen genannter Personen an andere namentlich genannte Empfänger zu liefern. Einige dieser Briefe sind in ganz gewöhnlicher Kaufmannssprache abgefaßt, während andere Spuren einer gewissen Schärfe aufweisen, wenn sie unserem Makler Verzug in der Ausführung von Anweisungen oder die Lieferung minderwertiger Barren vorwerfen. Besonders bitter ist der Brief eines gewissen Nanni:

«Als Du kamst, sagtest Du: ‹Ich werde Gimil-Sin gute Barren geben.› Das hast Du gesagt, aber Du hast es nicht getan; Du botest meinem Abgesandten schlechte Barren an und sagtest, ‹nimm sie oder laß es bleiben›. Wer bin ich denn, daß Du mich so geringschätzig behandelst? Sind wir nicht beide Ehrenmänner? . . . Wer unter den Dilmun-Händlern hat sich je so gegen mich verhalten? . . .»

Ea-nasir ist also ein «Dilmun-Händler», und von dort lieferte er das Kupfer, mit dem er handelte, nach Ur. Ein weiteres Dokument macht das klar. Es ist die Aufteilung einer Kupferladung aus Dilmun in die verschiedenen Mengen für die jeweiligen Importeure in Ur – und es ist vielleicht bezeichnend, daß der Anteil von Ea-nasir anscheinend nicht bezahlt wurde. Die Tontafel ist, wie so viele andere, schadhaft und hat störende Lücken, aber der Inhalt ist im großen und ganzen klar. Meine Übersetzung ist frei, da eine vollständige Umschreibung und wörtliche Übersetzung veröffentlicht ist (W. F. Leemans: ‹*Foreign Trade in the Old Babylonian Period*›. Leiden 1960, S. 38 f.).

«Von 13,1?? Minen Kupfer nach Dilmunmaß, die von (der Name ist verloren) in Dilmun empfangen wurden, sind 5,5? 2⅔ Minen nach Dilmunmaß uns gegeben worden. Diese Gewichte sind nach dem Maß von Ur 611 Talente 6⅔ Minen Kupfer, von denen Ala . . . uns 245 Talente 54⅓ Minen gegeben hat. Ea-nasir schuldet 427½ Minen und Nawirum-ili 325 Minen, zusammen 450 Talente 2⅓ Minen Kupfer nach dem Maß von Ur. Der verbleibende Rest ist 161 Talente 4⅓ Minen Kupfer.»

Diese Tafel ist aus zwei Gründen wichtig (ein dritter Grund wird später auftauchen). Erstens erfahren wir daraus, daß das in Dilmun erworbene Kupfer von anderswoher dorthin gekommen ist, und zweitens erhalten wir eine Vorstellung von den Kupfermengen, die im Golf verfrachtet wurden. Denn wir kennen die Standardgewichte und -maße von Ur und können daher die in Frage stehenden Mengen in moderne Maße übersetzen. Diese Mengen waren keineswegs unbedeutend. Die in Dilmun erworbene Ladung betrug nicht weniger als achtzehneinhalb Tonnen, die bei den heutigen Preisen ungefähr zwanzigtausend Dollar bringen würden. Ea-nasirs Anteil daran waren fünfdreiviertel Tonnen im Wert von sechstausend Dollar.

Wenn wir nun Ea-nasir seinen Gläubigern überlassen und die anderen Tafeln aus Ur betrachten, finden wir noch erheblich mehr Einzelheiten über den Dilmunhandel. Die Liste der Zehnten oder der Opfergaben für den großen Tempel von Ningal im Schatten der Zikkurat von Ur sagen uns viel über die Zusammensetzung der Ladungen, die Ur aus Dilmun erreichten. Kupfer liegt immer an hervorragender Stelle, und es kann kaum Zweifel daran bestehen, daß es die Ware war, von der der Handel abhing.

Acht Tafeln aus dem Ningaltempel betreffen den Dilmunhandel, und sie sind etwa ein Jahrhundert älter als die Tafeln aus Ea-nasirs Haus. Die meisten sind datiert und reichen von 1907 bis 1871 vor Christi Geburt. Ein typisches Beispiel lautet (wobei unleserliche oder fehlende Wörter in Klammern stehen und Wörter von unbekannter Bedeutung kursiv gedruckt sind):

«(...) Kupferbarren von 4 Talenten,
4 Kupferbarren von je 3 Talenten,
11 Sekel rechteckige Bronzestücke,
3 nierenförmige Karneolperlen,
3 «Fischaugen» (Perlen?),
8 ...-Steine,
9 Sila weiße Korallen,
3 ...-Steine,
5½ Minen Stangen Elfenbein,
30 Stück Schildpatt (?),
1 hölzerner Stab mit Kupfer-...,
1 Elfenbeinkamm,
1 Mine Kupfer anstelle von Elfenbein,
3 Minen *elligu*-Stein,
2 Maß Antimon (Augenfarbe),

3 Sekel *merahdu*,
(...) Rechentafeln (?) aus Makanrohr,
3 Sekel (...),
15 Sekel *arazum*,
(...) Sekel *hulumum*,
(hier fehlen vier Zeilen)
von einer Fahrt nach Dilmun,
Zehnter für die Göttin Ningal,
von einzelnen Teilnehmern
(hier fehlen fünf Zeilen, die das Datum enthalten würden).»

Die Liste ist wirklich sehr vielseitig, aber es ist bemerkenswert, daß sie, außer dem Kupfer, aus Posten in kleinen Mengen, aber wahrscheinlich von hohem Preis besteht, also aus Luxusgütern. Außer Elfenbein, Schildpatt, Augenfarbe, den Rechentafeln (wenn das gemeint ist) aus Makanrohr (was Bambus sein kann) und den drei unbekannten Gütern, ist der ganze Rest Edelsteine und Halbedelsteine. Besonders interessant sind die «Fischaugen», die auf fünf von den acht Tafeln erwähnt werden. Wir können nur vermuten, daß das Perlen sind, aber es ist auffällig, daß sie immer mit der Anzahl angeführt sind und nicht wie fast alle anderen Artikel mit dem Gewicht oder Maß. Das läßt mindestens vermuten, daß sie von ziemlich hohem Wert waren.

Die übrigen Tafeln fügen der Liste einige weitere Posten hinzu. Zwei erwähnen Lapislazuli und etwas, was als «Feuersteine» bezeichnet wird, und zwei führen Gold auf. Silber wird häufig erwähnt, aber in den meisten Fällen wird erläutert, daß das Silber als Gegenwert des Zehnten bezahlt wurde, so daß es unwahrscheinlich ist, daß Silber tatsächlich ein Teil der Ladungen aus Dilmun war.

Auf den ersten Blick ermutigen diese Listen nicht zu einer Gleichsetzung von Dilmun und Bahrain. Denn außer Perlen und Schildpatt ist keiner der aufgeführten Artikel auf Bahrain zu finden. Aber es tröstet uns, daß überhaupt nirgends alle diese Güter beisammen zu finden sind. Am wichtigsten in dieser Beziehung ist Lapislazuli, denn dieser kann nur von Afghanistan gekommen sein, das wiederum nur wenige der anderen Artikel beisteuern konnte und schon gar nicht Elfenbein und Perlen. Dilmun ist also ein Umschlagplatz für Gebrauchsartikel aus weiter entfernten Plätzen, und die Mehrzahl der nur in kleinen Mengen vorkommenden Luxusgüter scheint einmütig auf den indischen Subkontinent zu deuten.

Aber noch harren zwei sehr wichtige Fragen einer Antwort. Die eine ist die Herkunft des Kupfers, das der Hauptgrund für den Dilmunhandel war. Die andere ist, was verschifften die Kaufleute von Mesopotamien nach Dilmun als Bezahlung für ihre Einkäufe? Drei weitere Tafeln geben uns die Antwort auf beide Fragen.

Allerdings erwähnt nur eine dieser Tafeln Dilmun. Es ist eine einfache Quittung eines gewissen Ur-gur, «Kapitän eines großen Bootes», für «zehn Talente verschiedener Sorten Wolle von gewöhnlicher Qualität, die in ein Boot nach Dilmun verladen wurden». Sie hat das Datum 2027 v. Chr., über hundert Jahre früher als die Zehntenlisten und fast 250 Jahre früher als Ea-nasir. Die anderen beiden Tafeln aus den Jahren 2026 und 2024 v. Chr. sind ebenfalls Quittungen, beide ausgestellt von einem gewissen Lu-Endilla für Güter, die er vom Nannartempel, dem Haupttempel von Ur, erhalten hatte. Die erste ist für sechzig Talente Wolle, siebzig Gewänder, hundertachtzig Felle und «6 *Kur* gutes Sesamöl», das als «Ware, um Kupfer zu kaufen» bezeichnet wird. Die zweite ist präziser, für fünfzehn Gewänder und zwei Drittel eines Talentes Wolle, «Ware, um Kupfer aus Makan zu kaufen».

Es scheint also, daß das in Dilmun gekaufte Kupfer dorthin – in Ladungen von, wie wir sahen, fast zwanzig Tonnen – aus einem anderen Land namens Makan kam. Später müssen wir noch mehr von Makan sprechen. Es ist sicher, daß die hauptsächliche Tauschware für dieses Kupfer Wolle und wollene Meterware war. Daß diese auch ein Vierteljahrtausend später noch der Hauptexport von Mesopotamien nach Dilmun war, wird durch eine andere in Ea-nasirs Haus gefundene Tafel nahegelegt, in der dieser den Empfang von insgesamt fünfzig Gewändern bestätigt, deren jeweiliger Wert in Silber genau aufgeführt ist.

Außerdem gibt es noch zwei weitere Tafeln aus Ur, die gleichzeitig mit Ea-nasir sind – eine ist mit 1794 v. Chr. datiert –, aber offenbar nichts mit seinen Unternehmungen zu tun haben; und diese sind sogar noch deutlicher. Die eine lautet:

«Lu-Meslamtae und Nigsisanabsa haben von Ur-Ninmar 2 Minen Silber, 5 *Kur* Sesamöl und 30 Gewänder als Kapital für eine Beteiligung an einer Fahrt nach Dilmun zum Einkauf von Kupfer dort geliehen ...»

Die andere ist weniger leicht zu entziffern, betrifft aber eine Anleihe von fünf Sekel Silber, «um ‹Fischaugen› und andere Waren bei einer Fahrt nach Dilmun zu kaufen».

Aus all dem spricht eine bemerkenswerte praktische Nüchternheit. Diese Kaufleute, die Kapital aufnahmen und Ladungen für die Reisen nach Dilmun zusammenstellten, ließen sich nicht in ein abenteuerliches Wagnis nach einem mythischen Land der Unsterblichkeit jenseits des Horizonts der bekannten Welt ein. Das waren Alltagsgeschäfte; so erwarben sie sich ihren Lebensunterhalt.

Wir dürfen auch nicht glauben, daß der Handel ausschließlich von Mesopotamiern betrieben wurde. Zwei der Personen, die als Bringer des Zehnten für den Ningaltempel genannt sind, werden speziell als Einwohner von Dilmun aufgeführt; es gab also wahrscheinlich Kaufleute aus Dilmun, die in Mesopotamien ansässig waren, und mesopotamische Händler, die in Dilmun wohnten, während wohl Schiffe beider Länder bei den Frachtfahrten eingesetzt waren.

Sicher sind auch Schiffe anderer Nationalitäten in diesen ersten zwei Jahrhunderten des zweiten Jahrtausends in Dilmun aufgekreuzt und unter den Mauern seiner Städte an der Küste vor Anker gegangen. Die Schiffe von Makan waren schwer beladen mit ihren Kupferfrachten, während die Schiffe aus den Städten der Induskultur damals wie heute Ladungen von Holz (und vielleicht, obwohl es keinen Anhaltspunkt dafür gibt, von Baumwolle) als Ergänzung ihrer leichteren und wertvolleren Vorräte an Elfenbein, Lapislazuli und Karneol brachten.

Unser kleines Kabinett mit Ausstellungsstücken bot eine etwas armselige Schau als Repräsentation dieses geschäftigen internationalen Handels und war nur eine kleine Ergänzung der Beweiskette dafür, daß Bahrain in Wirklichkeit Dilmun war. Aber schließlich waren es ja nur Gegenstände, die zufällig in zehn Metern einer Sackgasse in der Stadt fallen gelassen worden waren – und es waren sicher die *richtigen* Stücke. Elfenbein, Karneol und Kupfer waren da. Und die unzähligen kleinen Kupferkörner in dem Ufersand, mit dem die Stelle innerhalb der neu erbauten Stadtmauer eben gemacht wurde, sind durchaus erklärlich, wenn Kupferladungen ständig zwischen den an Land gezogenen Schiffen außerhalb der Mauer hin und her getragen wurden. Wir betrachteten das polierte Feuersteingewicht der Menschen vom Industal und erinnerten uns, daß Dilmun ein anderes Gewichts- und Maßsystem als Ur hatte – war es vielleicht das der Induskultur? Außerdem hatten wir die drei Siegel, solche Siegel, wie sie die fremden Kaufleute in Ur und Mohendscho-Daro zurückgelassen hatten. All das konnte zu einem recht überzeugenden Ergebnis zusammengezählt werden – und es blieb nichts im Ungewissen. Denn hinter der Handvoll Gegenstände von der Straße war ein sehr solider Rückhalt von

41 Mit solchen Booten gehen die Fischer Bahrains auf Fangfahrt. Die viereinhalb Meter langen, aus Schilfbündeln gefertigten Fahrzeuge haben eine gute Tragfähigkeit, sind aber natürlich nicht wasserdicht (und darum im strengen Sinne als eine Art von Floß zu bezeichnen). Ähnliche Boote aus Papyrusbündeln haben die alten Ägypter bereits vor über 4000 Jahren benutzt

sehr soliden Tatsachen. Da war eine stark befestigte und alles andere als unbedeutende Stadt; unser Tell war halb so groß wie Ur, und Ur war eine der größten Städte Mesopotamiens. Da war der Tempel in Barbar, zweimal in dieser Zeit auf einer breiteren und schöneren, terrassierten Plattform vergrößert. Und schließlich waren da die hunderttausend Grabhügel, von denen die größten Monumente waren, für deren Erbauung man Hunderte von Arbeitern monatelang gebraucht haben mußte. Das war keine isolierte Bauern- und Fischkultur. Wohlstand dieser Art konnte nicht durch Nutzung der mageren Hilfsquellen von Bahrain allein erreicht werden. Der Reichtum von Bahrain muß von außerhalb gekommen sein. Bahrain war ein Brennpunkt des weitreichenden Handels, von dem die Tontafeln berichten. Als solcher muß Bahrain in den Tafeln mit Namen genannt worden sein, und es gibt keinen anderen Kandidaten für diesen Namen als Dilmun.

Der Grund für Bahrains Bedeutung für die Handelswege war nicht schwer zu finden. Die Insel war eine Wasserstelle. Auf der ganzen Länge des Golfs gab es nur hier und auf dem gegenüberliegenden arabischen Festland Frischwasser in großen Mengen. Das Wasser, das der Gott Enki in der Morgendämmerung der Zeit in Dilmun hat hervorsprudeln lassen, hat wirklich, wie er es versprochen hatte, dem Land Wohlstand gebracht. Eine Variante der Erzählung von «Enki und Ninchursag», die wie die Handelstafeln in Ur gefunden und kürzlich publiziert wurde, gibt einen etwas anderen Text für den Segen Enkis über Dilmun, der von großer Bedeutung für das Thema dieses Kapitels ist, denn er nennt praktisch jedes der Import- und Exportgüter, die in den Tafeln über den Dilmunhandel aufgeführt werden. Er lautet in der Übersetzung von Professor Kramer:

«Möge das Land Tukrisch dir [d. h. Dilmun] Gold von Harali, Lapislazuli . . . liefern;
Möge das Land Meluhha dir verführerischen [?] kostbaren Karneol, *Mes-shagan*-Holz, schönes Meerholz, Seeleute bringen;
Möge das Land Marhaschi dir Edelsteine, Kristall bringen,
Möge das Land Magan dir starkes Kupfer, die Kraft von . . ., Diorit, *u*-Stein, *shuman*-Stein bringen;
Möge das Meerland dir Elfenbein, den . . . Schmuck des Königs liefern,
Möge das Land Zalamgar dir Wolle, gutes Erz, . . . liefern;
Möge das Land Elam dir . . . Wolle als Tribut liefern;
Möge die heilige Stadt Ur, der Thron des Königstums, die . . . Stadt dir Korn, Sesamöl, edle Gewänder, schöne Gewänder, Seeleute liefern;
Möge das weite Meer dir seinen Überfluß bringen.
Die Stadt – ihre Wohnungen sind gute Wohnungen,
Dilmun – seine Wohnungen sind gute Wohnungen, . . .»
(Antiquity 146, Juni 1963)

10. KAPITEL

Der grüne Mann

Eines Tages, während ich mit der Ausgrabung meiner Straße hinter der Stadtmauer beschäftigt war und P. V. mit seiner Gruppe weit fort in Katar die Wüste durchstreifte, besuchte uns jemand im Lager. Er stellte sich als der Britische Politische Agent in Kuwait vor. In Kuwait, sagte er, gebe es in der britischen Kolonie eine Anzahl begeisterter Amateur-Archäologen, die eine Fahrt zu der Insel Failaka vor der Küste von Kuwait planten, wo es Ruinen geben sollte. Er wollte gern sehen, was für Dinge wir in Bahrain fanden, damit sie eine Vorstellung davon bekämen, wonach sie bei ihrer Expedition suchen mußten.

Wir zeigten ihm unsere Ausgrabungen und besichtigten mit ihm zusammen die Schau der Keramik-Mustertypen unserer sieben Städte, die wir an der Wand unseres Arbeitsraums angebracht hatten. Schon eine Woche später erhielten wir ein Paket mit einer Schachtel von Topfscherben aus Failaka, womit die Anregung verbunden war, ich möge doch meine Heimreise in Kuwait unterbrechen, um mehr von den Funden zu sehen und zu besprechen, was in Zukunft geschehen könne.

Für dieses Jahr war unsere Arbeit in Bahrain beendet. Die Expedition war vorüber, unsere Mannschaft bereitete sich auf die Abreise vor. Junis und ich begannen, das Lager wieder einmal abzubrechen. Das war allmählich zur Routine geworden, und diesmal hatte ich keine allerletzte Grabung mehr zu Ende zu bringen. Sobald die letzte Kiste zugenagelt, verschnürt, ausgezeichnet und auf den Lastwagen der Speditionsfirma verladen war, überließ ich Junis den Abbruch des Lagers und nahm die kleine Maschine der Golf-Fluggesellschaft nach Kuwait.

Die Nordküste vor Bahrain lag flach unter mir, als wir kreisten, um an Höhe zu gewinnen, und der Kalaat al-Bahrain-Tell, der von so großer Bedeutung für unsre Arbeit war, war als kleiner zackiger Einschnitt in den Plantagen, die die Küste säumen, zu erkennen. Wie so oft vorher und nachher versuchte ich vergeblich, den Tempelhügel von Barbar auszumachen, als wir uns über die Küste hinaus in Richtung auf die saudiarabische Küste schwangen. Die Meerengen zwischen Bahrain und Arabien erschienen aus der Luft unglaublich eng, und ich bemühte mich sehr, irgendeinen Eindruck von der arabischen Küstenlinie gegenüber Bahrain zu gewinnen. Aber wenn ich nicht einmal unsere eigenen Ausgrabungen erkennen konnte, bestand natürlich wenig Hoffnung, aus der Luft irgendwelche archäologischen Möglichkeiten auf dem gegenüberliegenden Ufer festzustellen. Und doch war dies wohl die größtmögliche Annäherung an die dortige Archäologie. Es war bekanntermaßen außerordentlich schwer, eine Einreisebewilligung nach Saudi-Arabien zu bekommen, und völlig unmöglich, wenn man in dem Verdacht stand, Archäologe zu sein. Aber gestützt auf die Autorität von Sargon von Assyrien wußten wir, daß Dilmun mehr als eine Insel war. Es gab eine Landgrenze zwischen Dilmun und Bit-Iakin, so daß es irgendwo an dieser verbotenen Küste ähnliche Siedlungen wie die, die wir in Bahrain gefunden hatten, gegeben haben mußte. Aber alles, was ich sehen konnte, war die dunkle Masse der Dattelplantagen in der Gegend von Dammam und der Bucht von Katif, bevor das Flugzeug sich nach Norden wandte und der Küste gegen Kuwait zu folgte.

Eine Stunde lang flogen wir niedrig über der Küste, wo die weite gelbe Fläche der Wüste in einem scharfen Strich auf die ebenso weite blaue Fläche des Meers stößt. Hier gab es kein Süßwasser und keine Besiedlung, nichts als einen endlosen Sandstrand. Dann flogen wir weiter hinein über das Festland und sahen vor uns das Wasser der Bucht von Kuwait. Wir gingen steil in die Kurve über zusammengeballten Blöcken neuer Betonhäuser, eingerahmt von dem Halbkreis einer zweibahnigen Straße mit Verkehrsrondellen, die wie Perlen einer Kette aufgereiht waren, und glitten auf die Landepiste von Kuwait hinunter.

Ich war nur halb auf Kuwait vorbereitet. Von der Luft aus hatte ich es schon gesehen mit seinem endlosen Strom von Wagen auf der Ringstraße. Aber von unten, als ich neben dem Fahrer der Agentur saß, waren das Ausmaß des Verkehrs und die Zeugen explosiver städtebaulicher Ausdehnung völlig überwältigend. Kuwait hat im Orient keine Parallele.

Daß sein Reichtum sich auf das Öl gründet, ist ein Gemeinplatz und besagt gar nichts. Seit über zehn Jahren stand ich in enger Verbindung mit den Scheichtümern des Golfs, deren Wohlstand auf Öl beruht.

Aber Kuwaits Ölreichtum ist von ganz anderer Art als der von Bahrain oder Katar. Statistiken neuzeitlicher Ölförderung könnten in einem Bericht über eine archäologische Expedition fehl am Platz erscheinen. Aber in groben Umrissen ist die Lage die folgende.

Bahrain hat seit über dreißig Jahren ein ständiges schönes Einkommen aus den Ölabgaben gehabt, das allmählich auf die gegenwärtige Zahl von ungefähr zwanzig Millionen Dollar im Jahr anstieg. Da Bahrain nur etwa 600 Quadratkilometer groß ist und 140000 Einwohner hat, stellen seine Öleinkünfte, die sich pro Kopf der Bevölkerung auf 150 Dollar im Jahr belaufen, einen sehr willkommenen Beitrag zu den Staatsfinanzen dar. Sie gestatten ein umfassendes Programm für öffentliche Arbeiten, Erziehung und Gesundheitsfürsorge, ohne daß irgendeine direkte Besteuerung nötig ist.

Katar ist viel reicher. Bei einer viermal größeren Ölförderung und der halben Einwohnerzahl hat es ein Öleinkommen von etwa 1500 Dollar pro Kopf der Bevölkerung. Es sprang bei einem Besuch von Doha sofort ins Auge, daß in Katar, während Bahrain wohlhabend war, Hochkonjunktur herrschte, aber seine Einkünfte flossen damals erst seit zehn Jahren, und Katar ist ein viel größeres Land und mußte einen viel weiteren Weg zurücklegen, um aufzuholen.

Aber Kuwait hat eine vierzigmal größere Ölförderung als Bahrain. Alle vier Monate hat es mehr Öleinkünfte als Bahrain in den ganzen dreißig Jahren, seit dort Öl entdeckt wurde. Bei einer doppelt so großen Bevölkerung wie Bahrain hat Kuwait ein jährliches Öleinkommen von dreitausend Dollar pro Kopf.

Damit kann man nicht fertig werden. Sosehr es sich bemühte, Kuwait konnte das Geld nicht so schnell ausgeben, wie es hereinkam. Die Ministerien, die eilig eingerichtet wurden, als der Ölstrom 1950 zu fließen begann, stellten fest, daß auch angesichts ihrer ehrgeizigsten Pläne für Schulen, Krankenhäuser, Straßen, Parks und Häfen das Geld schneller kam, als das bestellte Material geliefert werden konnte, schneller, als ihre Architekten planen und ihre Baufirmen bauen konnten. Während in der übrigen Welt Zeit Geld ist, ist es in Kuwait umgekehrt. Bei jedem Projekt war der entscheidende Faktor nicht, wieviel es kostete, sondern wie schnell es verwirklicht werden konnte.

Die Stadt Kuwait, das ganze Land spiegelten diese Situation wider. Es herrschte eine fiebrige Atmosphäre, überall ungeheure unvollendete Gebäude, riesige Straßen ohne Belag, die geplant waren, um riesige Vorstädte zu bedienen, mit deren Bau noch nicht einmal begonnen worden war, überall Straßen mit einem Gewimmel von Menschen und einem Strom neuer, blitzender Autos.

Im Gegensatz dazu war die Britische Politische Agentur ein Hafen der Ruhe, eine Insel der Stabilität in der Raserei ständigen Wechsels. Denn die Agentur war älter als der Ölboom und war, da sie auf einem Vorsprung der Küste stand, der Aufmerksamkeit der Straßenplaner entgangen. Dort, in den vornehmen Räumen eines Gebäudes, das an das indische Kaiserreich gemahnte, konnte ich das wenige besichtigen, das von der Geschichte Kuwaits bekannt war.

Das nahm nicht viel Zeit in Anspruch. Kuwaits bekannte Geschichte war kaum zweihundert Jahre alt. Carsten Niebuhr hatte auf jener früheren dänischen Expedition vor gerade zweihundert Jahren über die Existenz der Stadt Kuwait, auch Grain genannt, hier an der Südküste der tiefen Bucht berichtet, die sich westwärts an der Mündung des Schatt el-Arab, wo Euphrat und Tigris in den Golf münden, erstreckt. Wie er berichtet, war es eine Stadt von vielleicht zehntausend Einwohnern, Fischern und Perlenfischern, aber im Hochsommer, wenn die Perlenfischer an den Küsten bei Bahrain arbeiteten und die Kamelhandelskarawanen nach Damaskus und Aleppo aufgebrochen waren, blieben kaum dreitausend Einwohner in der Stadt zurück. Der herrschende Stamm waren die Utubi, die versuchten, ihre Unabhängigkeit von den mächtigen Bani Khalid, die die Küste von Bahrain bis zum Irak beherrschten, zu festigen. Als der Scheich der Bani Khalid, so fügte Niebuhr hinzu, ein Heer nach Grain entsandte, suchten die Einwohner Zuflucht auf der Insel Failaka, die zu ihrem Herrschaftsgebiet gehörte.

Zu dieser Zeit muß Kuwait eine eben erst gegründete Stadt gewesen sein. Grain, oder eigentlich Kurain, bedeutet «kleines Horn» und ist wahrscheinlich der Name des Vorgebirges zwischen der westwärts verlaufenden Bucht von Kuwait und dem sich südwärts erstreckenden Arabischen Golf, des Vorgebirges, auf dem jetzt die Stadt steht. Der Name Kuwait bedeutet «kleine Festung», und ihre Gründung muß der erste Schritt im Ringen der Utubi um Unabhängigkeit gewesen sein. In den Jahren, die auf Niebuhrs Besuch am Golf folgten, war dieses Ringen von Erfolg gekrönt. Nicht nur hatten die Scheichs der Utubi Kuwait gehalten, wie sie es bis zum heutigen Tag tun, sondern ein mächtiger Zweig der Familie war nach Süden gewandert. Wir sind ihm schon begegnet. Es waren die Khalifah, die sich in Zubara in Katar niederließen und von dort Bahrain eroberten.

Niebuhr hatte auch noch erwähnt, daß es bei Grain eine «portugiesische Burg» gebe, und besonders diese Feststellung hatte die archäologischen Enthusiasten veranlaßt, die Insel Failaka zu erforschen. Denn ohne Zweifel gab es auf dem Festland keine portugiesische

Burg; hingegen wußte man, daß es an der Nordküste von Failaka verlassene Ruinen einer Stadt mit einem Fort gab. Die Stadt hieß bezeichnenderweise Kurainija.

Failaka liegt draußen in der Mitte der Öffnung der Bucht von Kuwait, gut drei Stunden Motorbootfahrt vom Festland entfernt. Es hat für Kuwait eine wichtige strategische Bedeutung. Von ihm aus sind

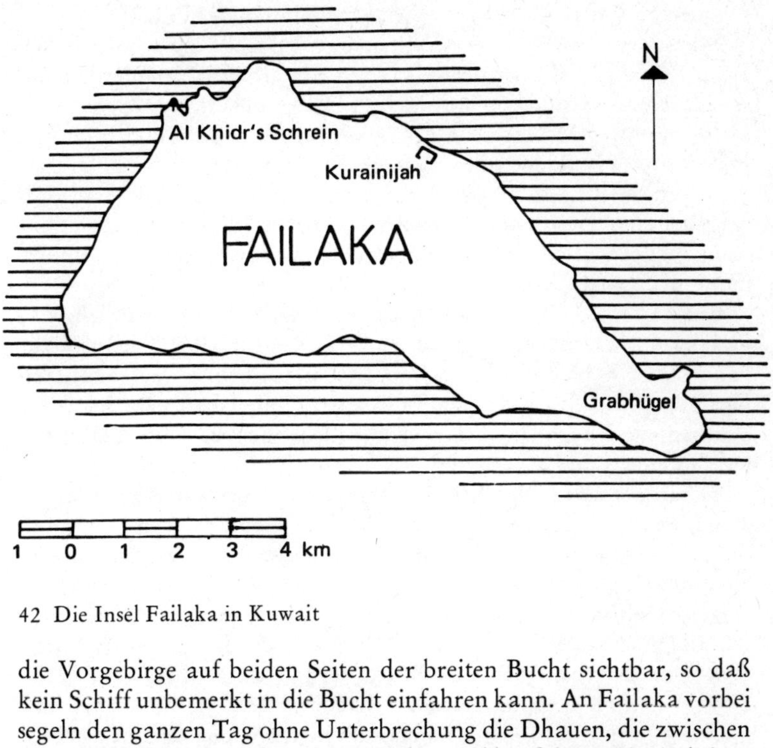

42 Die Insel Failaka in Kuwait

die Vorgebirge auf beiden Seiten der breiten Bucht sichtbar, so daß kein Schiff unbemerkt in die Bucht einfahren kann. An Failaka vorbei segeln den ganzen Tag ohne Unterbrechung die Dhauen, die zwischen Basra am Schatt el-Arab und Kuwait hin und her fahren. Sie sind einer der Hauptversorgungswege für den unerschöpflichen Markt von Kuwait, aber bis vor kurzem noch waren sie Kuwaits Lebensader. Denn sie brachten das Wasser. Kuwait war um einige Brackwasserquellen herum entstanden, war aber bald über deren Kapazität hinausgewachsen. Von da an hing die ganze Existenz Kuwaits von dem Wasser ab, das die Dhauen von den Flußsystemen Mesopotamiens heranbrachten. Als das Ölzeitalter anbrach und mit ihm die Bevölkerung anwuchs, wurde der Versorgungsweg überbeansprucht und auf gefährliche Weise sowohl den Launen des Wetters als auch politischem Druck ausgesetzt. Kuwait hatte seine ersten paar Millionen ergebnislos dazu verwendet, in seinem eigenen Territorium nach Wasser zu suchen – die Geschichte, daß man, wo auch immer man nach Wasser bohrte, auf Öl traf, ist nicht verbürgt –, und dann wurde die größte Salzwasserdestillieranlage der Welt gebaut. Nun war man nicht mehr von dem Wasser aus dem Irak abhängig, aber noch immer segeln die Dhauen an Failaka vorbei, freilich jetzt mit anderer Fracht.

Failaka war gut mit Wasser versorgt. Infolge einer geologischen Laune fließt das Wasser der spärlichen winterlichen Regenfälle nicht ins Meer und verdunstet auch nicht, sondern sickert zum Grundwasserspiegel zwei Meter unter der Sandoberfläche der Insel hinunter. Hier kann es in flachen Brunnen angezapft werden, die freilich bald versiegen, wenn das Wasser der unmittelbaren Umgebung erschöpft ist. Aber ein neuer Brunnen in etwa hundert Meter Entfernung ergibt neues Wasser, und so fort. Getreide soll bis vor wenigen Jahren auf Failaka angebaut worden sein.

Aus verschiedenen Gründen schien es daher wahrscheinlich, daß Failaka eine ältere Siedlungsstätte war als Kuwait selbst. Die Insel war ja auch, wie es hieß, voller Ruinen. Es war auch ein bedeutendes Heiligtum auf der Insel, ein Wallfahrtsort für die islamische Sekte der Schiiten; und auch das ließ eine Vergangenheit vermuten, die über zweihundert Jahre hinausging.

Außerdem war schließlich der einzige Fund aus dem Altertum, der je in Kuwait entdeckt worden war, auf Failaka gefunden worden – und der stand gerade in dem Raum, in dem ich saß und las. Es war eine unregelmäßige Kalksteinplatte, auf deren Oberfläche eine Inschrift eingemeißelt war – auf griechisch. Eine Ecke war abgebrochen, aber nur ein Wort ist dadurch zweifelhaft geworden. Die Inschrift lautet: «Soteles, der Athener, und die So[ldaten] [weihten dies] dem Retter Zeus, Poseidon und der Retterin Artemis.» Der Stein war vor fast zwanzig Jahren gefunden und dem Politischen Agenten zur sicheren Aufbewahrung anvertraut worden.

Die Inschrift hatte in Kuwait ausgedehnte Spekulationen zur Folge. Sie war eindeutig aus der klassischen Zeit, über zweitausend Jahre alt. Aber was tat ein Athener mit einem oder mehreren Kameraden (denn das verstümmelte Wort, das im Licht späterer Erkenntnis nun mit «die Soldaten» übersetzt wird, schien damals ein Teil eines anderen Namens, und zwar eines Frauennamens, zu sein) auf einer Insel mitten im Arabischen Golf? Die allgemein vorgebrachte Theorie war, daß es sich um Überlebende eines Schiffbruchs handelte, was die Bezeichnung von zwei der Gottheiten als «Retter» zu bestätigen schien.

Es war also ganz gewiß lohnend, sich Failaka näher zu besehen, und auf Failaka schien die Stadt Kurainija der erfolgversprechendste Ausgangspunkt zu sein.

In Wirklichkeit war sie der falsche Ausgangspunkt, denn Kurainija ist nicht älter als Kuwait selbst. Lang hingestreckt in einem flachen Tal an der Nordküste der Insel, ergaben ihre zerfallenen Steinmauern die unverkennbaren groben glasierten Topfscherben in Türkisblau, die charakteristisch für die letzten beiden Jahrhunderte sind. Und eine sorgfältige Untersuchung des Forts mit einer sehr genauen Ausgrabung eines der Ecktürme ergab dasselbe Resultat. Es war ein runder, für eine arabische Befestigung typischer Turm, der keine Ähnlichkeit mit den eckigen Türmen der portugiesischen Forts hatte.

Als ich die Fotografien, Zeichnungen, Berichte und Topfscherben dieser vorzüglich geplanten und durchgeführten Grabung durchsah, dachte ich unwillkürlich, daß soviel Energie und Unternehmungsgeist ein befriedigenderes Ergebnis verdient hätten. Hätte ich damals schon gewußt, was Failaka zu bieten hatte, so wäre dieses Gefühl noch stärker gewesen. Denn es passiert allzu oft in der Archäologie, daß der Berufsarchäologe das erntet, was der Amateur gesät hat, und ganz gewiß am Golf verdanken wir praktisch alle bedeutenderen Entdekkungen dem Scharfblick aufmerksamer Amateure und der Großzügigkeit, mit der sie uns ihre Ergebnisse überließen. Ich hoffe, daß Sir Guwain Bell, jetzt, wie ich glaube, britischer Botschafter in Nigeria, und John Muir, zweifellos noch irgendwo in der Welt für den British Council tätig, mit unseren Bemühungen um die Altertümer der Insel, mit deren Ausgrabung sie als erste beschäftigt waren, zufrieden sind.

John Muir begleitete mich am nächsten Tag zum kuwaitischen Ministerium für Erziehung und stellte mich dem stellvertretenden Direktor Darwisch Mikdadi vor. Darwisch stammte aus dem Irak, ein älterer Herr der alten Schule, höflich, ein Gelehrtentyp mit leiser Stimme, und man konnte dem Gerücht kaum glauben, daß er eine wichtige Rolle bei Raschid Alis Rebellion im Irak während des Zweiten Weltkriegs gespielt und als Folge davon eine längere Internierung durchgemacht hatte. Seine höfliche Zurückhaltung verbarg eine erstaunliche Weitsicht, und ihm war zu einem großen Teil die Leistungsfähigkeit der Erziehungsbehörde zu verdanken, die durchschnittlich zehn neue Schulen im Jahr baute und mit Personal ausstattete, die eine höhere Schule errichtet hatte, die zu einer Universität ausgebaut werden sollte, sobald die Schüler die Universitätsreife erreicht hatten, und die eines der noch vorhandenen Forts von Kuwait in ein provisorisches

Museum umwandelte, während gleichzeitig Pläne für ein ständiges Museum entworfen wurden. Die Aussicht, daß wir vielleicht etwas finden würden, was man in dem Museum aufstellen könnte, fand sofort Anklang bei Darwisch Mikdadi, und die obligatorische halbe Stunde Konversation bei einer Tasse Kaffee mündete in eine weitere halbe Stunde präziser Planung einer Expedition im folgenden Jahr. Als ich am nächsten Tag das Flugzeug nach Dänemark bestieg, hatte ich in meiner Aktentasche den Entwurf des im Prinzip schon genehmigten Antrags auf eine ganz vom Ministerium zu finanzierende Expedition, die das ganze Land und insbesondere die Insel Failaka erforschen sollte.

Trotzdem gab es in diesem Sommer in Dänemark viel zu tun. Die Organisation von Expeditionen nach Bahrain, Katar und Kuwait nagelte mich an meinem Schreibtisch zwischen den mit Topfscherben gefüllten Regalen während der ganzen Monate fest, in denen der Rest des Stabs des Museums im sommerlichen Dänemark Ausgrabungen durchführte. Ich war im Rückstand mit der Numerierung der Topfscherben. Unsere Konservierungsabteilung hatte in ihrem provisorischen Schuppen hinter dem Museum nur Zeit, sich mit denjenigen unserer Bronzen zu beschäftigen, die von Korrosion bedroht waren, und das Museum hatte keinen Zeichner, der unsere Pläne und Schnittzeichnungen ins reine hätte zeichnen können. Unsere Expedition überbeanspruchte bereits die Möglichkeiten eines Museums, das nicht dafür geplant war, orientalische archäologische Projekte großen Maßstabs durchzuführen; und es fehlte nicht an wohlmeinenden guten Freunden, die uns rieten, wir sollten den Schlingen einer unkontrollierten Ausweitung der Expedition über den Umfang hinaus, den unsere tragende Organisation noch verkraften konnte, aus dem Weg gehen. Sie hatten wahrscheinlich recht, aber wir waren schon über das Stadium hinaus, wo wir noch hätten umkehren können.

Ohne uns dessen bewußt zu sein, hatten wir im Zentrum eines archäologischen Vakuums mit Ausgrabungen begonnen, und irgendein Gesetz kultureller Aerodynamik verlangte nun von uns, daß wir uns ausdehnten, um das Vakuum zu füllen. Wenn wir auf ein neues Problem oder ein neues Gebiet aufmerksam gemacht wurden und uns gleichzeitig die Mittel, es zu erforschen, geboten wurden, hätten wir eine Weigerung, uns mit der Sache zu befassen, nur damit rechtfertigen können, daß wir sowohl uns wie auch unsere Gönner davon überzeugt hätten, daß sie in keinem Zusammenhang mit den bereits im Gang befindlichen Arbeiten stand. Aber die Zusammenhänge mit unseren bisherigen Arbeiten weiteten sich ebenfalls rasch aus und schlossen nun ganz gewiß auch Kuwait ein. Wir hatten soeben Bahrains Teilnahme an einem lebhaften Handel mit Mesopotamien im zweiten Jahrtausend vor Christus dargelegt, und dieser Handel muß direkt an Kuwait und Failaka vorbeigegangen sein. Und irgendwo in dieser Richtung lag die von Sargon von Assyrien im siebten Jahrhundert erwähnte Grenze zwischen Dilmun und Bit-Iakin.

Ich habe bisher wenig über Bit-Iakin gesagt, aber in gewisser Weise war es ein Rätsel, das nur demjenigen von Dilmun nachstand. Es war, wie wir gesehen haben, ein Land südlich von Babylonien, südlich von Ur und all den bekannten Städten Mesopotamiens. Den Namen Bit-Iakin hatte das Land erst kurz vor der Zeit Sargons erhalten; er bedeutet das Haus Iakins, und Iakin war zwei Generationen früher ein Anführer, der die Königsherrschaft an sich gerissen hatte und ein Stachel in der Seite der assyrischen Könige war. Aber das Land war sehr viel älter und war den Babyloniern früher einfach als das ‹Meerland› bekannt. Als solches wurde es häufig in den Texten aus dem zweiten Jahrtausend erwähnt (wir sahen es am Ende des vorhergehenden Kapitels merkwürdigerweise als Lieferant von Elfenbein nach Dilmun), und es hatte sogar mehr als einmal über den Südteil von Babylonien geherrscht. Besonders im sechzehnten Jahrhundert, als die Kassiten Babylon eroberten, hatte das Meerland eine starke Dynastie von Königen in Südbabylonien hervorgebracht und das ganze alte Sumer mehr als zweihundert Jahre lang gegen die Kassiten behauptet. Und doch ist das Meerland, wie sein Nachbar Dilmun, aus der Geschichte verschwunden, und niemand wußte mehr, wo es lag.

So konnten wir nicht behaupten, es sei gleichgültig, was es in Kuwait zu finden gebe. Das Problem einer Expedition dorthin war lediglich eines der Logistik. Während des Sommers 1957 arbeiteten wir also ein Programm aus.

Wir waren elf Mann, die Anfang Januar 1958 nach Bahrain abflogen. Drei sollten unmittelbar nach Katar weiterreisen, zusammen mit P. V., der vierzehn Tage bei ihnen bleiben sollte, um die Grabungsorte, ein Grabhügelfeld und ein verfallenes Dorf im Nordwesten, auszuwählen und dann zurückzukehren. Wir hatten in diesem Jahr wenig Sorge um Katar. Die dort beschäftigte Gruppe wurde von Eigil geleitet, der sich als erfahrener Expeditionsleiter, wenn auch in einem etwas anderen Teil der Welt, bewährt hatte. Er ist einer der bekanntesten gegenwärtigen Erforscher Grönlands und die größte Autorität auf dem Gebiet der vorgeschichtlichen Eskimosiedlungen in Peary Land.

Inzwischen hatte ich die Grabung in Bahrain wieder in Gang zu bringen. Das war keine schwierige Aufgabe, da unsere Gruppe praktisch unverändert gegenüber dem letzten Jahr war. Nach drei Wochen konnten also P. V. und ich nach Kuwait abreisen, und eine Woche nach unserer Ankunft sollten vier weitere Mann aus Dänemark nach Kuwait kommen.

Das war das Vabanque-Spiel. Wir hatten eine Woche, um ein ungefähr doppelt so großes Land wie Katar zu erforschen und geeignete Stätten zu finden, an denen die neue Gruppe graben konnte.

Drei Tage später landeten wir auf Failaka. Als wir auf dem Deck des Motorboots standen, das in der Dünung des vom Land zurückflutenden Wassers schaukelte, konnten wir die ganze Länge des flachen weißen Strandes der Westküste der Insel sehen. Das waren weniger als fünf Kilometer, aber aus unseren Karten wußten wir, daß die Insel sich hinter dem Strand elf Kilometer weit bis zu ihrem östlichsten Punkt erstreckte. Zu unserer Linken endete die Insel in einem Felsvorsprung, der von einem kleinen Erdhügel gekrönt war. Das war das Heiligtum von Al-Khidr, dem Grünen Mann, wie uns der Kapitän des Bootes erzählt hatte. Rechts, nach Süden, wurde der Ausblick durch zwei niedrige Hügel begrenzt, von denen einer von einem Steingebäude überragt wurde, und diese beiden Hügel hießen Saad wa-Saaid. Zwischen den beiden und unmittelbar hinter dem vor uns liegenden Ufer drängten sich die braunen Lehmhütten, aus denen das Dorf Zor, das einzige Dorf auf Failaka, bestand.

Es gab keinen Hafen und keine Mole. Das Boot hielt seine Position am Rand der Brandung mit dem in halber Geschwindigkeit laufenden Motor, während unser Kapitän mit seinem grimmig aussehenden Bart über das Funktelefon mit dem Direktor der Dorfschule sprach, um ein Boot zu bekommen, das uns holen könnte. Denn das Motorboot gehörte dem Ministerium für Erziehung und wurde dafür verwendet, Versorgungsgüter, vor allem Nahrungsmittel, für die Schule zu bringen und die Lehrer alle vierzehn Tage zum Wochenende nach der Stadt Kuwait zu fahren.

Es war ein Einbaum, der auf das Funkgespräch hin herauskam, ein langes, schmales, aus einem einzigen Baumstamm ausgehöhltes Fahrzeug. Es legte sich mit großem Geschick längs neben das Motorboot, und wir ließen unsere Koffer und Stative und den Eispickel, den ich immer bei mir hatte, hinunter und stiegen dann selbst hinab. Mit dem Rand wenige Zentimeter über dem Wasser drehte das Boot und hüpfte auf den Wellen zum leicht ansteigenden Ufer hinauf. Wir stiegen an Land und wurden von einem vierschrötigen Mann im braunen Straßenanzug, dem Direktor der Schule, in tadellosem Englisch begrüßt.

Nachher kamen wir in seinem großen Arbeitszimmer mit der Doppelreihe von Lehnstühlen, die in echt arabischem Empfangsraumstil von seinem Schreibtisch ausging, mit dem Rest des Lehrkörpers, einem halben Dutzend junger Männer in europäischer Kleidung, zusammen. Sie waren alle Palästinenser, Flüchtlinge aus dem Staat Israel, dessen Existenz sie nicht anerkennen wollten, und leidenschaftlich bemüht, den vom Westen geprägten Geist des mittelmeerischen Arabers hervorzukehren. Während P. V. und ich unsere Abbas, den wollenen Umhang des Arabers vom Golf, als Schutz gegen den kühlen Wind der Seefahrt trugen, machten diese Lehrer keine derartigen Konzessionen an das Land, in dem sie sich befanden. Man hätte es auch nicht geschätzt, wenn sie es getan hätten. Wir waren hier, um Kuwaits Vergangenheit zu erforschen, aber die Jordanier, Ägypter und Palästinenser waren darauf aus, Kuwaits Zukunft zu gestalten, und diese Zukunft lag in der Verwestlichung. Die Schule war modern, erst vor zwei Jahren erbaut und noch in Ausdehnung begriffen, und die Lehrer waren begeisterte Neuerer, die ganz offensichtlich hingerissen waren von der Chance, ein modernes Erziehungssystem von Grund auf und ohne Rücksicht auf Tradition oder Kosten aufzubauen. Das Zimmer hing voll von Zeichnungen und Gemälden mit einheimischen Szenen, die von den Schuljungen stammten, und mit Tabellen über die Schülerzahl und deren Anwachsen. Im Korridor hatten wir Vitrinen mit Sammlungen einheimischer Pflanzen, Vögel und Insekten gesehen. Sobald wir Kaffee getrunken hatten, führte man uns in den Saal mit Podium und Kinoprojektor. Und sogar der Kaffee war der süße türkische Kaffee der Levante an Stelle des mit Kardamom gewürzten Kaffees vom Golf.

Man zeigte uns unser Quartier, ein Klassenzimmer im oberen Stock, das eilig in ein Schlaf- und ein Wohnzimmer unterteilt worden war. Dann wurden wir dem Arzt vorgestellt, einem lächelnden Inder. Er sollte uns durch die Insel führen, denn er besaß den einzigen Wagen, der sich sehen lassen konnte. Das einzige andere Fahrzeug war der Tanklastwagen, mit dem die Schule Wasser von der Pumpstation am Rand des Dorfs holte. Wir vereinbarten, nach dem Essen mit ihm loszufahren, und kehrten in unser Quartier zurück, um auszupacken. Wir waren noch im Zweifel, wo und wie wir essen sollten, aber wir hätten uns keine Sorgen zu machen brauchen. Auf dem Motorboot war auch ein älterer Inder gefahren, der die ganze Zeit in seinem Mantel jämmerlich zusammengekauert auf Deck gesessen hatte. Es stellte sich heraus, daß er unser Koch war. Mit dem Einfallsreichtum, der die hervorstechende Eigenschaft aller indischen Köche ist, richtete er seine

Küche am Ende des Schulkorridors ein, und wenige Minuten nach unserer Ankunft trug er ein dampfendes Gericht aus Hammelkotelett, gebratenen Tomaten und Pommes frites auf, das auf einem fleckenlosen Tischtuch in Porzellangeschirr mit dem Monogramm der Erziehungsbehörde angerichtet war.

Mit vollem Magen und recht schlafbedürftig, denn wir hatten schon um halb sieben Uhr beim Motorboot sein müssen, machten wir uns auf den Weg, um dem Emir, dem Vertreter des Herrschers von Kuwait auf der Insel, unsere Aufwartung zu machen. Er war ein gebürtiger Kuwaiter, und der Kaffee, den er auftragen ließ, war mit Kardamom gewürzt. Nach dem Kaffee bestieg er mit dem Schuldirektor und uns den Jeep des Arztes. Wir benützten Pisten, die Schafe und Esel getreten hatten, zwischen niedrigen Sandhügeln, die mit spärlichem Gras und Dornbüschen bedeckt waren, was ihnen aus der Ferne ein trügerisches grünes Aussehen verlieh. Wir fuhren auf der Nordflanke des gewölbten Rückens der Insel und wandten uns nach ein paar Meilen den Berg hinunter zu der Wüstenei aus Steinmauern, die einst Kurainija war. Eine zwanzigminütige Wanderung durch die Ruinen und die Untersuchung der im Jahr vorher ausgehobenen Gräben bestätigten den Eindruck, den wir schon von den Topfscherben hatten. Das war nicht der Platz, wo wir nach der frühen Vergangenheit Kuwaits suchen mußten. Wir fuhren weiter entlang der östlichen Landzunge der Insel mit dem Meer auf beiden Seiten. Am Endpunkt war eine Gruppe von kleinen Erdhügeln, die schon aus der Entfernung unnatürlich aussahen. Als wir näher kamen, schauten wir uns an und sagten «Grabhügel». Es waren im ganzen nur fünf oder sechs, und nach unseren Erfahrungen in Bahrain und Katar wagten wir nicht, ihr Alter ohne eine Ausgrabung zu schätzen – ausgenommen, daß sie älter als Kurainija, älter als der Islam waren. Wir befanden uns auf der richtigen Spur, und wir merkten sie uns für eine Ausgrabung vor, sofern wir nichts Besseres finden konnten. Dann fuhren wir am Südufer der Landzunge zurück und über das Rückgrat der Insel nach Zor.

Am nächsten Morgen waren wir früh auf und entwischten, bevor die Schule begann. Denn nur zu Fuß kann man den Boden richtig untersuchen, aber der Araber glaubt, er habe es an Gastfreundschaft fehlen lassen, wenn er nicht auch für den kürzesten Ausflug ein Fahrzeug zur Verfügung stellt. Wir verließen die südlichen Außenbezirke von Zor und überquerten das pockennarbige Gelände, wo ein flacher Brunnen neben dem anderen gegraben worden war. Als wir die Südwestecke der Insel erreichten, erhoben sich die Zwillingshügel von Saad wa-Saaid vor uns. Sie waren die auffälligsten Wahrzeichen auf der ganzen

Insel, zwei niedrige, breite Höcker, die aus der Ebene etwa dreihundert Meter voneinander entfernt aufragten. Vom Wasser wie vom Land aus sahen sie wie Tells aus.

Aus der Nähe gab es keinen Zweifel mehr. Als wir den Abhang des größeren westlichen Hügels, zwanzig Meter voneinander entfernt und die Augen auf den Boden gerichtet, hinaufstiegen, sahen wir unzählige Topfscherben, wie sie eine Siedlungsstätte kennzeichnen. Dazwischen bemerkte ich große Bruchstücke flacher gebrannter Ziegel von so mesopotamischem Aussehen, daß ich sie sofort umdrehte, um nach den Keilschriftstempeln zu suchen, mit denen die Könige von Babylonien und Assyrien gewöhnlich die Ziegelsteine ihrer öffentlichen Bauten versahen. In Bahrain gab es keine Ziegelbauten, und mein erster Gedanke war, daß wir hier in die kulturelle Einflußsphäre von Mesopotamien gekommen waren. Aber es gab keine keilschriftlichen Inschriften, und ich wandte mich den Topfscherben zu. In diesem Augenblick schlenderte P. V. mit der gespielten Gleichgültigkeit, von der ich bereits wußte, daß sie bedeutete, daß er etwas Wichtiges gefunden hatte, auf mich zu. Er öffnete seine Hand und zeigte drei Scherben – von dünner, roter, gerippter «Barbar»-Ware!

Als wir uns umsahen, entdeckten wir immer mehr Barbar-Scherben, natürlich vermischt mit Scherben aus jüngerer Zeit und sogar mit Zeitungsfetzen, Coca-Cola-Flaschenscherben und Bruchstücken von Kaffeetassen, denn die Südecke der Insel war ein beliebter Picknickplatz. Aber wir dachten daran, daß wir auf dem ganzen Tell in Kalaat al-Bahrain nie eine Barbar-Scherbe an der Oberfläche gefunden hatten. Hier lagen sie in solchen Mengen herum, daß es kaum zweifelhaft war, daß der ganze Tell aus der Barbar-Zeit stammte und nie von einer anderen späteren Siedlung überlagert worden war.

Dann begann sich langsam der Schock bemerkbar zu machen. Das hatten wir wirklich nicht erwartet. Wir waren vierhundert Kilometer von Bahrain entfernt und hundertfünfzig Kilometer näher bei Ur als bei Bahrain. Wir hatten mesopotamischen Einfluß, vielleicht sogar mesopotamische Kolonisation in Kuwait erwartet, aber nicht bahrainischen Einfluß oder bahrainische Kolonisation. Aber wenn die «Barbar»-Kultur die materielle Verkörperung von Dilmun war, dann war auch Failaka ein Teil von Dilmun. In diesem Fall war Dilmun ein gutes Stück größer, als wir uns erträumt hatten. Die Entfernung zwischen Bahrain und Failaka war die gleiche wie zwischen Eridu, der südlichsten Stadt Babyloniens und Eschnunna, seiner nördlichsten Stadt. In geographischer Hinsicht konnte sich Dilmun also mit Babylonien selbst messen.

Wir hatten freilich nur die beiden äußersten Endpunkte dieser Ausdehnung. Zwischen Bahrain und Failaka war nichts als Meer und eine offensichtlich kahle und unfruchtbare Küste. Aber noch niemand hatte sich diese Küstengegenden näher angesehen – sie gehörten zu Saudi-Arabien, und jedermann wußte, daß Saudi-Arabien unzugänglich war.

Wir gingen über den Nordabhang des westlichen Tells zurück und überquerten den ebenen Grund zum östlichen Tell hinüber. Hier in der Ebene waren die Bruchstücke roter gebrannter Ziegel zahlreicher, und da unser Standpunkt nun niedriger war, konnten wir ein Stück unregelmäßigen Bodens zwischen uns und dem Meer in der Mitte zwischen den Tells erkennen. Wir gingen hinüber und sahen, daß das ganze, ungefähr quadratische und rund dreißig Meter breite Gebiet mit Ziegelsteinen bedeckt war. Hier und da konnten wir Linien von Mauern ausmachen. Es gab hier keine Barbar-Scherben, ja überhaupt nur ganz wenige Scherben irgendwelcher Art. Wir gingen zum östlichen Tell weiter.

Dieser war niedriger als der westliche Hügel und bildete ein unregelmäßiges Rechteck. Der Hügel war an den Rändern höher als in der Mitte, ein klarer Beweis für eine Verteidigungsmauer, und am südlichen Rand waren zwei Grabhügel. Als wir zum Nordrand hinübergingen und dabei Töpferware sammelten, erkannten wir, daß die Siedlung hier aus einer völlig anderen Periode stammte und von einem ganz verschiedenen Typ war als der erste Tell. Auch hier gab es keine Barbar-Scherben, aber die Töpferware war uns ebensogut bekannt wie die von Barbar. Die Bruchstücke, die ich einsammelte, gehörten zu dünnen, glasierten oder rot bemalten Schalen, die wir aus den sogenannten griechischen Schichten in unserem Tell auf Bahrain kannten.

Auf unserem Gang über den Tell hatten wir einen Lastwagen über die holprige Piste aus der Richtung des Dorfes daherschaukeln sehen, und am Nordrand des Tells kamen uns der Direktor und drei Lehrer mit einem Schwall von Entschuldigungen, daß der Lastwagen nicht zur Stelle war, als wir ihn brauchten, entgegen. Bei ihnen war ein ehrwürdiger Mann in arabischer Kleidung, der uns als der Hausmeister der Schule, ein Einheimischer von Failaka, vorgestellt wurde. Wir erklärten ihnen, was wir gefunden hatten, daß nämlich der westliche Tell anscheinend eine vermutlich viertausend Jahre alte Siedlung aus der Zeit von Abraham, des Freundes Gottes, den Gott beschützte, bedeckte. Der östliche Tell sei jüngeren Datums, aber immer noch sehr alt, aus der Zeit Alexanders von den Beiden Hörnern. Als der Hausmeister dies hörte, geriet er in einige Aufregung, nahm uns bei der Hand und führte uns den nördlichen Wall des östlichen Tells entlang zu einem Punkt, wo eine flache, halb vom Sand bedeckte Ausgrabung noch ein Durcheinander von Steinen zeigte. Hier, sagte er, sei er selbst vor etwa zwanzig Jahren zugegen gewesen, als Arbeiter nach Steinen gruben, um ein Haus im Dorf zu bauen, und den Stein mit der Inschrift fanden, der jetzt in der Agentur in Kuwait sei.

Damit war unser Ruhm gesichert. Daß wir auf Grund einer Handvoll Topfscherben eine Stätte der Zeit der Griechen zuschreiben konnten, ohne zu wissen, daß gerade hier eine griechische Inschrift gefunden worden war, beeindruckte die Versammlung der Lehrer ungeheuer. Wir waren zweifellos sehr gelehrte Männer.

Wir waren ebenso beeindruckt. Wir hatten keine so rasche Bestätigung unserer ziemlich gewagten Datierung der Stätte erwartet. Und ganz sicher hatten wir nicht erwartet, daß die Stätte nicht nur aus der griechischen Zeit stammte, sondern tatsächlich griechisch war. Die Theorie von den schiffbrüchigen griechischen Seeleuten auf Failaka hatte zwar immer schon recht unbefriedigend geschienen, und nun, als wir am Boden die Hinweise auf eine beträchtliche Siedlung überschauten, war es augenfällig, daß die «Gestrandeten» sowohl zahlreich als auch unternehmend gewesen sein mußten. Das hier war ohne Zweifel eine ständige Festung. Aber konnte sie wirklich griechisch sein? Alexanders Flotte war, wie wir wußten, hier vorbeigefahren, und das Reich der Seleukiden, seiner Nachfolger, erstreckte sich bis zum Nordende des Golfs. War es möglich, daß wir hier auf einem Grenzposten der seleukidischen Könige standen?

Eines stand jedenfalls fest: Wir brauchten nach keiner weiteren Ausgrabungsstätte Ausschau zu halten. Hier waren zwei der wichtigsten Perioden der Geschichte des Golfs vertreten, und zwar in einer überaus bequemen Form. Denn während wir in Bahrain die «griechische» Periode hatten weggraben müssen, um die Barbar-Periode zu erreichen, lagen die beiden hier nebeneinander. Man konnte sie gleichzeitig ausgraben.

Die Grabungen mußten organisiert werden, und wir hatten nicht viel Zeit zu verlieren. In drei Tagen sollte unsere Mannschaft aus Dänemark kommen, und einer dieser Tage war ein Freitag, der mohammedanische Sabbat, an dem nicht gearbeitet werden durfte. Wir beschlossen, am Nachmittag des nächsten Tags, des Donnerstags, nach Kuwait zurückzukehren, wenn das Motorboot die Wochenendgesellschaft der Lehrer auf das Festland brachte. Dort mußten wir dann alle die verschiedenen Ausrüstungsgegenstände einer Ausgrabung einkaufen, Pickel und Schaufeln, Meßbänder und Körbe für die Erde, Schnur, Pflöcke, Notizbücher und Zeichenpapier, Etiketten, Beutel für Topfscherben, Bürsten und Kellen. Aber in allererster Linie brauchten wir Arbeiter, und wenn man diese vom Festland herüberbringen müßte, würden sich weitere Schwierigkeiten hinsichtlich der Unterbringung, Ernährung und Wasserversorgung ergeben. Wir brachten das Problem beim Schuldirektor zur Sprache, aber sogleich schaltete sich der Hausmeister ein. Er sagte, es gebe genug Männer im Dorf, die jede Woche nach Kuwait fuhren, um im Hafen und auf den Märkten Gelegenheitsarbeit zu finden, die aber gern für uns hier auf ihrer eigenen Insel arbeiten würden. Wenn wir nächste Woche zurückkämen, würde er dreißig Mann für uns bereit haben.

Am frühen Nachmittag des folgenden Tags waren wir auf dem Weg nach Kuwait zurück auf dem Motorboot. Wir waren noch einmal draußen auf der Stätte gewesen, um zu entscheiden, wo die Ausgrabung beginnen sollte. Denn wir hatten uns in einer langen Diskussion am Abend darauf geeinigt, daß wir unsere Truppe teilten. P. V. sollte mit zwei der vier Neuankömmlinge die Erkundung des Festlands, die wir kaum begonnen hatten, fortsetzen, und ich sollte mit den anderen zwei nach Failaka zurückkehren. Ich wollte eine Sondage im «Dilmun»-Tell graben, während Erling und Aage, beide erfahrene Ausgräber, mit dem «griechischen» Tell und der Häuserstätte zwischen den Tells anfangen sollten. Nach einer Woche würde dann P. V. seine Erkundung beenden und mit Poul und Torben nach Failaka kommen, die meine Sondage zu übernehmen und uns damit für die Rückkehr nach Bahrain frei zu machen hatten.

43 Von einem der Failaka-Siegel. Ein Mann hält einen Affen auf Armeslänge; Affen wurden als Haustiere aus Meluhha eingeführt

44 Das Heiligtum von Al-Khidr, dem Grünen Mann, auf Failaka. Dieses moderne Heiligtum für einen Heiligen des Islam, der unsterblich sein soll, bezeugt eine direkte Kontinuität religiösen Glaubens, die viertausend Jahre überspannt

Eine Stunde vor der Ankunft des Motorboots hatten wir den Wasserwagen der Schule mit seinem Fahrer entlehnt und die kurze Fahrt an die Nordwestspitze der Insel gemacht, um das Heiligtum von Al-Khidr zu besichtigen. Auf einem niedrigen Felsenkap, das von drei Seiten vom Meer umspült ist, liegt ein kleiner steiler Hügel. Auf seiner Spitze ist eine kreisförmige Umfriedung, eine etwa anderthalb Meter hohe Mauer mit einer engen Eingangslücke. Als wir den Hügel mühsam erkletterten, sahen wir deutlich, daß er künstlich war, ein wirklicher Miniatur-Tell, aus dem die behauenen Steine früherer Gebäude hier und dort herausragten.

Innerhalb der Umfriedung auf dem Gipfel, die kaum sechs Fuß Durchmesser hatte, stand ein grober Steinpfeiler und sonst nichts. Daß das Bauwerk ein Wallfahrtsort war, ging aus den kleinen Fahnen, Wimpeln und flatternden, leuchtend farbigen Stoffetzen hervor, die zwischen die Steine der Mauer gesteckt waren, während Knochen von Schafen und Hühnern überall herumlagen und der Pfeiler in der Mitte mit etwas Dunklem, Klebrigem beschmiert war, das kaum etwas anderes als Blut sein konnte.

Der Fahrer des Lastwagens hatte uns über die Bedeutung des Schreins unterrichtet, und seine Erzählung stimmte im wesentlichen mit der überein, die von der größten Autorität über Kuwait, dem legendären Oberst Dickson, dem wir später noch begegnen sollten, berichtet wird. Al-Khidr, so sagte unser Fahrer, sei ein Heiliger, der ein Freund von Moses war. Er wohne normalerweise in Kerbela im Irak, der heiligen Stadt der Schia-Mohammedaner, aber jeden Dienstag fliege er nach Mekka und ruhe in der Nacht des Dienstags in dem Schrein auf der Insel. Wenn eine Frau einen Sohn wünscht, muß sie Dienstag nacht betend in dem Heiligtum verbringen, und dann würde ihr Wunsch bestimmt erfüllt.

Ich fragte, wie alt der Schrein sei, aber er wußte es nicht. Er sei mehrmals von der Regierung in Kuwait zerstört worden, sagte er. Das glaubte ich gern, denn die Bevölkerung des Festlands gehört zu der orthodoxen und puritanischeren mohammedanischen Sekte der Sunni und konnte kaum einen Brauch dulden, der stark nach Götzendienst roch. Aber die schiitischen Einwohner von Failaka hatten das Heiligtum immer wieder aufgebaut, fügte er hinzu, und viele Menschen kamen sogar von so weit her wie Indien, um es zu besuchen.

Wir selbst konnten keinen Nachweis für die Entstehungszeit des Heiligtums finden: Die vielen Topfscherben waren alle ganz modern. Aber kaum hundert Meter von dem Schrein entfernt lagen zwei große flache Hügel, zu denen wir hinübergingen. Auf beiden fanden wir die roten gerippten Scherben der «Barbar-Kultur».

Als wir auf dem an Deck des Motorboots ausgebreiteten Teppich ausruhten und zu den Hügeln am nördlichen und südlichen Ende von Failakas Westküste, die über unserem Kielwasser noch deutlich zu sehen waren, zurückschauten, hatten wir genug Stoff zum Nachdenken, der uns während der ganzen dreistündigen Fahrt durch das sonnenbeglänzte Meer nach Kuwait wach hielt. Warum hatten sich die

Dilmuniten von Bahrain hier niedergelassen, so weit nördlich von ihrer Heimat? Und was hatten Griechen – und sogar Athener – hier zu suchen? Und wer war Al-Khidr? Der Name bedeutet in Arabisch nur «der grüne Mann», und das sagte uns gar nichts. Wie paßte ein grüner Mann in das Bild?

Drei Jahre mußten vergehen, bis wir die Antworten bekamen.

11. KAPITEL

Auf der Suche nach Makan

Genau ein Monat war vergangen, seit P. V. und ich von Failaka abgefahren waren, um unsere Mannschaft auf dem Flughafen von Kuwait abzuholen. Und nun war es Bahrain, das achteraus im blauen Dunst der Ferne versank, als das kleine Flugzeug seine Nase nach Südosten wandte. Am Fenster schaute die siebenjährige Annette aufgeregt nach vorn zur Küste von Katar, während der zweijährige Michael mit großen Augen von Vibekes Schoß aus P. V.s prachtvollen blauen Abba anstarrte. Das alles muß ich natürlich erklären.

Die Erklärung steckte zusammengefaltet in meiner Tasche. Es war ein Telegramm mit folgendem Wortlaut:

ZWÖLF TUMULI VOM BAHRAIN-TYP AUF EINER INSEL VOR DER KÜSTE VON ABU DHABI ENTDECKT KÖNNEN SIE UND PV KOMMEN - TIM

Ich kannte Tim schon seit vielen Jahren. In den alten Tagen, als ich für die Katar-Ölgesellschaft in Bahrain arbeitete, fuhr Tim regelmäßig auf einer großen Motorbarkasse mit Benzin und Schmieröl von der Raffinerie der Anglo-Iranischen Ölgesellschaft in Abadan den Golf hinunter. Es war eine der Ungereimtheiten des Ölgeschäfts, daß unsere Gesellschaft in Katar, obwohl sie Rohöl in fast unbegrenzter Menge förderte, das Benzin für ihre Bohrgeräte und Fahrzeuge von anderswoher beziehen mußte. Tim war der Verkaufsdirektor von Abadan für den Golf. Merkwürdigerweise hatte keiner von uns in diesen Jahren entdeckt, daß wir die gleiche Leidenschaft für Archäologie hatten.

Seit damals hatte sich viel verändert. Die Anglo-Iranische Ölgesellschaft war aus Persien vertrieben worden und hatte ihren Namen in British Petroleum umgeändert. Um den Verlust des persischen Öls auszugleichen, breitete sie sich an anderen Orten am Golf gewaltig aus. Sie besaß das halbe Öl von Kuwait und hatte, zusammen mit einer französischen Gesellschaft, die Konzession für den Meeresboden vor der Küste von Abu Dhabi im östlichen Becken des Arabischen Golfs. Seit einigen Jahren war es Tims Aufgabe, diese Konzession zu entwikkeln.

Als wir vor nunmehr fünf Jahren in Bahrain zu graben begonnen hatten, wohnte Tim in Bahrain in einem Haus, das periodisch von einer lärmenden Meute französischer Taucher, die den Meeresboden untersuchten, überfallen wurde. Im Jahr darauf beherbergte er eine ebenso lärmige Gesellschaft von Amerikanern von einem seismographischen Schiff, das die geologische Struktur des gleichen Meeresbodens erforschte. In diesen beiden Jahren sahen wir ihn oft, da er häufig unsere Grabungen besuchte und wir oft in seinem Hause zu Gast waren. Vor zwei Jahren war er nach Abu Dhabi gezogen, blieb aber durch seine häufigen geschäftlichen Reisen nach Bahrain mit uns in Berührung. Nun wollte er, anstatt unsere Funde zu besichtigen, daß wir zu ihm kämen, um uns die seinigen anzusehen.

Das Flugzeug hatte nun seine Höhe erreicht und dröhnte ostwärts über die Küste von Katar hinweg. Wir waren nördlich der Ölstadt von Dukhan, und ich schaute hinunter in der sehr vagen Hoffnung, die braunen Zelte unserer Mannschaft gegen den braunen Sand ausmachen zu können; denn es mußte ungefähr hier sein, wo sie die Ruinen des Dorfs Murwab ausgruben in der Hoffnung, unter den frühislamischen Mauern vorislamische Reste zu finden. Aber die braune Wüstenei ging ohne Unterbrechung weiter, und Michael und Annette fielen über dem monotonen Brummen der Motoren in Schlaf.

Vibeke blickte südwärts nach Dukhan, und ich wußte, daß sie an das letzte Mal dachte, wie wir zusammen über die Meerenge zwischen Bahrain und Katar flogen, als wir vor acht Jahren den Golf verließen. Damals hatte ich ihr versprochen, daß sie zurückkommen würde.

Vor einer Woche war sie in Bahrain mit den beiden kleinen Kindern gelandet, eine recht unpassende Beigabe zu einer schwer arbeitenden archäologischen Expedition; und nun waren sie besonders gebeten worden, uns nach Abu Dhabi zu begleiten. Auch dafür gab es einen Grund.

Abu Dhabi war das größte und ärmste der Scheichtümer der Vertragsküste. Es liegt hinter Katar, wo die Küste Arabiens sich nach Norden und Osten bis zu dem felsigen Vorgebirge biegt, das den Zugang zum Arabischen Golf fast sperrt und zwischen dem persischen Ufer nur knapp fünfzig Kilometer frei läßt. Von dort wendet sich die Küste wieder nach Süden in Richtung auf den Golf von Oman und Indien.

Dieser östliche Vorsprung Arabiens macht überhaupt nicht den Eindruck geographisch zu Arabien zu gehören. Er ist ein Gebirgsmassiv, das mit der übrigen Landmasse durch eine niedrige Ebene verbunden ist, über die nun die roten Dünen der ungeheuren Sandwüste, die als die Große Arabische Wüste bekannt ist, hinwegrollen. Der Hauptteil des Gebirgsmassivs und die Ostküste am Indischen Ozean bilden das Gebiet des Sultanats Maskat und Oman, während die Küste am Arabischen Golf aus einer Kette von kleinen Scheichtümern besteht, deren Unabhängigkeit durch einen Vertrag garantiert wird, der ihnen im Schatten der Kanonen einer britischen Flotte vor hundertfünfzig Jahren auferlegt worden war. Seit der Unterzeichnung des Vertrags heißt das Gebiet offiziell Vertragsküste. Sein früherer Name Piratenküste war gleich gut zutreffend, denn die wiederholten Überfälle der schwer bewaffneten Piratenschiffe dieser Küste auf die Schiffe der Britisch-Ostindischen Gesellschaft waren der Grund für die Flottenaktion von 1819.

Von den sieben Scheichtümern der Vertragsküste hat nur Abu Dhabi eine nennenswerte Größe. Es ist das südlichste der Kette, und seine ungenau bestimmten Grenzen reichen weit hinein in die Große Wüste im Süden und hundertfünfzig Kilometer landeinwärts nach Osten bis zur großen Oase Buraimi am Fuß der Berge von Oman.

Bis vor ganz kurzem war die Halbinsel von Oman vielleicht die isolierteste und am wenigsten erforschte Gegend der ganzen Welt, und Abu Dhabi war der unbekannteste Teil der Halbinsel. Als Tim sich vor zwei Jahren dort niederließ, gab es nur einen einzigen weiteren Europäer in den ganzen rund achtzigtausend Quadratkilometern des Scheichtums, nämlich den britischen politischen Agenten. Aber mit Tims Ankunft vervierfachte sich die europäische Bevölkerung, denn Tim hatte seine Frau und seine kleine Tochter dabei. Zwei Jahre lang führte die kleine Familie ein isoliertes Dasein in der kleinen Küstenstadt, die die Hauptstadt des Scheichtums ist, und sobald Tim hörte, daß Vibeke und die Kinder bei mir waren, ließ er seinem Telegramm eine dringende Einladung folgen, sie sollten mich nach Abu Dhabi begleiten.

Wir waren jetzt über dem tiefen Wasser hinter Katar, einer grenzenlosen Fläche, die nicht von den grünen Untiefen unterbrochen war, wie sie die Küste von Bahrain bis Kuwait säumen und fast auf der ganzen Strecke von Bahrain nach Katar zu sehen sind. Hier bildete das Blau des Meeres eine tiefe Schale, die in das Blau des Himmels überging, und wir schienen in der Mitte einer blauen Kugel zu fliegen. Meine Gedanken richteten sich auf die vor mir liegende Aufgabe.

Das Operationsgebiet der Expedition dehnte sich explosionsartig aus. Abu Dhabi war von Bahrain ebenso weit südöstlich entfernt wie

Kuwait nordwestlich, und wenn wir an unserem Bestimmungsort angekommen waren, würden wir achthundert Kilometer von unserer neuen Grabung auf Failaka entfernt sein. Dilmun konnte sich bestimmt nicht über eine so große Entfernung erstreckt haben. Sie war größer als die von Ur nach Ninive und fast halb so groß wie von Mohendscho-Daro nach Harappa. Wenn Tims Hügel wirklich vom «Bahrain-Typ» waren, dann wäre Dilmun so lang wie Babylonien und Assyrien zusammen, größer als das ganze Gebiet von Ober- und Unterägypten, so groß wie die gewaltige Induskultur. Eine Zeitlang spielte ich mit der Idee einer Vierten Großmacht im Osten, ließ sie aber dann zögernd wieder fallen. Das Tatsachenmaterial sprach, genau abgewogen, dagegen.

Da war, zum ersten, die Halbinsel Katar. Wir hatten bis jetzt schon genug in Katar rekognosziert, um mit einiger Sicherheit feststellen zu können, daß es hier keine Überreste unserer Dilmunkultur gab. Und es war kaum glaubhaft, daß ein sich über die ganze Länge der arabischen Küste des Golfs erstreckendes «Dilmun-Reich» keine Niederlassungen an dem geographisch hervorstechendsten Teil dieser Küste, der auch noch in Sichtweite von ihrem Hauptzentrum auf Bahrain war, gehabt hatte. Weiter, Tims zwölf Tumuli waren bei weitem keine ausreichende Basis für eine so extravagante Hypothese. Ich war inzwischen tief mißtrauisch gegenüber Tumuli geworden. Sogar auf Bahrain gab es, wie wir nun sicher waren, Tumuli aus zwei verschiedenen Perioden. Während die große Mehrzahl in den riesigen Gräberfeldern auf den Nord- und Westabhängen der Abdachung unzweifelhaft aus der Zeit der «Barbar-Kultur» waren, gab es einige hundert auf beiden Seiten der Straße südlich des Portugiesischen Forts, die Bestattungen enthielten, denen die dünnen glasierten Schalen unserer «griechischen» Periode beigegeben waren. Die Tumuli von Katar, von denen wir nun fünf ausgegraben hatten, waren ebenso sicher nicht aus der Barbar-Zeit. Bei ihnen hatte sich noch keine Datierungsmöglichkeit ergeben, denn die Skelette hatten überhaupt keine Grabbeigaben, und die Kammern, in denen sie lagen, waren von beiden Bahraintypen in Form und Bauart völlig verschieden. In den Ländern am Golf, wo es nur wenig Boden über dem gewachsenen Untergrund gab, waren Tumuli eine natürliche Bestattungsart und konnten jeder Periode angehören.

Und weiter, wenn es eine vierte Großmacht gab, dann gab es auch eine fünfte. Denn der Oman war ein Hauptkandidat für die Lokalisierung von *Makan*.

Jede Suche nach der Lokalisierung von Dilmun führt automatisch zu Spekulationen über die Lage des Landes Makan. Makan ist uns schon begegnet als das Land, aus dem das Kupfer kam, dessentwegen die Kaufleute von Ur nach Dilmun segelten. Aber noch mehr: Dilmun und Makan wurden immer zusammen genannt, oft im gleichen Satz, und häufig auch zusammen mit einem dritten Land, Meluhha.

Wie wir so über die blaue Fläche des Meers flogen, versuchte ich mir die wichtigeren Inschriften, die Dilmun mit Makan verknüpften, ins Gedächtnis zu rufen. Da war die früheste von allen, die Prahlerei Sargons von Akkad um 2300 v. Chr., «daß er die Schiffe von Meluhha, die Schiffe von Magan, die Schiffe von Dilmun an der Mole von Agade vor Anker gehen ließ». Da war auch die Behauptung von Naram-Sin, Sargons Enkel, in einer recht suspekten Chronik, daß er «gegen das Land von Makan zu Feld gezogen sei und persönlich Mannu-dannu, den König von Makan, gefangengenommen habe». Und Gudea, der berühmte Gouverneur von Lagasch um 2130 v. Chr., als das Barbarenvolk der Gutäer in Mesopotamien herrschte, importierte Diorit von Makan für seine zahlreichen Statuen. Einige dieser Statuen existieren noch und tragen Inschriften, die davon berichten.

Dann waren da auch noch die Tontafeln der Kaufleute aus Ur mit ihren Ladungen «für den Einkauf von Kupfer aus Makan», «für den Einkauf von Kupfer, verladen auf einem Schiff aus Makan». Aber das war auf den früheren Tontafeln, aus der Zeit von ungefähr 2000 v. Chr. In der Zeit von Ea-nasir, zweihundert Jahre später, gab es anscheinend keine direkten Fahrten nach Makan. Jetzt ging der ganze Handel über den Stapelplatz Dilmun. Aber Makan war immer noch bekannt als Rohstofferzeuger. Soviel ich mich erinnerte, gab es eine Anzahl von Lexikontexten aus dieser Periode, Listen von Produkten mit ihrem Ursprungsland. Und dort stößt man in der Liste der Steinarten auf «Diorit, Erzeugnis von Makan»; in der Liste der Metalle auf «Kupfer, Erzeugnis von Makan»; in der Liste von Holzsorten auf «Palmbäume, Erzeugnis von Dilmun, Erzeugnis von Makan, Erzeugnis von Meluhha».

All das ist sehr geschäftsmäßig und nüchtern. Es sind keine mythologischen Texte; die Götter der Sumerer, die anscheinend fast mehr in Dilmun als in Mesopotamien selbst zu Hause waren, besuchten nie Makan.

Natürlich hatte es früher schon unter den Gelehrten Spekulationen über die genaue Lage von Makan gegeben, und soviel ich mich erinnerte, gab es zwei hauptsächliche Meinungen. Die eine lokalisierte Makan im Oman. Dafür gab es zwei Gründe: erstens die allgemeine Überlegung, daß Makan in einer für die Schiffahrt einigermaßen bequemen Entfernung von Dilmun gelegen haben mußte, und zweitens das spezielle Argument der Kupferanalyse. Eine große Zahl von Kupfergegenständen von Mesopotamien aus der Zeit zwischen 3000 und 2000 v. Chr. ist analysiert worden, und man fand, daß das Kupfer eine kleine Spur, etwa 0,2 bis 0,3 Prozent, Nickel enthielt. Nickel kommt ziemlich selten als Verunreinigung des Kupfers vor, und eine ähnliche Beimischung von Nickel hatte man in einem einzigen Muster von Kupfererz von, wie man berichtet hatte, «antiken Arbeiten» im Gebiet des Sultanats von Maskat und Oman gefunden, bzw. genauer in dem Tal, das von der Oase Buraimi an der Grenze zwischen Abu Dhabi und Maskat zum Hafen Sohar an der Küste von Maskat hinunterführt. Ein einziges Exemplar war ein recht magerer Beweis, aber es war eben das einzige, das aus dem Oman stammte.

Die andere Meinung lokalisierte Makan in Afrika, im Sudan oder vielleicht in Abessinien! Diese ziemlich überraschende Lokalisierung beruhte unglücklicherweise auf sehr klaren schriftlichen Hinweisen. Denn Makan und auch Meluhha wurden in den Inschriften der assyrischen Könige oft im Zusammenhang mit ihren Eroberungszügen in Ägypten in den Jahren zwischen 700 und 650 v. Chr. erwähnt. Diese Inschriften ließen nicht den geringsten Zweifel daran, daß Makan und Meluhha Gebiete in Oberägypten und noch weiter südlich waren. Das schien natürlich das Problem ein für allemal zu lösen – aber in Wirklichkeit war das nicht der Fall. Die mit dem Handel verknüpften Erwähnungen von Makan und Meluhha hörten ungefähr ums Jahr 1800 v. Chr. auf, und die assyrischen Könige nennen die Gebiete erst wieder mehr als tausend Jahre später. Wenn Makan und Meluhha tausend Jahre lang legendäre Orte waren, war es absolut nicht unmöglich, daß die Assyrer, die niemals irgendwelche Handelsbeziehungen zu beiden Ländern hatten, sie auf Grund eines Irrtums in Afrika lokalisierten. Schließlich hatten die Spanier die karibischen Inseln Westindien genannt, weil sie glaubten, sie hätten Indien erreicht. Und in Grönland gibt es eine Thule genannte Siedlung, weil römische Geographen vor fast zweitausend Jahren von einem Land im hohen Norden mit Namen Ultima Thule berichtet hatten, das Grönland hätte sein können, es aber nicht war.

Natürlich ist es voreilig und vielleicht vermessen von uns zu sagen, daß wir nach einer Spanne von viertausend Jahren in der Identifizierung der Länder Makan und Meluhha der Kaufleute von Ur klüger seien als die Assyrer nach einer Spanne von nur tausend Jahren. So liegt die Beweislast bei uns und nicht bei den Assyrern. Aber es ist schwierig, eine afrikanische Lokalisierung dem Text der Tafeln von

Ur und den Tatsachen der Archäologie anzupassen. Allein schon die Entfernung ist ein wichtiger Faktor, und obwohl ich in meiner Einschätzung der für Handelsschiffe möglichen Entfernungen nie allzu vorsichtig war, konnte ich nicht übersehen, daß die Entfernung von Bahrain nach Afrika doppelt so groß ist wie die von Bahrain nach Indien. Elfenbein und Gold, die Erzeugnisse von Meluhha waren, konnten zwar ebensogut aus Afrika wie aus Indien gekommen sein, aber der Karneol von Meluhha konnte allein von Radschputana in Indien stammen. Und wenn Meluhha in Afrika gewesen wäre, dann hätte es bei den Handelsgütern eines gegeben, dessen Fehlen schwer erklärlich wäre. Eines der hauptsächlichen Importgüter der Ägypter bei *ihren* Handelsreisen am Roten Meer hinunter nach Süden war nämlich Weihrauch, der damals wie heute in Hadramaut in Südarabien angebaut wurde. Weihrauch wäre ganz bestimmt in den Listen der Importe aus Dilmun vorgekommen, wenn die Schiffe aus Makan und Meluhha die ganze Küste von Hadramaut entlanggesegelt wären.

Am wichtigsten war aber das Beweismaterial der Archäologie. Das meiste davon war zugegebenermaßen negativ; es gab keine Importe von Ägypten nach Mesopotamien in der Zeit um 2000 v. Chr. und auch keine Importe aus Mesopotamien nach Ägypten. Es sind überhaupt keine Siedlungen aus dieser Zeit in Afrika entdeckt worden, außer in Ägypten, keine afrikanische Kultur, die die «Makan-Stühle» und «Meluhha-Tische» oder die «vielfarbigen Elfenbeinvögel aus Meluhha» hätte hervorbringen können. Andererseits gab es positives Beweismaterial in Gestalt der «Dilmun»-Siegel dafür, daß Mesopotamien mit der Induskultur Handel getrieben hatte; wir dürfen daher erwarten, daß der Name, mit dem das Volk des Industals sich selbst nannte, irgendwo in den mesopotamischen Tontafeln auftaucht. Der einzige in Frage kommende Anwärter ist Meluhha (und bezeichnend ist auch, daß die sanskritsprechenden Aryer, die von Norden in Indien eingedrungen waren und – wahrscheinlich – die Induskultur vernichteten, das nicht sanskritische Lehnwort *mleccha* gebrauchten, um Nicht-Aryer zu bezeichnen, Menschen, die nicht die aryschen Götter verehrten und, vielleicht auch dies bezeichnend, Kupfer verwendeten. Kann es sein, daß *Mleccha* der Name des Indusvolks selbst und seines Landes war?).

Vor dem Flugzeug konnte ich eine hellbraune, fast weiße Linie in dem Blau sehen. Das war die Küste des Oman, und es war an der Zeit, die Spekulationen einzustellen. Wie bei so vielen Problemen der Vorgeschichte war auch hier eine Unze Erforschung eine Tonne Theorie wert. Wie bei der Entzifferung der Keilschrift kommt die Zeit, wo das verfügbare Beweismaterial bis zum letzten Tropfen ausgepreßt ist und die einzige Rettung darin liegt, loszuziehen und mehr Beweismaterial aufzutreiben.

Unser Flugzeug flog niedrig über die Stadt Abu Dhabi, ein kurzer Blick auf einen weißen Strand, Anhäufungen von Barastis, ein imposantes, mit Türmchen besetztes Fort und dann wieder der weiße Sand. Er schien alarmierend nah, und ich hielt nach dem Flughafen Ausschau. Aber erst als wir in eine scharfe Kurve gingen, sah ich zwei Reihen schwarz angestrichener Ölfässer, die den Zugang zu einem ebenen Salzstreifen markierten. Daneben stand ein kleiner Schuppen und neben dem Schuppen ein Geländewagen. Unsere Räder berührten den festgewalzten Sand fast geräuschlos, und der Geländewagen fuhr auf uns zu, als wir ausrollten.

«Sehr nett, daß ihr kommen konntet», sagte Tim, als wir heruntersprangen. «Kommt mit zu Susan und Deborah.»

Nach der Kühle des Flugs war die Hitze ein Schock, eine gleißende, trockene Hitze, härter und kräftigender als die schlaffe Wärme von Bahrain. Ein zweiter Geländewagen kam heran, als wir mit Tim und Susan und dem Piloten plauderten, während die vierjährige Deborah und der zweijährige Michael vorsichtig miteinander Bekanntschaft machten und der arabische Fahrer und ein indischer Angestellter Kisten mit Proviant und Postsäcke vom Flugzeug abluden. Andere Säcke wurden aufgeladen, und der Pilot winkte mit der Hand und stieg wieder an Bord. «Ich hole Sie in drei Tagen wieder ab», sagte er zu uns, rollte an das Ende der Startbahn und hob in einer Staubwolke ab. Wir verteilten uns auf die beiden Fahrzeuge und fuhren in die Stadt.

Ich bin froh, daß ich Abu Dhabi noch sah, bevor drei Jahre später der Ölboom hereinbrach. Denn so wie Abu Dhabi damals aussah, müssen alle Städte am Golf ausgesehen haben, bevor das große Ölabenteuer anfing. Es gab keine Paßoffiziere und Zollbeamte im «Flughafen». Es gab eigentlich gar keinen Luftverkehr; den Landestreifen hatte die Ölgesellschaft herrichten lassen, und die einzigen Flugzeuge, die ihn benützten, waren die Chartermaschinen der Ölgesellschaft. Es gab auch keine Straße vom Landestreifen zur Stadt. Am Rand der Salzfläche begann der Sand, tief, weiß und mehlig. Die Geländewagen gruben sich mit ihren Niederdruckreifen in den niedrigen Gängen tief ein und pflügten sich mit ihrem Vierradantrieb, bis zur Achse eingesunken, durch den Treibsand. Vorn stand eine einzelne Reihe von Palmbäumen etwas verloren im Sand, rechts davon der Block des weißgetünchten Forts und dahinter der Haufen von Barastis. Wir schlängelten uns hindurch zwischen den Bäumen und den Hütten mit dürren Hennen und mageren Ziegen, die vor uns davonliefen, und Eseln, die im Schatten der Barasti-Zäune unbekümmert auf Papierfetzen herumkauten.

Die Furchen, die allein die Straße bezeichneten, wanden sich an den Hütten vorbei zwischen zwei weißen Zementgebäuden, dem Polizeihauptquartier und dem Büro der Ölgesellschaft, zum Ufer hinaus. Das war das Zentrum der Stadt, und hier standen Gruppen hagerer bärtiger Männer in braunen Abbas mit gekreuzten Patronenstreifen und einem Dolch in einer merkwürdig gekrümmten und mit Silberfäden verzierten Scheide in der Mitte des Gürtels. Frauen gingen vorbei, weniger zurückhaltend, als wir es von den nördlicheren Scheichtümern gewohnt waren, und obwohl sie den üblichen langen schwarzen Mantel über dem Kopf trugen, waren sie unverschleiert.

Wir wendeten und fuhren ostwärts durch den tiefen Ufersand in die Außenbezirke der Stadt und zu dem großen Zementhaus, das Tims Heim war.

Das kühle weiße Haus mit den hohen Zimmerdecken, seinen gekachelten Badezimmern und tiefen Veranden war ein unauffälliges Denkmal der organisatorischen Fähigkeiten einer großen Ölgesellschaft. Es schien keine große Sache, daß es elektrische Lampen, Klosetts mit Wasserspülung und Wasserleitungen gab, aus denen auch Wasser floß, wenn man aufdrehte. Aber dann erinnerte man sich, daß es ja in Abu Dhabi weder Wasser noch Elektrizität gab. Um fließendes Wasser zu erhalten, mußte die Gesellschaft eine Destillationsanlage errichten; um diese zu betreiben, mußte sie ein Elektrizitätswerk erstellen; um den Dynamo und die Destillierungsanlage, den Zement und die Ziegel an Land bringen zu können, mußte sie eine Mole bauen; und um das Material dann an Ort und Stelle zu befördern, mußte eine Straße angelegt werden. Die tiefen Sessel und die Sprungfedermatratzen, das Tischtuch und die Drucke mit Sportszenen an den Wänden – alles war von England hergebracht worden. Während wir einen Aperitif schlürften, erzählte uns Tim von den Monaten während des Hausbaus, als sie bei der Baustelle in Hütten und Zelten wohnten und das einzige verfügbare Wasser sechs Monate altes, im vergangenen Winter gesammeltes Regenwasser war, das in flüchtig gereinigten Kerosinfässern aufbewahrt worden war, und die kleine Deborah Ruhr hatte und noch keine Wasserspülung vorhanden war.

Wir zogen uns zurück, um uns zu duschen und zum Abendessen umzuziehen, einem Essen, das zum größten Teil per Flugzeug in Kühlbehältern von der Operationsbasis der Ölgesellschaft auf der Insel

Das gekommen war. Aber der Hauptgang war einheimisch, wie Tim erklärte, als er etwas zerlegte, das eine ausgezeichnete Rindskeule zu sein schien. Erst als wir bestätigt hatten, daß der Braten gut schmeckte, sagte er uns, wir könnten uns, wenn wir wollten, rühmen, daß unsere erste Mahlzeit in Abu Dhabi eine gebratene Meerjungfer gewesen sei.

Es sei Dugong, sagte er, Seekuh, ein seehundähnliches Säugetier, das man noch, wenn auch selten, in den Mangrovensümpfen längs der Vertragsküste antrifft und das, als es aufrecht schwimmend von den frühen Seefahrern im Indischen Ozean beobachtet wurde, die Ursache für die Entstehung des Märchens von der Meerjungfrau war.

Das Abendessen wurde früh aufgetragen, denn um acht Uhr sollten Tim, P. V. und ich dem Herrscher von Abu Dhabi unsere Aufwartung machen. Das war fester Brauch bei den Wüstenscheichtümern, den man nicht unterlassen durfte und den wir auch gar nicht unterlassen wollten. Jeder Fremde, der in einer Stadt oder einer Stammesniederlassung eintrifft, jeder Stadtbewohner oder Stammesangehörige, der von einer Reise in entfernte Gegenden zurückkehrt, besucht den Scheich bei erster Gelegenheit nach seiner Rückkehr, um Neuigkeiten zu berichten und seine Geschäfte darzulegen. Denn der Scheich ist der Beherrscher und Beschützer seines Volkes und muß alles wissen, was in seinem Reich vor sich geht. Am Morgen und am Abend hält er sein Majlis, seine öffentliche Audienz, zu der jedermann kommen kann, um Neuigkeiten zu erzählen, Beschwerden vorzubringen oder auch nur, um seinen Herrscher zu begrüßen, eine Tasse Kaffee zu schlürfen und still wieder zu gehen. Sogar in den reichen Ölscheichtümern wird der Brauch theoretisch noch geübt. Obwohl dort Sekretäre und Beamte die Besucher sichten und die Eintragung in ein Gästebuch den rituellen Ankunftsbesuch ersetzt, wird der Majlis immer noch abends und morgens abgehalten, und die Ausübung des Rechts des Untertanen, seinen Herrscher zu besuchen, mag zwar erschwert werden, wird aber nie bestritten. Hier in Abu Dhabi, wo Besucher noch selten waren, wäre es die größte Unhöflichkeit gewesen, nicht dem ersten Majlis nach unserer Ankunft beizuwohnen.

So pflügte sich denn Tims Geländewagen in der Dunkelheit vor Mondaufgang durch den tiefen Sand hindurch zu dem weißen Komplex der königlichen Festung mit ihren zinnengekrönten Wällen, die das Licht der Sterne reflektierten, und hielt vor dem eisenbeschlagenen Tor. Die Wachen, die ihre Gewehre ungezwungen, aber unmißverständlich auf uns gerichtet hielten, riefen nach dem Wachoffizier, der ein niedriges Portal in dem Tor öffnete und uns in den Audienzsaal führte. Aus dem gepolsterten Sessel am Ende des Raums erhob sich Scheich Schachbut von Abu Dhabi, um uns zu begrüßen.

Scheich Schachbut war mittleren Alters, schlank und schwarzbärtig, mit asketischem, fast melancholischem Ausdruck und lebhaften braunen Augen. Meine Erinnerung an unsere erste Begegnung ist dadurch stark getrübt, daß er einige Jahre später, als das Ölgeld in Millionen Pfund hereinströmte, tief mißtrauisch gegen jedermann, auch Archäologen, wurde, aber ich weiß, daß mein erster Eindruck nur günstig war. Er interessierte sich intensiv für unsere Arbeit und hatte ein kluges Verständnis für die Probleme der archäologischen Forschung in jungfräulichem Gebiet und das Licht, das sie auf den Ursprung seines Volkes und Landes werfen konnte. Er wußte von der Insel, auf der Tim die Grabhügel gefunden hatte. Sie heiße Umm an-Nar, sagte er, «Mutter des Feuers», und in der Zeit seines Vaters seien Idole auf ihr gefunden worden, Steinfiguren von Tieren, die in der Zeit der Unwissenheit vor dem Islam hergestellt worden sein mußten. Sie seien natürlich sofort zerstört und weggeworfen worden. Aber vielleicht gebe es noch mehr und solche mit Inschriften, die uns sagen könnten, wer die Menschen waren, die sie gemacht hatten. Wir erklärten ihm, daß Inschriften nicht wesentlich seien. Fast jeder Araber, dem wir begegneten, von unseren Arbeitern bis zu den Scheichs, ist fest überzeugt, daß wir entweder nach Gold oder Tarikh, Inschriften, Gegenständen mit Schrift darauf, suchten. Und immer versuchen wir zu erklären, daß Dinge ohne Inschriften auch Beweismaterial seien. Wenn man eine Kaffeekanne betrachte, bemühte ich mich klarzumachen, könne man aus ihrer Form erkennen, ob sie in Dubai oder in Niswa, in Bahrain oder in Damaskus hergestellt worden sei. Wenn wir auf der Insel Umm an-Nar einen Topf fänden, könnten wir, so Gott will, vielleicht sagen, daß er im Irak zur Zeit Abrahams, des Freundes Gottes, hergestellt wurde, und daraus könnten wir ersehen, ob Schiffe in dieser Zeit vom Irak hierher gesegelt seien. Er blickte nachdenklich. «Vielleicht finden Sie Dinge aus Ur», sagte er, und ich merkte, daß er besser unterrichtet war als die meisten.

Als der bittere Kaffee in den kleinen henkellosen Tassen die Runde machte, beugte sich Scheich Schachbut vor, und das Licht der Lampe glänzte auf dem goldenen Handgriff seines Dolchs im Gürtel. «Wer waren die Menschen», fragte er, «die in den Zeiten der Unwissenheit in Abu Dhabi gelebt haben? Waren es Araber?» Es sei noch zu früh, um eine Antwort zu geben, sagten wir, aber wir hofften, es ihm sagen zu können, nachdem wir ihre Monumente gesehen hätten.

Am nächsten Morgen starteten Tim, P. V. und ich nach Umm an-Nar. Es war eine gut halbstündige Fahrt, zuerst durch den tiefen Sand bis zum Landestreifen und dann hinaus auf die feste Sandebene. Die Stadt Abu Dhabi selbst liegt auf einer Insel, die durch einen bei Ebbe kaum mit Wasser bedeckten Streifen vom Festland getrennt ist. Die Bedrohung der Küstenstädte und -dörfer durch Beduinenüberfälle war noch in lebendiger Erinnerung, und die Lage der meisten ist mehr im Hinblick auf einen Angriff vom Land als vom Meer her gewählt worden. (Daß das in der ganzen Geschichte so war, wird durch die Tatsache bezeugt, daß alle unsere wichtigen Stätten auf Inseln liegen, Bahrain selbst, Failaka und nun Umm an-Nar; und es sollten noch mehr dazukommen.) Die Meerenge, die Abu Dhabi beschützte, war selbst beschützt. Im Wasser stand ein hoher runder Turm mit Schießscharten und dem Eingang hoch oben auf der dem Meer zugewandten Seite. Hier konnten, sobald einmal das Seil oder die Leiter, die als Zugang dienten, hochgezogen waren, zwei oder drei Mann mit ihren Musketen die Überfahrt sperren und vom flachen Dach aus mit Blinkfeuern zur Festung des Scheichs hinübersignalisieren, die bezeichnenderweise die südlichen Zugänge zur Stadt Abu Dhabi beherrscht.

Jetzt war der runde Turm verlassen, und ein schmaler gepflasterter Damm war über die Meerenge gebaut worden. Aber die Bedrohung war nicht in Vergessenheit geraten. Am Festlandende des Damms war ein modernes weißgetünchtes Fort, und adrette Polizisten in Khakiuniform mit Repetiergewehren und Funkgeräten bewachten den Damm gegen unerlaubtes Betreten. Wir zeigten unsere Pässe und den Passierschein des Scheichs und fuhren in die arabische Wüste hinaus.

Es war nicht weit. Während der letzten vier Meilen vor dem Damm hatten wir schon den dunklen gewölbten Rücken von Umm an-Nar links über der Salzebene und dem Wasser dahinter sehen können. Tim zeigte uns den kleinen grünen Fleck am Nordende, der, wie er sagte, die einzige Palme auf der Insel sei, und behauptete sogar, er könne die Grabhügel sehen. Nun wandten wir uns nordwärts längs der niedrigen Kalksteinrippen des Festlands und dann hinunter zu den Salzebenen der Küste. Umm an-Nar war ein niedriger Buckel vor uns, und zwischen der Salzebene und der Insel konnten wir den Mast und die Takelung des Segelboots sehen, das während der Nacht hergeschickt worden war, um uns zur Insel zu befördern. Es war nicht leicht zu erreichen. Das war der erste Vorgeschmack, den wir von der echten Sabkha, der trügerischen Salzmulde der Küste, bekamen, und immer wieder fuhren wir auf scheinbar festem Salz hinaus und mußten dann scharf zurückbiegen, wenn die Oberfläche zu schwanken begann und die Räder des Geländewagens sich eingruben. Aber ein weiter Umweg brachte uns schließlich doch zu dem trockeneren Sand unmittelbar über dem Ufer hinaus, wo wir unsere Schuhe und Strümpfe ablegen und die Hosen aufkrempeln konnten, um zum Boot hinauszuwaten.

Die Meerenge selbst war dann kaum zweihundert Meter breit, jedoch durch die Strömung der Flut tief eingekerbt, und wir wateten auf der Insel an Land und überquerten die breiten Flutbänke zu den verwitterten Kalkkliffs, wo die Insel erst richtig anfing.

Umm an-Nar ist eine kleine Insel, gerade anderthalb Kilometer groß in jeder Richtung. Im Süden bilden niedrige Kliffs einen runden Dom aus Stein, und als wir auf dieses Plateau hinaufkamen, sahen wir, warum Umm an-Nar dunkler erschienen war als die gelben Inselchen darum herum. Seine Oberfläche war vollständig mit Feuerstein bedeckt.

Wir brauchten nur einen Augenblick, um festzustellen, daß der Feuerstein eine natürliche Ablagerung war. Das gleiche Phänomen hatten wir in Katar angetroffen, gewaltige mit Platten und Splittern aus Feuerstein bedeckte Flächen. Denn Feuerstein bildet sich durch einen chemischen Prozeß im Kalkstein, und da Kalkstein aus waagrechten Ablagerungen von Muscheln und Skeletten von Meerestierchen entsteht, hat Feuerstein ebenfalls die Tendenz, sich innerhalb des Steins in waagrechten Schichten zu bilden. Aber Kalkstein ist ein weicher Stein, der leicht in Wind und Regen verwittert, während Feuerstein fast ewigen Bestand hat. Hier war also, wie in Katar, eine Kalksteinschicht vollständig über und unter einer Feuersteinschicht wegverwittert, so daß der Feuerstein auf der Oberfläche liegen blieb.

Wir hielten sofort Ausschau nach Artefakten, als wir auf der festen Unterlage von Feuerstein herumgingen, aber nach einer Nadel im Heuschober zu suchen wäre im Vergleich dazu kinderleicht gewesen. Denn wir mußten ja in dem Heuschober nach einem Strohhalm mit einem Knoten darin suchen, wenn wir ein von Menschenhand geformtes Stück Feuerstein zwischen Millionen von natürlich geformten Stücken finden wollten. Dafür braucht man ein ganz spezielles Auge, und das habe ich nicht. Aber P. V. hat es, und während des zehnminütigen Spaziergangs über den Feuersteindom las er drei Abschläge auf, die von der Bearbeitung eines Feuersteinwerkzeugs herrührten. Sie reichten aus, um zu beweisen, daß der Mensch schon vor uns dagewesen war, während der langen Vergangenheit des Steinzeitalters.

Nach einer halben Meile endete der Dom unvermittelt und fiel steil

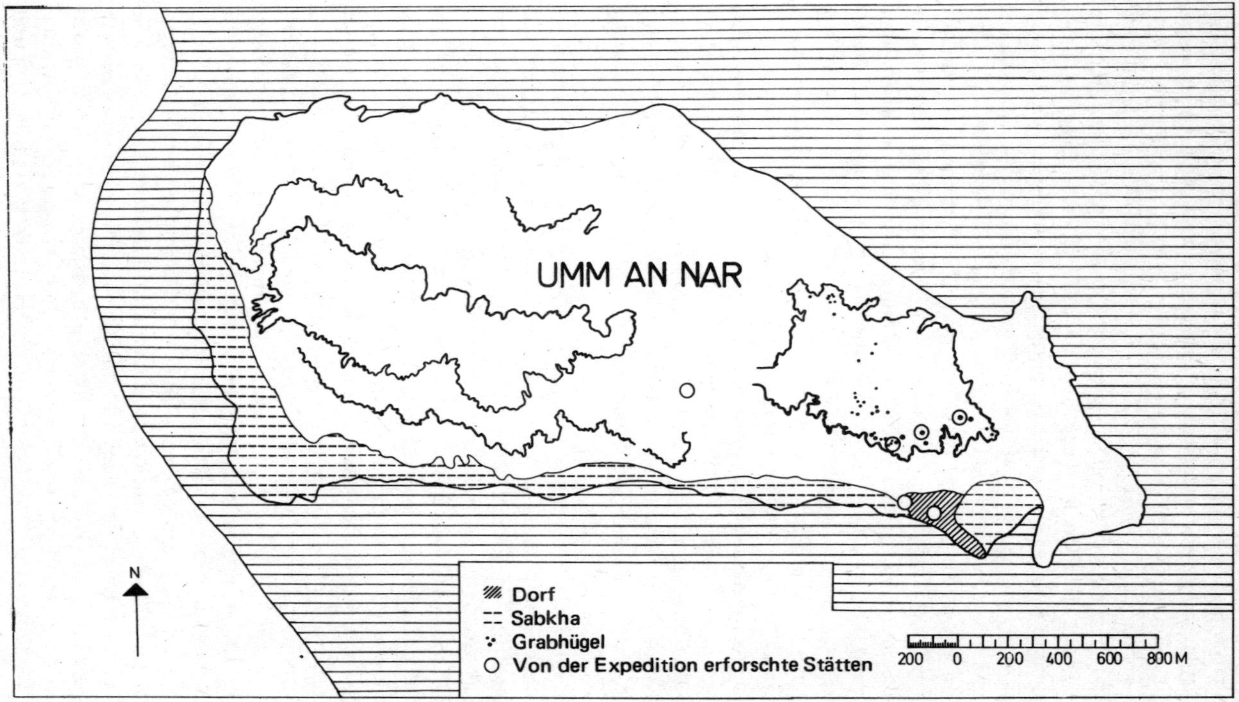

45 Die Insel Umm an-Nar in Abu Dhabi

zu einem ebenen, mit spärlichem Gras bewachsenen Streifen ab. Dahinter stieg der Boden wieder zu einem ebenen Kalksteinplateau an, das nicht so hoch war wie das, auf dem wir standen. Auf diesem Plateau gab es viele Werke von Menschenhand. Im Westen bezeichnete eine niedrige Mauer die Stätte einer Zisterne, die, wie Scheich Schachbut uns erzählt hatte, in den Zeiten seines Großvaters gegraben worden war, um Regenwasser aufzufangen. Immer wenn es regnete – was nicht in jedem Jahr der Fall war –, segelte man von Abu Dhabi nach Umm an-Nar hinüber und füllte Fässer mit dem Wasser aus der Zisterne. Bei der Zisterne stand die Buschpalme, die der einzige Baum auf der Insel war. Der Rest des Plateaus war bedeckt mit Grabhügeln. Es waren mindestens fünfzig wirre Steinhaufen, einige ganz klein, aber ein paar mit zwanzig Meter Durchmesser und knapp zwei Meter Höhe.

Wir eilten über den ebenen Grund auf die Grabhügel zu, aber halbwegs hielt uns Tim an, um uns die Fundamente der Mauern eines kleinen viereckigen Gebäudes und dicht daneben ein unvermitteltes Loch im Boden zu zeigen. Wir möchten uns doch das ansehen, sagte er; es war allerdings natürlich, ein durch Wasser aus dem Kalkstein ausgewaschenes Loch, und auf dem Grund war Wasser, jetzt zwar nicht trinkbar, aber das einzige Wasser auf der Insel, und es war vielleicht einmal Süßwasser gewesen.

Er sprang fröhlich in das Loch, und als wir ihm besorgt nachschauten, sahen wir ihn auf einem Abhang aus Schutt stehen, der anderthalb Meter unter die Oberfläche heraufreichte. Wir folgten vorsichtiger, und als unsere Augen sich nach dem strahlenden Sonnenschein draußen an die Dunkelheit gewöhnt hatten, sahen wir die Decke der Höhle sich abwärts bis zum Fuß der Böschung, auf der wir standen, wölben. Wir kletterten behutsam hinunter und konnten bald hören, wie die Steine, die sich unter unseren Füßen lösten, unter uns ins Wasser platschten. Der schmale Teich mit dunklem Wasser zwischen der Böschung und der Wand machte einen kühlen, frischen und einladenden Eindruck. Aber sein Geschmack zog einem den Mund zusammen. So mit Lauge angereichert, war es auch in der ärgsten Not weder für Mensch noch Tier genießbar. Wir kletterten den gerölligen Abhang wieder hinauf und klommen oben zu dem Spalt hinaus in das blendende Licht und die drückende Hitze der Mittagssonne.

Das Plateau war eine nackte Felsplatte, locker bestreut mit Kies und einigen mit Sand gefüllten Mulden. Die Erosion war an den Rändern des Plateaus am Werk, hatte den Fels unterhöhlt, Überhänge gebildet und große Brocken abgebrochen, so daß es, obwohl das Plateau kaum mannshoch über die Sandebene aufragte, unerwartet schwierig war, eine Stelle zu finden, wo man es erklettern konnte.

Die Grabhügel waren – Grabhügel. Mehr konnte man von ihnen nicht sagen. Unregelmäßig verteilte Steinhügel von unregelmäßiger Größe, vielleicht ziemlich niedrig im Verhältnis zum Durchmesser, sahen sie wie steinerne Grabhügel von irgendwo in der Welt, von irgendwelcher Zeit oder Kultur aus. Auf zwei der größten sahen wir Spuren einer Ringmauer, aber das hatte wenig zu bedeuten. Häufiger, als man es bemerkt, hat ein Grabhügel eine Ringmauer, einen Kreis aus Steinen, der vor dem Bau des Hügels gesetzt wird, um den Umkreis zu markieren. Er verhindert, daß das Material des Hügels seitlich wegrutscht, und macht das Monument imposanter und ebenmäßiger. So sind Ringmauern also eher die Regel als die Ausnahme. Erst im Lauf der Zeit rutscht das Material des Hügels doch zur Seite und bedeckt die Ringmauer, so daß diese in vielen Fällen bei der ersten Erkundung nicht bemerkt wird.

Die Ringmauern, die auf den beiden großen Hügeln noch zu sehen waren, waren ungewöhnlich schön. Es waren behauene Kalksteinblökke, dreißig Zentimeter hoch und fast einen Meter lang, wobei die Außenflächen gewölbt waren, um der Rundung des Hügels zu entsprechen, und die Kanten so behauen, daß sie genau aneinanderpaßten. Sie ließen vermuten, daß die Erbauer der Hügel sich mehr um die äußere Erscheinung ihrer Monumente gekümmert hatten, als die wirren Steinhaufen hätten erwarten lassen.

Aber wer die Erbauer der Grabhügel waren und aus welcher Zeit sie stammten, dafür gab es keinen Hinweis. Auf den Hügeln und in ihrer Umgebung gab es keine Topfscherben, die allein uns einen Anhaltspunkt hätten geben können. Das war an sich ein Anlaß zur Hoffnung. Denn es ließ vermuten, daß die Hügel seit ihrer Erbauung ungestört geblieben waren; auch gab es keine verräterischen Mulden oben auf den Hügeln, wie wir sie mit so deprimierender Regelmäßigkeit auf den Hügeln von Bahrain finden und die anzeigen, daß Raubgrabungen bis zur Kammer hinunter stattgefunden haben. Wenn wir einen Weg finden könnten, diese Hügel auszugraben, dann würden wir fast mit Sicherheit das Beweismaterial antreffen, das auf so auffallende Weise außerhalb der Hügel fehlte.

Wir versammelten uns bei der Palme, um die Angelegenheit zu besprechen und die Zisterne zu besichtigen, eine große rechteckige, gemauerte Grube mit getrocknetem und runzlig gewordenem Schlamm auf dem Boden, deren verputzte Wände fromme Inschriften mit dem Namen von Allah, dem Barmherzigen und Gnädigen trugen.

Der Nachmittag war bereits sehr vorgerückt, und wir hatten schon fast drei Stunden lang das Gelände um die Grabhügel in der sengenden Sonne durchstreift. P. V. sprach das Urteil: Die Tumuli waren unzweifelhaft Grabhügel und ebenso unzweifelhaft vorislamisch. Sie waren an Größe und Sorgfalt der Konstruktion eher überdurchschnittlich, und das allein schon war hier auf einer wasserlosen Insel vor einer gleichfalls wasserlosen Küste, Hunderte von Kilometern von jeder anderen bekannten vorislamischen Stätte entfernt, ein Grund zum Staunen. Sie mußten ein beträchtliches Alter haben, denn an einer Stelle hatte sich die Erosion nach der Errichtung der Hügel in das Plateau hineingefressen und einen halben Hügel zum Verschwinden gebracht. Ohne Zweifel würde sich die Ausgrabung lohnen, aber P. V. sah keinen Weg, wie wir das bewerkstelligen könnten.

Je länger wir Mittel und Wege diskutierten, um so klarer wurde es, daß wir auf Umm an-Nar nicht graben konnten. Um ein Lager auf der Insel einzurichten und zu versorgen, würde es einer ausgewachsenen Expedition bedürfen. Proviant und Arbeiter müßten täglich von der Stadt Abu Dhabi hertransportiert werden; viele Versorgungsgüter, und wahrscheinlich sogar Wasser, müßte man von Dubai, der nächsten Stadt mit einem gut bestückten Markt, hundertsechzig Kilometer aufwärts an der Küste, herbeibringen. Das Projekt würde teuer werden, und wir hatten kein Geld. In Bahrain, Katar und Kuwait hatten wir finanzielle Unterstützung von den Scheichs und den Ölgesellschaften bekommen, aber diese drei Länder waren wohlhabend durch ihren Ölreichtum. Die Gelder, die sie uns bewilligten, waren für Arbeiten auf ihrem eigenen Gebiet bestimmt und konnten nicht nach Abu Dhabi umgeleitet werden. Es wäre nutzlos, Scheich Schachbut um Geld zu bitten, das er nicht hatte. Die Ölgesellschaften waren natürlich reich genug; BP stand hinter Tim, und die Konzession für die Küste hatte eine Tochtergesellschaft meiner alten Firma Irak Petroleum. Aber beide Gesellschaften waren hier noch im Stadium der Entwicklung; wahrscheinlich auf Jahre hinaus würden alle Buchungen auf der Sollseite zu machen sein, und bevor sie sich finanziell selbst trugen, konnte man nicht erwarten, daß sie uns finanzierten. Es war eine vielversprechende Stätte, sagten wir mit Bedauern; aber wenn sie ausgegraben werden sollte, dann müßte das durch ein reicheres Museum mit eigenen Geldquellen geschehen.

Inzwischen aber müßte eine Frage beantwortet werden. Wo hatten die Leute gelebt, die in den Hügeln bestattet worden waren? Ihre Siedlung konnte kaum anderswo gewesen sein als auf der Insel, und zwar wahrscheinlich nahe am Ufer. Wir marschierten wieder los, um die Küste entlang zum Fährboot zurückzugelangen.

Ich überquerte gerade ein niedriges felsiges Gelände, nur hundert Meter von dem Hügelplateau entfernt, als ich bemerkte, daß meine Schuhe tiefer als gewöhnlich in den Sand der Mulden einsanken. Die Oberfläche fühlte sich anders an, und ich fing an, mit dem Eispickel zu graben, der in den Tropen so unangebracht zu sein scheint, aber ein hervorragendes Grabwerkzeug ist. Schon wenige Zoll unter der Oberfläche stieß ich auf Asche, die mit Bruchstücken von Tierknochen und einigen unbestimmbaren Topfscherben vermischt war. Zweifellos waren hier Reste einer Besiedlung, und ich rief Tim und P. V. Wir hatten wenig Zeit zur Untersuchung, wenn wir vor Sonnenuntergang und dem raschen Einbruch der tropischen Nacht zu Hause sein wollten, aber schon eine oberflächliche Erforschung des Geländes genügte, um die fast begrabenen Reihen von Steinmauern auszumachen. Hier war ohne Zweifel eine Siedlung, obwohl nicht festzustellen war, ob sie aus derselben unbestimmbaren Zeit stammte wie die Grabhügel. Denn auch hier gab es keine Topfscherben oder Artefakte auf der Oberfläche, und wir hatten keine Zeit, um zu graben. Wie die Hügel mußte auch die Siedlung warten, bis irgend jemand eine Expedition ausrüsten konnte.

Die Sonne sank tiefer, als wir uns ziemlich müde den Strand entlang schleppten, bis das Boot im Süden der Insel in Sicht kam. Wir wateten wieder hinaus, segelten über den Kanal hinüber zu dem wartenden Geländewagen und fuhren bei zunehmender Dämmerung nach Hause.

An diesem Abend hatten wir uns beim Aperitif viel zu erzählen. Denn auch Vibeke, Susan und die Kinder hatten einen ereignisreichen Tag gehabt. Sie waren eingeladen worden, am Nachmittag Miriam, die junge Frau des Herrschers im Harem des Palastes, zu dem kein Mann Zutritt hatte, zu besuchen. Es würde einen Bruch des Geheimnisses, mit dem der Araber sein häusliches Leben umgibt, bedeuten, wenn ich Vibekes Beschreibung der Familie des Scheichs und ihres Alltagslebens hier wiedergeben würde. Aber ich muß doch der allgemeinen falschen Auffassung von einer schwülen, mit Intrigen, Unzufriedenheit und Sex erfüllten Haremsatmosphäre entgegentreten. Vibeke fand die Frau und die Schwestern des Scheichs fröhlich und charmant und voll Lachen und Neugierde über das Leben in Dänemark. Sie fand es seltsam, daß die Frauen ihre blauschwarzen Gesichtsmasken sogar in ihrem Haus trugen, aber diese fanden es ebenso merkwürdig und ziemlich schamlos, daß die europäischen Frauen unverhüllt gingen.

Vibeke zeigte stolz die Maske, die Miriam ihr geschenkt hatte, damit sie die Anstandsregeln wenigstens bei sich zu Hause einhalten könnte.

Wir verbrachten zwei weitere Tage in Abu Dhabi, indem wir mit Tim zusammen das arabische Festland jenseits der Küsten-Sabkha erforschten. Es war ein Land der rollenden weißen Sanddünen und langen niedrigen Kalksteinrippen, und es war so trostlos wie nicht einmal Katar. Es gab keinen bearbeiteten Feuerstein; keine Steingräber oder Grabhügel. Nur auf der Piste nach der Oase Buraimi im Inneren, die wir bei unserem Herumstreifen mehrmals kreuzten, gab es menschliche Spuren, halbverwischte Reifenspuren, verstreute gebleichte Kamelknochen und ganz selten in der Ferne den Anblick einer Kamelkarawane, fünf oder sechs Kamele mit einem Mann davor und einem dahinter, auf ihrer fünftägigen Reise mit Brennholzladungen von Buraimi nach der Küste.

Am zweiten Tag kehrten wir früh zurück, denn das Flugzeug sollte am frühen Nachmittag kommen. Es kam aber nicht, und das Radio in Tims Büro berichtete, daß es auf der Insel Das mit Maschinenschaden aufgehalten worden sei. Mit gepackten Koffern und unruhig zappeligen Kindern warteten wir noch, als die Sonne sich zu neigen begann. Es war fast Sonnenuntergang, als die Nachricht kam, daß die Reparatur ausgeführt sei und das Flugzeug starte, um uns zu holen. Wir fuhren durch den Sand zum Landestreifen hinaus, als die Sonne sank, und paßten auf das Motorengeräusch des Flugzeuges auf, während Tim sich in dem kleinen Kontrollschuppen bemühte, mit dem Piloten in Funkverbindung zu kommen. Die Dunkelheit brach herein, und es gab keine Landelichter und keine Vorkehrungen für eine Nachtlandung auf dem Landestreifen von Abu Dhabi. Wenn es viel dunkler wurde, würde das Flugzeug, ohne landen zu können, nach Bahrain zurückfliegen müssen. Endlich war die Verbindung mit dem zuversichtlichen Piloten da. Er würde in zehn Minuten über uns sein und sehen, ob er landen könne. Es wurde mit alarmierender Geschwindigkeit dunkler, und wir konnten selbst die Fässer nicht mehr sehen, die das Ende der Landepiste markierten. Tim schickte seine beiden Fahrzeuge an die beiden Enden der Piste und ließ die Fahrer ihre Scheinwerfer auf die Bahn richten. Fünf Minuten später hörten wir die Motoren des Flugzeugs und sahen es wie einen riesigen Nachtvogel über uns vorbeischweben. Es kurvte und kam herunter, indem es über das Dach des Geländewagens glitt, dessen Scheinwerfer den silberen Rumpf erleuchteten, als das Flugzeug in einer perfekten Landung aufsetzte.

Wir verabschiedeten uns von Tim, während die Passagiere von Das, vier gleichmütige Beduinen mit Bettenrollen, an Land gingen, und stiegen zu dem langen Nachtflug nach Bahrain an Bord.

In diesem Jahr der Erkundungsfahrten den Golf hinauf und hinab hatten wir kaum Zeit gehabt, danach zu sehen, was in Bahrain vor sich ging – und überhaupt keine für unsere Mannschaft in Katar. So machte sich P. V. zu dem längst fälligen Besuch in Katar auf, während ich mich über die Grabungen auf Bahrain aufs laufende brachte.

In allen unseren Grabungen hatten die Gebäude in diesem Jahr Gestalt angenommen. Jenseits des Grabens unseres Portugiesischen Forts, wo P. V. 1954 sein erstes Loch zu den Badewannensärgen hinunter gegraben hatte, war jetzt, vier Jahre später, eine recht beachtliche viereckige Grube mit fast zwanzig Meter Seitenlänge und sechs Meter Tiefe. In ihr erhoben sich die viereinhalb Meter hohen Mauern unseres vermeintlichen Palastes, in dem die große Halle jetzt freigelegt war. Sie hatte sich als der Eingangshof erwiesen, und in der Südwestecke stand ein monumentales Tor am Ende einer engen, längs der Südmauer verlaufenden Straße offen. Eine halbkreisförmige Auskehlung in der Wand und der ausgehöhlte Türangelstein unten zeigten, daß der Türpfosten ein ansehnlicher Holzpfeiler war, der ein sehr massives Tor tragen konnte. Tatsächlich waren die Proportionen des Tors, nur ein Meter zwanzig breit, aber zwei Meter siebzig hoch bis zur Oberschwelle, so ziemlich die gleichen wie bei dem Tor von Salmanassars Palast in Balawat in Assyrien. Salmanassars Tor bestand aus mit Bronze verkleidetem Holz, und die Bronzeverkleidung mit ihren Reliefs von assyrischen Kriegern ist einer der Schätze des Britischen Museums. Hier in Bahrain gab es keine Bronzetüren, aber die Ähnlichkeit war ein weiteres Beweisstück für unsere versuchsweise Datierung des Palastes in die assyrische Zeit. Vielleicht hatte wirklich Uperi, der König von Dilmun, den schweren Schwellenstein überschritten, auf dem nun unser Winkelmeßgerät stand.

Hinter der nördlichen Stadtmauer, wo bisher meine ganz persönliche Ausgrabung war, hatte Hans die Häuser östlich der Straße mit dem Brunnen freigelegt. Sie bestanden aus kleinen Räumen mit steinernen Mauern und waren nach dem gleichen rechtwinkligen Plan gebaut wie die Straße selbst. Jede Mauer verlief genau nord-südlich oder genau ost-westlich. Der Raum, der an die Stadtmauer selbst anstieß, war besonders interessant. Hier war ein weiterer Brunnen und hinter ihm in der Mauer eine Treppe, die hinauf zu der verschwundenen Brustwehr führte. Das mußte ein Wachraum gewesen sein, wo die «Freiwache» von ihrer Postenpflicht ausruhen konnte. Der Brunnen hatte den Wachen, die in der glühenden Sonne auf den Wällen standen, das Wasser geliefert.

Ich hatte auf weitere Siegel aus diesem Gebiet gehofft, aber Hans hatte mir nichts zu zeigen. Dagegen präsentierten mir Peder und Helmuth stolz eines der typischen Punktkreis-Siegel. Es stammte aus Barbar – ein Beweis dafür, wenn das noch nötig gewesen wäre, daß der Barbar-Tempel und die «Barbar»-Schichten der Stadt derselben Kultur angehörten.

Ich erkannte Barbar kaum wieder, als ich hinausfuhr, um es zu besichtigen. Die ganze Südfassade des Tempels war freigelegt, und die Mauern der aufeinanderfolgenden Terrassen, auf denen der Tempel erbaut worden war, waren in ihrer ganzen Länge sichtbar. Ich stand am Fuß der steinernen Treppe, die bis oben auf die Terrassenmauer des Tempels der Phase 2 hinaufführte, und weit über mir konnte ich den Rand des mit Platten belegten Hofs mit dem Altar und dem zentralen Sockel sehen. Das war derselbe Tempelhof, in den ich vier Jahre vorher von der Spitze des ihn bedeckenden Hügels hinuntergeschaut hatte. Jetzt schien er unendlich weit oben zu sein. Es sah allmählich so aus, als sei der Barbar-Tempel wirklich eine vom Sand überschwemmte Zikkurat. Denn da, wo ich stand, muß der ebene Grund gewesen sein, als der Tempel erbaut wurde, und ich befand mich ja drei Meter unter der gegenwärtigen Wüstenoberfläche. Drei Meter Sand müssen in den viertausend Jahren, seitdem der Tempel erbaut wurde, auf Bahrain aufgehäuft worden sein. Was sonst noch alles bedeckten wohl diese drei Meter Sand?

Langsam wuchs in mir der Verdacht, daß der Barbar-Tempel sehr wohl nur ein Teil eines viel größeren Komplexes gewesen sein könnte. Immer schon war es nicht sehr plausibel erschienen, daß der Tempel allein in der freien Landschaft fünf Kilometer von unserer Stadt in Kalaat al-Bahrain entfernt dagestanden haben sollte. Es konnte gut sein, daß er der Tempelturm einer anderen Stadt war, das einzige Bauwerk, das sich noch über den alles bedeckenden Sand erhob. Wir wissen noch nicht, wieweit diese Spekulation richtig ist. Wir haben nie außerhalb des Tempelbezirks zu graben gewagt. Denn wenn wir eine neue Stadt finden sollten, dann ginge ihre Ausgrabung über unsere Kräfte – mindestens solange wir mit unserer gegenwärtigen Stadt noch nicht fertig waren.

Das konnte noch viele Jahre dauern. Wenn man am Rand oder auf dem Grund unserer Ausgrabung auf dem Stadttell von Kalaat al-Bahrain stand, schienen die Ausgrabung gewaltig und die in ihr freigelegten Gebäude imposant genug zu sein. Stand man aber auf den Wällen des Forts und überblickte das weite Gebiet des Tells, dann fielen die beiden Löcher im Boden in Bedeutungslosigkeit zurück. Südlich und westlich und besonders östlich unserer Ausgrabung war der Tell noch unberührt. Es konnte manches in ihm verborgen sein. Wie sollten wir sicher sein, daß wir an den richtigen Stellen gruben? War der «Palast von Uperi» wirklich das Hauptgebäude der Stadt IV, der assyrischen Periode? Oder hätten wir gleich eindrucksvolle Gebäude überall gefunden, wo wir gegraben hätten? Und wo waren die Paläste der Handelsherren der Tafeln aus Ur, tausend und mehr Jahre früher? Und Stadt III aus der kassitischen Periode dazwischen war immer noch nur durch Abfallgruben repräsentiert. Sicher sind auch in dieser Zeit Paläste und Tempel gebaut worden.

Ich wurde mir allmählich klar darüber, wieviel Glück die Ausgräber der Städte Mesopotamiens und des Industals gehabt hatten. In Mesopotamien erhebt sich die Zikkurat in jeder Stadt unverkennbar, und der abgestufte Hügel aus Ziegelsteinen bezeichnet die Stelle, um die die wichtigsten Tempel, Paläste und Königsgräber gruppiert waren. In den Indusstädten Harappa und Mohendscho-Daro waren dafür die Zitadellen unverkennbar, die höher als die Wohngebiete und ein wenig entfernt von ihnen erbaut waren. Bei uns konnten keine Anzeichen an der Oberfläche Hinweise geben.

Zwar war uns der Gedanke gekommen, daß das Portugiesische Fort selbst über der alten Zitadelle erbaut worden sein oder sogar eine Zikkurat verbergen könnte, und Poul hatte zwei Jahre damit verbracht, innerhalb der Mauern des Forts, einen Steinwurf vom Lager entfernt, eine tiefe Sondage hinabzutreiben. Wir waren auf ein recht schönes Gebäude aus unserer sogenannten griechischen Periode, der Stadt V, gestoßen, wobei wir mit ziemlicher Präzision in das Badezimmer und die Toilette gegraben hatten, aber darunter hatten wir nichts gefunden – tiefen Besiedlungsschutt unserer Barbar-Stadt, aber keine Anzeichen von Gebäuden, außer ein paar unbedeutend aussehenden Mauern ganz auf dem Grund. Hier hatten keine wichtigen Gebäude gestanden.

In gewisser Weise war nun unsere Arbeit in Kalaat al-Bahrain zur Hälfte vollendet. Wir wußten, wie viele Städte dort gewesen waren, und kannten das annähernde Datum und die maßgebenden Wesenszüge jeder von ihnen. Wir kannten die Geschichte der Stätte der Tiefe nach, das heißt im zeitlichen Sinn. Nun mußten wir noch die Geschichte in ihrer Breite, nämlich der Ausdehnung, dem Plan und den wichtigen Merkmalen jeder der sieben Städte finden. Das war eine große Aufgabe. In Wirklichkeit war es die Arbeit eines eigenen archäologischen Instituts mit einer jährlichen ausgewachsenen Expedition von zwanzig oder dreißig Fachleuten. Und doch war es nur eine einzelne Facette unseres sich erschreckend ausbreitenden Operationsfeldes. Allein die Ausgrabung des Barbar-Tempels abzuschließen würde, auch wenn wir bewußt darauf verzichteten, *seine* Stadt zu finden, mehrere Jahre dauern. In Katar wurden jedes Jahr immer mehr Feuersteinstätten gefunden, und P. V. war hinübergefahren mit Plänen, eine systematische Steinzeiterforschung auf der ganzen Halbinsel durchzuführen, die drei oder vier Mann drei bis vier Jahre lang beschäftigen würde. Und Kuwait schien sich zu einem zweiten Bahrain mit mehreren Stätten, die uneingeschränkte Aufmerksamkeit verdienten, zu entwickeln.

Und nun war da auch noch Abu Dhabi. Ich sah immer noch nicht, wie man wohl die Grabhügel von Umm an-Nar ausgraben konnte. Aber es war schade, der einzigen prähistorischen Stätte auf der Halbinsel von Oman den Rücken kehren zu müssen. Vielleicht konnten doch in einem späteren Jahr vier oder fünf von uns mit einem Charterflugzeug der Ölgesellschaft für ein Wochenende sich dorthin begeben, einen der kleinsten Tumuli ausgraben und rechtzeitig zum wöchentlichen Arbeitsbeginn nach Bahrain zurückfliegen.

Dann kamen eines Tages Besucher. Das war an sich natürlich kein ungewöhnlicher Vorfall, denn schließlich waren wir eine der Sehenswürdigkeiten der Insel. Nicht nur besuchten Einwohner von Bahrain in großer Zahl unsere Ausgrabungen, sondern Reisende, die auf der Durchreise auf die Insel kamen, wurden häufig zu uns heraus gebracht, um die antiken Monumente der Insel zu besichtigen, und unser Gästebuch im Lager wies eine überraschende Zahl berühmter Autographen auf. Aber jene Besucher waren zwei sehr prominente Personen, die auf ihren ausdrücklichen Wunsch ungenannt bleiben müssen. Während ich sie durch unsere Ausgrabungen führte, erwähnten sie, daß sie einige Tage in Abu Dhabi verbracht hätten und daß Tim mit ihnen zu den Tumuli von Umm an-Nar hinausgefahren sei. «Er meinte, daß Sie diese Tumuli sehr gern ausgraben würden», sagte einer der Besucher. «Wieviel würden Sie für eine Ausgrabungskampagne dort brauchen?»

Ich mußte schnell nachdenken. Drei Mann – ein auf der Insel erbautes Barasti – die Miete für einen Lastwagen mit Fahrer, um die Arbeiter hin und zurückzubefördern und Proviant und Wasser zu bringen – ungefähr ein Dutzend einheimische Arbeiter – Nahrungsmittel – Reisekosten, Fracht, Versicherung. «Ich glaube, wir könnten eine

Kampagne mit zweitausend Pfund durchführen», sagte ich. Sie äußerten sich nicht mehr dazu.

Aber als wir das Lager vierzehn Tage später schlossen und ich Ende April in das Museum von Aarhus zurückkehrte, lag ein Brief von unseren prominenten Besuchern auf meinem Schreibtisch. Vorausgesetzt, daß wir die Erlaubnis von Scheich Schachbut zu Ausgrabungen auf Umm an-Nar erhielten, hieß es darin, wären sie bereit, bis zu einer Summe von zweitausend Pfund dazu beizutragen.

Schließlich sollte unsere Suche nach Makan doch beginnen.

12. KAPITEL

Ikaros

Ich stand am Rand der Ausgrabung und schaute auf den Tempelhof hinunter, wobei ich ein eindringliches Gefühl des déjà vu hatte. Irgendwo war das alles doch schon einmal so gewesen. Dann erinnerte ich mich. Sechs Jahre früher hatte der Barbar-Tempel genauso ausgesehen. Dort war derselbe Fußboden aus rechteckigen Steinplatten verschiedener Größe, die sauber aneinandergefügt waren, dasselbe Mauerwerk aus viereckig behauenen Kalksteinblöcken und in der gleichen Höhe erhalten geblieben, nämlich einer massiven, etwa sechzig Zentimeter hohen Lage und hier und da einem Stein der zweiten Lage. Und genauso eindeutig wie in Barbar war auch das hier ein Tempel.

Aber es war ein ganz anderer Typ von Tempel. Und als ich meine Blicke von der Ausgrabung weg in die Runde schweifen ließ, verflüchtigte sich das Gefühl der Vertrautheit. Hier war kein steiler Hügel mit Palmenhainen am Fuß, sondern ein kahler, flacher Hügel, umgeben von kahler, flacher Wüste und dahinter das kahle, flache Blau des Meeres. Hinter mir, nur dreihundert Meter entfernt, war der andere, höhere und etwas steilere Tell mit den schachbrettartigen quadratischen Grabungen auf dem Gipfel und die Abhänge hinunter.

Es war 1960, zwei Jahre nachdem ich die beiden Quadrate des Schachbretts auf dem westlichen Teil von Saad wa-Saaid auf Failaka gegraben und Erling begonnen hatte, die Ummauerung des östlichen Tells, auf dem ich jetzt stand, zu ermitteln. Damals schon hatten wir

46 Die Siedlung der frühdilmunischen Zeit auf der Insel Failaka vor Kuwait. Während die Gebäude viel weniger eindrucksvoll als die gleichzeitigen Gebäude auf Bahrain sind, enthielten sie eine Fülle von Stempelsiegeln und Bruchstücken von Steatitschalen, die vermuten lassen, daß die Insel damals wie in späterer Zeit ein bedeutendes religiöses Zentrum war

guten Grund zu der Annahme, daß der östliche Tell eine Niederlassung der Griechen Alexanders bedecken könnte. Als ich nun in den Tempel hinunterschaute, stellte ich fest, daß daran kein Zweifel mehr bestehen konnte. Der Tempel unter mir war so griechisch wie der Parthenon auf der Akropolis von Athen.

Als ich etwas vorschnell bemerkte, daß die Ähnlichkeit mit dem Parthenon mehr scheinbar als wirklich sei, gab sich Kristian Mühe, mir

47 In der seleukidischen Siedlung auf Failaka, die durch dreihundert Meter und zweitausend Jahre von der frühdilmunischen Siedlung getrennt ist, ist das Hauptmerkmal dieser griechische Tempel, wahrscheinlich der Artemis. In der Mitte des inneren Raums ist der Sockel für die Statue der Göttin; hinter der Vorhalle mit Pfeilern liegt der Altar und hinter dem Altar die Festungsmauer der Stadtgemeinde. Hinter der Mauer, ganz am Ende der Ausgrabung, verliert sich der Graben fast ganz im Schatten

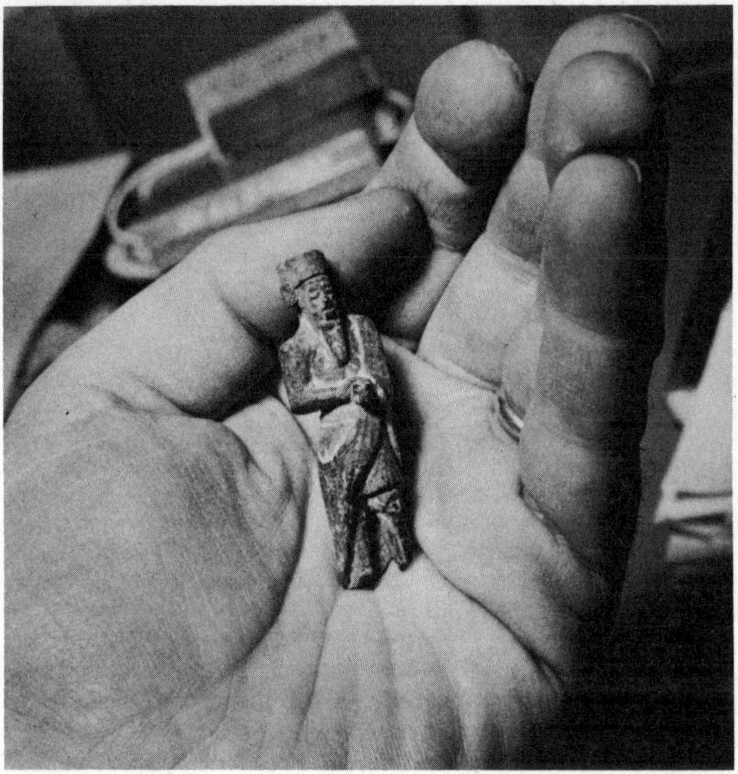

48 Dieses kleine Steatitfigürchen ist eine der wenigen Rundskulpturen aus dem Gebiet der dilmunischen Siedlung auf Failaka. Wie das Kupferfigürchen aus dem Barbar-Tempel hat es Beterhaltung

zu beweisen, daß die Ähnlichkeit im Gegenteil mehr wirklich als scheinbar sei. Da war dieselbe «Cella», das eigentliche Tempelhaus mit dem Sockel für die Statue der Tempelgottheit. Da war die gleiche Eingangshalle, und die beiden Säulenbasen am Eingang ließen erkennen, daß hier einst eine Säulenfassade mit einem typischen dreieckigen Giebel gestanden hatte. Dann zeigte mir Kristian das Kapitell einer der Säulen, das sogar ich als ionisch erkennen konnte, und eine Reihe von «Akroteren», den freistehenden Verzierungen über dem Giebel, deren Winkel ihm die Neigung des Dachs anzeigten. Wie er ihn so beschrieb, erstand der Tempel vor meinem inneren Auge, ein kleines Heiligtum – nur siebeneinhalb auf zwölf Meter –, das mir rein griechisch erschien (obwohl Kristian persische Einflüsse feststellen konnte). Und all dies zweieinhalbtausend Kilometer von Athen entfernt.

Dem Leser ist Kristian schon einmal begegnet. Auch er hatte ja auf den wiedererstehenden Barbar-Tempel hinuntergeschaut und drei Jahre lang bei seiner Ausgrabung mitgearbeitet. Er ist Architekt und klassischer Archäologe, und ich habe schon früher vorausgesagt, daß wir im Lauf der Zeit eine gute Verwertung seiner speziellen Fähigkeiten finden würden. In den letzten zwei Jahren war er nicht bei uns, denn es war ihm ein Lehrstuhl für klassische Archäologie angeboten worden. Aber als im vergangenen Jahr die erste Säule des griechischen Tempels in unserem Schnittgraben erschien, wußten wir, wen wir herbeirufen mußten. Ein griechischer Tempel in einer griechischen Stadt und dazu am Arabischen Golf war, wie wir wußten, genug, um einen klassischen Professor aus seinem Studierzimmer hervorzulokken.

Daß es eine griechische Stadt war, stand jetzt ganz außer Zweifel. Schon im ersten Jahr, als wir das große Haus aus Ziegelsteinen zwischen den beiden Tells ausgruben, zeichnete sich das deutlich ab. Es stellte sich als Werkstatt für die Herstellung von Terrakottafigürchen heraus. Wir fanden den Ofen, in dem die Figürchen gebrannt, und eine große Zahl von Fragmenten der Formen, in denen sie gegossen wurden. Einige Formen konnten wir rekonstruieren und mit Stuck selbst Kopien der Erzeugnisse der Gießerei herstellen. Das Repertoire war völlig griechisch. Es gab bekleidete und unbekleidete weibliche Figuren, eine nicht unähnlich der Venus von Milo, eine andere eine fast vollkommene Miniaturausgabe der Nike von Samothrake. Es gab auch einen Männerkopf in flachem Relief, den wir als Alexander den Großen, dargestellt als Sonnengott mit von seinem Kopf ausgehenden Strahlen, erkennen konnten.

Im zweiten Jahr verdichteten sich die Beweise. Denn dieses Jahr erbrachte den Henkel eines Weinkrugs, in den der Name des Weinhändlers auf griechisch und die Rose, die Handelsmarke von Rhodos, eingestempelt waren. Daß die Einwohner von Failaka griechischen Wein tranken, war natürlich kein schlüssiger Beweis dafür, daß sie Griechen waren, aber diese Tatsache bestimmte wenigstens das Datum als das dritte Jahrhundert vor Christus, genau die Periode, als Alexanders Nachfolger, die

49 Die Küche eines Hauses in der dilmunischen Siedlung auf Failaka. Geschirr aus Stein und Ton steht noch wie einst auf dem «Küchentisch»

Seleukiden, das ganze große Gebiet nördlich von Kuwait, von Syrien über Mesopotamien und Persien bis Indien beherrschten. Jetzt wußten wir, daß wenigstens einige Einwohner Griechisch schrieben, griechische Götter verehrten und griechische Terrakotten kauften – oder vielleicht an durchreisende Seeleute verkauften.

Nun lag die griechische Stadt vor mir, der klar ausgezogene Grundriß des Tempels mit dem Sockel des Altars jenseits der Straße gegenüber dem Tempeleingang (ich glaube, Kristian war es, der mir erklärte, daß die Altäre der griechischen Tempel immer außerhalb des eigentlichen Tempels standen) und hinter dem Altar die Festungsmauer der Stadt, aus Stein erbaut und zwei Meter dick. Jenseits der Mauer war ein freies, siebeneinhalb Meter breites Schußfeld und danach ein gewaltiger, fünfundzwanzig Meter breiter und fünfundzwanzig Meter tiefer V-förmiger und mit Stein eingefaßter Graben.

Beiderseits und hinter mir erstreckten sich die Wälle der kleinen befestigten Stadt mit Ecktürmen und Toren im Süden und Norden. Erling, der hier vor zwei Jahren mit der Ausgrabung begonnen hatte, war noch mit der Mauer beschäftigt und gerade dabei, das Südtor freizulegen. Die Befestigungsanlagen hatten eine komplizierte Struktur und scheinen während einer ziemlich langen Dauer der Benützung verändert und ergänzt worden zu sein. Besonders die Nordmauer erwies sich als später als der übrige Teil, und Poul hatte soeben durch einen tiefen Schnitt aufgezeigt, daß die Spuren der ursprünglichen Nordmauer unter den späteren Häusern im nördlichen Teil der Stadt zu sehen waren und daß die Stadt einige Zeit nach ihrer Gründung in nördlicher Richtung erweitert worden war. Die ursprüngliche Stadt war genau quadratisch, und die Mauern verliefen nord-südlich und ost-westlich. Sie machte den Eindruck eines Militärlagers, und es kann gut sein, daß sie das anfänglich auch war.

Meine Überlegungen wurden durch Pfiffe unterbrochen, und die Arbeiter kletterten aus ihren Grabungen herauf und strömten zu den Zelten, die auf der ebenen Fläche zwischen den Tells verstreut standen. Es war Mittagszeit, und der scharfe Ton einer Hupe hinter mir rief mich zu dem Lastwagen der Ausgrabung, der darauf wartete, uns in die Stadt zurückzubringen. Imran, der Fahrer des Lastwagens, begrüßte mich stürmisch, denn ich war erst an diesem Morgen aus Bahrain angekommen und hatte ihn seit dem vergangenen Jahr nicht gesehen.

Während der drei Jahre war Imran der offizielle Vertreter des Museums von Kuwait bei der Ausgrabung, aber in diesem Jahr war ein zweiter Vertreter bei ihm, der designierte Direktor der Altertümer, Tarek. Tarek war ein junger, gutmütiger und begeisterter Kuwaiter;

Imran war ein palästinensischer Flüchtling und früherer Taxichauffeur.

Imrans Geschichte ist typisch für das kuwaitische Improvisationstalent, mit größtmöglicher Schnelligkeit den modernen Standard zu erreichen. Als der israelisch-arabische Krieg um Palästina 1948 zu Ende ging, befand sich Imran in Jerusalem und bekam eine Anstellung als Fahrer der dortigen amerikanischen School of Archaeology. Viele Jahre lang fuhr er Archäologen zu ihren Ausgrabungen am Jordan hinaus und zurück, half ihnen oft bei der Arbeit und führte Besucher durch die Ausgrabungen. Er schnappte dabei den Jargon der Archäologen und beträchtliche Kenntnisse in der praktischen Archäologie auf sowie die Fähigkeit, die häufigeren Architektur- und Keramiktypen zu erkennen und zu datieren. Aber nach fast zehn Jahren verließ er wie so mancher palästinensische Flüchtling Jerusalem, um sein Glück im neuen kuwaitischen Dorado zu machen. Er wurde Taxichauffeur, merkte aber bald, daß Kuwait mit Taxis überschwemmt war und daß in diesem Geschäft kein Vermögen zu machen war. Gerade in dieser Zeit wurde das kuwaitische Museum eröffnet. Es war kein archäologisches Museum – zu dieser Zeit gab es keine Archäologie. Aber in rühmenswerter Voraussicht hatte die Erziehungsbehörde erkannt, wie wichtig es wäre, im Mahlstrom der Modernisierung das Bild Kuwaits zu bewahren, wie es vor dem Ölabenteuer ausgesehen hatte. Sie übernahm ein altes Fort, engagierte einen Fachmann aus dem ägyptischen Museumsdienst und gab ihm sechs Monate Zeit und unbegrenzte Geldmittel, um alles zu sammeln und auszustellen, was aus dem alten Kuwait noch zu retten war. Er hat seine Aufgabe hervorragend erfüllt. Hausbau, Schiffbau, Perlentauchen und das Leben der Beduinen wurden durch originale Gegenstände und maßstabgerechte Modelle dargestellt; die Ölgesellschaft steuerte eine geologische Abteilung bei, und es gab die Anfänge einer naturgeschichtlichen Sammlung von Pflanzen und Tieren von Kuwait.

Imran führte seine Jerusalemer Erfahrungen ins Feld und erhielt eine Stelle als Aufseher des neuen Museums. Und dann begannen unsere Ausgrabungen.

Kuwait reagierte auf die Errungenschaft einer kompletten Vorgeschichte einschließlich antiker Monumente mit der Anwendung einer Drei-Phasen-Prozedur, die es auf vielen Gebieten erfolgreich angewandt hatte. Man beauftragte den nächsterreichbaren Mann, um vorläufig das Problem in Angriff zu nehmen; dann wurde die größte verfügbare Autorität von auswärts gerufen, um eine Untersuchung anzustellen und Vorschläge zu machen; und schließlich suchte man einen interessierten jungen Kuwaiter, den man ins Ausland schicken könnte, damit er sich dort für die spätere Übernahme der Aufgabe ausbilde. So wurde man mit dem Problem auf der Basis einer Notlösung fertig, während eine dauerhafte Organisation in Planung war. Wenn dann einmal die dauerhafte Organisation bereitstand, würde ein kuwaitischer Kontrollbeamter ausgebildet sein, um sie zu leiten.

So war der Generaldirektor der Altertümer eines der wichtigsten archäologischen Länder des Nahen Ostens um seinen Rat für den Entwurf eines Modells eines Direktorats der Altertümer für Kuwait gebeten worden. Und Tarek hatte bei uns in Dänemark ein Jahr verbracht, um sich mit den Dingen vertraut zu machen. Aber Imran war Kuwaits Notlösung des Problems, wie man sich gegenüber Archäologen verhalten sollte, die entgegen den Erwartungen zwei vergessene Kulturen im Hinterhof entdeckten. Und zum mindesten bei uns festigte er seinen Ruf als Archäologe sehr rasch. Denn er lehrte uns, Lehmziegel zu erkennen.

Lehmziegel, Mauerwerk aus Lehm, der in einer Gußform gebildet und dann an der Sonne getrocknet wird, ist eine der archäologischen Fallen des Vorderen Orients. Die alten Städte von Mesopotamien und Syrien waren fast ausschließlich aus diesen Ziegeln erbaut, und die Erde der Tells in diesen Ländern besteht weitgehend aus den zerfallenen Resten von Lehmziegelhäusern. In dieser Lehmauffüllung ist es fast unmöglich, die noch stehenden Lehmziegelmauern zu unterscheiden, und die Erinnerungsbücher auch der hervorragendsten Archäologen enthalten fast alle warnende Berichte von Mauern, die abgegraben wurden, bevor man sie erkannte. Bei uns war es noch schlimmer, denn wir waren nicht auf Lehmziegel gefaßt. Wir waren von Bahrain gekommen, wo die alte Architektur ganz aus Stein besteht, und als wir die Festungsmauer der griechischen Stadt auf Failaka ausgruben, legten wir einen sehr sauberen Schnitt an, um die volle Breite eines beachtlichen Steinfundaments der Mauer freizulegen. Aber dann kam Imran vorbei, entlehnte sich eine Kelle und begann, die Seitenflächen unseres Schnitts abzukratzen. Während wir sein Tun beobachteten, sahen wir allmählich die regelmäßigen Linien von Lehmmörtel zwischen Lehmziegeln und erkannten, daß wir direkt durch einen stattlichen Lehmziegelüberbau der Mauer gegraben hatten. Von diesem Augenblick an vergaßen wir, daß Imran «nur» ein Taxichauffeur war – außer wenn uns seine Geschicklichkeit beim Reparieren des klapprigen Jeeps, den Kuwait uns geliehen hatte, daran erinnerte, daß er auch noch andere wertvolle Eigenschaften besaß.

Diese Abschweifung hatte meinen Sinn beschäftigt, als wir über die ausgefahrene Straße zum Dorf holperten und zu unserem Hauptquartier abbogen.

Auch hier hatte Kuwait demonstriert, was man tun kann, wenn Kosten einfach keine Rolle spielen. Während unserer ersten Kampagne waren wir in einem Klassenzimmer der Schule untergebracht. Im letzten Jahr hatten wir bei unserer Ankunft auf der anderen Seite des Schulhofs einen Block von Räumen vorgefunden, die auf uns warteten. Schlafzimmer und ein Badezimmer, ein Gemeinschaftsraum und eine Küche, ein Lager und ein Büro waren vollständig eingerichtet, und ein Stab von drei Indern sollte für unsere Bequemlichkeit sorgen. In diesem Jahr war ein neuer Flügel hinzugekommen mit Schlafzimmern für jeden einzelnen, einer Dunkelkammer und einem Laboratorium.

Die Situation der Expedition in Kuwait war eine ganz andere als in Bahrain. In Bahrain erhielten wir finanzielle Unterstützung von der Regierung und der Ölgesellschaft, und man überließ es uns, sie nach unserem Gutdünken zu verwenden. Wenn Scheich Sulman und viele Mitglieder der Regierung ein waches Interesse an unserer Arbeit zeigten, war es ein privates und persönliches Interesse. Wenn wir einen Bulldozer oder einen Kran von der Regierung leihen wollten, war das zwar immer möglich, aber die Sache wurde auf persönlicher Ebene, von Mann zu Mann, mit dem staatlichen Ingenieur oder dem Vorsteher der Transportbehörde, arrangiert. Daß unsere Anwesenheit in Bahrain sozusagen nicht offiziell zur Kenntnis genommen worden war, war manchmal etwas störend; wir waren nie sicher, ob wir wirklich die Erlaubnis hatten, dort zu graben, wo wir gerade arbeiteten, oder das Lager dort aufzuschlagen, wo wir es getan hatten. Ich erinnere mich gut daran, wie wir beim Chef der Polizei von Bahrain, einem Vetter des Herrschers, beim Abendessen waren und er beim Kaffee erwähnte, daß er der Eigentümer des Tempeltells von Barbar sei, wo wir nun schon seit fünf Jahren in der Meinung, das sei öffentlicher Boden, unsere Ausgrabung betrieben. Er nahm unsere ziemlich verwirrten Entschuldigungen an und gab uns lachend seine verspätete Erlaubnis, mit der Arbeit fortzufahren. Es gab in der Regierung von Bahrain tatsächlich niemand, dessen Aufgabe es gewesen wäre, unsere Tätigkeit zu überwachen oder sich um die Sicherheit der Altertümer von Bahrain zu kümmern. Als Folge davon hatten wir, obwohl unsere Abmachung mit der Regierung eine hälftige Teilung unserer Funde vorsah, keinen Partner, mit dem wir hätten teilen können, und seit Jahren hatten wir alles nach Dänemark mitgenommen, wobei wir uns klar darüber waren, daß die Teilung vorgenommen werden müßte, sobald ein Museum erbaut oder ein Direktor der Altertümer ernannt würde.

In Kuwait liefen die Dinge ganz anders. Dort hatte von Anfang an die Erziehungsbehörde die volle Verantwortung für unsere Ausgrabungen übernommen. Sie bezahlte nicht nur alle Ausgaben der Expedition und stellte unsere Verpflegung und Unterkunft. Sie hatte unsere Arbeiter angeworben und bezahlte alle Ausgaben für deren Verpflegung und Unterkunft direkt. Das befreite uns von einer großen Menge an Verwaltungsarbeit, denn es arbeiteten nun sechzig Mann für uns, und das waren sehr viel mehr, als das einzige Dorf Zor bereitstellen konnte. Der Ruf nach Arbeitern muß den ganzen Golf entlang gehört worden sein, denn unsere Männer kamen aus allen arabischen Nationalitäten von den Irakern bis zu den Maskatern, und sogar aus Aden und Somalia waren einige dabei. Viele der Iraker waren sogar archäologische Arbeiter von Beruf, die vor dem Krieg bei den deutschen Ausgrabungen von Warka beteiligt waren. Für so viele Männer gab es keine Unterkunft in Zor, und die Regierung hatte auf der Ebene zwischen unseren beiden Tells ein Zeltlager errichten lassen. Nahrung und Wasser wurden per Schiff von dem drei Segelstunden entfernten Festland gebracht. Wenn wir das alles selbst hätten arrangieren müssen, so hätten wir allein für die Verwaltungsarbeit zwei weitere Männer im Expeditionsstab haben müssen. So konnte sich nun aber jedes Mitglied unserer Vierzehn-Mann-Expedition in Kuwait ganz auf die archäologischen Probleme konzentrieren.

Es war aber nicht nur die Expedition, die auf diese Weise verhätschelt wurde. Auch um die Grabungsstätten kümmerte man sich. Nach dem ersten Jahr wurden Zäune um jede einzelne Ausgrabung errichtet, und nun ging ein Umfassungszaun um das ganze Gebiet herum. Die Beseitigung der im Lauf der Ausgrabung abgegrabenen Erde verursacht immer Kopfweh, denn wenn sie nicht unter hohen Kosten in großer Entfernung von der Ausgrabung abgelagert wird, erweist es sich immer, daß sie genau dort aufgehäuft wurde, wo man im nächsten Jahr graben will. Aber in Failaka wurden Schuttlastwagen eingesetzt, sobald die Expedition eine Grabungssaison abgeschlossen hatte, und alle lose Erde von den Grabungen wurde abgefahren und ins Meer geworfen.

Kuwait war also eine Luxusausgrabung, wie wir «Bahrainer» nie müde wurden anzuerkennen, die keine der Probleme stellte, die eine normale Expedition bedrängen. Andererseits dehnte die Regierung ihre Obhut auch auf die ausgegrabenen Objekte aus, und nach der zweiten Saison wurde ein Gesetz über die Altertümer erlassen, das ähnlich wie die allgemein im Mittleren Osten üblichen Gesetze festlegt, daß alle im Staat Kuwait gefundenen antiken Gegenstände Eigentum des Staates Kuwait seien und ohne dessen Genehmigung nicht entfernt werden dürften. So muß es auch sein; es ist zweifellos nicht richtig, daß unersetzliche Schätze aus der Geschichte eines Landes Eigentum eines den halben Erdumfang entfernten Museums sind. Aber das war nun die erste Kampagne, die wir unter dem neuen Gesetz durchführten, und es blieb abzuwarten, wie wörtlich es angewandt wurde. Wir hegten die Hoffnung, daß die Erziehungsbehörde einsehen würde, daß es in Wirklichkeit keinen Interessenkonflikt gab. Wir hatten nicht das Verlangen, die Räume unseres Museums mit den Schätzen von Kuwait anzufüllen – unser Museum hatte keine verfügbaren Räume. Höchstens würden wir gern irgendwann in der Zukunft, wenn wir Raum hätten, einen kleinen Saal mit typischen Artefakten und Keramik aus allen Kulturen, die wir am Golf gefunden hatten, füllen – und wenn diese Zeit kam, dann würde sich Kuwait wahrscheinlich eher darüber beklagen, daß wir seiner Kultur zu wenig Raum gewährten, als daß wir Objekte ausstellten, die eigentlich nach Kuwait gehörten. Was wir aber unbedingt nach Hause mitnehmen sollten, waren wissenschaftliche Muster, Kisten mit stratifizierten Topfscherben, Sammlungen von Tierknochen, Boden- und Carbonmuster. Und zum Nutzen Kuwaits selbst hofften wir diejenigen Objekte nach Dänemark mitnehmen zu dürfen, die eine Konservierungsbehandlung erforderten, die Kuwait nicht bieten konnte, nämlich Gegenstände aus Knochen und Metall.

Dazu gehörte einer der beiden bedeutendsten Funde, deretwegen P. V. und ich von Bahrain herübergekommen waren. Kristian entnahm ihn seiner etikettierten Schachtel, während wir am Tisch des Gemeinschaftsraums saßen, und reichte ihn uns herüber. Es war ein gewichtiger Klumpen aus purpurnem Metall, aber wir wußten, daß die Purpurfarbe Silber bedeutete. Die Form des Klumpens ließ erkennen, um was es sich handelte. Es war ein Schatz von Silbermünzen, im ganzen dreizehn, die zu einer einzigen Masse zusammenkorrodiert waren. Für Kristians erfahrenes Auge gaben Größe und Gewicht der Münzen über ihre Geschichte Aufschluß. Es waren unbezweifelbar griechische Silbertetradrachmen. Bevor sie von der Korrosion gesäubert und auseinandergenommen waren, konnte man nicht mehr sagen. Sie konnten unter Alexander selbst geprägt worden sein oder unter irgendeinem der folgenden seleukidischen Könige. Wenn das festgestellt werden konnte, würden sie uns eine sichere Grenze für die Datierung der griechischen Stadt auf Failaka liefern.

50 Dieser Schatz von Silber-Tetradrachmen wurde in der unmittelbaren Nähe des griechischen Tempels gefunden. Sie gehören ungefähr in das Jahr 210 v. Chr.

Der Schatz war eine Woche vorher außerhalb des Tempels und ein wenig nördlich des Altars gefunden worden. Es war ein sehr glücklicher Zufall, daß er gerade dort lag, wo Kristian einen nord-südlichen Schnitt durch den Altar und nach beiden Seiten seiner breiten Ausgrabung angelegt hatte. So war seine stratigraphische Beziehung zum Tempel absolut sicher. Der Schnitt war nun abgegraben – während man ihn abgrub, war der Silberschatz ans Licht gekommen –, aber die Zeichnungen von ihm zeigten deutlich, daß der Schatz späteren Datums war als der Tempel, gleichzeitig mit einer Reihe von späteren Mauern, die auf dem freien Raum erbaut waren, der ursprünglich den Tempelkomplex umgeben hatte.

Derselbe Schnitt war auf der anderen Seite vom Altar auf den zweiten großen Fund gestoßen, der ganz gewiß nicht außerhalb des Landes gebracht werden durfte.

Unsere Mannschaft war, als sie den Tempel ausgrub, durch einen merkwürdigen Steinblock in der Südostecke des Tempels links vom Zugang zum Gebäude vor ein Rätsel gestellt worden. Es war ein rechteckiger Block, der ohne Zweifel noch dort stand, wo er immer gestanden hatte; in der oberen Fläche war ein quadratisches Loch, das aussah, als ob es einen Pfosten hätte aufnehmen sollen. Jetzt hatten wir die Erklärung. Denn der neue Fund südlich des Altars war eine große rechteckige Steinplatte mit einem quadratischen Vorsprung am einen Ende, der genau in das Loch paßte. Die Platte hatte also ursprünglich aufrecht außerhalb des Tempeleingangs gestanden. Und auf der Platte war Zeile auf Zeile in griechisch eingemeißelt.

Es war eine lange Inschrift, dreiundvierzig Zeilen im ganzen, und als Lennart, unser Fotograf, sie von allen Seiten und unter jedem Winkel der einfallenden Sonne aufnahm, um die Buchstaben so klar wie nur irgend möglich herauszubringen, und Gunnar, der Konservator, Vorbereitungen traf, um für die spätere Untersuchung einen Latexabdruck der Platte zu nehmen, bemühte sich Kristian, ohne Hilfe eines Lexikons die Botschaft zu lesen. Das war nicht leicht, denn die Platte war sehr verwittert, und als sie aus ihrer ursprünglichen Lage herausgedreht und beim Altar zu Boden geworfen worden war, war sie in sieben Teile zerbrochen, wobei einiges von der Oberfläche abblätterte. Trotzdem traten schon der allgemeine Charakter der Inschrift und einige Sätze in Erscheinung.

Die ersten sechs Zeilen waren in Form eines Briefes eines gewissen Anaxarchos. Dann kam nach einem Zwischenraum als Rest der Inschrift ein weiterer Brief, der von einem Mann namens Ikadion an Anaxarchos gerichtet war. Gleich nach dem Gruß kamen die einzigen zwei Zeilen, die einigermaßen klar waren: «Der König interessiert sich für die Insel des Ikaros, denn seine Vorfahren ...» Hier kamen wieder Beschädigungen, und vom Rest der Inschrift konnten nur je ein oder zwei Wörter pro Zeile entziffert werden. Anscheinend waren da häufige Erwähnungen eines Tempels und von Zeremonien und auch von «den Bewohnern der Insel» und «dem Brief».

Die Inschrift mußte offenbar so gedeutet werden, daß Anaxarchos der Bezirksgouverneur war und von seinem Vorgesetzten Ikadion einen Brief erhalten hatte, der ihm im Namen des Königs den Auftrag gab, den Tempel auf der Insel des Ikaros zu bauen oder zu unterhalten. Er schickte den Brief weiter an den Kommandanten von Failaka mit einem eigenen Begleitschreiben, in dem er anordnete, daß der Befehl des Königs ausgeführt und daß danach beide Briefe in Stein geschrieben und vor dem Tempel aufgestellt werden sollten. Was wir gefunden hatten, war die Gründungsurkunde des Tempels.

Natürlich hatte Kristian nach besten Kräften nach einem Datum auf der Inschrift oder dem Namen des Königs, der «sich für die Insel des Ikaros interessierte», gesucht, aber beides war nicht aufzufinden. Aber was wir hatten, war bedeutsam genug. Wir wußten nun, daß wir auf der Insel Ikaros standen.

Wir hatten diesen Verdacht schon lange. Um das zu erklären, bedarf es wieder einer der Abschweifungen, von denen das Buch unvermeidlicherweise so voll ist.

Die erste Entdeckung von Spuren der Griechen auf Failaka hatte uns von der Suche nach keilschriftlichen Erwähnungen von Dilmun auf die Suche nach irgendwelchen Erwähnungen des Arabischen Golfs in der klassischen Zeit bei klassischen Schriftstellern abgelenkt. Es zeigte sich, daß es zahlreiche gab.

Im Laufe von fünfhundert Jahren, von vor 300 v. Chr. bis beinahe 200 n. Chr., hatten etwa ein Dutzend Schriftsteller, Historiker, Geographen, Botaniker und gewöhnliche Reisende und Seeleute berichtet, was sie über den Mittleren Osten, das Gebiet, das südlich des Reiches von Alexander und später östlich des Römischen Reichs lag, wußten. Alle schlossen in ihren Überblick, manchmal kurz, manchmal ausführlich, den Arabischen Golf ein. Fast die Hälfte der betreffenden Bücher existiert nicht mehr, aber sie werden, manchmal wörtlich, von späteren Autoren zitiert, so daß wahrscheinlich sehr wenig von dem, was je berichtet wurde, verlorengegangen ist. Sowohl Strabo, der in den letzten sechzig Jahren vor Christi Geburt lebte und eine Geographie auf griechisch schrieb, als auch Plinius, der hundert Jahre später lebte und seine *‹Naturgeschichte›* auf lateinisch schrieb, berichten besonders ausführlich über den Arabischen Golf, hauptsächlich auf der Grundlage von drei oder vier verlorenen Schriftstellern der vorangegangenen zwei Jahrhunderte. Ihre Berichte über die arabische Küste des Golfs stimmen nicht ganz überein, und beide enthalten eine Anzahl von Namen von Buchten und Landzungen, bei denen wir Schwierigkeiten haben, sie heute zu identifizieren. Aber sie erwähnen die Insel «Ichara», nicht weit von der Mündung des Euphrat, allerdings ohne mehr Informationen zu geben als den Namen. Sie erzählen auch von einer Insel weiter südlich namens Tylos, die nichts anderes sein kann als Bahrain. Diese Identifikation wurde seit vielen Jahren als gesichert angesehen, und wir kannten sie schon lange, bevor wir mit unserer Arbeit auf Failaka begannen. Sie wird dadurch erhärtet, daß eine kleinere Insel vor der Küste von Tylos den Namen Aradus hat, und wir kannten das Dorf Arad auf der Insel Muharrak jenseits des Damms von Manama auf Bahrain. Es wurde sogar der Versuch gemacht, den Namen Tylos von Dilmun abzuleiten – das infolge der Launen der babylonischen Schrift ebensogut Tilmun ausgesprochen

51 Professor Jeppesen, der Ausgräber des griechischen Tempels auf Failaka, ist hier mit der Entzifferung der griechischen Weiheinschrift des Tempels beschäftigt

werden konnte –, aber der mögliche Zusammenhang ist zu lose, als daß man ihm Gewicht beimessen könnte.

Ein dritter Ort, der von beiden Autoren erwähnt wird, hat viel Interesse erweckt, die Stadt Gerrha. Ich werde später viel über Gerrha berichten müssen, nachdem wir auf die Suche nach ihm gegangen waren. Es soll eine große und bedeutende ummauerte Stadt auf dem arabischen Festland nicht weit von Tylos gewesen sein, die auf dem

Seeweg mit Babylon und auf dem Landweg mit den Weihrauchländern von Südarabien Handel trieb. Aber Plinius und Strabo gehen in ihrem Bericht über die Lage der Stadt radikal auseinander; Plinius lokalisiert sie an der Küste, Strabo hundert Kilometer landeinwärts.

Im Augenblick jedoch richtete sich unser Hauptinteresse auf Ikaros, und hier fanden wir die ausführlichsten Informationen bei dem spätesten unserer Gewährmänner. Ums Jahr 170 n. Chr. schrieb ein Historiker namens Arrian einen griechischen Bericht über die Feldzüge Alexanders des Großen vor fünfhundert Jahren. Zu unserem Glück stützte er sich auf zeitgenössische Berichte, und für den größeren Teil seiner Beschreibung der Küstengebiete von Babylonien bis Indien benützte er das Logbuch von Alexanders kretischem Admiral Nearchos. Nach dem Feldzug durch Persien im Jahr 326 v. Chr. überquerte Alexander den Indus im heutigen Pakistan und stieß tief in den indischen Subkontinent vor, bevor er sich nach Süden zu der Küste nahe dem heutigen Karatschi wandte. Dort baute er eine Flotte, und während er selbst mit seiner Armee durch Südpersien marschierte, befahl er Nearchos, die Flotte längs der Küste von Belutschistan und Persien zurückzuführen. Das Logbuch von Nearchos gibt eine sehr detaillierte Beschreibung dieser Küstenlinie, die so genau ist, daß fast jede Einzelheit mit Sicherheit identifiziert werden kann. Nachdem Nearchos sich mit Alexander in Babylon vereinigt hatte, erhielt er den Auftrag, den Küstenverlauf der Arabischen Halbinsel zu erforschen. Denn Alexander plante einen Eroberungsfeldzug gegen Arabien, der, wie Arrian sagt, von Berichten über den Reichtum der Halbinsel an Myrrhe und Weihrauch, Zimt und Nardenöl angeregt worden war und auch dadurch, daß die Araber keine Gesandten mit dem Angebot der Unterwerfung geschickt hatten. Nearchos ging anscheinend methodisch ans Werk, indem er nacheinander drei Schiffe aussandte, um immer weiter entfernte Strecken der Küste von Arabien zu erforschen. Das erste Schiff erreichte Tylos, das dritte den Eingang zum Golf bei Ras Musandam.

Obwohl Arrian sagt, die Absicht sei gewesen, ein Schiff vollständig um Arabien herum zu schicken, war anscheinend die Erkundung bis zur Mündung des Golfs ausreichend für den geplanten Feldzug, der dann vorbereitet wurde. Aber drei Tage bevor er beginnen sollte, bekam Alexander Fieber und starb. Von dem Plan, Arabien zu erobern, hörte man nichts mehr – auch von Nearchos nicht, ein Umstand, der eine Menge romantischer Wachträume bei den phantasiereicheren Altertumsfreunden des neunzehnten Jahrhunderts zur Folge hatte. Es wurde vermutet, daß Nearchos planmäßig die Segel gesetzt und, da er keinen Rückkehrbefehl erhielt, damit fortgefahren habe, weiße Kolonien im Herzen Afrikas zu gründen oder die polynesische Kolonisation des Pazifik ins Leben zu rufen.

Sei dem, wie ihm wolle, seine Erkundungsfahrten im Arabischen Golf vermitteln uns, auf dem Weg über Arrian, einen sehr zuverlässigen Bericht über unsere arabische Küste von vor über zweitausend Jahren. Alexander, sagt Arrian, «war über zwei Inseln im Meer nahe der Mündung des Euphrat informiert. Die erste war nicht weit von ihr entfernt, etwa 120 Stadien vor der Küste und der Flußmündung; sie ist die kleinere von beiden und vollständig mit dichtem Wald bedeckt; auf ihr war auch ein Heiligtum der Artemis, und die Einwohner in seiner Nähe erfüllten selbst die täglichen Kultpflichten; wilde Ziegen und Antilopen weideten auf ihr, und diese waren als heilig der Artemis vorbehalten, und niemand durfte sie jagen, außer denen, die der Göttin ein Opfer darbringen wollten; nur mit dieser Entschuldigung durfte jemand jagen, und für diesen Zweck war die Jagd nicht verboten. Diese Insel befahl Alexander, laut Aristobulos, Ikaros zu nennen, nach der Insel Ikaros im Ägäischen Meer ... Die andere Insel war den Berichten nach von der Mündung des Euphrat für ein unter dem Wind segelndes Schiff einen Tag und eine Nacht entfernt; sie hieß Tylos; und sie war groß und zum größten Teil weder unwirtlich noch bewaldet, sondern von der Art, wo Gartenfrüchte und alle Dinge je nach der Jahreszeit gedeihen.»

So hatte also die Insel Ikaros, auf der wir standen, ihren Namen durch einen Befehl von Alexander selbst erhalten und besaß schon einen Tempel der Artemis, bevor noch der Tempel, den wir ausgruben, erbaut wurde. Dieser Tempel war vermutlich nicht wirklich der griechischen Göttin geweiht, sondern irgendeiner Göttin, die die Griechen mit ihrer eigenen Artemis gleichsetzten. Welche Gottheit das war, wußten wir nicht, vielleicht eine Mondgöttin wie zum Beispiel Ningal von Ur. Auch wußten wir nicht, wo dieses frühere Heiligtum gelegen hatte. Denn unter dem griechischen Tempel war es nicht. Kristians Schnittgräben bewiesen dies.

Eine Stelle gab es, wo es gelegen haben konnte. Das war die einzige Stelle, wo wir nicht suchen konnten. Aber davon später.

In der Zwischenzeit hatten wir den anderen der Zwillingshügel von Failaka. Während wir die Inschrift des griechischen Tempels im Hof des Archäologenflügels untersuchten und sie über dem Mittagstisch diskutierten, hatte Oscar, der die Grabungen am anderen Tell leitete, den rechten Augenblick abgewartet. Schließlich wandten wir uns ihm zu und fragten nach Neuigkeiten von seiner Ausgrabung. Als Antwort zeigte er auf ein Blatt Papier an der Wand über dem Eßtisch.

Auf den ersten Blick war das ein einfacher, selbstgemachter Kalender, eine Liste der Tage seit dem Beginn der Grabungskampagne. Aber neben jedem Tag war eine Zahl, eins oder zwei oder drei, manchmal vier, und neben einem Tag, der rot eingeringelt war, die Zahl sieben. Gelegentlich war auch keine Zahl. Wir blickten fragend. «Sie-

52 Fünf auf Failaka gefundene Siegel. Ihre große Ähnlichkeit mit den Barbar-Siegeln auf Bild 59 ist offensichtlich. Die Rückseiten sind mit denen von Barbar identisch

gel», sagte Oscar bescheiden. Wir starrten ungläubig und zählten im stillen die Zahlen zusammen.

Wir hatten gewußt, daß man auf F 3, wie wir den westlichen Tell von Saad wa-Saaid nannten, Siegel finden konnte. Von dem Augenblick an, wo wir vor zwei Jahren «Barbar»-Scherben auf der Oberfläche gefunden hatten, hatten wir erwartet, daß hier eine Siedlung jener

Siegel benützenden Kultur gewesen war. Ich hatte sogar selbst bei meiner ersten Sondage auf dem Tell im Jahr 1958 die ersten Siegel gefunden, drei Stempelsiegel, zwei davon vom typischen «Barbar»-Kreispunkt-Typ, während das dritte – das erste, das gefunden wurde – eine neue Variante, linsenförmig und zweiseitig, war. Und vor einem Jahr hatte die erste großangelegte Ausgrabung des Tells die ersten Anzeichen dafür erbracht, daß Siegel hier viel zahlreicher waren als in Bahrain. Fünfunddreißig Siegel waren in jenem Jahr gefunden worden, mehr als doppelt soviel, wie bis dahin auf ganz Bahrain entdeckt worden waren. Aber die Summe auf dem Kalender an der Wand war noch unvergleichlich viel mehr. Meine erste rasche Addition ergab fünfundachtzig, und die Saison war noch kaum halb vorbei. Und nun brachte Oscar Kasten um Kasten voll mit numerierten Streichholzschachteln, von denen jede ein Siegel enthielt. In der uns zur Verfügung stehenden Zeit konnten wir nicht alle so eingehend studieren, wie sie es verdient hätten, aber Oscar suchte die aufregenderen Exemplare für uns heraus: ein zweiseitiges Siegel mit einer Keilschriftinschrift, eines, das eine Frau zeigte, die auf einer mit einem Stierkopf, wie der kupferne, im Barbartempel gefundene, verzierten Harfe spielte, und ein Siegel, das auf der Vorderseite eine Inschrift in den noch nicht entzifferten Zeichen der Induskultur trug. Außer den vier oder fünf zweiseitigen Siegeln und – vielleicht bezeichnenderweise – dem Siegel mit der Indusschrift, waren alle Siegel von dem von mir so benannten Typ 3, der letzten meiner Reihe von Formen, jener

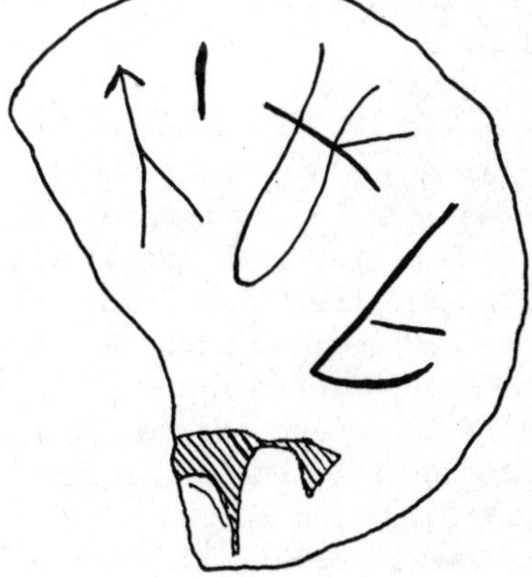

53 Ein einziges Siegel aus Failaka trägt eine Inschrift in der unlesbaren Schrift der Induskultur

mit den vier Punktkreisen und drei Rillen. Das Siegel mit der Indusschrift war von keinem bekannten Typ, dünn und flach mit einem kleinen, hohen Buckel.

Dann holte Oscar weitere Kästen, voll mit den anderen Objekten, die seiner Ausgrabung entstammten. Da waren Perlen und Amulette, Kupfernadeln, die in Knochenhandgriffen befestigt waren, und Bruchstücke von Steinschalen aus demselben Speckstein, wie er für die Siegel verwendet wurde, viele davon mit Menschen- und Tierfiguren in Relief verziert. Darunter befand sich ein Fragment mit Teilen zweier menschlicher Figuren und zwischen ihnen einer kurzen Inschrift in Keilschriftzeichen.

Nun war allerdings Oscar mehr mit Runen als mit der Keilschrift vertraut, während ich zufällig vor vielen Jahren die Schrift von Mesopotamien studiert hatte. Meine Kenntnisse reichten kaum dafür aus, um eine Inschrift auf einen Blick zu lesen, aber als ich das Fragment betrachtete, sah ich, daß das auch gar nicht nötig war. Ich hatte diese Inschrift schon früher gesehen. Sie war identisch mit der ersten Zeile der Inschrift, die Hauptmann Durand achtzig Jahre früher auf Bahrain gefunden hatte:

e_2-gal ^{d}In-zak – «der Tempel des Gottes Inzak.»

Das war eine kaum weniger bedeutsame Inschrift als die Weiheinschrift des griechischen Tempels. Denn sie besagte, daß diese Schale ein Teil des Inventars eines früheren Tempels war, der wahrscheinlich unter dem F-3-Tell lag, eines dem Inzak, dem Schutzgott von Dilmun, geweihten Tempels. Die Inschrift war ein großer Schritt auf dem Weg zur Erklärung der phänomenalen Anzahl von Siegeln in einem Tell, der bisher nur die Überreste von ganz bescheidenen Häusern hervorgebracht hatte.

So hatte es also vor viertausend Jahren auf Failaka einen Inzaktempel gegeben, und vor zweitausend Jahren einen Artemistempel, sowie eine Werkstatt für Votivfigürchen von griechischen Göttern und Göttinen. Man hatte den Eindruck, als sei Failaka einige Jahrtausende lang eine heilige Insel, ein Wallfahrtsort gewesen. Bei diesem Gedanken erinnerte ich mich plötzlich, daß Failaka ja immer noch eine heilige Insel, ein Wallfahrtsort war. War hier möglicherweise eine Brücke über eine Kluft von viertausend Jahren?

Ich erinnerte mich an das Heiligtum des Grünen Mannes Al-Khidr auf dem Gipfel seines kleinen Tells an der Nordwestspitze der Insel. Die Erziehungsbehörde hatte schon mehrmals angeregt, wir sollten

54 Bruchstücke einer Steatitschale aus Failaka mit der Keilschriftinschrift «Tempel des Gottes Inzak». Andere Bruchstücke derselben Schale zeigen, daß die beiden menschlichen Figuren auf dem Rücken eines Tieres, wahrscheinlich eines Widders stehen

doch das Heiligtum und den darunterliegenden Tell ausgraben, und ich wußte, daß die Regierung nichts gegen sein Verschwinden hätte. Denn obwohl Al-Khidr einer der Heiligen des Islam und als solcher eine absolut verehrungswürdige Person ist, waren doch in den Augen der Kuwaiter von der sunnitischen Sekte die mit dem Heiligtum verknüpften Riten und Gewohnheiten abgöttisch. Aber wenn auch das Heiligtum sehr wohl jenen früheren Tempel der Artemis verdecken konnte, von dem Alexander gehört hatte, wagten wir es nicht, die Ausgrabung vorzunehmen. Wir hatten unter der Bevölkerung von Failaka zu viele Freunde, die wie die Pilger zu den Schiiten gehörten, und ihr Heiligtum zu beeinträchtigen würde uns die ganze Insel entfremden.

Aber als ich über die zunehmende Gewißheit, daß Failaka seit Jahrtausenden heilig war, nachdachte, beschloß ich, mich eingehender mit der Person Al-Khidrs zu befassen.

Wie so manche anderen Nachforschungen wurde auch die nach Al-Khidr unter dem Druck der Ereignisse beiseite geschoben, und es dauerte einige Jahre, bis ich wieder auf diese Frage zurückkam – und dann im Zuge einer ganz anderen Untersuchung.

Das kam so. Ein Mitglied der Filmabteilung der Ölgesellschaft von Bahrain, John Underwood, hatte die Idee, einen Film über unsere Arbeit auf Bahrain zu drehen, und zwei Jahre lang verfolgten Kameraleute unsere Grabungen in Kalaat al-Bahrain und Barbar, während John selbst Ergänzungen in Dänemark und im Britischen Museum drehte. Als der Film uns schließlich zur Begutachtung vorgeführt wurde, erwies er sich als ein bedeutendes Kunstwerk. Er leistete viel mehr, als nur unsere Grabungen zu zeigen. John, der in archäologischen Kreisen aufgewachsen war, hatte das ganze Beweismaterial für die Identifikation von Bahrain mit Dilmun und für Bahrains Bedeutung für die sumerische Mythologie und als Zwischenstation der antiken Handelswege zusammengefaßt. Unvermeidlicherweise hob er die Bedeutung der reichlichen Süßwasserquellen auf Bahrain hervor und bot – ganz zufällig – eine Erklärung des Namens Bahrain. *Bahrain* ist gut arabisch und bedeutet einfach «Die beiden Meere»; aber niemand hatte jemals den Grund für diesen Namen angeben können. John sprach in seinem Manuskript die Vermutung aus, daß das eine Meer das Salzwasser des Arabischen Golfs sei, und das andere das Süßwasser, das hier an die Oberfläche heraufsprudelte.

Diese scheinbar so weit hergeholte Erklärung beeindruckte mich sehr, denn ich wußte, daß die Sumerer und Babylonier an die Existenz eines Süßwassermeers unter der Erde und dem Salzmeer glaubten, an jenen Abzu oder Urozean, dem wir schon begegneten und der in der Bibel als «die Wasser unter der Erde» vorkommt. Ich hatte auch schon festgestellt, daß der Urozean sozusagen in den Kulissen aller Mythen über Dilmun auftauchte: es war Enki, der Gott des Urozeans, der Dilmun Wasser geschenkt hat; es war Enki, der eingriff, um Ziusudra vor der Sintflut zu retten, und Ziusudra ließ sich in Dilmun nieder; der Text der Gilgamesch-Sage ließ sogar vermuten, wie Professor Lambert mir gegenüber einmal erwähnte, daß die Blume der Unsterblichkeit tatsächlich in dem Meer-unter-der-Welt gewachsen sei und daß Gilgamesch durch ein Loch oder einen Kanal im Grund des Bitteren Meeres getaucht sei, um sie zu erlangen. Nun, diese Löcher im Meeresboden, wo Süßwasser aus der Tiefe in das Salzmeer quillt, gehören zu den Dingen, deretwegen Bahrain berühmt ist, und ich wußte, daß sie von vielen frühen Geographen des Islam erwähnt werden.

Es war einleuchtend, daß für jemand, der an die Existenz des Urozeans, eines Süßwassermeers unter der Welt, glaubte, Bahrain als ein Ort, ja vielleicht der einzige Ort, berühmt sein mußte, wo das Süßwasser- und das Salzwassermeer sich trafen. So wäre «Die beiden Meere» ein naheliegender Name für diesen Ort.

Die Sache hatte aber einen Haken. Es gab keinen Hinweis darauf, daß der Name Bahrain älter als die Anfänge des Islam war, und es gab auch keinen Beweis dafür, daß der Glaube an das Meer-unter-der Welt die Unterwerfung der Babylonier durch die Perser und die Ersetzung der babylonischen Götter durch die Religion Zarathustras, das Judentum, das Christentum und den Islam überlebte. Es schien eine Lücke von tausend oder mehr Jahren zwischen den religiösen Mythen, die eine Begründung des Namens Bahrain liefern konnten, und dem tatsächlichen Gebrauch dieses Namens zu klaffen.

Außerdem war es bekannt, daß der Name Bahrain erst in den letzten sechshundert Jahren allein für die Insel verwendet wurde; vorher war er der Name für den ganzen Küstenstreifen von Kuwait im Norden bis zu der Halbinsel von Dhahran und dem gegenwärtigen Bahrain im Süden. Und weiter, wenn unsere Theorien stimmen, wurde Bahrain ja in babylonischen Zeiten nicht Bahrain genannt, sondern Dilmun und später Tylos. Aber das Rätsel blieb bestehen. Niemand hatte je den Namen Bahrain erklären können, und Underwoods Erklärung war so naheliegend, wenn nur die tausendjährige Lücke überbrückt werden konnte. Ich fragte mich sogar, ob vielleicht der Name Dilmun in der unbekannten Sprache von Dilmun «Die beiden Meere» bedeuten könnte. Schließlich war der frühere Umfang von «Bahrain» von Kuwait bis Dhahran, einschließlich der Inseln vor der Küste wahrscheinlich auch der alte Umfang von Dilmun, und die Süßwasserquellen auf dem Land und im Meer beschränkten sich ja nicht auf die Insel Bahrain; sie kamen auch auf dem gegenüberliegenden Festland und vor dessen Küste vor.

Aber die zeitliche Lücke blieb, und zu den Umständen, die sie bestimmten, gehörte, wie alt der Name Bahrain war.

Nun ist einer der ältesten existierenden arabischen Texte natürlich der Koran. Und er erwähnt kein Land Bahrain. Aber es fiel mir ein, genau zu prüfen, ob in ihm das arabische Wort *Bahrain*, «zwei Meere», überhaupt vorkommt. Tatsächlich kommt es vor, dreimal, und zwar in einem faszinierenden Zusammenhang. In der Sure von den Engeln (Sure 35, Vers 13) finden wir:

«Auch die beiden Gewässer *(al-bahrain)* sind sich nicht ähnlich. Das eine ist frisch und süß und angenehm zu trinken, das andere aber ist salzig und bitter; doch genießt ihr aus beiden frischen Fisch und nehmt aus denselben Zierat, womit ihr euch schmückt. Auch siehst du Schiffe deren Wellen durchschneiden, damit ihr Reichtümer von dem Überfluß Allahs erlangt und dankbar seid.»

Es ist interessant zu hören, daß von den beiden Meeren tatsächlich das eine salzig und das andere süß ist, aber in beiden wird hier gefischt und auf beiden gesegelt; hier ist also ganz eindeutig keine Tradition mehr von Wassern unter der Erde vorhanden. Nur der Ausdruck «Zierat, womit ihr euch schmückt» könnte vermuten lassen, daß der Prophet die Perlenfischerei des Arabischen Golfs im Sinn hatte.

Die nächste Erwähnung in der Sure von Al-Furkan (Sure 25, Vers 54) kommt der Sache schon näher:

«Er ist es, der die beiden Meere *(al-bahrain)* auseinanderhält, von welchen das eine frisch und süß, das andere gesalzen und bitter ist. Zwischen beiden machte er eine Kluft zur Scheidewand.»

Hier kann man doch wohl, wenn auch vielleicht entstellt, ein Weiterleben des babylonischen Glaubens an das Meer unter dem Wasser sehen, und es erscheint daher sehr wahrscheinlich, daß der geographische Name Bahrain tatsächlich ein Fortleben dieses Glaubens bis in die islamische Zeit darstellt. Aber die dritte Erwähnung gibt Anlaß zu *sehr* interessanten Spekulationen. Das Wort *bahrain* erscheint am Anfang einer langen Geschichte in der Sure von der Höhle (Sure 18, Vers 61–83), die es verdient, im vollen Wortlaut zitiert zu werden:

«Moses sagte einst zu seinem Diener: ‹Ich will nicht eher rasten, und sollte ich auch achtzig Jahre lang reisen, bis ich den Zusammenfluß der zwei Meere *(al-bahrain)* erreicht habe.› Als sie nun diesen Zusammenfluß der zwei Meere erreicht hatten, da vergaßen sie ihren Fisch, der seinen Weg ins Meer nahm. Als sie nun an diesem Ort vorbei waren, da sagte Moses zu seinem Diener: ‹Bring uns das Mittagsbrot; denn wir fühlen uns von dieser Reise ermüdet.› Dieser aber erwiderte: ‹Sieh nur, was mir geschehen! Als wir dort am Felsen lagerten, da vergaß ich den Fisch. Nur der Satan kann die Veranlassung sein, daß ich ihn vergessen und mich seiner nicht erinnert habe, und auf eine wunderliche Weise nahm er seinen Weg ins Meer.› Da sagte Moses: ‹Dort ist denn die Stelle, die wir suchen.› Und sie gingen den Weg, den sie gekommen, wieder zurück. Und sie fanden einen unserer Diener, den wir mit unserer Gnade und Weisheit ausgerüstet hatten. Da sagte Moses zu ihm: ‹Soll ich dir wohl folgen, damit du mich, zu meiner Leitung, lehrst einen Teil der Weisheit, die du gelernt hast?› Er aber erwiderte: ‹Du wirst bei mir nicht geduldig ausharren können; denn wie solltest du geduldig ausharren bei Dingen, die du nicht begreifen kannst?› Moses aber antwortete: ‹Du wirst mich, so Allah will, geduldig finden, und ich werde dir in keiner Weise ungehorsam sein.› Darauf sagte jener: ‹Nun, wenn du mir denn folgen willst, so darfst du mich über nichts fragen, bis ich dir von selbst die Deutung geben werde.›

Und so gingen sie denn beide, bis sie an ein Schiff kamen, in welches jener ein Loch schlug. Da sagte Moses: ‹Hast du etwa deshalb ein Loch hineingebohrt, damit seine Mannschaft ertrinkt? Was du da getan, das erscheint mir furchtbar.› Jener aber erwiderte: ‹Habe ich dir nicht im voraus gesagt, du würdest nicht in Geduld bei mir ausharren können?› Moses antwortete: ‹Mach mir keine Vorwürfe darüber, daß ich das vergessen habe, und mach mir die Befolgung des Gehorsams nicht so schwer.› Als sie nun weitergingen, da trafen sie einen Jüngling, den jener erschlug. Da sagte Moses: ‹Du hast einen unschuldigen Menschen erschlagen, der keinen Mord begangen hat. Wahrlich, du hast eine ungerechte Handlung ausgeübt.›

Jener aber erwiderte: ‹Habe ich dir nicht im voraus gesagt, du würdest nicht in Geduld bei mir ausharren können?› Darauf antwortete Moses: ‹Wenn ich dich ferner noch über etwas befragen sollte, dann dulde mich nicht mehr in deiner Gesellschaft. Nimm dies jetzt als letzte Entschuldigung an.› Sie gingen nun weiter, bis sie zu den Bewohnern einer gewissen Stadt kamen, von welchen sie Speise erbaten. Diese weigerten sich aber, sie zu speisen. Sie fanden dort eine Mauer, welcher der Einsturz drohte. Jener aber richtete sie auf. Da sagte Moses zu ihm: ‹Wenn du nur wolltest, so würdest du gewiß dafür eine Belohnung finden.› Jener aber erwiderte: ‹Hier scheiden wir voneinander. Doch will ich zuvor die Deutung der Dinge, welche du nicht mit Geduld erwarten konntest, dir mitteilen. Jenes Schiff gehörte armen Leuten, die auf dem Meer ihr Leben erarbeiteten, und ich machte es deshalb unbenützbar, weil ein seeräuberischer Fürst hinter ihnen her war, der jedes Schiff gewalttätig raubte. Was jenen Jüngling betrifft, so sind seine Eltern gläubige Menschen, und wir fürchteten, er möchte sie mit seinen Irrtümern und mit seinem Unglauben anstecken; darum wünschten wir, daß ihnen der Herr zum Tausch einen besseren, frömmeren und liebevolleren Sohn geben möchte. Jene Mauer gehört zwei Jünglingen in der Stadt, die Waisen sind. Unter ihr liegt ein Schatz für sie, und da ihr Vater ein rechtschaffener Mann war, so ist es der Wille deines Herrn, daß sie selbst, erst wenn sie volljährig geworden, durch die Gnade deines Herrn den Schatz heben sollen. Ich habe also nicht nach Willkür gehandelt. Siehe, dies ist die Erklärung dessen, was du nicht in Geduld zu ertragen vermochtest.›» (Koran-Übersetzungen nach der Ausgabe des Goldmann Verlags, München)

Diese Begegnung Moses' mit «einem der Diener Gottes» ist in der «Überlieferung» der Taten und Worte des Propheten, die in der Generation nach seinem Tod zusammengestellt wurde, ausführlich kommentiert und erklärt worden. Diese «Überlieferung» sagt, daß der Diener Gottes, den Moses am «Ort des Zusammentreffens der beiden Meere» traf, niemand anders als Al-Khidr, der Heilige des Schreins von Failaka, war. Al-Khidr, so heißt es, war ursprünglich der Wesir von Dhul-Kurnain (was bedeutet «Der mit zwei Hörnern»); und er hatte vom Quell des Lebens getrunken, wodurch er heute noch lebt und leben wird bis zum Tag des Gerichtes.

«Der mit zwei Hörnern» ist der bei den Arabern übliche Beiname Alexanders des Großen, vielleicht weil Alexander, wie wir gesehen haben, oft mit Sonnenstrahlen, die seinen Kopf umgeben, dargestellt wurde. Aber wenn der Koran hier behauptet, daß Moses den Wesir Alexanders des Großen getroffen habe, ist mit seiner Chronologie etwas ernstlich in Unordnung, denn Alexander lebte fast ein Jahrtausend später als Moses. Kann Dhul-Kurnain irgendein anderes gehörntes Wesen gewesen sein? Wenn ja, dann können viele darauf Anspruch erheben. Die Babylonier und Sumerer stellen ihre Götter durchweg mit Hörnern oder gehörnten Helmen dar. Gilgamesch wird gehörnt dargestellt, während er im Anfang seiner epischen Fahrten zusammen mit Enkidu, einem Wesen, das nicht nur gehörnt, sondern halb Stier, halb Mensch war, reiste. In diesem Zusammenhang ist es bemerkenswert, daß der Koran unmittelbar nach unserem Zitat aus der Sure von der Höhle damit fortfährt, von Dhul-Kurnain zu erzählen, daß er gegen Sonnenuntergang und dann gegen Sonnenaufgang gewandert sei, wo er eine bronzene Mauer zur Verteidigung gegen die Riesen Gog und Magog erbaut habe, und das erinnert sehr an die Reisen von Gilgamesch und seines Stiermenschgefährten. Aber wenn Dhul-Kurnain Gilgamesch oder Enkidu oder ein babylonischer Gott ist, wer ist dann Al-Khidr? Daß er Unsterblichkeit erlangte, legt recht zwingend nahe, daß er identisch mit Utu-nipischtim/Ziusudra ist.

Wir können also «Den mit zwei Hörnern» gut als Enki identifizieren, einen Gott, der berühmt war wegen seiner Kämpfe mit Ungeheuern zum Nutzen der Menschheit, und Al-Khidr, seinen Wesir, als Ziusudra, den Enki vor der Sintflut rettete. Aber in diesem Fall dürfte der Mann, der Al-Khidr besucht, um sein Geheimnis zu erfahren, dabei jedoch keinen Erfolg hat, nicht Moses sein – sondern Gilgamesch. Es scheint, als hätten wir hier eine andere Version der Geschichte von Gilgamesch, die ziemlich verschieden von der babylonischen und der sumerischen ist und vom Koran von dem Helden Gilgamesch, der zu der Zeit des Propheten vergessen war, auf den Helden Moses, den jeder Araber kannte, übertragen wurde.

Was nun auch richtig ist, es ist ganz gewiß merkwürdig, daß die Geschichte von einem Mann, der Unsterblichkeit erlangte, im frühesten arabischen Text mit dem «Ort des Zusammentreffens der beiden Meere» in Verbindung gebracht wird, wo ja der Ort, der heute «Die beiden Meere» heißt, in den babylonischen Zeiten mit dem einzigen Menschen, der jemals Unsterblichkeit erlangte, in Beziehung gebracht wurde.

An diesem Nachmittag wanderten wir noch einmal zu dem Heiligtum von Al-Khidr und schauten über das Meer zu den Dhauen hinaus, die von der Mündung des Schatt el-Arab auf die Stadt Kuwait zuhielten. Wir sprachen über die beiden Inschriften, die wir an diesem Tag gesehen hatten. Der Tempel, bei dem wir standen, und die beiden Tempel, in denen die beiden Inschriften ihren Platz hatten, lagen zeitlich zweitausend Jahre auseinander, wie Meilensteine auf der sonst gesichtslosen Straße, die zu den alten Göttern von Dilmun zurückführte.

Jetzt ist diese Straße vielleicht nicht mehr so gesichtslos. Denn die Geschichte von Al-Khidr im Koran wurde von Menschen niedergeschrieben, die zeitlich dem Tempel der Artemis näherstanden als uns. Und auf halbem Wege zwischen dem Tempel der Artemis und dem Tempel von Inzak sind die Schlangenopfer des Palastes von Bahrain mit ihrer unverkennbaren Botschaft, daß die Legende von Gilgamesch und die verlorene Blume der Unsterblichkeit in dieser Zeit noch nicht vergessen waren.

Die Frauen, die die Nacht vor dem Dienstag im Heiligtum von Al-Khidr verbringen und um ein Kind beten, suchen auf ihre Weise ebenfalls Unsterblichkeit. Und der Glaube, daß ihr Gebet erhört wird, ist derselbe, der Gilgamesch fünfundvierzig Jahrhunderte früher über die Meere zu dem Diener des Gehörnten, zu Ziusudra, dem unsterblichen Einwohner von Dilmun, führte.

55 Man ist versucht, in dieser Gruppe auf einem Failaka-Siegel den Kampf des Menschen mit der Schlange um die Unsterblichkeit zu sehen

13. KAPITEL

Die Gräber von Umm an-Nar

Die Arbeit auf Bahrain war in eine neue Phase eingetreten. Es war das Jahr 1960 und die siebte Expedition. Fünf Jahre lang hatten wir die ersten drei Monate jedes Jahrs in unserem Lager innerhalb des Portugiesischen Forts verbracht. Seit sieben Jahren gruben wir den Barbar-Tempel Kalaat al-Bahrain, die Stadt um das Fort herum, aus. Die Ausgrabung in Kuwait, jetzt im dritten Jahr, konnte noch sensationelle Ergebnisse bringen, wie wir soeben gesehen haben. Aber die Grabung auf Bahrain wurde langsam zur Routine, und in der Routine lauern Gefahren.

Es war allzu einfach, immer denselben Plan zu verfolgen; jedes Jahr die zentrale Ausgrabung ein wenig zu erweitern, wo man nun dreißig Meter weit auf einer engen Straße gehen konnte, rechts die hoch aufragenden Mauern aus behauenem Stein von P. V.s «Palast» und links die Türen und Türstufen kleinerer Häuser; und jedes Jahr weitere Räume und Straßen in dem Gebiet der Zweiten Stadt hinter der Nordmauer freizulegen. Jedes Jahr brachte seine neue Ernte an Topfscherben, die immer aufs neue bestätigten, daß die Sieben-Städte-Folge tatsächlich eine Realität war. Und jedes Jahr fanden wir zwei Händevoll Perlen und Terrakottafigurinen und sogar Siegel, die dem Ergebnis unserer Arbeit Glanz verliehen. Aber das erste Siegel war eine Sensation gewesen; das zwanzigste war – Routine.

In einem gewissen Grad war Routine natürlich unvermeidlich. Wir konnten die Sensationen nicht unkontrolliert lassen. Wir mußten, indem wir weitere Siegel dort fanden, wo wir es erwartet hatten, zeigen, daß das erste kein Schlag ins Wasser war, nur ein einziges zufällig von einem Fremden fallen gelassenes Exemplar, vielleicht von einem Besucher aus Failaka vor viertausend Jahren. Das hatte Egon letztes Jahr ganz schlüssig bewiesen, indem er die Werkstatt eines Siegelschneiders mit Abfällen aus zersägtem Steatit und einem halben Siegel, das bei der Herstellung zerbrochen und weggeworfen worden war, ausgrub. Wir mußten ein zweites und vielleicht noch ein drittes Mal nachweisen, daß unsere Keramikabfolge auf einem statistisch genügend großen Gebiet Gültigkeit hatte. Aber wir durften nicht einfach immer weitermachen in der Hoffnung, daß der nächste Meter uns etwas Neues bringen würde, einen Vorrat von Tontafeln, einen Silberschatz oder eine reiche und unberührte Bestattung.

Das war die heimtückische Versuchung, der schreckliche Gedanke, daß wir vielleicht wenige Zentimeter vor irgend etwas Entscheidendem haltmachen konnten. Ich erinnerte mich an drei Jahre früher, als ich die senkrechte Wand eines Schnitts am Ende meiner Ausgrabung abkratzte, um sie zu reinigen, bevor ich sie abzeichnete, und wie unter meiner Kelle eine ganze Platte der sandigen Mauer abfiel und einen Badewannensarg freilegte, der einen Zentimeter neben meiner Ausgrabung stand. Das war an sich keine Sensation – wir hatten schon sechs Badewannensärge in Reihen in unserem Lagerraum im Untergeschoß des Herrscherpalastes aufgestellt –, aber es gab uns eine Vorstellung davon, was wir vielleicht nur wenige Zoll von dort entfernt verfehlen konnten, wo wir aufhörten.

Und trotzdem mußen wir irgendwo aufhören. Nicht aus Mangel an Stoff – es würden immer noch Städte auszugraben sein, auch wenn wir tausend Jahre gruben –, aber vernünftigerweise konnten wir nicht erwarten, daß Scheich Sulman und die Bahrain Ölgesellschaft unbegrenzt fortfahren würden, ein Projekt zu unterstützen, das dem Gesetz immer geringer werdenden Nutzens unterworfen war. Und am Rande unseres Bewußtseins tauchte die Frage der Veröffentlichung auf.

General Pitt Rivers, der Begründer der wissenschaftlichen Methode in der Archäologie, hatte gesagt: «Eine Entdeckung datiert erst von dem Zeitpunkt ihrer Veröffentlichung an, und nicht von dem Zeitpunkt, an dem sie im Boden gefunden wurde.» Nachdem wir nun wußten, wo wir in Bahrain standen, und nachdem wir etwas zu berichten hatten, war es unsere moralische und wissenschaftliche Pflicht, das auch zu tun. Zu oft gibt es übertriebene Verzögerungen bei der Veröffentlichung von Ausgrabungsergebnissen, Lücken von bis zu einer Generation, nachdem die Ausgrabung beendet wurde, bevor das Material für Ausgräber an anderen Plätzen verfügbar wird. Wir dachten an Ur, wo die letzten Bände dreißig Jahre nachdem die letzte Ausgrabungsmannschaft zusammengepackt hatte und heimgereist war, noch nicht erschienen sind. Und dabei war daran keineswegs vermeidbare Langsamkeit schuld. Ein gewaltiges Material erfordert gewaltig viel Zeit für die Verarbeitung und Veröffentlichung. Aber auch wir waren dabei, ein gewaltiges Material anzusammeln – es würde viele Jahre brauchen, es zu veröffentlichen, und je früher wir damit beginnen konnten, desto besser war es. Denn unsere jährlichen Berichte in der fast unbekannten Zeitschrift der Jütländischen Archäologischen Gesellschaft konnten wenig mehr sagen, als daß unsere Expedition stattgefunden hatte, und nur die reine Aufzählung der wichtigsten Ergebnisse bieten.

Als wir schließlich ernstlich an eine Veröffentlichung dachten, stellten wir jedoch fest, wie wenig ausreichend unser Material von Kalaat al-Bahrain tatsächlich noch war. Wir hatten zwei kleine Flächen auf dem ausgedehnten Tell ausgegraben, und es bestand kein Grund zu der Annahme, daß das die wichtigsten Gebiete waren. Wir konnten eine Darstellung der Stadt der Tiefe nach geben, aber unsere Kenntnis der Breite nach war schmerzlich unzureichend. Wir konnten sagen, daß Stadt I und Stadt II existierten, die Städte nämlich, die gleichzeitig mit den Grabhügeln, dem Barbar-Tempel und dem an Siegeln reichen Tempeldorf auf Failaka waren – aber wir konnten nicht sagen, wie groß sie waren, und auch keine Hinweise auf wichtige Bauwerke geben. Stadt III, die Stadt der kassitischen Töpferware, war sogar noch weniger, da wir ihre Existenz nur aus den mit ihrem Abfall gefüllten Gruben herleiten konnten. Nur für Stadt IV hatten wir ansehnliche Gebäude, den «Palast» im Zentrum des Tells, aber hier wiederum hatten wir keine Überreste in den Außenbezirken. Stadt V aus der Zeit Alexanders und seiner Nachfolger war eine Ansammlung merkwürdiger Häusertrümmer auf beiden Seiten der Stadtmauer und drunten am Ufer, sowie eine dicke Schuttschicht über dem «Palast»; verglichen mit dem klar angelegten und nachgewiesenen griechischen Fort auf Failaka war sie gestaltlos und nebelhaft. Und anscheinend über dem ganzen Tell und alle Spuren von dem, was vorher geschehen war, bergend, hatte sich die weitläufige islamische Stadt VI aus dem zwölften und dreizehnten Jahrhundert ausgebreitet, gekrönt von dem massigen Komplex des Portugiesischen Forts, der Stadt VII.

Wir planten eine neue Reihe von Kampagnen, um unser Wissen von jeder dieser Städte zu vermehren und innerhalb einer vernünftigen Zahl von Jahren unsere Arbeit so weit abzurunden, daß wir mehr als nur eine aufgebauschte Sondage veröffentlichen könnten.

Wir hatten zwei unmittelbare Ziele. Das eine war, auf der größtmöglichen Fläche unter unserem zentralen «Palast» in die Tiefe zu gehen, in der Hoffnung, wesentliche Gebäude der früheren Perioden zu finden. Das andere war, den Verlauf der Stadtmauer an den anderen Rändern des Tells zu bestimmen, um die Grenzen des Stadtgebiets während der verschiedenen Epochen der Besiedlung feststellen zu können. Zu diesem Zweck waren wir in diesem Jahr an den äußersten westlichen Rand des Tells umgezogen.

Es war ein überraschend vollständiger Wechsel des Schauplatzes. An der Nordmauer hatten wir im Licht gearbeitet, das grelle Sonnenlicht auf dem offenen Tell vor uns und das offene Meer hinter uns. Hier im Westen war der Tell nur ein schmaler Streifen. Hier blickten die Türme des Forts drohend auf kaum hundert Meter offenen Geländes jenseits des Grabens hinunter. Dann senkte sich der Tell steil zum ebenen Grund hinab, und am Fuß des Abhangs war eine Dornenhecke und dahinter der Garten von Scheich Ibrahim.

Scheich Ibrahim ist ein Vetter des Herrschers und ein landwirtschaftlicher und industrieller Neuerer. Weit im Süden, am Rand der Gräberfelder, hat seine Kalk- und Gipsfabrik eine heimische Industrie modernisiert, die, wie wir nachweisen konnten, volle viertausend Jahre alt war. In seinem Garten experimentierte er mit der Akklimatisierung von Obst- und Blumensorten aus Florida und Kalifornien, Zitronenbäumen, Weinreben und Rosen. Es war herrlich, in seinem Garten spazierenzugehen, und als wir unser Lager errichteten, hatte er uns eingeladen, in seinen Garten zu kommen, sooft wir wollten. Schattige Spazierwege führten durch turmhohe Lowz-Bäume und Hibiskusdickichte, vorbei an Wäldchen von Bananenpalmen mit ihren riesigen purpurnen Blüten und Pfefferbüschen mit den kleinen blaßroten Blütchen. Spindeldürre Papayabäume mit ihren Bündeln grüner Früchte in der Krone und die mit gewaltigen gelben Früchten beladenen, noch jungen Zitronenbäume säumten die Wasserkanäle, und zwischen und hinter den Bäumen waren die bewässerten Beete mit Rosen in voller Blüte, mit Tomaten und Luzernen, während die Bankette zwischen den Beeten mit Wein und Melonen angebaut waren. Zwischen all dem standen die Dattelpalmen, auf die auch der geschickteste Experimentator nicht im Traum verzichten würde. Denn sie sind die Ernte, die sicheren Gewinn bringt, die Träger der Dilmun-Datteln, die in Mesopotamien schon in den Zeiten von Gudea von Lagasch berühmt waren.

Unsere Grabungen lagen fast im Schatten des Gartens, oben auf dem Tell und den steilen Abhang hinunter.

Es erschien selbstverständlich, daß die westliche Festungsmauer der Stadt unter dem Kamm des Tells verlief, wo dieser anfing, scharf nach unten abzufallen, und daß dieser steile Abhang nur Schutt war, der herunterfiel, als die Mauer einstürzte. Aber es ergab sich, daß das nicht der Fall war. Wir – Svend und ich – legten zwei parallele Gräben durch den obersten Kamm und den Abhang hinunter an, die vier Meter voneinander entfernt waren. Denn hier wollten wir die Ausgrabung von Schicht um Schicht wiederholen, die wir vier Jahre vorher an der Nordmauer durchgeführt hatten, aber in einem größeren Maßstab und mit einer verbesserten Methode. Die Gräben waren nur der Anfang.

Sobald sie den jungfräulichen Boden erreicht hatten, sollten beide Seitenflächen des vier Meter breiten Blocks zwischen ihnen im Schnitt gezeichnet werden. Dann würde der Block selbst Schicht um Schicht abgegraben, wobei die Schnittzeichnungen einen sicheren Anhalt dafür geben würden, daß jede Schicht sauber und genau aufgenommen wurde.

Mit dieser Arbeit war Svend beschäftigt, als ich aus Failaka zurückkam. Da wußten wir schon, daß die Stadtmauer nicht da war, wo wir sie erwartet hatten. Sie lag weiter draußen, ganz am Fuß des Abhangs des Tells, und ihre Oberkante war unter dem Niveau des Geländes, auf dem Scheich Ibrahim seine Rosen züchtete. Wir zogen unsere Gräben weiter hinaus bis hin zum Gartenzaun und gruben auf beiden Seiten der Mauer in die Tiefe. Wie in Barbar mußten wir drei Meter unter die gegenwärtige Oberfläche hinuntergehen, bis wir den Fuß der Mauer, die hier fest auf dem gewachsenen Boden stand, erreichten.

Es war ein prachtvoller Anblick. Im Gegensatz zur Nordmauer, wo die äußeren Fassadensteine entfernt worden waren, um Häuser der seleukidischen Periode daraus zu erbauen, war hier die Außenseite in der ganzen, noch vorhandenen Höhe intakt. Aus reiner Begeisterung legten wir neun Meter der Mauerfläche frei, um das monumentale Bauwerk in seiner ganzen Herrlichkeit zu zeigen. Aus großen viereckig behauenen Steinen erbaut, erhob es sich hoch über uns, wie es sich einst über die Einwohner von Dilmun erhoben haben mußte, wenn sie sich ihrer Stadt von Westen, aus der Richtung des Barbar-Tempels, näherten. Auf der Gartenseite unseres Grabens erhoben sich die drei Meter Erde, die sich in den viertausend Jahren, die uns von ihnen trennten, angesammelt hatten – aus dieser Erde, aus ihrer Art der Anhäufung mußten wir versuchen, herauszubekommen, was in der Zwischenzeit geschehen war, wie es geschah und vielleicht auch, wann. Aber zunächst zur Mauer selbst. Als wir das Mauerwerk der äußeren Seite betrachteten, bemerkten wir eine unregelmäßige Unterbrechung seiner Struktur ungefähr in halber Höhe. Unterhalb waren die Steine groß, regelmäßig und gut geschichtet. Darüber waren sie kleiner, unregelmäßiger, mehr verwittert und nicht so sorgfältig geschich-

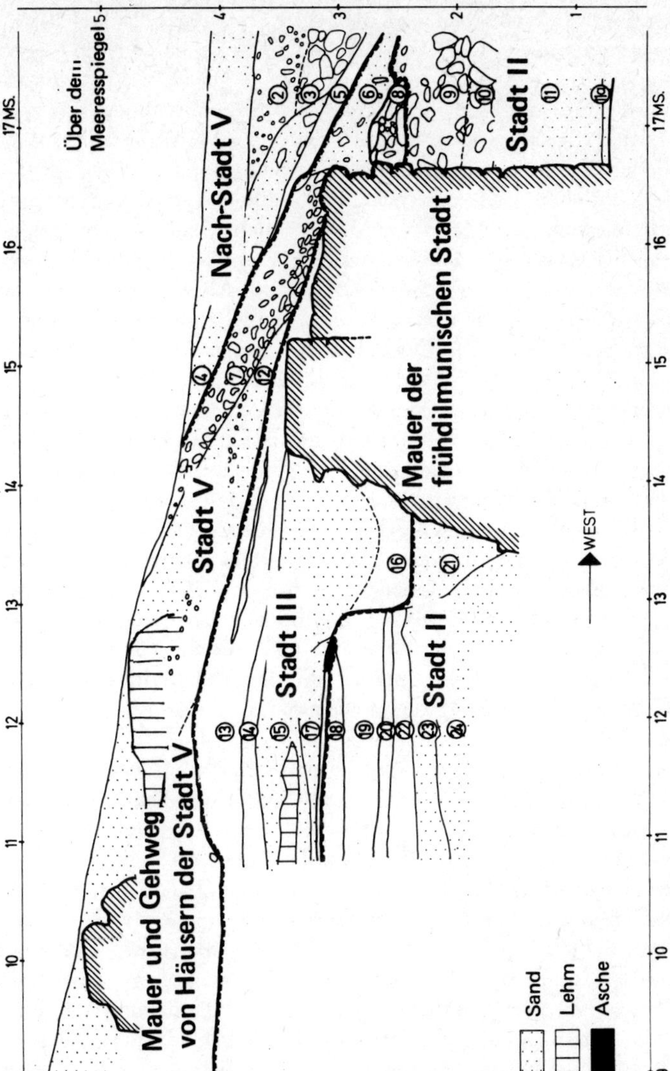

56 Schnitt durch die Westmauer des Stadt-Tells von Kalaat al-Bahrain. Die Grube der Räuber, die die Innenseite der Mauer entfernten, ist sehr deutlich zu erkennen

tet. Es war deutlich zu sehen, daß die Steine des unteren Teils behauen worden waren, um ihrem Zweck gut zu dienen; bei den oberen Lagen hatte der Maurer eben das Material benützt, das gerade zur Hand war. Der Grund dafür lag klar zutage. Die ursprüngliche Mauer war zerstört worden oder zusammengefallen und auf ihrer früheren Grundlage wieder errichtet worden, wobei dasselbe Material, nämlich die heruntergefallenen und zerbrochenen Steine der früheren Mauer, wieder benützt wurde. Dann war sie natürlich wieder zusammengefallen, als die Mauer zum zweitenmal nicht mehr benützt wurde. Aber diesmal war der Schaden nicht so verheerend. Als wir auf die Mauer hinaufkletterten, fanden wir, daß die zweite Zerstörung nur oberflächlicher Natur war. Die Oberkante der ersten ein Meter zwanzig Breite der Außenseite der Mauer bestand aus unregelmäßigem Steinmauerwerk, wie eben bei einer oben zerstörten Mauer. Aber dahinter war die Oberseite der Mauer mit einem Streifen aus ebenem Zement gepflastert. Das war natürlich der Wehrgang, auf dem die wachhabende Garnison der Mauer gestanden hatte und umhergegangen war. Das war die ursprüngliche Oberkante der Mauer, und was heruntergefallen war, war die ein Meter zwanzig dicke Brustwehr, die den Männern Schutz gewährte. Oder vielleicht – schließlich sind einhundertzwanzig Zentimeter ein wenig dick für eine Brustwehr – hatte es *zwei* Wehrgänge gegeben, der äußere höher als der, auf dem wir standen, mit einer dünnen Schutzmauer, die die Außenseite der Mauer noch weiter erhöhte. Diese Frage sollte zwei Jahre später ihre Antwort finden.

Die innere Kante des Wehrgangs brach scharf ab. Denn während bei der Nordmauer die äußere Seite als Steinbruch benützt worden war, war es hier die innere, die unter den Steinräubern gelitten hatte. Die innere Seite der Mauer war ein Durcheinander von Steintrümmern, und unser Schnitt zeigte deutlich die Umrisse des Grabens, der von einer späteren Schicht aus von den Steinräubern angelegt worden war. Als wir die Schicht vom oberen Rand des Raubgrabens zurückverfolgten, konnten wir genau sehen, wer die Räuber waren und warum sie Steine brauchten. Denn in dieser Schicht lag auf dem Kamm des Tells über dem Abhang eine ganze Straße von kleinen Häusern, die alle nach demselben Plan angelegt waren. Von der Straße aus führte eine enge Tür mit einer Steinschwelle in einen quadratischen Raum, und von diesem eine weitere Tür zu einem kleineren Raum. In dem größeren Raum ließ die Basis einer Steintreppe erkennen, daß es einen Zugang zu einem oberen Stockwerk oder vielleicht zu einem flachen Dach gegeben hatte. Das war alles, aber genau das gleiche Schema wiederholte sich, so weit sich unsere Ausgrabung längs der Straße erstreckte – wir hatten vier solche Zwei-Zimmer-Häuser und einen Teil eines fünften. Die Häuser standen mit ihrer Rückseite dort, wo die Mauer gewesen war, die Straße auf der anderen Seite, und es war klar ersichtlich, daß die von der Mauer ausgegrabenen Steine dazu benützt worden waren, um die Häuser zu erbauen, und zwar zu einer Zeit, als die Mauer unter dem Schutt des Tells begraben lag und nicht mehr zur Verteidigung benützt wurde.

Die Geschichte der Stätte an diesem besonderen Punkt war ungewöhnlich klar. Nun brauchten wir nur noch den Nachweis von Töpferware aus den verschiedenen Schichten, um das, was geschehen war, ungefähr datieren zu können. Als dann die Schichten ausgegraben und die Körbe voll Topfscherben gesäubert und zur Inspektion ausgelegt waren, ergaben sich tatsächlich die Daten.

Innerhalb der Mauer war die tiefste Schicht eine dicke Lage von feinem weißen Sand, die zweifellos hierhergebracht worden war, bevor die Mauer gebaut wurde, und die nur von der eigentlichen Baulinie weggeräumt wurde, damit die Mauer ein festes Fundament auf dem darunterliegenden Felsen hatte. Der Sand war fast steril, enthielt aber einige Scherben der «Kettenrippen»-Ware. Darüber kamen die ersten Schichten brauner «Besiedlungserde», und die Topfscherben waren hier vom Barbar-Typ, wie auch die in den untersten Schichten außerhalb der Mauern. Die Mauer war also vom Barbar-Volk erbaut worden. Die erste Zerstörung der Mauer wurde durch heruntergefallene Steine in der nächsten Schicht außerhalb der Mauer angezeigt. Über diesen Steinen, ebenso wie innerhalb der Mauer in der Höhe der Unterbrechung, lag die typische honigfarbene kassitische Ware. Also war die Mauer in der «kassitischen» Periode wiederaufgebaut worden (und vielleicht war es eine Invasion des Volkes, das die kassitische Töpferware benützte, die zu der Zerstörung der Mauer geführt hatte und die dieses wiedergutmachte). Nach den «Kassiten» war die Mauer in Verfall geraten, wie ein weiterer Wirrwarr von heruntergefallenen Steinen außerhalb der Mauer anzeigte, und unter der «Überflutung» vom Tell ganz außer Sicht geraten. Dann hatte die Steinräuberei begonnen und der Bau des Blocks der kleinen Häuschen. Beides wurde unmißverständlich durch die Töpferware in die seleukidische Periode, Stadt V also, in die letzten zwei oder drei Jahrhunderte vor Christus verwiesen. Damit kamen wir an die jetzige Oberfläche. Es gab hier keine islamischen Überreste, außer einem weniger als achthundert Jahre alten Brunnen, wie nach der dort gefundenen Töpferware zu schließen war, der mitten durch eines der seleukidischen Häuser gegraben worden war.

Was wir nicht fanden, war vielleicht ebenso bedeutsam wie das, was wir fanden. In den Barbar- und kassitischen Schichten innerhalb der Stadtmauer gab es keine Spuren von Häusern oder Straßen, wie sie an die Nordmauer angrenzten. Das Gebiet innerhalb der Mauer war während dieser Perioden entweder nicht besiedelt, oder die Behausungen seiner Bewohner waren aus einem so armseligen Material, daß es keine Spuren hinterließ.

Das also war die Geschichte der westlichen Mauer.

Ich freute mich, daß diese Grabung so leicht vor sich gegangen war und so klare Resultate brachte. Denn in drei Tagen wurde ich in Abu Dhabi erwartet, um mir die Ergebnisse der zweijährigen Ausgrabung anzusehen. Aber bevor ich abreiste, hatte ich Zeit, Barbar einen Besuch abzustatten.

Ich sah allzu wenig von Barbar. Jeden Morgen fuhr Junis Peder und Helmuth zu der Tempelstätte hinaus, und jeden Abend brachte er sie heim. Nur zwei- oder dreimal während einer Kampagne bat ich um die Gunst, mir die Stätte ansehen zu dürfen. Jedesmal war dann so viel geschehen, daß es war, als besuche man eine neue Ausgrabung, und in der Rückschau habe ich nur Standfotos von einzelnen Stadien der Ausgrabung in Erinnerung, anstatt sozusagen einen Film einer Ausgrabungskampagne. Wir hatten in den ersten beiden Jahren festgestellt, daß das Bauwerk ein Tempel war und dreimal in immer größerem Maßstab wiedergebaut wurde, und zwar innerhalb der zeitlichen Grenzen der Stadt II in Kalaat al-Bahrain. Als diese grundlegenden Tatsachen einmal feststanden, waren Peder und Helmuth einem methodischen Plan gefolgt; sie hatten das zentrale Gebiet ausgegraben, dann den östlichen Rand, den südlichen Rand und schließlich den westlichen. Jetzt arbeiteten sie an der nördlichen Seite der Stätte, und es schien, als ob wenigstens Barbar innerhalb von höchstens noch einem oder zwei Jahren «abgerundet» werden könnte.

Die Südseite war die eindrucksvollste. Hier stand die ganze freigelegte Fläche der Terrassenmauern von Tempel II und Tempel III, wobei die beiden Mauern in einem eleganten gekurvten Schwung ihres sehr schönen Mauerwerks parallel zueinander verliefen. Es schien fast ein glücklicher Zufall, daß die Mauer der dritten Terrasse in der Mitte niedriger war – Steinräuber waren hier wahrscheinlich im zehnten Jahrhundert nach Christus am Werk gewesen – und dadurch den Blick auf die Treppe freigab, die kühn an der Stirnseite der zweiten Terrasse emporführte. Sie trug dazu bei, dem Tempel den Anschein einer Mini-Zikkurat zu geben.

Wo die Terrassenmauern sich zu der Südwestecke rundeten, gerade

57 Die Südfront des Barbar-Tempels zeigt die Terrassenmauern aus zwei Perioden, der von Tempel II mit der Treppe und rechts davon der von Tempel III, die sie später verdeckte. Links ist gerade noch der Brunnen zu sehen, in dem die islamische Töpferware lag, während der Mittelhof des Tempels (Bild 11) oben links ist

nach dem Brunnen, der in der Architektur aller drei Phasen eine Rolle gespielt hatte, gab es etwas Neues. Schon vor längerer Zeit hatten wir an dieser Ecke eine Rampe gefunden, die von dem gepflasterten Mittelhof des Tempels zum westlichen Teil des Hügels hinunterführte. Wir waren ihr gefolgt, bis sie unvermittelt abbrach, nachdem sie zwischen den geborstenen Stümpfen von zwei Steinpfeilern hindurchgegangen war. Wir waren uns ziemlich sicher, daß diese Rampe der Hauptzugang zu dem Tempel oben auf der Terrasse war. Diese Vermutung schien sich zu bestätigen, als Peder und Helmuth im letzten Jahr die gleiche Struktur auf einem niedrigeren Niveau jenseits des Abbruchs fanden, nun aber in Form einer schönen Folge von Stufen. Sie waren ihr mit der üblichen Vorfreude auf eine Überraschung gefolgt.

Sie machten nicht auf dem Niveau des Fußes der Terrasse halt, das damals das Niveau des ebenen Grundes gewesen sein mußte. Sie gingen weiter hinunter. Sie trafen auf den Grundwasserspiegel. Und immer noch gingen sie tiefer, wobei unsere Arbeiter ein Gemisch aus Sand und Wasser ausschöpften und bis zu den Knien im Treibsand wateten. Man fand eine Mauer, die die Stufen an der Nordseite einfaßte, eine schöne Mauer aus polierten Kalksteinplatten, so hoch wie die Terrassen. Während der mit Wasser getränkte Sand von den unteren Stufen weggeschaufelt wurde, folgte man dieser Mauer. Nach vier Metern wandte sie sich genau nach Süden und nach weiteren vier Metern nach Osten und ging weiter, bis sie an die Terrassenmauer anstieß und damit den Fuß der Treppe vollständig einschloß. Weit davon entfernt, das Tor zum Tempel auszugraben, wie wir erwartet hatten, stellten die Ausgräber fest, daß sie einen kleinen, mit Stein eingefaßten Raum freilegten, der fast einen Meter hoch unter Wasser stand. Das Wasser entsprang einer Steinröhre oder einem Krug ohne Boden in der Mitte des Raums. Ganz offensichtlich war das Wasser hier beabsichtigt; das Bauwerk war eine Zisterne oder ein Badeteich. Es handelte sich nicht um etwas so Einfaches wie die Wasserversorgung des Tempels. Wäre es das gewesen, so wäre der Brunnen ganz in der Nähe bei dem mehrfachen Wiederaufbau des Tempels nicht so sorgfältig bewahrt worden.

Ein solcher Teich für Waschungen war ein sehr unsumerischer Zug bei einem sonst nicht unmesopotamischen Tempel. Wir dachten an das Große Bad in der Zitadelle von Mohendscho-Daro und die Brunnen für Waschungen, die unbedingt zu jeder Moschee bis auf den heutigen Tag gehören. Aber vielleicht hatte das noch mehr zu bedeuten. Für die Sumerer und wahrscheinlich sogar noch mehr für das Volk von Dilmun war eine solche Quelle kein natürliches Phänomen. Hier waren die Wasser des Urozeans, hier brachen die süßen Wasser des Meeres-unter-der-Welt zur Oberfläche durch. Das konnte vielleicht genau die Quelle sein, die Enki, der Herr des Urozeans, in Dilmun auf Geheiß der Göttin Ninchursag hatte emporsprudeln lassen.

Die Quelle konnte der eigentliche Grund dafür sein, daß der Tempel überhaupt hier stand. Er konnte sogar ein Wunschbrunnen gewesen sein. Wir wurden an die in den Trevi-Brunnen geworfenen Münzen erinnert, als sieben unserer Dilmunsiegel auf dem Grund des Teichs gefunden wurden.

Der Flugplatz von Abu Dhabi hatte sich nicht verändert. Die kleine Heron der Golf-Fluggesellschaft landete immer noch auf dem festgewalzten Sand zwischen den Leitlinien der angestrichenen Ölfässer. Aber nun wartete Sadik mit unserem eigenen Geländewagen, um uns zu dem Lager auf Umm an-Nar zu bringen. Arne war bei ihm, wäh-

58 Am Westende der Terrasse des Barbar-Tempels führt eine Treppe zu diesem eingefaßten Wasserbecken hinunter. Vielleicht für Taufen oder Reinigungsriten gebraucht, diente es zumindest nicht ausschließlich der Wasserversorgung des Tempels, denn ein Brunnen befand sich neben dem oberen Ende der Treppe

59 Der Wasserbehälter oben kann tatsächlich ein «Wunschbrunnen» oder ein Verbindungskanal zum Gott der unteren Wasser gewesen sein, denn er enthielt sieben der runden Stempelsiegel, die das am leichtesten zu identifizierende Merkmal der Dilmun-Kultur sind. Die beiden dunklen Siegel wurden an anderen Stellen im Barbar-Tempel gefunden

rend Knud auf der Insel geblieben war, um die Ausgrabung zu überwachen. Sowohl Arne wie auch Sadik waren alte Bekannte. Arne kommt von den Färöer, der von Dänemark verwalteten Gruppe von Felseninseln im Nordatlantik, auf der ich während des Krieges zwei Jahre Garnisonsdienst abgeleistet hatte, und hatte mit uns im Jahr vorher auf Failaka gegraben. Sadik stammte aus einer persischen Familie, obwohl er in Dubai, hundertsechzig Kilometer weiter aufwärts an der Küste, geboren war, und war P. V.s und mein Fahrer auf einer abenteuerlichen Fahrt durch den Oman im vergangenen Jahr. Nun fuhr er wieder für uns und brachte unsere Arbeiter und Proviant jeden Tag von der Stadt Abu Dhabi auf unsere Insel. Er war ein munterer junger Mann, der sich jeden freien Augenblick an seinem Fahrzeug zu schaffen machte und es verstand, sich mit ganz einfachem Arabisch und einer Überfülle von Gesten auch dem am wenigsten erfahrenen Arabisten unter uns verständlich zu machen. Er sollte sich als ein unschätzbarer Aktivposten bei unseren Expeditionen in den kommenden Jahren erweisen.

Als wir über die Sandebenen zu dem Damm nach dem Festland fuhren, berichtete uns Arne über die Arbeiten. Während der zweijährigen Grabung, seitdem P. V. und ich mit Tim zum erstenmal hinausgefahren waren, um die Grabhügel von Umm an-Nar zu besichtigen, hatte sich viel ereignet. Im letzten Jahr hatten wir drei Mann auf die Insel geschickt und für sie eine kleinere Kopie unseres Lagers auf Bahrain gebaut, eine einzelne lange Barasti-Hütte mit einem Aufenthaltsraum und einer Küche am einen Ende und drei kleinen Schlafkabinen am anderen. Sie hatten dort zwei Monate unter ausnehmend schwierigen Bedingungen verbracht. Der einheimische Markt hatte an Nahrungsmitteln nur wenig beisteuern können, und man hatte uns gestattet, auf die Lieferungen an Konservenbüchsen von Tims Ölgesellschaft zurückzugreifen, die zu dieser Zeit dabei war, sich auf einer Insel in der Mitte des Golfs, auf halbem Weg nach Katar, einzurichten. Aber diese Lieferungen trafen unregelmäßig ein, jeweils eine oder zwei Kisten mit einheitlichem Inhalt. Ich erinnerte mich, daß die Lieferung bei meinem Besuch im vergangenen Jahr aus einer Kiste mit Büchsenspeck, einer Kiste mit Tomaten-Ketchup und drei Kartons mit Tonic-Wasser bestand. Der letztere Posten war bedenklich, da das sonst verfügbare Wasser schon sechs Monate in Kerosinfässern gestanden hatte und mit einem Kerosinschaum bedeckt und völlig ungenießbar war. Wir hatten den Geschmack von Tonic-Wasser gründlich satt, als das nächste Flugzeug mit Kartons mit Bier und Zitronensaft ankam. Überdies war ihr Koch, obwohl besten Willens, unfähig, und sie konnten nur dadurch existieren, daß sie sich die wenigen am einheimischen Markt erhältlichen Eier kauften und selbst Spiegeleier machten, wenn sie von der Arbeit zurückkamen. In diesem Jahr, sagte Arne, waren sie besser daran. Sie hatten einen ausgezeichneten Koch, und in der Stadt hatte ein Lebensmittelgeschäft aufgemacht – und er versicherte mir, daß es im Lager kein Tonic-Wasser gebe.

Im vergangenen Jahr war unsere Mannschaft mit hochgespannten Hoffnungen gestartet. Sie hatte erwartet, daß die Grabhügel, ähnlich wie die von Bahrain, eine zentrale Kammer enthielten, und damit begonnen, Quadranten in zwei Hügel zu graben sowie einen Schnittgraben durch den Besiedlungstell. Aber es kam anders. Gleich innerhalb des Umkreises der beiden Grabhügel stießen die Ausgräber auf einen vollkommenen Kreis aus behauenen Kalksteinblöcken, von denen jeder etwa 60 oder 90 Zentimeter lang und über 30 Zentimeter hoch war. Ihre Außenflächen waren glatt poliert und entsprechend der Krümmung des Kreises gewölbt und paßten so exakt aneinander, daß die sprichwörtliche Messerschneide nicht dazwischengesteckt werden konnte. Hier und da war noch ein Block einer zweiten Lage ähnlicher Steine an Ort und Stelle. Außerhalb des Kreises lagen viele weitere Blöcke derselben Art noch dort, wo sie hingefallen waren, genügend viele für eine ursprünglich kreisförmige Mauer von vier Lagen. Aber innerhalb dieses Rings aus unglaublich schönem Mauerwerk lag ein amorpher Wirrwarr von Steinen, dünnen Platten und grob zugehauenen Blöcken in völligem Durcheinander. Es gab kein Anzeichen einer zentralen Kammer.

Nun ist Anders, der die Mannschaft leitete, einer der gründlichsten Ausgräber unserer Zeit. Es war ein Glück für uns, daß wir ihn mit dieser ungeheuer schwierigen Aufgabe betraut hatten. Kein Stein wurde entfernt, bevor nicht seine genaue Beziehung zu den Steinen darunter und daneben bestimmt war. Auf diese Weise trat nach und nach zutage, daß in dem ersten Graben zum Zentrum des Hügels eine Anzahl von Mauern aus Trockenziegeln waren, die kaum von den dazwischen- und darüberliegenden Steinen zu unterscheiden waren und den Graben in vielen verschiedenen Richtungen kreuzten. Die Aufgabe, den Verlauf der Mauern zu bestimmen, konnte nicht den Arbeitern von Abu Dhabi überlassen werden. Zuerst wurde Mogens vom zweiten Hügel zur Unterstützung beim ersten abgerufen und dann Risgaard vom Graben durch die Siedlung. Als die Saison zu Ende ging, waren nicht zwei Grabhügel und eine Siedlung ausgegraben, sondern nur eine Hälfte des ersten Hügels. Aber diese lag nun klar vor Augen, jede Mauer intakt und die von der Außenmauer gefallenen Steine gesäubert und an Ort und Stelle. Der Plan des Hügels war voll ersichtlich.

Ohne Zweifel war das überhaupt kein Grabhügel. Es war ein Begräbnisgebäude. Es hatte nie einen Stein- oder Erdhügel gegeben, der eine Kammer bedeckte. Jeder Stein in dem Haufen war ursprünglich ein Teil der Konstruktion. Und diese Konstruktion war vielleicht die komplizierteste Einrichtung zur Beseitigung der Toten, die es je gegeben hatte. Natürlich nicht die größte, reichste oder schönste; es war keine Pyramide. Aber sogar die Pyramiden von Ägypten sind nichts anderes als Grabhügel, Haufen von Steinblöcken und eine zentrale Kammer.

Hier aut der Sandbank Umm an-Nar wurde die Außenmauer rund

60 Die erste der Grabkammern von Umm an-Nar in Abu Dhabi. Die Umfassungsmauer und das komplizierte System der inneren Mauern ist zu sehen

herum von hinten durch eine dicke Mauer aus Trockenziegeln gestützt, außer an zwei einander gegenüberliegenden Punkten. Da waren früher zwei Eingänge, und bei den an diesen Eingängen heruntergefallenen Mauersteinen waren Teile abgeschlagen, die anzeigten, daß die Eingänge kleine rautenförmige Türen oder Pforten waren. Bei den Türsteinen lagen die eigentlichen Türen, dünne rautenförmige Steinplatten mit steinernen Handgriffen aus einem Stück mit der Tür selbst. Entlang dem Durchmesser des kreisförmigen Bauwerks verlief von Tür zu Tür ein schmaler Gang mit Mauern aus Trockenziegeln auf beiden Seiten. Aber diese Mauern stießen nicht an die Umfassungsmauer. Sie hörten an beiden Enden kurz vorher auf und ließen den Zugang zu einem schmalen Gang offen, der innerhalb des Umkreises verlief, aber nicht ganz herum. Auf halbem Weg zwischen den Türen traf er auf eine Mauer, die die Umfassungsmauer mit der Durchmessermauer verband, und von dieser Mauer wiederum sprang auf beiden

Seiten eine kurze Mauer vor. Das ist mit Worten schwer zu erklären, aber die Planzeichnung wird es klarmachen. Auf diese Weise wurde das Innere des kreisförmigen Gebäudes durch ein System von Mauern in acht kleine Nischen und einen quer verlaufenden Korridor aufgeteilt. Der Korridor und die Nischen waren mit Platten gepflastert, während die Mauern sich von unten nach oben langsam verbreiterten, was anzeigte, daß die Nischen und der Korridor ursprünglich überwölbt oder, genauer, überkragt waren. Es muß ein unheimliches Gefühl gewesen sein, wenn man, als das Gebäude neu war, aus dem hellen Sonnenschein durch den winzigen Einlaß in die Finsternis des Inneren kletterte und unter der Wölbung der Decke die Gänge entlang gebeugt von einer Nische zur anderen ging. Und der Inhalt der Nischen machte das Gefühl nicht weniger schaurig. Denn auf den Fliesen der Nischen lagen dicht aufeinander die Gebeine der Toten.

Bei den Menschenknochen, die Anders auf diesen Fliesenböden ausgrub, war kaum eine Ordnung erkennbar. Aber daran war, anders als auf Bahrain, keine Plünderung durch Räuber schuld. Es lag in der Natur der Sache. Während die Hügel von Bahrain Einzelgräber für Einzelbestattungen waren, waren die Totenkammern von Umm an-Nar zum wiederholten Gebrauch bestimmt. Leiche auf Leiche wurde in diesen Gräbern bestattet, indem man sie durch die Steinpforte trug und in den Nischen niederlegte. Und dabei wurde den früheren Bewohnern nur wenig Ehrerbietung zuteil. Ihre Knochen wurden beiseite geschoben, längs der Mauern aufgestapelt oder in den Boden getreten. Und nicht nur die Knochen. Zwischen den menschlichen

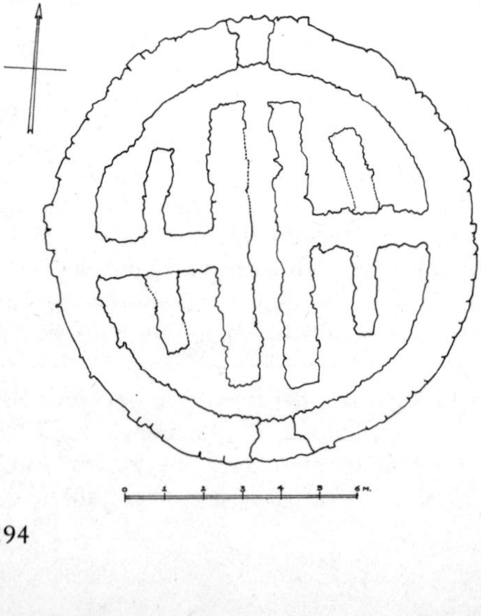

61 Grundriß des ersten Grabes, das auf Umm an-Nar ausgegraben wurde

Überresten lagen die Gaben, die sie in das Grab begleitet hatten, Töpferwaren und Kupferwaffen. Auch diese waren zertrampelt, zerbrochen und zur Seite geworfen.

Die Töpferware führte mich in diesem Jahr arg in die Irre. Zu meiner Verteidigung kann ich ins Feld führen, daß es sehr wenig davon gab und nicht genug, um auch nur einen einzigen vollständigen Topf zu rekonstruieren. Es handelte sich um eine ungewöhnlich schöne Ware, dünn, gut gebrannt und auf einer schnellen Scheibe geformt. Einige Scherben hatten kaum erkennbare geometrische Muster in schwarzer Bemalung auf einer rötlich glänzenden Politur. Dünne Ware mit roter Tönung und Politur hatten wir bisher nur in unserer «Dünne-Schalen»-Periode auf Bahrain, der Stadt V aus der Zeit Alexanders, angetroffen. So berichtete ich denn Scheich Schachbut, daß die Gräber von Umm an-Nar anscheinend rund zweitausend Jahre alt seien.

Die Ausgrabungen von Knud und Arne in diesem Jahr zeigten, daß ich das Alter um über hundert Prozent unterschätzt hatte. Die Gräber waren mehr als doppelt so alt.

Sie hatten eine Menge Arbeit in den zwei Monaten, die sie auf ihrer Wüsteninsel lebten, geleistet. In diesem Jahr war es natürlich leichter. Nachdem Anders einmal das Grundschema der Grabgebäude festgestellt hatte, war es nicht mehr so schwierig, sie freizulegen. War man innerhalb der kreisförmigen Umfassungsmauer, dann mußte man sofort bis zum Fliesenboden hinuntergraben und sich dann nach innen vorarbeiten. Die inneren Mauern aus Trockenziegeln konnten in dem Durcheinander von heruntergefallenen Steinen nur schwer erkannt werden, wenn man von oben nach unten grub, sie waren aber unverkennbar, wenn man von der Seite her auf sie traf. Knud und Arne hatten nicht nur die Freilegung von Anders' erstem Grab beendet – sie hatten fünf weitere vollständig ausgegraben. Es waren freilich viel kleinere Gräber, aber gerade das war beabsichtigt. Wir hatten nun eine Reihe von ausgegrabenen Gräbern, die von den kleinsten bis zu den größen reichten. Wir stellten dabei fest, daß die Anordnung der inneren Mauern entsprechend der Größe des Grabs variierte. Das größte der fünf neuen Gebäude hatte die gleichen zwei Eingänge und den gleichen zentralen Durchgang, aber der Raum hinter dem Durchgang war nur durch eine einfache Quermauer aufgeteilt, was nur vier Nischen ergab. Das nächste hatte zwei Eingänge, aber keine Möglichkeit, um vom einen zum anderen zu gelangen. Eine Mauer teilte das ganze Innere in zwei Hälften, und ein kurzes Querstück in der Mitte teilte jede Hälfte in zwei Nischen. Das dritte hatte nur einen Eingang,

62 Eine kleinere Grabkammer auf Umm an-Nar, wo einer der beiden dreieckigen Eingänge noch vorhanden ist

und das Innere war durch eine vorspringende Mauer in zwei Nischen geteilt. Die letzten beiden schließlich waren einfache Ringmauern ohne Unterteilungen im Inneren. Wir hatten sogar Zweifel, ob das kleinste überhaupt ein Grab war.

Von diesen fünf kleineren Gräbern hatte nur eines – das zweitgrößte der fünf – eine Außenmauer mit glatt poliertem Mauerwerk; die anderen waren aus grob behauenem, unpoliertem Stein. Aber bei dem schönen Grab waren die Mauern stellenweise bis zu sechs Lagen erhalten, und ein ganzes Tor war noch intakt, wobei die Lagen nach innen hervorragten und so ein stumpfwinkliges Dreieck bildeten.

Alle Gräber, außer dem kleinsten, enthielten menschliche Überreste und Topfscherben. Aber die an beidem bei weitem reichsten waren die später ausgegrabene Hälfte von Anders' ursprünglichem Hügel und das schöne Grab mit dem erhalten gebliebenen Tor. Dieses letztere Grab, obgleich im Inneren nur viereinhalb Meter im Durchmesser mit einer Bodenfläche von etwa 15 Quadratmeter, enthielt die Überreste von mindestens sechsunddreißig Personen, weit mehr, als man hätte unterbringen können, wenn alle gleichzeitig bestattet worden wären. Und dazu fanden sich über vierzig Tongefäße, von denen zweiundzwanzig nicht zerbrochen waren. Die neue Hälfte von Anders' Steinhügel hatte dreiundzwanzig Gefäße erbracht, viele davon intakt, und die Knochen von fünfzehn Bestattungen, während die anderen Gräber nur sechzehn weitere Gefäße ergaben.

Das war die Geschichte der Ausgrabung, wie ich sie zuerst skizzenhaft von Arne hörte, als wir im Wagen saßen, den Sadik steuerte, und nachher selbst sah, nachdem wir einen brennend heißen Gang über das von der Sonne glühende Plateau gemacht hatten. Aber davor hatte ich über eine Stunde in dem gesprenkelten Schatten des Barasti gesessen, wo Knud einen vollständigen Topf nach dem anderen aus den Schachteln zog, in denen sie verpackt waren. Als ich sie mir ansah, erkannte ich, daß die Gräber von Umm an-Nar viel älter waren, als ich geglaubt hatte.

Natürlich konnte ich die Töpferware nicht sofort richtig «plazieren». Ich hatte nie das fotografische Gedächtnis, das unbeirrbar einen frisch aus der Erde gekommenen Topf mit einer Illustration oder einer

63 Diese Sammlung von Töpferware kam zusammen mit Scherben von mindestens noch einmal soviel Gefäßen und den Knochen von etwa 36 Personen aus der Grabkammer von Bild 62

Zeichnung in einem vor Jahren gesehenen Buch vergleichen konnte. Aber die allgemeine chronologische Zuschreibung dieser feinen dünnen Vasen mit ihren schwarz gemalten Mustern sich kreuzender Dreiecke und Ketten von Halbkreisen und Zickzackbändern auf dem polierten rötlich-braunen Grund war unzweifelhaft. Sie gehörten zu der Gruppe von Ware, die man in Iran und Belutschistan gefunden hatte und allgemein als «chalkolithisch» bezeichnete. Diese Ware war zeitlich – mit sehr ungewissen Grenzen, denn in diesen Gebieten waren wenig Ausgrabungen vorgenommen worden – *vom vierten bis ins zweite Jahrtausend vor Christus* gestreut!

Einiges von dieser Töpferware erlaubte eine exaktere Datierung.

64 Nahansicht des Gefäßes in der Mitte der hintersten Reihe oben, mit der aufgemalten Figur eines Buckelstiers, als klarer Beweis der Verbindung zu Indien

Es gab ein paar kleine büchsenförmige graue Krüge, die von der Schulter bis zum flachen Boden mit Bändern der schwarzen Zeichnungen bedeckt waren, die sogar ich als typisch für die Kulli-Kultur erkennen konnte, während eine Scherbe von der Schulter eines größeren rotbraunen Gefäßes die gemalte Figur eines Buckelrindes, des brahminischen Rindes von Indien, aufwies, die ebenso typisch Kulli war. Das muß ich näher erklären.

Im Westen der Induskultur, in Belutschistan und bis zur Grenze von Afghanistan bei Poona hinauf, war eine große Zahl verschiedener Kulturen, die sich durch verschiedene Formen und Dekor der Keramik unterschieden, in den letzten vierzig Jahren von britischen, französischen und amerikanischen Archäologen identifiziert worden, von denen der früheste und berühmteste der britische Forscher Sir Aurel Stein war. Diese Kulturen, die trotz aller ihrer schön verzierten Keramik nur Dorfgemeinschaften von wahrscheinlich halbnomadischen Hirten waren, scheinen der Mutterboden gewesen zu sein, aus dem sich die Induskultur entwickelte, und es ist viel darüber diskutiert worden, welche dieser Kulturen, wenn überhaupt, wirklich der rassische Vorgänger des Indusvolks war. Von diesen Kulturen hat sich die als die Kulli-Kultur bezeichnete am klarsten als eine weitverstreute Einheit erwiesen, mit Dörfern und sogar ganz beträchtlichen Städten in Süd-Belutschistan. Es war nicht die Kulli-Kultur, die die Induskultur hervorbrachte – im Gegenteil, die Induskultur reichte in der Zeit ihrer größten Ausbreitung bis weit in das Gebiet der Kulli-Dorfleute und kolonisierte es. Aber es herrscht zum mindesten Einigkeit darüber, daß das Kulli-Volk der westliche Nachbar des Indusvolks und gleichzeitig mit ihm oder vielleicht ein wenig früher war. Nun schien es so, als ob das Volk von Umm an-Nar der westliche Nachbar des Kulli-Volks war und mindestens einiges von seiner Keramik importierte.

Man konnte noch weitere Folgerungen ziehen. Umm an-Nar war gleichzeitig mit Kulli, und Kulli war gleichzeitig mit der Induskultur oder etwas früher. Aber die Induskultur war gleichzeitig mit unserer Barbar-Kultur, mit dem Frühen Dilmun, der Stadt II auf Bahrain. So war also Umm an-Nar wiederum gleichzeitig mit der Barbar-Kultur oder etwas früher.

Aber es war ganz gewiß, daß es *nicht* die Barbar-Kultur war. Keine Töpferware, die ähnlich derjenigen war, die ich in den Händen hielt, war je auf Bahrain gefunden worden. Auch war der Unterschied im Typ der Gräber und in den Bestattungsbräuchen grundlegend. Vierhundert Kilometer nordwestlich von Bahrain, auf Failaka, *war* die mit Stadt II gleichzeitige Kultur die Kultur der Stadt II, mit genau den

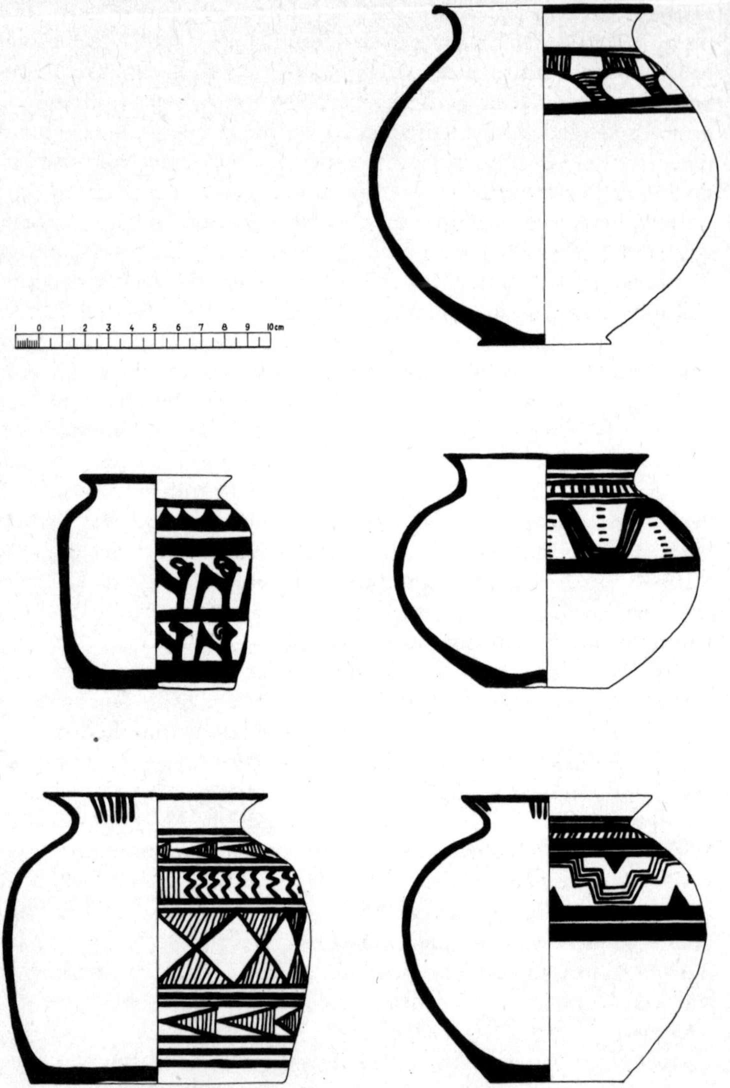

65 Die Gräberkeramik von Umm an-Nar in Abu Dhabi. Die tonnenförmigen Gefäße sind grau, die anderen rot

gleichen Siegeln und der gleichen Keramik. Failaka war genauso ein Teil von Dilmun wie Bahrain.

Doch hier, vierhundert Kilometer südöstlich von Bahrain, war die mit dem frühen Dilmun gleichzeitige Kultur völlig verschieden. Was auch immer Umm an-Nar war, es war kein Teil von Dilmun. Als ich die Töpfe in ihre Schachteln zurücklegte, drängte sich mir immer mehr die Möglichkeit auf, daß wir hier in Umm an-Nar den ersten Außenposten der zweiten «Verlorenen Kultur» des «Unteren Meeres», des Kupferlandes Makan, hatten.

Fünf Tage später wateten wir in der frühen Morgendämmerung von Muhammeds Fähre an Land und bestiegen Sadiks Geländewagen zu einer Reise nach Buraimi.

66 Der Zebu-Stier, häufig auf Indus-Siegeln und Kulli-Gefäßen abgebildet, schmückt hier den Hals einer Vase aus einem der Gräber von Umm an-Nar

14. KAPITEL

Die Große Arabische Wüste

Die Expedition nach Buraimi war die zweite einer ganzen Reihe. Meine eigene siebte und bisher letzte Reise dorthin wurde 1968 durchgeführt. Meine erste, überhaupt die erste der Expedition, hatte 1959 stattgefunden, dem Jahr der ersten Grabungen an den Grabhügeln von Umm an-Nar.

In diesem Jahr waren P. V. und ich von Bahrain hierher geflogen, um die Fortschritte der Ausgrabung zu besichtigen, und am ersten Abend hatten wir beim Herrscher von Abu Dhabi vorgesprochen. Es war der Anfang des Monats Ramadan, wo die strengen Mohammedaner des Golfs zwischen Sonnenaufgang und -untergang weder essen noch trinken, noch rauchen dürfen, und Scheich Schachbut hielt seine Audienz nach Einbruch der Nacht ab.

Am nächsten Tag waren wir bei der Ausgrabung und beobachteten unser Dutzend magere braune Omanis, wie sie lose Steine und Körbe mit Erde von dem Hügel forttrugen, als wir aus der Ferne einen Mann über den dunklen Kamm der Insel aus der Richtung des Lagers und der Fähre herankommen sahen. Als er näher kam, erkannten wir Ian, den großen athletischen Schotten, der Tim als Repräsentanten der Ölgesellschaft abgelöst hatte. Er trat zu uns und nahm uns beiseite. «In einer halben Stunde werden Sie hohen Besuch bekommen», sagte er. «Der Herrscher kommt, um zu sehen, was Sie hier finden.»

Das versetzte uns nicht in Aufregung. Wir waren von Bahrain her an das aktive Interesse der Scheichs gewöhnt und wußten aus unseren Gesprächen mit Schachbut von Abu Dhabi, daß er unsere Arbeit mit wachem Interesse verfolgte. Es gab nicht einmal das Problem der Gastfreundschaft, denn es würde im Ramadan am hellen Tag einen Verstoß gegen die Sitte bedeuten, Kaffee oder irgendeine Erfrischung anzubieten. Wir warteten. Ein wenig später sahen wir eine Gruppe weißgekleideter Gestalten den Abhang zu uns herunterkommen, und wir gingen ihnen entgegen, um sie zu begrüßen.

Der Besuch dauerte eine halbe Stunde, und Scheich Schachbut zeigte große Neugier für unsere Arbeit und machte sich Gedanken darüber, was für Menschen das wohl waren, die ihr Dorf und ihre Gräber in der Zeit der Unwissenheit auf der Insel seines Herrschaftsgebiets gebaut hatten. Er war begleitet von seinen beiden Söhnen Sajjid und Sultan und seinem Bruder Zajid, einem großen schlanken, aber breitschultrigen Mann mit dem Falkengesicht des echten Beduinen und einem kurzen schwarzen, sorgfältig gepflegten Bart. Zajid war an die Küste gekommen, um den Ramadan einzuhalten, war aber sonst im Inneren des Landes, wo er als Vizeregent über die Dörfer der Oase Buraimi herrschte. Er war ein großer Jäger und ein berühmter Wüstenkämpfer. Aber in erster Linie beruhte sein Ruhm darauf, daß Saudi-Arabien vor zehn Jahren, als es Anspruch auf Buraimi erhob, Scheich Zajid eine Bestechungssumme von zehn Millionen Dollar für die Anerkennung des Anspruchs und die Übergabe der Oase angeboten hatte. Er aber hatte abgelehnt und 1955 eine aktive Rolle bei der Vertreibung einer saudischen Truppe, die sich in einem Dorf der Oase eingenistet hatte, gespielt.

Zajid war genauso an unserer Arbeit interessiert wie sein Bruder und folgte aufmerksam unseren Erläuterungen, die von Ian fließend ins Arabische übersetzt wurden. Aber es trat klar zutage, daß sich für ihn nichts im Küstengebiet von Abu Dhabi mit seinem Reich im Inneren vergleichen konnte. Nachdem wir ihm unser ganzes Gräberfeld gezeigt hatten, machte er zu Ian eine Bemerkung. «Wenn Sie Hunderte von Gräbern in dieser Art sehen wollen», übersetzte Ian, «dann meint Scheich Zajid, daß Sie nach Buraimi kommen sollten.» Begeistert antworteten wir, daß wir nichts lieber täten. Dabei blieb es dann, und einige Tage später kehrten P. V. und ich nach Bahrain zurück.

Aber eine Woche nach unserer Rückkehr hatten wir den Besuch des Direktors der British Petroleum Company, des Kollegen von Ian in Bahrain. Er teilte uns mit, daß seine Gesellschaft in Abu Dhabi auf Wunsch von Scheich Zajid für uns eine Reise nach Buraimi arrangiert hätte, die wir, wie er hoffe, in allernächster Zeit antreten würden. Vorsorglich habe er für uns in der Chartermaschine, die in zwei Tagen nach Abu Dhabi fliegen würde, Plätze reservieren lassen.

So starteten P. V. und ich am 17. März nach einem kurzen Besuch bei unserer Mannschaft auf Umm an-Nar zu einer Luxus-Safari, wie sie nur eine Ölgesellschaft veranstalten konnte. Der Konvoi bestand aus zwei großen Gelände-Kombiwagen. Wir waren allein, außer einem Dolmetscher, einem Koch und den beiden Fahrern, Sadik, den wir zum erstenmal sahen, und seinem Bruder Raschid. So konnten wir es uns auf den breiten Vordersitzen, jeder im eigenen Wagen, bequem machen, während der Koch und der Dolmetscher auf den Rücksitzen saßen, zusammen mit unserem Gepäck, Bettwäsche, Matratzen, Reservekanistern mit Wasser und Benzin, und genug Nahrungsmitteln für ein ganzes Regiment – was alles nur ein Notvorrat war für den Fall, daß wir nicht rechtzeitig an den Haltepunkten ankamen, wo uns die reguläre Verpflegung erwartete. Der Koch trug vorsichtig ein großes Paket, das, wie wir erst einige Tage später entdeckten, zwei komplette Porzellangedecke, Suppenteller, Teller für Vorspeise, Hauptgang und Dessert, enthielt, alles säuberlich in Tüchern verpackt für den Fall, daß wir es brauchten. Es wurde nie benützt.

Wir fuhren nach Südosten, fort von der Küste in die ungeheure Einöde der Großen Arabischen Wüste. Aber zunächst hatten wir mit der Küsten-Sabkha fertig zu werden, einer Salzmulde, die bei Flut ein unpassierbarer Sumpf wird, wo verlassene und bis über die Räder im salzüberkrusteten Schlamm versunkene Personen- und Lastwagen als Warnzeichen und Markierungen der kaum erkennbaren Piste dienten. Ich dachte an den Aamand und den Warnstein am Wikingerdamm in Jütland. Hier hätten wir einen Holzdamm brauchen können.

Wir erklommen die Böschung über scharfkantige Platten und im Sand versunkene Kalksteinbrocken und kamen in den dahinterliegenden staubförmigen Sand. Sadik grinste, schaltete mit virtuoser Geschicklichkeit, indem er die Steigungen mit Tempo anging und, ohne an Schwung zu verlieren, zurückschaltete, dann wieder hinaufschaltete, um die andere Seite hinunterzurasen. Nachdem wir eine Stunde lang die lockeren Sandabhänge hinauf- und hinuntergepflügt waren, griff Sadik in seine Tasche, zog ein Päckchen Zigaretten hervor und zündete sich, nachdem er es gedankenvoll eine Zeitlang in den Fingern herumgedreht hatte, kurz entschlossen eine an. Dankbar lehnte ich mich zurück und steckte einen meiner langen indischen Stumpen an, die ich damals besonders mochte. Es war Ramadan, und ein guter Mohammedaner raucht nicht während der Tagesstunden. Aber die Vorschrift, die das Rauchen, Essen und Trinken verbietet, wird unter gewissen Umständen, nämlich für Kinder, Kranke und Reisende, gelockert. Sadik hatte offenbar entschieden, daß wir Reisende seien.

Stundenlang dauerte der Sand an, nur gelegentlich unterbrochen durch einen Flecken der Inland-Sabkha, der harten Salzebene, die vor langen Zeiten ein See gewesen sein mußte. Gelegentlich gab es auch

Kiesstreifen oder Gebiete, wo zackige, breitblättrige Büsche im Sand Fuß gefaßt und ihn zu Hügeln aufgehäuft hatten.

In einer dieser Zonen dürftiger Vegetation stießen wir hinter einer Düne auf einen roten Kleinlieferwagen, der beim dichtesten Buschwerk abgestellt war. In seinem Schatten saßen fünf Männer mit ihren Abbas über dem Kopf, um noch mehr Schatten zu haben. Wir hielten an, und einer der Araber stand auf und kam heran, um mit Sadik zu sprechen. Sadik stieg aus, ging zu dem Lastwagen, öffnete die Motorhaube und prüfte ein paar Anschlüsse. Er zuckte die Achseln und kam zu uns zurück. «Lichtmaschine nicht gut», sagte er. «Kein Strom.» Wir fragten ihn weiter aus. Der Wagen war tags zuvor in Buraimi abgefahren und lag nun hier seit über vierundzwanzig Stunden fest. Wir waren die ersten, die die Männer seit der Panne gesehen hatten. «Aber – sollten wir nicht etwas für sie tun?» riefen wir aus, als Sadik den Motor anließ, um weiterzufahren. Er erklärte, daß er versprochen habe, dem Eigentümer des Lastwagens in Buraimi Bescheid zu sagen, und dieser würde eine Lichtmaschine schicken, falls er eine hätte, sobald der nächste Wagen Buraimi verlassen würde. «Aber haben sie zu essen und zu trinken?» fragte ich. Sadik zuckte wieder die Achseln. «Nichts zu essen, Wasser im Kühler», erwiderte er beiläufig und fügte hinzu, «In dieser Richtung – vielleicht drei Meilen, Beduinen-Brunnen.» Ich dachte an unsere Wagenladung Reserveproviant. «Aber wir haben doch Nahrungsmittel und Wasser», sagte ich. «Wie Sie wollen», sagte Sadik und wandte sich an unseren Koch, der die Kisten hinten im Wagen durchstöberte und dem Anführer der gestrandeten Gruppe eine Büchse Ananasscheiben reichte. Der Araber nahm sie mit ernster Miene, schüttelte uns die Hand und ging zu seinem Wagen zurück, wo er die Obstbüchse zwischen dem Gepäck verstaute und sich dann wieder zu seinen Kameraden setzte.

Wir fuhren weiter. Ganz offensichtlich waren P. V. und ich die einzigen, die sich Sorgen machten. Allein in der Wüste zu sitzen, wo ein Wagen vielleicht erst in einer Woche vorbeikam, war kein Grund zur Aufregung für diese Abu-Dhabi-Araber, denen die Wüste Heimat war. Früher oder später würde man sie finden, denn Gott ist barmherzig; und bis dahin würden sie eben von dem leben, was die Wüste zu bieten hatte, seien es eßbare Wurzeln, Eidechsen oder Ananasbüchsen. Aber natürlich würden sie nichts von alledem vor Sonnenuntergang essen, denn sie waren seit über vierundzwanzig Stunden stationär und infolgedessen, genau besehen, keine Reisenden.

Allmählich änderte der Sand seine Farbe. Bei der Küste war er weiß und sah gegen die Sonne wie ein endloses Schneefeld aus. Jetzt wurde er langsam rötlich-lederfarben, der berühmte rote Sand der Wüste des Inneren. Die Abhänge nahmen nach und nach die halbmondförmige Gestalt der echten, vom Wind geformten Dünen an. Und die Dünen wurden höher und steiler, so daß wir gegen scheinbar senkrechte Wände anstürmten, um dann oben scharf abzubiegen und unter dem Kamm entlang zu donnern, bevor wir hundert Meter weiter wieder einen Steilhang hinunterschlitterten.

Manchmal hupte Sadik, nahm einen Abhang mit Tempo, schoß über den Kamm und geradewegs die Rückseite hinunter. Das Hupsignal war eine Warnung für den Fall, daß ein anderer Wagen das gleiche von der anderen Seite her tat. Natürlich könnte dieser das Signal nicht hören; aber Gott war ja barmherzig.

Auf einer dieser Dünen machte Sadik mit seiner Zigarette eine Geste. «Hafit», sagte er, und als ich in die bezeichnete Richtung schaute, sah ich am Horizont einen langen dunklen, gewölbten Rücken, anscheinend ungeheuer weit entfernt und ungeheuer hoch. Dschebel Hafit, ein westlicher Ausläufer des Hauptmassivs von Oman, ist der Berg, der Buraimi im Süden drohend überragt, und als wir langsam näher kamen und die Schultern und Rippen von Hafit sich in Sonne und Schatten abzeichneten, merkte ich, daß ich mich bereits in Buraimi verliebt hatte.

Ich bin zwischen Bergen aufgewachsen, aber in den grünen Wäldern und Auen von Dänemark habe ich gelernt, ohne sie auszukommen. Ich vermisse sie nicht – bis ich einen Berg sehe. Dann merke ich plötzlich, daß die Landschaft wieder *richtig* ist, daß es wieder eine Welt gibt, zu der man aufschauen muß, anstatt auf sie herabzuschauen, daß Klippen und Felstürme ein notwendiger Bestandteil der Landschaft sind, um Herz, Lunge und Muskeln, ja den Geist des Menschen herauszufordern.

Ich war in einer poetischen Hochstimmung, als wir die bisher höchste Düne nach Buraimi hinunterfuhren.

Aber es war noch weit. Vor uns war immer noch Sand, aber niedrig und gewellt, mit Büschen und Grasbüscheln und gelegentlichen Gruppen halbbegrabener Akazien. Nun kreuzten wir immer häufiger Eselspfade und sogar die Radspuren anderer Wagen. Und als die Gruppen von Akazien und Tamarisken häufiger wurden, trafen wir die ersten Kamele, die die unteren Äste der Bäume abweideten.

Ich hatte Kamele immer mit der offenen Wüste und menschlicher Umgebung in Verbindung gebracht. Und die langen Reihen, an denen wir gelegentlich auf unserem Weg nach Umm an-Nar vorbeikamen und die, beladen mit Reisigbündeln für die Stadt Abu Dhabi, dahinschwankten, entsprachen genau meiner Vorstellung. Aber hier, wo ich sie frei und ohne Fesseln herdenweise zwischen den Bäumen weiden sah, merkte ich, daß das Kamel in Wirklichkeit ein Geschöpf der Savanne ist, ein Blattfresser von Natur mit derselben Behinderung wie die Giraffe, daß nämlich sein Hals besser geeignet ist, nach oben zu fassen als nach unten. In der Landschaft hier, die immer mehr dem offenen Buschland von Ostafrika ähnelte, schien das Kamel ökologisch den Platz der Giraffe einzunehmen und in seiner natürlichen Heimat zu sein. Zwei Jahre später sollten wir Zeugnisse dafür finden, daß das wirklich der Fall sein könnte.

Nun fuhren wir auf ausgefahrenen Pisten zwischen flachen, mit spärlichem Gras bedeckten Hügeln aus angewehtem Sand. Am Horizont vor uns und rechts gegen die Masse des Dschebel Hafit erschienen die Wipfel von Palmen, Klumpen aus dunklem Olivgrün. Und vor ihnen, gegen den gelbbraunen Sand kaum zu erkennen, waren gelbbraune Gruppen von Lehmhäusern. Das waren die verstreuten Dörfer der Oase, sieben an der Zahl. Vier davon standen unter der Herrschaft von Scheich Zajid von Abu Dhabi; die anderen drei gehörten zum Sultanat von Maskat und Oman. Neben und zwischen den Dörfern erhoben sich gelbe Forts aus luftgetrockneten Ziegeln, einige in Trümmern, andere sichtlich auf dem Weg zu einem amorphen Lehmtell, wieder andere in guter Verfassung und mit den Fahnen ihrer staatlichen Zugehörigkeit, der roten Fahne von Maskat oder der rot-weißen von Abu Dhabi. Wir fuhren zu einem der letzteren. Wir waren am Ziel.

Die verschlafene Wache sah uns scheel an, als wir nach Scheich Zajid fragten. Es war am hellen Nachmittag im Ramadan. Alles schlafe, sagte er. Wir sagten, daß wir warten wollten, aber er rief nach dem wachhabenden Offizier, und kurz darauf kam ein schlanker junger Mann mit kurzgeschnittenem Bart gähnend heraus. «Scheich Tahnun, bin Muhamed bin Khalifah», flüsterte Sadik uns zu, und wir wußten, daß das eine Ehre für uns war. Scheich Muhamed bin Khalifah und seine Familie sind in Abu Dhabi hoch geachtet. Scheich Muhamed war jetzt alt, aber in seiner Jugend hatte er persönlich einen Usurpator getötet, der seinen Onkel, Zajids und Schachbuts Großvater, vom Thron und ins Exil vertrieben hatte. Anstatt den Thron selbst zu beanspruchen, wozu er die Macht gehabt hätte, hatte er den rechtmäßigen Herrscher aus Schardschah zurückgerufen. Solche Geschichten von schwarzem Verrat und unbedingter Treue hatten etwas unverkennbar Mittelalterliches, genau wie die viereckigen Burgen mit den Falken, die davor auf ihren Stangen in der Sonne blinzelten. Aber die Wache war mit einem Repetiergewehr bewaffnet, und vier khakifarbene Jeeps standen im Schatten vereinzelter Palmen.

Tahnun führte uns in den Audienzsaal, ließ uns auf den Kissen an den Wänden Platz nehmen und klatschte in die Hände. Diener brachten Schalen mit Obst. Wir protestierten; es sei Ramadan, und die Sonne stehe noch am Himmel. Zu essen verstieße gegen das Gesetz. «Nein», erwiderte er, «Sie sind Christen. Ihre Religion verbietet es nicht.»

So aßen wir also ein symbolisches Mahl und tranken eine Tasse Kaffee, während Tahnun danebensaß. Dann rief der junge Scheich einen Führer, der uns zum Gästepalast von Scheich Zajid bringen sollte. Wir gingen zu unserem Wagen hinaus und fuhren weg.

Der Gästepalast war auf der anderen Seite des südlichsten Dorfs Al-Ain und war ein beachtliches Gebäude. Er war das letzte Fort, das je zu reinen Verteidigungszwecken in der Oase gebaut worden war, und türmte sich auf dem Gipfel eines kahlen Erdhügels wie eine Zikkurat auf. Es war drei hohe Stockwerke hoch, und nur das oberste Stockwerk hatte Fenster. Darunter waren Schießscharten, und zu ebener Erde gab es nur eine enge Tür, die zu einer engen, steilen Treppe führte, die ein Mann gegen eine ganze Menge halten konnte. An der Tür standen eine Wache und zwei Diener von Zajid, die unsere Bettenrollen in das obere Stockwerk trugen. Während die Diener unter der Aufsicht unseres Kochs einen der Räume mit dicken Wänden für uns herrichteten, stiegen P. V. und ich eine solide Holzleiter zu dem flachen Dach hinauf. Von diesem Ausguck konnten wir den Südteil der Oase überschauen.

Fast zu unseren Füßen waren die Gärten von Al-Ain. Es waren versenkte Gärten, die uns an die versenkten Quellen der Wüste von Bahrain erinnerten, rings umgeben von hohen Mauern, die den Sand der Umgebung abhielten. Aber diese hier bedeckten eine gewaltige Fläche, vielleicht eine Quadratmeile im ganzen, und waren lebhaft grün, mit Gemüse und Luzernen zwischen regelmäßig angepflanzten Dattelpalmen, deren Kronen wir beim Herannahen über die Umfassungsmauern hatten hinausragen sehen. Aber hier gab es keine Quellen, denn diese Gärten waren nicht am Anfang, sondern am Ende der Kanats, der unterirdischen Wasserläufe, die wir zuerst in Bahrain gesehen hatten. Als wir hinunterschauten, konnten wir den Verlauf einiger dieser Kanats erkennen, indem wir der Reihe kurzer schornsteinartiger Gebilde folgten, den Schächten, die zu den künstlichen Kanälen führen, die das Wasser von seinen unterirdischen Quellen in den Hügeln der Umgebung herleiten. Einer dieser Kanäle ging unmit-

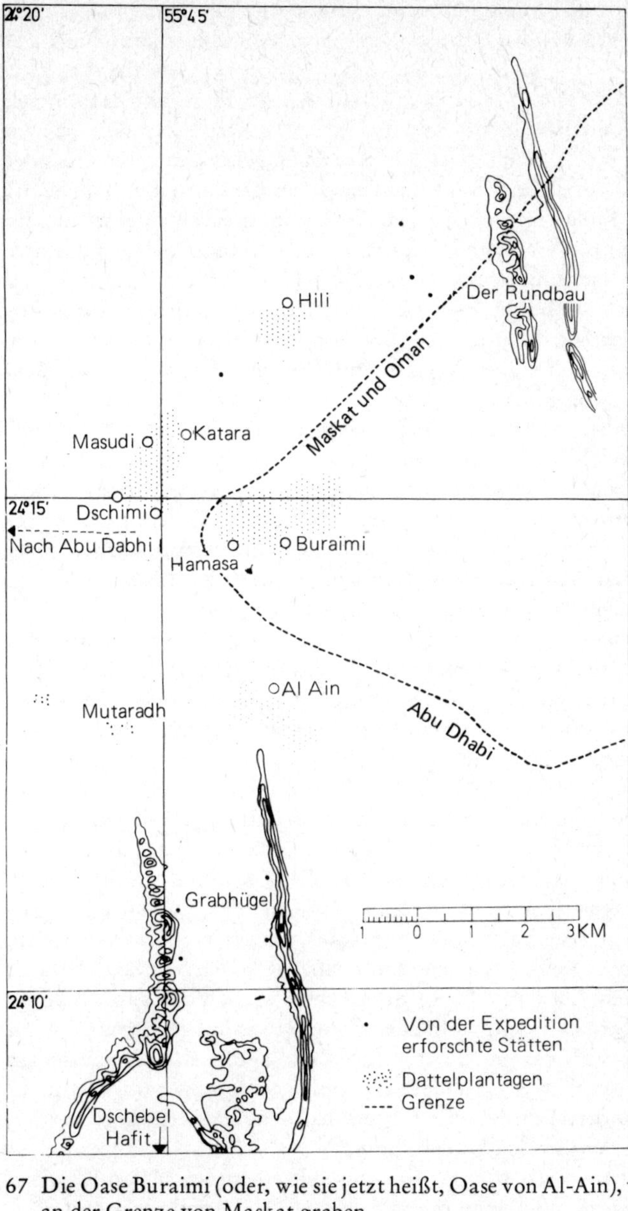

67 Die Oase Buraimi (oder, wie sie jetzt heißt, Oase von Al-Ain), wo wir jetzt an der Grenze von Maskat graben

telbar unter uns vorbei, und wir sahen gerade einen Diener Zajids aus dem Gebäude herauskommen, um mit einem Eimer an einem Seil Waschwasser für uns heraufzuziehen.

Hinter den Gärten ragte im Süden Dschebel Hafit in den Himmel, dessen Fuß noch sechs bis acht Kilometer entfernt war. Von seinem nördlichen Ende liefen zwei Ketten steiler Felsen mit zunehmender Entfernung voneinander auf uns zu, so daß die Gärten und das Dorf Al-Ain am Ende des tiefen Tals lagen, das durch sie gebildet wurde. Im Norden war das Gelände ebener mit runden Sandhügeln, und hinter diesen eine flache, mit einzelnen Bäumen bestandene Ebene, die bis zu den entfernteren Bergen von Maskat reichte. Am Horizont im Nordwesten waren die dunklen Gruppen von Palmbäumen, die anzeigten, wo weitere Dörfer waren, Masudi und Buraimi selbst, Dörfer auf dem Territorium von Maskat.

Als wir über die Landschaft hinwegschauten und festzustellen versuchten, welche der Sandhügel wohl vorgeschichtliche Tells sein könnten, sank die Sonne tiefer zu den Dünen im Westen hinunter, und wir wurden von unserem Dolmetscher mit der Nachricht heruntergerufen, es sei ein Bote von Scheich Zajid gekommen. Wir wurden gebeten, ihn nach dem Gebet vom Sonnenuntergang zum Abendessen zu besuchen, das das Fasten des Tages beenden würde.

So fuhren wir also zwei Stunden nach Einbruch der Nacht in der Dunkelheit zu Zajids Palast, und als wir durch das unbeleuchtete Dorf kamen, trafen wir ein anderes Fahrzeug, das auf unser Gästehaus zusteuerte. Es hielt an, und wir begrüßten uns auf dänisch. Es waren Anders, Mogens und Risgaard, die soeben aus Umm an-Nar angekommen waren.

Wir hatten sie halb erwartet, denn sie hatten gesagt, sie würden kommen, wenn sie ihren Fahrer dazu überreden könnten, die Reise zu machen. Das war keineswegs sicher, denn Khalifah mußte seinen Kleinlastwagen allein und ohne die Hilfe eines zweiten Wagens fahren. Sein Fahrzeug hatte, obwohl es stark war, keinen Vierradantrieb. Und die halbe Reise mußte bei Dunkelheit gemacht werden, denn sie konnten nicht abfahren, bevor die Grabungsarbeit des Tages beendet war. Wir waren uns sehr wohl bewußt, daß Buraimi ganz aus der Welt war und daß bis vor gar nicht langer Zeit «kein weißer Mann seinen Fuß hierhergesetzt» hatte, oder zum mindesten nur zwei «weiße Männer» in hundert Jahren. Wir hatten den gehörigen Respekt vor der Wüste, vor der Großen Unbekannten.

Wir hätten wissen können, daß unser Respekt weder von Khalifah noch von Sadik, noch von irgendeinem der Wüstenfahrer geteilt würde, deren Väter ihre Lastkamele über alle Wege durch die Dünen geführt hatten und die selbst die gleichen Wege mit ihren starken Last- und Geländewagen befuhren. Khalifah würde ohne Zweifel in Panik geraten bei dem Gedanken, von München nach Salzburg fahren zu müssen, aber er hatte nichts Gefährliches darin gesehen, der Großen Arabischen Wüste nachts allein zu trotzen.

Die Fahrt war für die Passagiere in der offenen Pritsche des Wagens fast noch schlimmer. Sie waren dick mit Staub überzogen und halb erstickt und blind von dem aufgewirbelten Sand. Aber sie wendeten ihr Fahrzeug und folgten uns zu Zajids Palast. Dieser mußte ja an Besucher gewöhnt sein, die von der Reise beschmutzt und staubbedeckt zu ihm kamen.

Zajid erhob sich, um uns zu begrüßen, als wir die Audienzhalle betraten, und seine Umgebung erhob sich mit ihm. Er schien noch größer und breitschultriger als damals in Umm an-Nar, und sein braunes Gewand und der einfache schwarze Agal unterschieden sich in keiner Weise von der Kleidung des gewöhnlichen Beduinen. Nur der Dolch mit goldenem Griff in der Mitte seines Gürtels kennzeichnete ihn als Mann von Rang – das und eine undefinierbare Würde, die ebenso in der Ehrerbietung der anderen im Raum in Erscheinung trat wie in des Scheichs offenherzigem Lächeln und seinem kühl abschätzenden Blick. Denn die anderen im Raum waren kein Haufen unterwürfiger Höflinge. Es war eine so schneidige Schar selbstbewußter Krieger, wie man sie sich nur wünschen konnte.

Die meisten waren jung, sehnig und mit offenem Blick, glattrasiert oder mit sorgfältig gepflegtem, beinahe stutzerhaftem Bart. Fast alle trugen außer ihrem Dolch Patronengürtel, und einige hatten gefährlich aussehende automatische Gewehre mit Zielfernrohr, deren Mündung und Verschluß mit Leder gegen den Sand geschützt waren. Es waren auch einige ältere Männer da und ein weißbärtiger und falkengesichtiger alter Mann auf Zajids rechter Seite, der uns als Muhamed bin Khalifah, Tahnuns berühmter Vater, vorgestellt wurde. Er machte uns höflich Platz, und wir setzten uns auf die Kissen neben Scheich Zajid.

Eine halbe Stunde lang fragte uns Zajid über unsere Ergebnisse auf Umm an-Nar und das ganze Problem der arabischen Frühgeschichte aus. Dann aßen wir. Allmählich hatte ich mich recht gut an die Mahlzeiten der Wüstenscheichs gewöhnt – zehn Jahre war es ja nun her, daß ich bei der Feier der ersten Ölverladung in Katar zum erstenmal den Reisberg auf der metallenen Platte auf den Bodenmatten gesehen hatte, auf dem das ganze gebratene und dampfende Schaf aufgebaut war.

Aber ich hatte auf diese Art noch nicht so oft gespeist, daß ich nicht immer noch jedesmal überrascht gewesen wäre von dem Duft des Reises und seiner trockenen Hitze, wenn man ihn mit den Fingern der rechten Hand in den Mund schob, und von der Zartheit des Fleisches, wie es sich vom Knochen löste. Hier konnte ich auch zum erstenmal kosten, was der Araber für den besten Teil des Festmahls hält, das Hirn des Schafs. Denn es gibt einen Trick, wie man den Schädel des Schafs mit Hilfe des Unterkiefers öffnet, den jeder Araber kennt, den aber nur wenige beherrschen. Ich hatte früher schon vergebliche Versuche dieser Art beobachtet, aber jetzt nahm Zajid den Kopf und den Kieferknochen und schob das Ende des Knochens an einer bestimmten Stelle in den Schädel. Er drehte scharf, der Schädel brach auf, und er beugte sich vor, um den Inhalt zuerst P. V. und dann mir anzubieten.

Obwohl wir gewaltig aßen, blieb doch immer noch ein mächtiger Reisberg und der größere Teil des Schafs übrig, als wir uns von unserem Sitzfleisch erhoben und der Leibwache Platz machten, die den zweiten Akt des Festmahls bestritt. Nachdem wir unsere fettbeschmierten Hände in dem Wasserstrahl aus dem Krug gewaschen hatten, den uns ein Diener hinhielt, gingen wir in den Hof hinaus. Dort nahmen wir auf einer Terrasse Platz, und einen Augenblick später warf ein Kinoprojektor einen Film auf die weiß getünchte Hofmauer. Das elektrische Licht war uns schon aufgefallen – Zajids Palast besaß den einzigen Generator in Buraimi –, und wir erfuhren später, daß der wirkliche Grund dafür, daß Zajid den Generator unter ungeheuren Schwierigkeiten über die Wüstenstraße nach Buraimi hatte transportieren lassen, der war, daß er für seinen Filmprojektor Strom haben wollte. Der Film war arabisch und dauerte stundenlang; er erzählte die großspurige Geschichte des mythischen arabischen Helden Antor, eines Kämpfers, der eine Widerstandsbewegung gegen die byzantinischen Kaiser angeführt hatte. Es war schon zwei Uhr morgens, als der Film zu seinem dramatischen Höhepunkt mit einem Säbelgefecht quer durch den kaiserlichen Palast in Konstantinopel kam, und wir hatten große Mühe, wach zu bleiben. Als man einen zweiten Film anlaufen ließ, hoben wir die Hände und baten Scheich Zajid, uns zu entschuldigen. Wir erklärten, daß wir am nächsten Tag früh aufstehen müßten, um zu sehen, was Buraimi an archäologischen Resten zu bieten hatte. Zajid lächelte und nickte. «Ich werde Sie um sieben Uhr abholen», sagte er.

Bis dahin waren es nur noch weniger als fünf Stunden, und wir waren, als wir nach Hause fuhren, übereinstimmend der Meinung, daß das Rendezvous wahrscheinlich mit einigen Stunden Verspätung stattfinden würde, denn Verabredungen bedeuten den meisten Arabern wenig. Aber wir hielten es doch für richtig, zur vereinbarten Zeit bereit zu sein, und kletterten um Viertel vor sieben schläfrig aus unseren Betten. Das war gut so. Denn pünktlich um sieben Uhr dröhnten zwei offene Jeeps vor unsere Zikkurat, von denen Zajid selbst frisch und hellwach einen steuerte. Wir stiegen in unsere Geländewagen und folgten ihm durch das steilwandige Wadi, das sich am Rande von Al-Ain hinzieht, hinaus zu der holprigen Piste durch das Tal zum Dschebel Hafit.

Zu unserer Linken erhoben sich steile Felsklippen, und rechts führte ein sanfterer felsiger Abhang zu einem Steilabfall über dem grünen Tal. Als wir uns dem Steilabfall näherten, konnten wir sehen, daß der ganze Abhang mit Grabhügeln bedeckt war, mit steilwandigen Steinhügeln, die besonders dicht gerade am Rand des Steilabfalls waren. Zajids Jeep wandte sich den Abhang hinauf und hielt inmitten der größten Hügelgruppe an. Wir stiegen aus und schauten uns um.

Zajids Hunderte von Grabhügeln waren keine leere Prahlerei. Um uns herum auf dem Felsrücken stand gut diese Anzahl, und als unsere Augen sich an das Bild der Landschaft gewöhnt hatten, konnten wir Hügel auf jedem Felsen und Vorsprung bis hin zum Berg Hafit selbst entdecken. Zajid wandte sich uns zu und zog die Augenbrauen in die Höhe. «Ja», sagten wir, «Grabhügel, aus der Zeit der Unwissenheit».

Das war tatsächlich alles, was wir in diesem Augenblick sagen konnten: daß das Grabhügel waren, und zwar aus der Zeit vor dem Islam.

Es gibt keine zuverlässige und feste Regel für die Identifizierung und Datierung von Grabhügeln, was oft die Leute enttäuscht, die uns zu Grabhügeln führen, die sie entdeckt haben. Grabhügel gehören zu den häufigsten kulturellen Phänomenen. Es gibt kaum ein Volk, das nicht in irgendeiner Periode seiner Geschichte oder Vorgeschichte – oft in mehreren weit auseinanderliegenden Perioden – seine Toten unter Hügeln bestattet hätte; es gibt kaum einen Teil der Welt, der nicht Grabhügel enthielte, die irgendwann von seinen Bewohnern errichtet wurden. Und Grabhügel werden normalerweise aus dem verfügbaren Material erbaut. In einem grasbewachsenen Tal werden es Grashügel sein, auf einer Kiesebene Kieshügel, auf felsigem Gelände Felshügel. Wie alt sie auch sein mögen, wer auch immer sie erbaut haben mag, sie sehen aus wie jeder andere Hügel. Und alle einstigen unterscheidenden Merkmale – sogar ein so charakteristischer Typ wie die kreisförmigen Bestattungsgebäude von Umm-an-Nar – werden im Lauf der Zeit ausgeglichen und verwischt, so wie eben das

Material des Hügels nach und nach seine natürliche Ruhelage sucht.

Diese Hügel waren amorph wie die meisten Hügel. Alles, was wir sagen konnten, war, daß sie *anscheinend* nicht gleich waren wie die Hügel von Umm an-Nar. Sie konnten früher sein oder auch später.

Aber ganz sicher sollte man sie ausgraben. Sofern wir genug Geld auftreiben konnten, um in einem späteren Jahr wiederzukommen und sie auszugraben.

Nun war ein Jahr vergangen, und wir waren wieder auf dem Wege, um die Buraimi-Hügel zu besichtigen. Nicht, um sie auszugraben.

Wir standen vor einem Problem der Logistik. Bisher hatten wir, wenn wir zwei oder mehr Stätten hatten, die wir ausgraben wollten, um das Geld gebeten und es auch erhalten, um sie gleichzeitig auszugraben. In diesem Jahr nun gruben wir gleichzeitig an zwei Stätten in Bahrain, zwei in Kuwait und einer in Katar. Hier in Abu Dhabi hatten wir zwei Stätten, aber die Situation war ganz anders als in unseren anderen Ländern. Hier waren die beiden Stätten über hundert Meilen voneinander entfernt, und die Buraimi-Hügel waren in praktisch unerforschtem Gebiet. Die Nachschubprobleme waren in Buraimi viel größer, als wir sie anderswo gehabt hatten. Den größeren Teil unseres Nachschubs müßte man auf der schwierigen Straße von der Küste hertransportieren. Es gab weder Benzin noch Öl in Buraimi, und der kleine Markt in dem Dorf Al-Ain konnte keine Nahrungsmittel außer japanischen Büchsenpfirsichen liefern. Außerdem hatten wir unsere Gelder für Arbeiten auf der Insel Umm an-Nar erhalten, und wir würden weitere erhebliche Mittel für die Arbeiten im Inneren des Landes benötigen. Und Abu Dhabi war kein reiches Ölscheichtum. Zwar war gerade in diesem Jahr bekanntgeworden, daß die Bohrungen vor der Küste auf Öl in wirtschaftlichen Mengen gestoßen waren, und meine alte Ölgesellschaft machte ihre ersten Probebohrungen in einem neuen Gebiet des Festlands westlich der Stadt Abu Dhabi. Aber man hatte vorher schon zwei Gebiete ohne Erfolg angebohrt, und die Enttäuschung hatte sowohl die Ölgesellschaften wie auch die Regierung vorsichtig gemacht. Es bestand wenig Hoffnung auf eine Erhöhung der uns bewilligten Mittel.

Wir hatten beschlossen, einen Plan für aufeinanderfolgende Ausgrabungen an unseren beiden Stätten von Abu Dhabi auszuarbeiten, das heißt, die Durchführbarkeit einer Ausgrabung von einem Monat auf Umm an-Nar und dann des Umzugs der Expedition für einen weiteren Monat nach Buraimi zu prüfen. Unsere Reise in diesem Jahr, 1960, diente in erster Linie dem Ziel, die Möglichkeiten dieses Plans zu erkunden. Wir mußten wissen, ob es möglich war, in dem Dorf Al-

Ain Unterkünfte zu mieten, und mußten feststellen, was für einheimische Lieferungen – wie Brot, Eier, Fleisch und Gemüse – in der Gegend zu erhalten waren.

Wir hätten uns keine Sorgen zu machen brauchen. In der Rückschau auf fünf Kampagnen in Buraimi fällt es uns schwer zu glauben, daß wir je gedacht hatten, die Oase könnte uns nicht ernähren. Denn Buraimi ist der Garten von Abu Dhabi, und für unsere Expedition ist es geradezu ein Märchen sybaritischer Lebensform geworden. Nirgendwo sonst in unseren Arbeitsgebieten sind die Hähnchen so zart, die Eier so groß und frisch, Obst und Gemüse so üppig. Nirgends sonst kann man nach der Arbeit in einem Schwimmbecken am Ende eines Kanats mit fließendem frischem Wasser, das im Sommer kühl und im Winter warm ist, plätschern.

Schon nach einer einzigen Saison in einem gemieteten Haus in Al-Ain erkannten wir, daß nicht einmal diese Stufe der Zivilisation nötig war; wir verlegten also unsere Behausung, wie schon in Bahrain, an die Grabungsstätten. Jetzt werden unsere beiden großen Wohnzelte (das Geschenk eines dänischen Fabrikanten) jedes Jahr unter den Akazienbäumen mit dem Ausblick auf die niedrigen grünen Vorberge des Gebirges von Maskat in der blauen Ferne aufgeschlagen. Nicht einmal Bahrain hat bei aller seiner Üppigkeit die Frische und den Zauber von Buraimi. Bahrain ist ein Land der Lustgärten neben dem türkisfarbenen Meer – aber Buraimi ist die unberührte Savanne. Wenn man früh am sonnigen Morgen die Kamele beobachtet, wie sie in einiger Entfernung friedlich zwischen den lichten Baumgruppen weiden, vergißt man das Meer von Sand, das die Oase umgibt und hier und da noch hereindringt. Sicher war früher ganz Arabien so.

(In den letzten Jahren stellten wir fest, daß unsere Forschungen sich immer mehr denen der Klimatologen und Hydrologen annäherten, die sich für die Geschichte des Wetters und der Vegetation von Arabien interessieren. Aber davon später mehr.)

Von diesem Lager unter Bäumen aus sahen wir Jahr für Jahr die Zivilisation unwiderstehlich wie der Vormarsch der Dünen in Buraimi eindringen. Wir sahen es mit Kummer, denn Zivilisation ist in den Ölländern untrennbar mit Bauarbeiten verbunden, dem Bau von Straßen, Häusern, Palästen, Schulen, Krankenhäusern, Wasserwerken. Die Bauunternehmer ziehen mit ihren Maschinen ein, und alles ist schön und gut. Denn vieles von dem, was gebaut wird, ist nötig. Aber die Bauunternehmer ziehen nie wieder ab. Bauarbeiten haben die Tendenz, sich zu verewigen. Größere Öleinnahmen erzeugen neue und größere Pläne, die die alten und halbvollendeten ersetzen. Die von auswärts gekommenen Arbeiter brauchen selbst Häuser, Schulen und Krankenhäuser. Das Bauen hört nie auf.

Es wächst eine Generation am Golf auf, in Kuwait und in Katar – in geringerem Maß in Bahrain, wo das Tempo mit Vorbedacht immer etwas langsamer war –, in Saudi-Arabien und jetzt in Abu Dhabi, die die von Bulldozern aufgerissene Landschaft, halbfertige oder halbabgerissene Häuser, Straßen ohne Belag und halb blockiert durch unfertige Entwässerungsanlagen für die natürliche Ordnung der Dinge ansehen muß und die nie die saubere Einfachheit des Oasendorfs oder die großzügigen Ansichten der fertigen Gartenstädte gekannt hat und nie kennen wird. Es ist die Baustellen-Generation, und das ist ein hoher Preis.

Buraimi wird in ein Netz von Straßen gefesselt. Ein Modellplan ist entwickelt worden, und während der letzten Saison erlebte unser Lager einen Monat lang den Marschtritt des Fortschritts, wie der Bau der Straße vorbeizog. Das Dröhnen der Maschinen hörte nur vier Stunden während der Nacht auf. Gewaltige hellgelbe Grader pflügten sich in einer erstickenden Sandwolke den Weg durch das Gestrüpp. Seit Generationen hatte die Vegetation von Buraimi einen tapferen Kampf gekämpft, um mit dem aus der umliegenden Wüste hereingewehten Sand fertig zu werden; aber nun hatte der Wind einen Verbündeten gefunden. Durch die Tätigkeit der Grader legte sich ein dicker Staubfilm auf die Savanne und unser Lager. Noch ein wenig länger, und er hätte das Leben der Tiere und Pflanzen erstickt und der Wüste Einlaß gewährt. Aber der Fortschritt marschiert rasch. Die Straße wuchs beim Zusehen. Zwischen Sonnenuntergang und -aufgang waren hundert Meter neue Straße da. Das neue Statussymbol der Ölländer, die Verkehrsrondelle, schossen in regelmäßigen Abständen wie Pilze aus dem Boden. Und der Sturm ging vorüber: der Straßenbau verlor sich in der Ferne, das Dröhnen der Bulldozer klang zu einem Gemurmel ab, und die Staubwolken waren nur noch wie Gewitterwolken über dem Horizont. Der Friede senkte sich wieder auf unser kleines Eckchen von Buraimi herab, ein Friede, der über vier Jahrtausende gedauert hatte, bis schließlich die Bautätigkeit hier erwachte. Wir kehrten ohne die Hilfe von Planierraupen und Schaufelbaggern zur Ausgrabung unseres viertausend Jahre alten Statussymbols zurück, das so merkwürdig den Verkehrsrondellen längs der neuen Straße ähnelte. Wir nannten es denn auch den Rundbau, denn wir waren uns zuerst nicht im klaren über seine wahre Natur.

Wir hatten ihn 1962, in dem Jahr unseres Grabungsbeginns in Buraimi, gefunden. Unser Hauptziel war, die Tumuli von Scheich

Zajid auf den nördlichen Vorbergen von Dschebel Hafit auszugraben, und in zwei Jahren gruben wir siebenundzwanzig davon aus. Es stellte sich heraus, daß sie völlig verschieden von den Begräbniskammern auf Umm an-Nar an der Küste und ebenso verschieden von den Grabhügeln auf Bahrain waren. Hier war eine bienenkorbähnliche Kammer aus Mauern aus Trockenziegeln von einem mehr oder weniger sorgfältig aufgehäuften Hügel von Steinen umgeben. Ein kurzer Eingangskorridor als Zugang von außen zu der Kammer ließ vermuten, daß die Tumuli vielleicht für mehr als eine Bestattung bestimmt waren, aber die Gräber waren so gründlich geplündert worden, daß es nur in einem einzigen Fall möglich war, mit einiger Sicherheit zu schließen, daß hier mindestens zwei Bestattungen in der Kammer gewesen waren. Dieser Hügel war es auch, der uns sowohl die reichsten Funde als auch das wahrscheinliche Datum der Hügel bescherte.

In Abu Dhabi stießen wir auf dasselbe Problem wie in Bahrain in den ersten Jahren. Archäologisch befanden wir uns in einer Terra incognita, und es existierte keine gesicherte Chronologie. In Kuwait stellten wir fest, daß unsere Chronologie von Bahrain hier paßte, denn die Niederlassungen auf Failaka waren von derselben Kultur wie die auf Bahrain. Aber Abu Dhabi war eindeutig keine Kolonie von Bahrain. Ebenso wie die Töpferware von Umm an-Nar in keiner Weise der von Barbar ähnelte, so glich die Töpferware der Hafit-Tumuli von

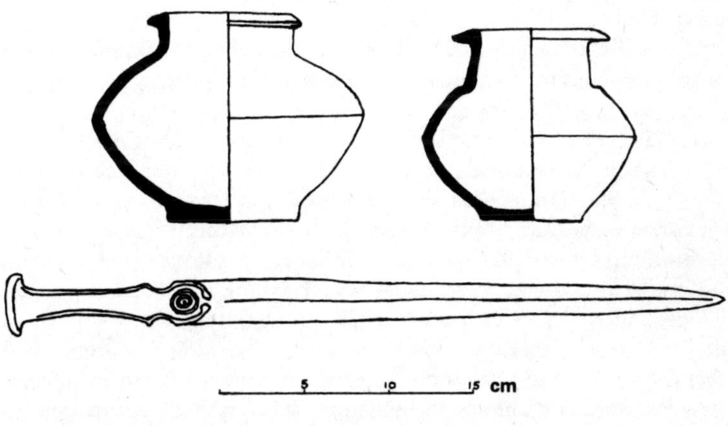

68 Typische Töpfe aus den Steinhügeln auf den Abhängen des Berges Hafit in Buraimi sowie das «Luristan»-Schwert, das ein Datum von ungefähr 1300 v. Chr. nahelegt

Buraimi nichts aus Bahrain (und auch nichts aus Umm an-Nar). Es waren Töpfe mit scharf gewinkelten (kielförmigen) Rümpfen und einem flachen kragenähnlichen Rand. Aus sich selbst heraus waren sie nicht zu datieren. Aber das Bronzeschwert, das wir zusammen mit zweien dieser Töpfe, drei Bronzeschalen und einer verzierten Specksteinschüssel im Tumulus Nummer zwanzig fanden, war nicht gänzlich unbekannt. Es war ein Kurzschwert, nur zweiundvierzig Zentimeter lang, mit einem flachen Knauf, der an beiden Seiten eingebuchtet war, um einen hölzernen Griff aufzunehmen. An der Verbindung zwischen Knauf und Klinge waren zwei halbkreisförmige Einkerbungen und darunter, am Anfang der Klinge, eine erhabene Verzierung aus zwei konzentrischen Kreisen. Ähnliche Schwerter kennt man im Vorderen Orient. Man findet sie im nördlichen Syrien, im südlichen Turkestan und besonders in Luristan in Nordwestpersien. Hier kommen sie zusammen mit den berühmten Luristan-Bronzen vor, den «Standarten» mit Tierornamenten und dem Pferdegeschirr, das offenbar die Ankunft der indoeuropäisch sprechenden Wagenkämpfer in der Mitte des zweiten vorchristlichen Jahrtausends anzeigt. Dieses Schwert würde also die Tumuli von Buraimi etwa in das Jahr 1300 v. Chr. datieren, stellt aber zugleich die Frage, deren Lösung wir immer noch nicht im geringsten nähergekommen sind: Wie erreichte ein Schwert dieses Typs Buraimi? Geschah das nur im Verlauf von Handelsbeziehungen, oder stießen die Invasoren Persiens im zweiten Jahrtausend weiter vor und überquerten die Straße von Hormuz nach Ostarabien?

Nun schickte sich Oman an, eine Vorgeschichte zu bekommen. Wir hatten zwei Fixpunkte, an denen sie befestigt werden konnte, die «Umm an-Nar-Kultur» an der Küste ungefähr 2500 v. Chr. und die Hafit-Hügel bei Buraimi vielleicht tausend Jahre später. Aber es war ein prekärer Ankerplatz, um den Versuchsballon einer Theorie fliegen zu lassen. Die beiden Punkte waren hundertsechzig Kilometer voneinander entfernt und mußten nicht unbedingt eine historische Verbindung haben. Das Dorf von Umm an-Nar konnte, nach allem, was wir wußten, eine kurzlebige Niederlassung von Kolonisten von der gegenüberliegenden persischen Küste gewesen sein, die gekommen und eine Generation später wieder fortgegangen waren, ohne irgendeinen Kontakt mit den Eingeborenen des Inneren gehabt zu haben; wenn es überhaupt Menschen im Inneren in dem Zeitraum bis tausend Jahre später gehabt hat.

Der Rundbau klärte die Angelegenheit. Knud und Arne wurden von einem Boten von Scheich Zajid im Jahr 1962 hinausgeführt, um ihn zu besichtigen. Er lag an dem den Hafitbergen entgegengesetzten Ende der Oase, weit im Norden zwischen dem Dorf Hili und der ersten Kette der Berge von Maskat inmitten des grünen Buschlands, das uns nun so vertraut ist. Er war wie eine Miniaturausgabe von Stonehenge, ein unregelmäßiger Kreis aus großen Steinplatten, die meisten umgefallen, aber eine noch auf der Kante stehend. Der Kreis hatte etwa fünfundzwanzig Meter Durchmesser (Stonehenge etwa vierzig Meter), und die Steine, aus denen er bestand, waren von imposanter Größe. Der noch stehende war zwei Meter lang und ein Meter zwanzig hoch, und einige der umgefallenen waren noch größer. Zwei gewaltige Steine an gegenüberliegenden Punkten des Rings, jeder in drei Teile zerbrochen, waren zweifellos ursprünglich gute drei Meter hoch und hatten eine «Eingangsluke» in der Form eines abgerundeten Dreiecks durch ihre Mitte. Das war es, was uns damals schon nahelegte, daß wir hier vielleicht trotz der Verschiedenheiten in der Bauart eine Grabkammer vom gleichen Typ wie die von Umm an-Nar hatten.

Das bestätigte sich, als Jens und Vagn im folgenden Jahr eine vorläufige Erkundung durchführten, während sie gleichzeitig einen Hafit-Tumulus pro Tag ausgruben. Die Oberfläche des niedrigen Hügels, auf dem die großen Steine lagen, war voll von Topfscherben derselben grauen und roten Ware mit schwarzer Verzierung, die wir von den Gräbern von Umm an-Nar her kannten. 1964 und 1965 grub Jørgen den ganzen Bau aus.

Die ganze Arbeit in Buraimi wurde in «Halbkampagnen» getan, die praktisch selten länger als einen Monat dauerten. Die Eröffnung des Lagers auf Umm an-Nar, das Packen für den Umzug nach Buraimi, das Packen am Schluß und das Absenden der Kisten mit den Funden, fand alles an der Küste statt, und das Grabungsprogramm auf Umm an-Nar dauerte immer länger als geplant. Es blieb jedesmal zu wenig Zeit übrig für Buraimi.

Unsere Arbeit auf Umm an-Nar änderte ihren Charakter während dieser aufeinanderfolgenden Jahre. Wir gruben nicht mehr die Grabkammern aus, sondern hatten uns der Siedlung auf dem niedrigen Bergrücken, hundert Meter weiter östlich, zugewandt. Wir hatten uns nicht viel von dieser Siedlung erhofft. Wir waren nicht einmal sicher, ob sie aus derselben frühen Zeit wie die Gräber stammte, und überdies kam der nackte Fels an verschiedenen Stellen bis an die Oberfläche. Es konnte keine große Tiefe an Boden geben. Wir fingen am Südende des Rückens an, wo die Umrisse von Steinmauern einer einzimmrigen Hütte auf der Oberfläche zu erkennen waren.

69 *Links* In Buraimi, hundert Meilen landeinwärts in Abu Dhabi, gibt es Grabkammern vom gleichen Typ wie die auf Umm an-Nar, aber aus noch mächtigeren Steinen erbaut

70 *Oben* Die obere Hälfte eines der zwei Meter großen Steine, die die beiden Eingänge zu den Grabkammern auf Bild 69 bildeten. Sie trägt zwei Reliefs, rechts eine erotische Szene und links eine Person auf einem Esel, der eine andere zu Fuß folgt

71 *Unten* Die untere Hälfte desselben Eingangssteins mit einem Relief von zwei Löwen oder Leoparden, die eine Gazelle schlagen. Die Fotografie wurde gedreht, um den Stein in der korrekten Position gegenüber der oberen Hälfte zu zeigen – in Wirklichkeit stand er auf einer Kante, als er fotografiert wurde

Die Hütte war überraschend gut gebaut. Die Wände, soweit der Boden sie beschützt hatte, bestanden aus Lagen von Kalksteinblöcken in Mörtel und standen über einen Meter hoch. Dann wurden in den Mauern zwei Türen gefunden und noch zwei Räume dahinter mit Türen, die zu weiteren Räumen führten. Bevor die Saison zu Ende ging, war ein großes Steinhaus mit einer Fläche von rund dreihundert Quadratmetern ausgegraben, das sieben rechteckige, drei Meter breite und bis zu zehn Meter lange Räume enthielt. Wir mußten unsere Meinung von den einfachen Fischern des vorgeschichtlichen Abu Dhabi revidieren. Das war ein schöneres Haus als irgendeines im gegenwärtigen Abu Dhabi, ausgenommen den Palast des Scheichs selbst.

In den nächsten beiden Jahren, als auch der Rundbau in Buraimi ausgegraben wurde, legten wir weitere Abschnitte der Siedlung von Umm an-Nar im Zentrum und im Norden des Dorfgebiets frei. In beiden Gebieten fanden wir gut gebaute, geräumige Steinhäuser. Sie waren natürlich mit den Besiedlungsabfällen angefüllt, und aus diesen konnten wir versuchen, mehr über das überraschend stattliche Dorf und seine Bewohner zu erfahren.

Als erstes stellten wir fest, daß sie wirklich die Erbauer der Grabkammern waren, denn wir fanden in den Häusern dieselbe bemalte Töpferware wie in den Gräbern. Aber wenn der Trauerzug eines dieser Häuser auf dem Weg zum ‹Friedhof› verließ, nahm er das Beste von dem Geschirr der Familie mit. Die schöne Ware, die wir in solchem Überfluß in den Gräbern gefunden hatten, war in den Häusern selten, und der größere Teil der Töpferware war dicker und gröber, Scherben von großen rundschultrigen Gefäßen mit scharf nach außen gebogenem Rand, manchmal mit einfachen Mustern in schwarzer Bemalung geschmückt, manchmal mit einem wellenförmigen Muster erhabener Rippen. Ein Spinnwirtel aus Knochen ließ vermuten, daß Spinnen und Weben nicht unbekannt waren, und zwei oder drei Handmühlen bezeugten das Mahlen irgendeiner Sorte von Getreide. Aber eine große Anzahl von Netzsenkern, durchbohrten Steinen aus dem einheimischen Kalk, und ein halbes Dutzend kupferner Angelhaken gaben Kunde davon, daß der Fischfang eine der Hauptbeschäftigungen der Dorfbewohner war. Dies wurde durch die große Zahl von Fischknochen bestätigt, die wir zusammen mit einigen Kästen von Tierknochen sammelten. Als diese von Zoologen in Kopenhagen analysiert wurden (die Arbeit ist noch nicht beendet), gab es zwei große Überraschungen. Die Knochen von Haustieren, Ziegen, Schafen, Vieh, waren selten, obwohl sie nicht ganz fehlten. Aber Knochen von Kamelen waren häufig, ebenso die von Gazellen. Die große Mehrzahl der Knochen, etwa

72 Die kleine Jäger- und Fischersiedlung auf Umm an-Nar, die vielleicht in die Zeit von 2700 v. Chr. gehört, hatte überraschend geräumige und gut gebaute Steinhäuser. Auf der Böschung dahinter sind einige der unausgegrabenen Grabkammern zu sehen

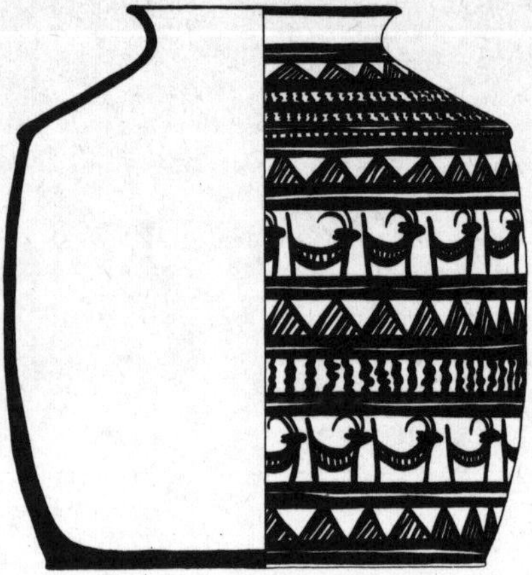
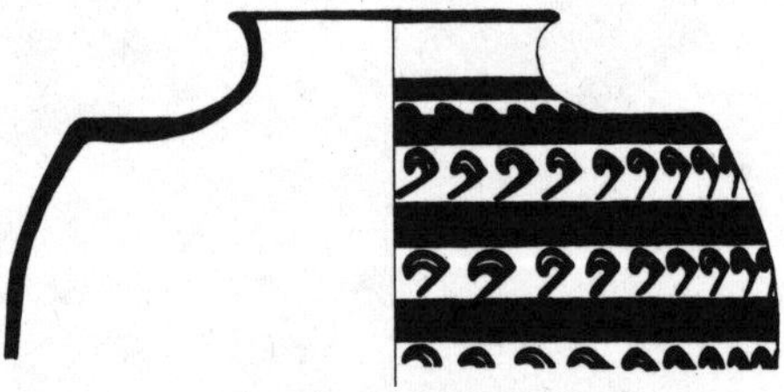

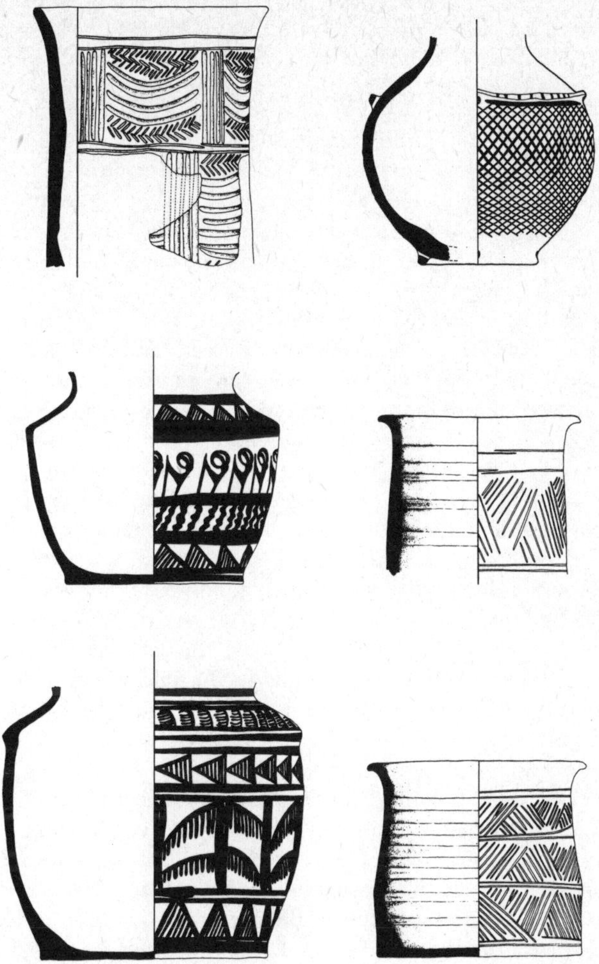

73/74 Die graue bemalte und gravierte Töpferware aus dem Rundbau – einem Grab vom Umm an-Nar-Typ – in Buraimi (die Vase rechts oben ist jedoch rote Ware). Diese Keramik hat deutliche Parallelen in Umm an-Nar und Südostpersien

achtzig Prozent, stammte jedoch vom Dugong, der Seekuh.

Der Dugong, das seehundähnliche Geschöpf von ungefähr der Größe eines Menschen, das wahrscheinlich der Anlaß für die Legende von der Meerjungfrau war, ist jetzt im Arabischen Golf außerordentlich selten. Ich habe schon erzählt, wie Tim ihn uns bei unserem ersten Besuch in Abu Dhabi im Jahre 1958 servierte. In den zehn Jahren seither habe ich ein einziges Skelett gesehen und außerdem nur davon gehört, daß zwei in Fischernetzen gefangen wurden. Vor viertausend Jahren müssen sie so häufig gewesen sein wie die Seehunde in der Arktis, häufig genug, um die Lebensgrundlage für eine menschliche Gemeinschaft an der Küste zu bilden.

Die zweite Überraschung war das Kamel. Und doch kam es nicht ganz unangekündigt. 1961, im dritten Jahr unserer Grabung auf Umm an-Nar, war unsere Mannschaft zu der großen Grabkammer zurückgekehrt, die Mogens im ersten Jahr hatte verlassen müssen, als sich unsere Arbeit darauf konzentrierte, die Konstruktion eines einzelnen Grabhügels aufzuklären. Es hatte sich ergeben, daß er dem ersten Hügel fast genau glich, aber etwas Neues kam bei ihm zutage. Zwei der Außenplatten, die, nach ihrer Lage zu urteilen, ursprünglich auf beiden Seiten des südlichen Lukeneingangs gestanden hatten, waren mit Tierfiguren in Flachrelief verziert. Auf der einen war ein Stier dargestellt, und zwar bemerkenswerterweise von dem westlichen Typ mit geradem Rücken und nicht das indische Buckelrind wie auf den Töpferwaren; auf der anderen waren Darstellungen der Oryxantilope und des Kamels. Und nun hatten wir Kamelknochen.

Das ist interessant, weil das Kamel unter den Haustieren des Menschen erst spät auftaucht. Es war in Mesopotamien und Syrien, Palästina und Ägypten unbekannt bis ungefähr 1500 v. Chr., als die aramäischen Invasoren aus dem Inneren von Arabien nach Norden in den Fruchtbaren Halbmond einritten – auf Kamelen.

Wie die meisten generellen Behauptungen in der Archäologie bedarf diese einer Einschränkung. Es gibt aus den frühesten Schichten von Ur, die man die Obed-Kultur nennt, eine Kupfernadel, die auf ihrem Kopf eine vollkommene, wenn auch winzige Darstellung eines knienden Kamels trägt. Wir werden auf die Obed-Kultur noch einmal in einem Zusammenhang stoßen, der die Kamelnadel nicht wenig bedeutsam macht.

Jedenfalls steht jetzt fest, daß die Einwohner des Dorfs auf Umm an-Nar das Kamel tausend Jahre bevor es in die zivilisierten Gebiete weiter nördlich eingeführt wurde, kannten – und aßen. Natürlich ist damit nicht bewiesen, daß das Kamel in Umm an-Nar ein Haustier

75 Unter den von der Umfassungsmauer eines der Gräber auf Umm an-Nar gefallenen Steinen waren zwei mit Tierreliefs, links ein Kamel und eine Antilope, rechts ein Stier. Die Steine flankierten ursprünglich den Eingang zum Grab, und der Stein zwischen den beiden Reliefs war der Deckstein des Eingangs

war. Das Relief zeigt keine Spuren eines Geschirrs; die Knochen sagen noch nichts darüber aus, ob die Kamele wild oder zahm waren. Aber die Tatsache, daß das Kamel in dieser frühen Zeit im Oman bekannt war, macht es ziemlich wahrscheinlich, daß das Kamel hier in diesem Gebiet zuerst gezähmt wurde.

Unser Bild der «Umm an-Nar-Kultur» war nun schon überraschend detailliert, mehr als unser Bild der «Barbar-Kultur» von Bahrain, an der wir doch soviel länger gegraben hatten. Das erhellt den Unterschied zwischen einer Sondage und einer Flächenausgrabung. In Kalaat al-Bahrain hatten wir unsere sieben aufeinandergehäuften Städte. Wir waren daran, eine praktisch vollständige historische Abfolge zu erhalten – was uns im Oman gänzlich fehlte –, aber die Bezirke, die wir ausgruben, waren zu klein, um uns ein Bild des Lebens der Stadt zu irgendeiner Zeit zu vermitteln. Auf Umm an-Nar hatten wir ein kleines Dorf mit nur einer Besiedlungsperiode, komplett mit einem ‹Friedhof›. Auch die intensive Archäologie von Nordeuropa trifft selten auf eine so glückliche Kombination. Aber wenn dieser Fall eintritt, ist es erstaunlich, was bei einer vollständigen und detaillierten Erforschung herauskommt. Größe der Bevölkerung, durchschnittliche Lebenserwartung, hauptsächliche Krankheiten, Größe der Herden, Art der Ernährung, Beschäftigung – das sind nur einige der Ergebnisse, die man von einer «totalen» Flächenausgrabung erhalten kann. Unsere Ausgrabung der Umm an-Nar-Gemeinschaft war nicht total. Aber wir lernten sie allmählich ganz gut kennen. Und je besser wir sie kennenlernten, desto stärker drängte sich eine Anomalie auf. Hier hatten wir ein Dorf von vielleicht rund zwanzig solide erbauten Steinhäusern, im Zentrum eng zusammengepackt und in den Außenbezirken mit geräumigeren Häusern. Es war eine fleißige Bevölkerung, die Männer den ganzen Tag draußen beim Fischfang oder der Jagd auf die Seekuh in den Buchten oder auf die Gazelle in der Ebene; die Frauen beim Spinnen, Weben, Töpfern oder Perlensticken; die Kinder beim Hüten der Schafe und vielleicht Kamele. Gelegentlich verließ eine Lastenkarawane von Eseln, oder vielleicht wieder von Kamelen, das Dorf zu der fünftägigen Reise nach Buraimi im Inneren mit einer Ladung von getrocknetem Fisch oder auf dem Rückweg mit Datteln oder Brennholz. Auf ihrem Weg kam sie am ‹Friedhof› vorbei, dessen pillenschachtelähnliche Gebäude von noch schönerem Mauerwerk eine größere Fläche bedeckten als das Dorf. Das Leben muß von den Toten beherrscht gewesen sein.

Es war ein abgerundetes, konsequentes Bild. Aber es paßte nicht zu Abu Dhabi, wie wir es kannten, und bestimmt nicht zu Umm an-Nar. Es gab auf Umm an-Nar kein Wasser für ein Dorf. Meilenweit gab es keine Weiden für die Herden, die wir voraussetzten. Die Sandebenen an der Küste konnten niemals Lebensraum für die Mengen von Wild bieten, die die ausgegrabenen Knochen bezeugten. Und die Fischer und Hirten des heutigen Abu Dhabi bauen keine Häuser aus Stein. An der Küste bauen sie Barastis aus Palmblättern; in Buraimi baut man aus luftgetrockneten Ziegeln. Steinhäuser sind ein überflüssiger Luxus in einem Land mit einer Regenmenge von etwa fünfzig Millimeter pro Jahr.

Aber hier lag die Antwort auf die Anomalie. Die Gemeinschaft, die wir ausgruben, war auf ein anderes Klima abgestimmt, insbesondere auf eine größere Regenmenge als die heutige.

15. KAPITEL

Auf der Suche nach Gerrha

Seit fünfzehn Jahren peinigten uns zwei Länder. Wenn wir abends in Buraimi vor unseren Zelten saßen, sahen wir, wie die untergehende Sonne die Berge von Maskat vergoldete; und morgens standen dieselben Berge schwarz vor dem dämmrigen Himmel, die Grabhügel auf ihren Graten in scharfer Silhouette. Maskat war verbotenes Land, und diese Tumuli durften nicht erforscht werden, man durfte sich ihnen sogar nicht einmal nähern. Jørgen war einmal zu ihnen hinaufgeklommen, weil er glaubte, daß die Grenze gerade auf dem Bergrücken verlaufe. Aber er wurde von einem Haufen Maskat-Soldaten zurückgetrieben. Maskat war uns versperrt.

Wir sahen uns einer beunruhigenden Möglichkeit gegenüber. Seitdem wir den Rundbau entdeckt und ihn als ein Grab der Umm an-Nar-Kultur identifiziert hatten, suchten wir vergeblich nach dem Tell, der die Ortschaft oder die Stadt bedecken mußte, in der die Menschen gelebt hatten, die hier begraben waren. Aber die Hälfte der Oase Buraimi liegt auf dem Gebiet von Maskat. Die Grenze, obschon mangelhaft definiert, verläuft innerhalb einer Anderthalbkilometerzone von dem Grab. Immer mehr sah es so aus, als liege die Siedlung, die wir suchten, womöglich im falschen Land, in dem Gebiet, wo wir nicht suchen durften.

Im Hintergrund war der umfassendere Fragenkreis. Wir hatten mit unserer Entdeckung, daß unsere «Umm an-Nar-Kultur» auch im Inneren, in Buraimi, anzutreffen war, nachgewiesen, daß es eine einheimische Kultur im Oman im dritten vorchristlichen Jahrtausend gegeben hatte. Und es bestand große Wahrscheinlichkeit, daß diese das fehlende Land Makan war, das Land, das auf dem Höhepunkt der Bronzezeit Mesopotamien mit Kupfer versorgt hatte. Wenn das wirklich so war, dann mußten die Kupferminen und die Städte einer der zweifellos reichsten Kulturen des alten Ostens, und ganz sicher der reichsten noch unentdeckten, hinter der geschlossenen Grenze im Osten gelegen haben.

Das Sultanat von Maskat und Oman umfaßt den größeren Teil der Halbinsel Oman, jenes östlichen Vorsprungs von Arabien, der den Arabischen Golf vom Indischen Ozean trennt. Es schließt fast das ganze Gebirgsmassiv östlich der Großen Arabischen Wüste und fast die gesamte Küstenlinie gegenüber Belutschistan und Indien ein. Wir hatten zweimal an den Sultan mit der Bitte geschrieben, die Suche nach prähistorischen Überresten in seinem Land zu gestatten. Zweimal wurden wir höflich, aber bestimmt abgewiesen. Im Grunde genommen kann ich dem Sultan daraus keinen Vorwurf machen. Seit einigen Jahren hatte es sporadische Unruhen im Inneren des Oman gegeben, wo ein religiöser Führer mit einem gewissen historischen Anspruch auf einen gewissen Grad von Autonomie nach einer absoluten Autonomie strebte, worauf er keinen historischen Anspruch hatte. Einige Zeit lang herrschte im Inneren fast ein Bürgerkrieg, und nachdem der Imam 1958 endgültig vertrieben war, gab es gelegentlich Guerillatätigkeit, einschließlich einer beunruhigenden Zahl von Landminen, die auf die wenigen für Motorfahrzeuge geeigneten Pisten gelegt waren. Ich hatte Verständnis dafür, daß der Sultan sehr wohl der Meinung sein konnte, daß keine große Dringlichkeit für die Wiederentdeckung einer Kultur bestand, die viertausend Jahre lang verloren war, während dagegen unverantwortliche Archäologen, die nach Belieben das Innere durchstreiften, sicher eine Belästigung sein und bestenfalls eine starke und gut bewaffnete Eskorte benötigen würden.

Aber Maskat winkt uns noch immer über die grünen Hügel von Buraimi herüber mit der Verheißung des Beweises, daß wir hier im Oman das Land Makan haben.

Saudi-Arabien winkte uns schon länger und noch verheißender zu. Jede Nacht konnten wir von den Wällen des Portugiesischen Forts die Lichter von Dhahran, der Stadt der Ölgesellschaft, jenseits der dreißig Kilometer Wasser, die Bahrain vom Festland trennen, sehen. Jeden Tag flogen in jeder Richtung vier Flugzeuge die zwanzigminütige Strecke zwischen dem Flugplatz Muharrak und dem Flugplatz Dhahran. In Katar waren wir sogar noch näher; wenn man von Umm Bab, wo die Bucht von Bahrain sich zu verengen beginnt, südwärts fuhr, konnte man die Küste von Saudi-Arabien scheinbar nur einen Steinwurf entfernt sehen. Holger, der vier Jahre auf der Halbinsel hauste und die Steinzeitstätten von Katar aufnahm, behauptete sogar, daß er jenseits der Grenze gewesen sei, als er meilenweit durch die Wüste genau südlich des letzten Polizeipostens von Katar gefahren sei, bis auch sein Polizeiführer zugab, daß sie jenseits des Territoriums von Katar seien.

Saudi-Arabien ist *groß*, in einem Maß, das sogar Maskat in den Schatten stellt. Es umfaßt fast die ganze Arabische Halbinsel, ein Gebiet von über zwei Dritteln der Fläche Indiens, größer als Mexiko, und es liegt hinter und zwischen all den Staaten, in denen wir bisher gearbeitet hatten. Ich hatte oft das Gefühl, daß unsere Forschungen in Kuwait und Katar, in Bahrain und Abu Dhabi nur ein Knabbern am Rand des weiten Gebiets von Großarabien waren und daß alles, was wir auch finden konnten, angesichts des riesigen Gebiets im Hintergrund, über das wir nichts wußten, zur Bedeutungslosigkeit schrumpfen mußte.

Für unsere Forschungen am Golf war eine Erkundung des östlichen Küstengebiets von Saudi-Arabien nicht nur wünschenswert; sie war praktisch unerläßlich. Wir hatten unsere «Barbar-Kultur» in Bahrain und auf Failaka gefunden. Dazwischen lagen vierhundert Kilometer unerforschter Küste – von Saudi-Arabien. Es war uns unmöglich, unsere Theorien über die Verwandtschaft der beiden Stätten unserer Kultur nachzuprüfen, ohne eine Vorstellung davon zu haben, ob noch andere Stätten in dem dazwischenliegenden Gebiet vorhanden waren. Etwas für unsere Arbeit Bedeutungsvolles mußte es auf jeden Fall dort geben. Denn Sargon von Assyrien hatte «Bit-Iakin an der Küste des Bitteren Meeres bis zur Grenze von Dilmun» erobert. Es hatte also mindestens in den Zeiten der Assyrer, in der Zeit unserer Bahrain-Stadt IV, Niederlassungen auf dem Festland, vielleicht Grenzposten und Befestigungen gegeben. Wir konnten nicht behaupten, unsere Arbeit richtig durchgeführt zu haben, bevor wir uns nicht näher mit Saudi-Arabien befaßt hatten.

Aber es war sozusagen ein Axiom, daß wir nicht nach Saudi-Arabien einreisen konnten. Niemand konnte einreisen. Schon in früheren Jahren hatten wir uns erkundigt. Regierungsbeamte von Bahrain und Britische Politische Agenten hatten die Achseln gezuckt. «Einen Antrag können Sie stellen», meinten sie. «Hier gibt es zwar niemand, der einen Antrag entgegennehmen könnte, aber Sie können an das Innen- oder das Außenministerium ein Gesuch richten. Eine Antwort werden Sie nicht erhalten», sagte man, «oder aber vielleicht nach sechs Monaten, und das würde dann ein Ersuchen um weitere Einzelheiten sein. Niemand kommt je so weit, ein Visum zu erhalten.»

Wir hatten unsere Freunde unter den Scheichs von Bahrain und Katar gefragt. Denn wir wußten, daß sie regelmäßig zur Jagd nach

Saudi-Arabien reisten. Sie zeigten sich erstaunt, daß es überhaupt Schwierigkeiten geben könnte. «Wir werden einen Brief schicken», sagten sie, «oder Ihnen einen Führer mitgeben, und Sie werden ohne Schwierigkeit einreisen können.» Aber irgendwie waren weder Brief noch Führer dann zur Stelle, wenn wir sie gebraucht hätten. Wir hatten jeden Gedanken an eine Einreise nach Saudi-Arabien auf eine hypothetische Zukunft verschoben, wo die Regierung von Saudi-Arabien «progressiv» sein würde. Und so wie die anderen uns gesagt hatten, daß es unmöglich sei, nach Saudi-Arabien zu kommen, sagten wir es weiter. Wir hatten natürlich nicht die Absicht, unsere Zeit mit Anträgen zu verschwenden.

In Wirklichkeit ist es ganz leicht, die Erlaubnis zur Einreise nach Saudi-Arabien zu bekommen. Ich hätte wissen können, wie.

Es gibt ein System des Verkehrs zwischen den Stämmen der Arabischen Halbinsel, das sicher älter als der Islam ist. Das Gebiet eines Stammes zu betreten, mit dem der eigene Stamm nicht ausdrücklich verbündet ist, ist höchst gefährlich – wenn man nicht einen Bürgen hat. Ein Bürge ist ein Angehöriger des betreffenden Stammes, selten ein einflußreicher Mann und oft sogar nur ein bezahlter Führer. Aber seine Anwesenheit genügt, um einem Sicherheit zu gewährleisten. Denn er hat die Verantwortung übernommen: wird man getötet, ist er bei seiner Ehre verpflichtet, einen zu rächen, den Mörder aufzuspüren und ihn zu erschlagen; wird man beraubt, so gebietet ihm die Ehre, das Verlorene zurückzubringen oder zu ersetzen. Gleichzeitig trägt er die Verantwortung dafür, daß man sich selbst richtig benimmt, und wenn man jemand tötet, richtet sich die daraus sich ergebende Rache gegen ihn und seine Familie.

Dieses System kannte ich gut. Ich mußte es jedes Jahr den neuen Mitgliedern unserer Expedition auseinandersetzen, die nicht verstehen konnten, daß unsere Wächter die ganze Nacht und den größten Teil des Tages verschliefen. Es sei nicht nötig aufzupassen, sobald sie einmal die Verantwortung für uns und unsere Habe übernommen hatten, pflegte ich zu sagen. Als Fremde waren wir Freiwild, aber niemand würde die Ehre unserer Wachleute verletzen und ihre Rache durch einen Diebstahl heraufbeschwören, sobald wir sie einmal angestellt hatten. Aber ich hatte mir nicht klargemacht, daß das System in Saudi-Arabien auf nationaler Ebene entwickelt worden war. Um ein Visum zu erhalten, braucht man nur einen Bürgen im Land.

Wäre uns das bewußt gewesen, so hätten wir vielleicht etwas damit anfangen können, obwohl wir tatsächlich niemand in Saudi-Arabien kannten, den wir um Unterstützung hätten bitten können. Aber glücklicherweise hatten unsere Anwesenheit am Golf und unsere Ausgrabungsergebnisse weithin Widerhall gefunden. Wie im Fall von Katar, Kuwait und Abu Dhabi ging die Initiative von dem Land selbst aus. Im Sommer 1960 besuchten uns Al und Doris in Aarhus. Sie gehörten zur Arabisch-Amerikanischen Ölgesellschaft in Dhahran und berichteten uns von einer begrabenen Stadt bei einem Ort namens Thaj, hundert Kilometer landeinwärts und halbwegs zwischen Bahrain und Kuwait. Noch im gleichen Sommer kamen Jack und Betsy, auch von Dhahran, mit einem konkreten Vorschlag zu uns. P. V. und ich sollten Dhahran während unserer nächsten Kampagne am Golf besuchen, dem Personal der Ölgesellschaft einen Vortrag halten und dann einige Tage mit Erkundungen verbringen.

Ich gestehe, daß wir den Vorschlag nicht ernst nahmen. Wir wußten ja, daß es unmöglich war, nach Saudi-Arabien einzureisen. So vergeudeten wir eine weitere Saison, ohne zu handeln, und erst im Jahr 1962 hatte eine energische Aktion von seiten Jacks, Berts und Marnys Erfolg. Wir erhielten in Bahrain vierzehn Tage vor Weihnachten ein Telegramm, daß man uns erwarte und daß Visa bei unserer Ankunft in Dhahran ausgestellt würden.

Die Zusammensetzung der Gruppe hatte sich geändert. P. V. war in Kuwait, aber Vibeke war wieder einmal bei mir in Bahrain, ebenso Michael, der jetzt sieben Jahre alt war. Es wurde also eine Familienparty.

Ich hatte mir bis dahin keine Vorstellung von der Stärke der Anhängerschaft der Archäologie in der Ölstadt Dhahran gemacht. Als ich die dichtgedrängte Versammlung in dem Kino überblickte, die gekommen war, um mich über unsere Funde am Golf zu hören, begriff ich allmählich, wie groß die Schar der Enthusiasten war, und als ich am nächsten Tag erfuhr, daß ein Suchflugzeug zu meiner Verfügung stand, wurde es mir klar, daß der Archäologie in Dhahran ein Respekt entgegengebracht wurde, an den wir keineswegs gewöhnt waren.

Bei der Aramco gibt es ein Phänomen, das als «Topfsuche» bekannt ist. An jedem Donnerstagmorgen in der Frühe, wenn das mohammedanische Wochenende beginnt, verlassen wüstengängige Fahrzeuge in großer Zahl die Tore der Ölstadt mit weit entfernten, oft geheimen Bestimmungsorten in der Wüste. Dort verbringen ganze Familien viele Stunden damit, den Sand nach interessanten oder attraktiven Topfscherben oder anderen Gegenständen zu durchwühlen. Einige Kenner spezialisieren sich auf den einen oder anderen dieser «anderen Gegenstände», auf Perlen, Feuersteinpfeilspitzen oder sogar Münzen.

Zur Zeit unseres Besuchs war dieses Sammeln weit verbreitet, aber im großen und ganzen ohne genauere Kenntnisse. Zweifellos waren einige der gefundenen Dinge wichtiger oder interessanter als andere. Aber wenige der Topfsucher hatten eine Vorstellung davon, welche das waren. Die große Zuhörerschaft bei meinem Vortrag entsprang weniger dem Wunsch zu erfahren, was wir in den Golfstaaten gefunden hatten, als vielmehr zu hören, ob unsere Funde irgendeine Beziehung zu den von ihnen gefundenen Dingen hatten. Das war natürlich gerade das, was auch wir wissen wollten. Eine Anzahl der ernsthafteren Topfsucher hatte sich zusammengetan, um uns ihre besten Fundgebiete zu zeigen. Da zu ihnen einige der führenden Persönlichkeiten der Ölgesellschaft, der Präsident und mindestens vier Vizepräsidenten gehörten, standen einige ausgezeichnete Einrichtungen, um diese Gebiete zu erforschen, zur Verfügung. Das Suchflugzeug war ein idealer Anfang.

Aber als wir niedrig über die Sanddünen flogen und Michael wie verzaubert aus dem Fenster schaute, begriffen wir, welche Ausmaße unser neues Tätigkeitsfeld hatte. Eine neue Dimension war hinzugekommen. Saudi-Arabien hat nicht nur eine Küste von fünfhundertsechzig Kilometern zwischen Kuwait und Katar; hinter der Küste erstreckt sich ein Hinterland zwölfhundert Kilometer weit bis zum Roten Meer, und südlich dieses Hinterlands liegt noch einmal soviel.

Natürlich wollten wir heute nicht all das sehen. Während einer Lagebesprechung vor dem Flug war erklärt worden, daß wir nur nach Stätten innerhalb einer bequemen Tagreise von Dhahran Ausschau halten würden. Wir würden hundertzwanzig Kilometer nördlich und südlich die Küste entlangfliegen und hundert Kilometer landeinwärts. Das bedeutete, daß wir nur etwa dreiundzwanzigtausend von den zweieinviertel Million Quadratkilometern von Arabien überfliegen würden. Aber das war sechsunddreißigmal die Fläche von Bahrain, bei der wir einst einen Monat gebraucht hatten, um sie leidlich genau zu erkunden; es war über das Doppelte des Gebiets von Katar, dessen Erforschung uns schon sechs Jahre gekostet hatte und noch ein weiteres Jahr beschäftigen würde.

In diesem Jahr hatten wir sechsundzwanzig Archäologen für die Arbeit am Golf, drei in Abu Dhabi, drei in Katar, zehn in Bahrain und zehn in Kuwait. Wir waren nicht nur an der Grenze einer zentralisierten Organisation angelangt – wir waren auch an den Grenzen dessen, was Dänemark an Archäologen aufbringen konnte. Die archäologische Krisensituation am Assuandamm mit der Aussicht auf die Überflutung wichtiger historischer Gebiete von Ägypten und dem Sudan überschattete uns, und die skandinavische Gruppe, die im Sudan an der dringlichen Aufnahme des bald untergehenden Gebiets arbeitete, hatte uns bereits Junis geraubt und mehrere für unsere Mannschaften in Aussicht genommene Personen an sich gezogen. Wir hatten schon außerhalb der dänischen Grenzen rekrutieren müssen, und so arbeiteten zwei Norweger bei uns in Kuwait. Wollten wir uns nach Saudi-Arabien hinein ausdehnen, dann würden wir einem Problem der Organisation und Arbeitskraft gegenüberstehen, das so groß war wie die neuen Gebiete.

Als wir uns die Küste hinaufschwangen, nachdem wir über einem ausgedehnten Hügelfeld südlich von Dhahran gekreuzt hatten – das genauso aussah wie die Hügelfelder von Bahrain –, legte ich die Organisationsprobleme zu den Akten und schaute hinunter auf die Palmenhaine und die angebauten Felder von Katif. Die Küste von Arabien nördlich und südlich der felsigen Halbinsel, auf der Dhahran liegt, ist größtenteils kahl mit kleinen gelblich-weißen Sandhügeln, die eine Barriere zwischen den kupfergrünen Untiefen des Meeres und den bräunlich-weißen Salzebenen bilden, die paralllel zur Wüste verlaufen. Wo es Brunnen gibt oder wo moderne Bohrungen artesisches Wasser ergeben haben, gibt es Dörfer und kleine, mühsam bewässerte Plantagen von Dattelpalmen. Aber das Gebiet von Katif ist anders. Es ist ganz und gar wie Bahrain. Wasser kommt hier ohne menschliches Dazutun im Überfluß an die Oberfläche, und ein Gebiet von der Größe des nördlichen angebauten Teils von Bahrain ist bedeckt mit der gleichen üppigen Vegetation. Aber das Gebiet befindet sich im Belagerungszustand. Im Norden und Westen drängen halbmondförmige Dünen hart gegen die Plantagen, und an einigen Stellen hat die erste Welle bereits die Palmen erreicht. Zwischen den Dünen lassen die Kamine verlassener Brunnen vermuten, daß der Anbau einst eine größere Fläche umfaßte.

Die Gärten von Katif liegen längs der Küste einer tiefen Bucht, und unser Flugzeug überquerte nun den kurzen Streifen seichten Wassers zu der inmitten der Bucht gelegenen Insel Tarut hinüber. Von oben macht Tarut fast einen künstlichen Eindruck. Die Insel ist kreisrund mit einem Durchmesser von etwa acht Kilometern. Salz- und Schilfsümpfe entlang der Küste bilden einen Ring um ein fast kreisrundes Gebiet von Palmenhainen, und genau in der Mitte der Insel und der Palmenhaine liegt das Dorf Tarut. Mitten im Dorf krönt ein verfallenes Fort einen kleinen, steilen Hügel, die einzige Erhebung auf der Insel. Wir interessierten uns für Tarut, denn es wird schon von den frühesten arabischen Geographen genannt, während die Stadt Darin an

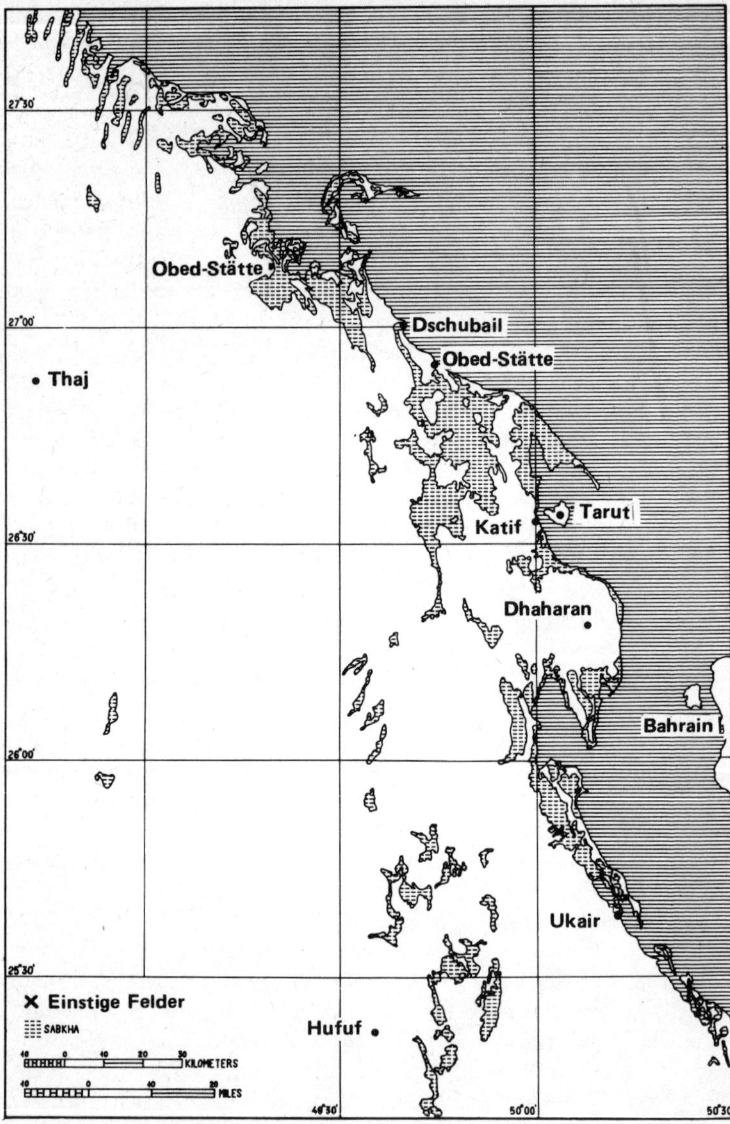

76 Die Ostprovinz von Saudi-Arabien

seiner Südküste als Sitz eines nestorianischen Bistums vor dem Islam erwähnt wird.

Wir wandten uns nun landeinwärts über die Salzebenen und gingen herunter, um einmal über Dschawan, einer Felseninsel in der Sabkha, zu kreisen, wo die einzige bisher durchgeführte archäologische Ausgrabung in Arabien stattgefunden hatte. Das anstehende Gestein war von der Aramco als Steinbruch vermietet worden, und die Bulldozer hatten einen Besiedlungstell und einen großen Grabhügel gefunden. Mit Erlaubnis der Regierung hatte die Aramco den Grabhügel ausgegraben, und Ric Vidal, einer ihrer Angestellten, ein geschulter Archäologe, hatte mit großem Geschick ausgegraben, was die Bulldozer übriggelassen hatten. Dabei war der Hügel vollständig entfernt worden, und als wir kreisten, konnten wir die große kreuzförmige Kammer erkennen, in deren Fußboden Ric vier ausgeraubte Gräber und eine Anzahl menschlicher Knochen aus späteren Massenbestattungen gefunden hatte. In den Ecken des Kreuzes, außerhalb der eigentlichen Kammer, konnten wir die aus Stein erbauten Gräber sehen, die niemand dort vermutet hatte und die daher der Aufmerksamkeit der Grabräuber entgangen waren. Aus ihnen hatte Ric sehr schönen Schmuck aus Gold und Edelsteinen geborgen, die die Gräber in das erste Jahrhundert nach Christus datierten.

Zwanzig Minuten lang flogen wir genau nach Westen und kreuzten dabei bald die Straße neben der Ölleitung, die pfeilgerade auf ihrer anderthalbtausend Kilometer weiten Reise an das Mittelmeer und den alten phönizischen Hafen Sidon in Richtung auf den nordwestlichen Horizont verläuft. Ursprünglich für die Pipeline, die Dhahrans Öl auf die europäischen Märkte brachte, erbaut, war die Straße die wichtigste Verkehrsader für den Transport von Obst, Gemüse und allen Arten von Gütern vom Mittelmeer an den Arabischen Golf geworden. In Kuwait und Doha, der Hauptstadt von Katar, hatten wir oft die schwer beladenen Lastwagen mit libanesischen oder jordanischen Kennzeichen gesehen, die die Fahrten regelmäßig machen. Die Sand- und Steinwüsten, die jetzt unter uns lagen und außer weitverstreuten, spärlichen Büschen ohne Leben sind, hätten ohne die Straße nur langsam und beschwerlich durchquert werden können. Aber Kamel- und sogar Fahrzeugspuren waren häufig zu sehen. Das Land war nicht unpassierbar – es wurde sogar von den Arabern überhaupt nicht als Wüste angesehen, denn Kamele und Schafe konnten hier das ganze Jahr weiden, und Brunnen gab es weniger als eine Tagreise voneinander entfernt. Ich machte mir Gedanken darüber, ob wir bei unserer Voreingenommenheit für den Seehandel nicht die Landwege durch

Arabien zu wenig in Betracht gezogen hatten. Die Stadt Thaj, die unser Ziel war, muß sicher an irgendeinem Vorläufer der transarabischen Ölleitung gelegen haben.

Vor uns lagen zwei kleine Tafelberge und ein Gewirr von niedrigen Hügeln, und plötzlich waren wir über Thaj. Ich hatte schon Luftaufnahmen gesehen und wußte, was ich zu erwarten hatte. Aber auf diese Ausmaße war ich nicht vorbereitet. Unter uns lag eine beträchtliche Stadt, deren als Parallelogramm erscheinende Verteidigungsmauern klar zu sehen waren. Um sie herum erstreckten sich Gräberfelder, in denen viele Hügel merkwürdig ringförmig waren, kreisförmige Wälle mit einer Vertiefung in der Mitte. Wir flogen über der Stätte ein halbes dutzendmal hin und her, während ich mir das Bild einprägte. Es gab keine stehengebliebenen Mauern oder Gebäude mehr, außer einem Haufen offensichtlich neuerer Steinhäuser. Alles war mit Sand und Schutt bedeckt, aber die allgemeinen Umrisse waren klar erkennbar. Und etwas lag klar zutage.

Thaj war eine Stadt am Rand eines Sees. Sie erstreckte sich fünfzehnhundert Meter weit längs des Ufers und achthundert Meter oder mehr landeinwärts. Nur war kein See da... nördlich der Stadt war eine weite Salzmulde, eine Sabkha.

Nun sind Sabkhas Flächen aus Salzschlamm, die früher zweifelsfrei Wasser waren. Sie sind ausgetrocknete Seen und für den Menschen nutzlos. Es gab keinen Grund, eine Stadt neben einer Sabkha zu erbauen. Also muß dieser einstige See noch ein See gewesen sein, als Thaj erbaut wurde. Das stimmte gut mit unseren Vermutungen über das vorgeschichtliche Klima von Arabien überein, denn nur eine größere Regenmenge oder zum mindesten ein höherer Grundwasserspiegel konnte Wasser in dem Seebett zurückgehalten haben. Wir mußten unbedingt Thaj datieren.

Ich beendete meine Notizen und fotografischen Aufnahmen, und wir drehten nach Süden zu dem fünfzigminütigen Flug nach Hufuf. Das Gelände war monoton, immer dieselben Streifen von Stein und lockerem Buschwerk, auf die meilenweit Sanddünen folgten, wo es keinen Sinn hatte, nach Anzeichen vorgeschichtlicher Ansiedlungen zu suchen. Dann kam eine geschotterte Straße, Felsen, die zu einer sandigen Vertiefung abfielen, und vor uns waren wieder Plantagen von Dattelpalmen.

Hufuf ist die größte Oase in Ostarabien. Ich hatte etwas wie Buraimi erwartet, denn Hufuf bedeckt etwa dieselbe Fläche, liegt sechzig Kilometer landeinwärts gegenüber den hundertsechzig Kilometern von Buraimi und ist wie Buraimi eher eine Gruppe kleiner

Oasen als ein zusammenhängendes Gebiet. Aber bei näherer Betrachtung hielt die Ähnlichkeit nicht stand. Hufuf hat keine Berge und auch keine Flächen mit spärlichem Gras und Dornbüschen, die den Reiz Buraimis ausmachen. Hufuf gleicht eher Bahrain oder Katif, mit intensivem Anbau von Dattelpalmen und sogar Reis meilenweit um jeden Brunnen herum und dazwischen die nackte Sandwüste. Auch gab es aus der Luft keinerlei Anzeichen für vorislamische Reste, Erdwerke, Befestigungsanlagen oder Grabhügel. Hufuf selbst ist eine große ummauerte Stadt, aber ihre Mauern sind, wie uns bekannt war, ziemlich neueren Datums, und seine Autostraßen und Ladenstraßen deuteten in keiner Weise darauf hin, daß sie eine frühere Stadt umgaben oder überlagerten.

Das war in gewisser Weise eine Enttäuschung. Denn wir hatten Grund zu der Annahme, daß in Hufuf etwas sein müßte. Hufuf mußte die Oase Attene sein – insbesondere wenn Gerrha in Ukair war. Als wir die rund sechzig Kilometer an die Küste und nach Ukair flogen, überdachte ich noch einmal das «Problem Gerrha».

Wir waren auf Erwähnungen der großen arabischen Stadt Gerrha gestoßen, als wir uns mit der Frage der Identifizierung von Failaka mit der klassischen Insel Ikaros beschäftigten. Nun versuchte ich, mir ins Gedächtnis zurückzurufen, was wir damals fanden, als wir bei den griechischen und römischen Schriftstellern nachlasen, was sie über den Golf berichteten. Über Gerrha fand sich mehr als über jeden anderen Ort in Arabien, aber trotzdem war es nicht mehr, als auf einem kleinen Blatt Papier Platz hat. Höchst sonderbarerweise enthält Arrians Beschreibung der Vorbereitungen Alexanders für seinen Feldzug gegen Arabien einschließlich der Erkundungsfahrten an den Küsten vom Jahr 323 v. Chr. nicht die geringste Erwähnung von Gerrha. Aber Eratosthenes berichtet etwa hundert Jahre nach Alexander von Kaufleuten aus Gerrha, die Gewürze und Weihrauch auf dem Landweg nach Mesopotamien brachten. Das werde, sagt Strabo, von Aristobulos bestritten, der davon schreibe, daß die Kaufleute auf Flößen nach Babylonien reisten. Strabo, der in den letzten beiden Jahrzehnten vor Christus schrieb, zitiert Artemidoros aus dem vorhergehenden Jahrhundert, der berichtete: «Durch den Weihrauchhandel... sind die Leute von Gerrha der reichste aller Stämme geworden und besitzen große Mengen von Gegenständen aus Gold und Silber, wie zum Beispiel Liegebetten, Dreifüße, Becken, Trinkgefäße; hinzu fügen müssen wir die kostbare Pracht ihrer Häuser; denn die Türen, Wände und Dächer sind bunt von eingelegtem Elfenbein, Gold, Silber und Edelsteinen.»

Der Historiker Polybios berichtet ungefähr um dieselbe Zeit von einem Feldzug des seleukidischen Königs Antiochos III., der 205 v. Chr. eine Flotte längs der arabischen Küste in Marsch setzte, um Gerrha zu erobern; aber durch große Geschenke an Silber und Edelsteinen wurde er dazu bewogen, die Stadt unbehelligt zu lassen.

Es besteht also wenig Zweifel, daß Gerrha im ersten, zweiten und dritten Jahrhundert vor Christus eine außergewöhnlich reiche Stadt war, die über Land und zur See mit Wohlgerüchen, wahrscheinlich dem Weihrauch aus Hadramaut, Handel trieb. Strabo sagt uns sogar, wo Gerrha lag, aber seine Angaben sind schwer zu deuten. Gerrha, sagt er, ist «eine Stadt an einer tiefen Bucht; sie wird bewohnt von Chaldäern, Vertriebenen aus Babylon; der Boden enthält Salz, und die Menschen wohnen in Häusern aus Salz ... Die Stadt ist 200 Stadien» – ungefähr einhundert Kilometer – «vom Meer entfernt.» Und man segelt «weiter», sagt er, von Gerrha nach Tylos und Arados, welches die Inseln von Bahrain sind.

Der ältere Plinius, der in der Mitte des ersten Jahrhunderts *nach* Christus schrieb, ist bestimmter in seinen Angaben, und ich kannte seine Schilderung auswendig. Bei der Beschreibung der arabischen Küste des Golfs kommt er zu der Insel Ichara, die unser Ikaros sein muß, dann zum Golf von Capeos und schließlich zum Golf von Gerrha. «Hier finden wir die Stadt Gerrha mit fünf Meilen Umfang und Türmen aus viereckigen Salzblöcken. Fünfzig Meilen von der Küste entfernt im Inneren ist das Gebiet von Attene, und gegenüber von Gerrha liegt die Insel Tylos, gleich viel Meilen von der Küste entfernt; sie ist wegen der großen Menge von Perlen berühmt ...»

Tylos war, wie wir wissen, Bahrain, und das Gebiet von Attene, achtzig Kilometer landeinwärts, hielt man gewöhnlich für die Oase Hufuf, die nun in dem heißen Dunst hinter uns verschwand. An der Küste, an der direkten Verbindung zwischen Hufuf und Bahrain, liegt das Dorf Ukair und daneben die Ruinen einer großen ummauerten Stadt. Vielen modernen Theoretikern erschien es unzweifelhaft, daß Ukair Gerrha sein müßte, und diese Identifikation schien durch die Tatsache erhärtet zu werden, daß in dem dort gesprochenen arabischen Dialekt der Buchstabe k wie g ausgesprochen wird. Ukair wird Ogair ausgesprochen, was dem griechischen Namen genügend ähnlich war, um überzeugend zu sein. Freilich wußte man, daß in islamischer Zeit in Ukair eine ummauerte Stadt gebaut worden war, aber man glaubte, daß diese auf der Insel vor der Küste gelegen habe, wo das derzeitige Dorf Ukair steht. Jedenfalls kannten wir andere, nicht weit entfernte Stätten, wo islamische Städte neben oder über Städten aus seleukidischer oder einer früheren Zeit liegen.

Unter uns waren Dünen, endlose Wellen von Sand auf Sand, aber vor uns konnten wir die Wasserfläche des Golfs sehen, während ein breiter Gürtel von Sabkha und Lagunen den Sand vom Meer trennte. Eine einzelne Gruppe von Palmen und ein verfallener Turm bezeichneten die Stätte der verlassenen Stadt Ukair. Als wir ihre Mauern erkundeten, indem wir darüber kreuzten, stellten wir fest, daß es eine größere Stadt als Thaj war, wie ja auch zu erwarten war, wenn man sich auf die Größenangaben von Plinius verließ. Die Mauern bildeten ein Vieleck, das sich an beiden Enden über die Salzebene hinweg bis zu großen viereckigen Türmen am Rande des Wassers erstreckte. Wenn ich mit dem inzwischen dazuerworbenen Wissen zurückblicke, hatte ich wohl damals schon den Eindruck, da stimme etwas nicht.

Auf unserem Rückflug die Küste hinauf nach dem etwa hundert Kilometer nördlich gelegenen Dhahran gab es noch etwas zu besichtigen. Dreißig Kilometer nördlich von Ukair war ein großes Gebiet, wo die Dünen sich lichteten und an der Sabkha endeten. Die Aramco hatte hier vor einigen Jahren eine seismische Aufnahme durchgeführt und in diesem Zusammenhang das Gebiet aus der Luft fotografiert. Diese Luftaufnahmen hatten ein seltsames Netz von Markierungen enthüllt, die zu regelmäßig waren, um natürlich zu sein, und das ganze Gebiet bedeckten. Da sie Rippen in den Salzebenen von kaum mehr als fünfzehn Zentimeter Höhe waren, waren sie vom Boden aus fast nicht zu sehen, aber auf Grund der Luftaufnahmen hatten die Geologen sie untersucht und neigten daraufhin zu der Ansicht, es handle sich um alte Bewässerungsgräben. Wenn das stimmte, dann war hier einst ein Gebiet von mindestens der Größe des Gartenlands um Katif angebaut gewesen.

Vom Flugzeug aus war es nicht leicht zu finden. Es lag elf bis dreizehn Kilometer landeinwärts auf der dem Land zugewandten Seite einer sehr ausgedehnten Sabkha, die sich von der Lagune bei Ukair bis hin zur Wurzel der Halbinsel von Dhahran erstreckte. Als wir es schließlich fanden, ergänzte der Anblick der Wirklichkeit die Fotografien nur wenig – außer daß es ganz deutlich wurde, daß das Gebiet nur bei günstigen Wind- und Sandbedingungen überhaupt erkennbar war. Landeinwärts und nach Nord und Süd breiteten sich die Dünen ungehindert aus, und nach allem, was wir wußten, erstreckten sich die früher bewässerten Felder unter dem Sand vielleicht bis nach Ukair beziehungsweise Hufuf.

Unser Pilot nahm Kurs auf den Flughafen von Dhahran, und ich überließ mich meinen Gedanken über Sand und Sabkha. Thaj lag an einer Sabkha, die in der Zeit, als Thaj noch eine lebende Stadt war, ein lebender See gewesen sein mußte. Die angebaute Fläche in Katif war einst umfangreicher, bevor der Sand einrückte. Das frühere Anbaugebiet, das wir eben gesehen hatten, war in der Sabkha versunken und halb mit Sand bedeckt. Ohne Zweifel hatte die Sabkha auf Kosten des Wassers an Boden gewonnen, und der Sand auf Kosten des fruchtbaren Bodens. Aber wie schnell war das gegangen? Und hatte es sich kontinuierlich fortgesetzt? Und wie lang ist es her?

In Buraimi war der Sand vorgedrungen; auf Umm an-Nar hatten wir eine frühere, von Wasser abhängige Siedlung, wo es heute kein Wasser gibt. In Katar fanden wir steinzeitliche Stätten entlang den «Küsten» ausgedehnter Sabkhas. In Bahrain lagen die steinzeitlichen Stätten längs der Zehn-Meter-Höhenlinie, was vermuten ließ, daß das Meer in der Zeit der Feuersteinstätten um soviel höher (oder das Land ebensoviel tiefer) war, was irgendwann vor zwanzig- bis vierzigtausend Jahren gewesen sein mochte.

Veränderungen des Klimas und des Meeresspiegels konnten gegenseitig aufeinander einwirken, indem sie ihre jeweiligen Wirkungen aufhoben oder verstärkten. Der Mensch seinerseits konnte die Wirkungen der Natur aufheben oder verstärken und den Anbau des Bodens aufrechterhalten, auch wenn er andernfalls unmöglich geworden wäre, indem er tiefer nach dem benötigten Wasser hinuntergrub, oder er konnte die Wüste selbst schaffen, noch bevor sie unvermeidlich wurde, indem er übermäßigen Anbau und hemmungsloses Abweiden betrieb.

Meine Spekulationen wurden allmählich unrealistisch. Um sie zu testen, mußte man zuallererst ein Datum für die Phänomene finden. Der mutmaßliche See bei Thaj konnte nur datiert werden, wenn man Thaj datieren konnte; das Verschwinden des Anbaus nördlich von Ukair durch eine Datierung der Bewässerungsgräben. Aber das konnte nicht von der Luft aus geschehen.

Am nächsten Morgen um zehn Uhr machten wir uns daran, Thaj zu datieren. Wir hockten in der Mulde eines der Ringhügel von Thaj, und ich betrachtete gerade den Hals eines großen Krugs, den Al soeben ausgegraben hatte und der eine schwarz aufgemalte Inschrift in einer mir unbekannten Schrift trug. Plötzlich schaute Al zu etwas hinter mir hinauf. Ich drehte mich um und starrte in die Mündung eines Gewehrs, das ein schwarzbärtiger Araber in der Hand hielt.

Wie so mancher Vorfall in Arabien stellte sich auch dieser als weniger dramatisch heraus, als es klingen könnte. Tom, der ein fließendes und mundartliches Arabisch sprach, sagte unserem Besucher guten Tag. «Graben ist von der Regierung verboten», sagte der Mann und fragte, woher wir kämen. Tom erklärte, daß sie zur Ölgesellschaft gehörten und einen gelehrten Mann bei sich hätten, der ihnen nur auf Grund von Topfscherben die Geschichte von Thaj erzählen könne. Der Araber hängte sein Gewehr um und hockte sich neben uns hin. Um Töpfe aus dem Boden auszugraben, erklärte er, brauche man einen Firman, eine Bescheinigung des Emirs von Dammam. Wir müßten diese Töpfe dort lassen, wo wir sie gefunden hätten. Aber beim Dorf gebe es eine Menge von Topfscherben an der Oberfläche, und im Dorf selbst seien Steine mit Inschriften in den Mauern der Häuser. Wenn es uns recht sei, könne er sie uns zeigen.

Als wir zwischen den Ruinen von Thaj zum Dorf gingen, erfuhren wir, daß er der Vorsteher war und die Regierung hier vertrat. Er betrachtete neugierig der Reihe nach die fünf Fahrzeuge unserer Gruppe und sagte scharfsinnig: «Gestern kam ein Flugzeug, das viele Male über unsere Häuser flog; und heute kommen Sie in vielen Autos. Ich glaube, Sie haben die Absicht, hier nach Öl oder Wasser zu bohren.» Wir protestierten und versicherten, daß wir nur an der Geschichte interessiert seien, und er nickte, halb überzeugt von unseren Darlegungen, denn akademisches Wissen wird traditionsgemäß von den Arabern hoch geschätzt. Wir traten in ein dunkles Haus aus Stein, und unser Führer deutete auf die obere Ecke einer der Wände. Als sich unsere Augen an die Dunkelheit gewöhnt hatten, sahen wir, daß ein Stein eine eingemeißelte Inschrift trug, und wir erkannten die Zeichen der sogenannten südarabischen Schrift.

Die Schrift wird südarabisch oder sabäisch genannt, weil sie zuerst im Gebiet des alten sabäischen Reiches in Südwestarabien gefunden wurde. In späteren Jahren fand man sie an ziemlich vielen Orten in ganz Arabien, teils auf Grabsteinen, wie dieser zweifellos einer war, teils in Felsflächen eingemeißelt. Es ist eine Schrift, keine Sprache, und da sie alphabetisch ist, bot sie keine der Entzifferungsschwierigkeiten, die wir im Falle der babylonischen Schrift kennengelernt hatten. Die Sprache der Inschriften ist semitisch und dem Arabischen eng verwandt. Philologen können geringfügige Unterschiede zwischen den in dieser Schrift in Nord- und Südarabien geschriebenen Sprachen feststellen. Ob diese Sprachen verschiedene Namen verdienen, kann ein Archäologe nicht entscheiden. Es besteht wohl Grund dazu, die *Schrift* lediglich vorislamisch-arabisch zu nennen. Denn das ist sie in der Tat. Offenbar war sie von etwa 800 v. Chr. bis etwa 400 n. Chr. in Gebrauch.

Das war also eine erste Annäherung an das Alter von Thaj. Soviel wußten wir freilich schon, denn drei Inschriften in dieser Schrift waren schon fünfzig Jahre früher in Thaj gefunden und publiziert worden, und die Aramco-Topfsucher kannten vier weitere an dieser Stätte. Eine genauere Datierung hing weiterhin von Topfscherben ab. Wir schwärmten über die Stätte aus, immer noch in Begleitung des Vorstehers.

Für die Topfsucher der Aramco hatte jede Stätte ihre Spezialität. Die Spezialität von Thaj waren Figurinen. Wie bei allen Besiedlungsstätten war der Boden mit Hunderttausenden von Topfscherben übersät, aber hier lagen zwischen ihnen eine sehr große Zahl von Fragmenten kleiner Terrakotta-Statuetten. Sogleich fand unsere Suchmannschaft solche Fragmente. Meistens waren sie von Tieren, oft Beine oder Köpfe nicht erkennbarer Arten, aber die Bruchstücke von Körpern hatten fast immer den Höcker, der sie als Kamele identifizierte. Häufig war Geschirr zu erkennen, das durch Linien oder Ketten von Kreisen, die in den Ton eingeritzt waren, angedeutet wurde. Es gab auch Fragmente menschlicher Figurinen, fast immer von knienden nackten Frauen, das Haar in drei Flechten angeordnet, eine auf jeder Schulter und eine mittlere, die auf den Rücken hinunterhing. Die Figurinen variierten in der Größe, waren aber meistens etwa fünfzehn Zentimeter hoch. Die Fragmente waren klein und oft übel verwittert,

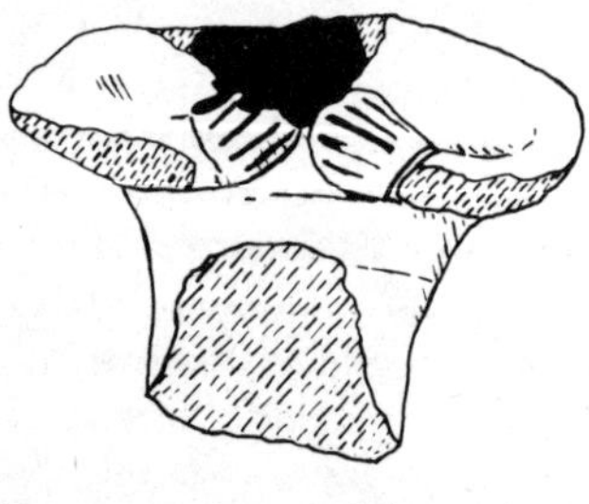

77 5,7 cm hohes Fragment einer Figurine der «Muttergöttin» aus Thaj. Daß nicht alle Beschädigungen neueren Datums sind, zeigt der Bitumenfleck, eine alte Ausbesserung des abgebrochenen Kopfes

aber es waren so viele – wir müssen fünfzig in einer Stunde gefunden haben –, daß es nicht schwierig war festzustellen, wie die ganze Figur ausgesehen hatte.

Die Figurinen konnte ich nicht datieren; wir hatten in Bahrain in verschiedenen Schichten Figurinen gefunden, aber keine war genau wie diese. Doch war das auch nicht nötig. Die Töpferware kannten wir nämlich sehr gut. Mit dem ersten Fragment einer dünnen, rot bemalten und innen strahlenförmig polierten Schale befand ich mich auf vertrautem Boden. Das war die Ware, die wir in der griechischen Stadt auf Failaka und unserer fünften Stadt auf Bahrain gefunden hatten. Sie gehörte unzweifelhaft in das dritte Jahrhundert vor Christus. Es gab auch zahlreiche Bruchstücke der für diese Periode charakteristischen viereckigen, vierfüßigen Räucherbüchsen. Die Frage wurde durch den Fund von acht Bruchstücken glänzender, schwarzlackierter Töpferware, Stücken von kleinen Schalen mit ringförmigem Boden, weiter geklärt. Sie waren attische Ware, Importe aus Griechenland selbst. Einige hatten sogar «Rädchen»-Muster, das heißt, sie waren verziert mit einem dichten Muster von Halbkreisen, das mit einem Zahnrad angebracht war, ein Merkmal, das ihren griechischen Ursprung zweifelsfrei bewies.

Wir konnten nicht viel Zeit in Thaj verbringen. Wir waren noch in der Dunkelheit eine Stunde vor der Morgendämmerung gestartet und kamen wieder bei Dunkelheit eine Stunde nach Sonnenuntergang nach Dhahran zurück. Aber wir waren fünfhundert Kilometer hin und zurück unterwegs und verbrachten acht Stunden im Auto und fünf Stunden auf der Stätte. Um drei Uhr nachmittags mußten wir zur Heimfahrt aufbrechen. Da war der Vorsteher schon von unserer Begeisterung für die Überreste seiner Stadt angesteckt; er hatte uns noch zu den zwei mächtigen Brunnen mit einem Durchmesser von fünf Metern und einer Tiefe von mindestens fünf Metern bis zum trokkenen Sandboden auf ihrem Grund hinausgeführt. Sie lagen südlich der Stadt und hatten ein noch erkennbares kompliziertes System von Zisternen und Aquädukten um den Brunnenrand herum. Er hatte uns auch die Decksteine eines jüngst im Westen der Stadt entdeckten Grabes gezeigt und schien fast enttäuscht darüber, daß wir weder die Zeit noch die Erlaubnis hatten, es auszugraben. Wir versprachen, eines Tages wiederzukommen, und starteten auf der hundert Kilometer langen, tief versandeten Piste, die wir hinter uns bringen mußten, bis wir die Straße der Pipeline hundertsechzig Kilometer nordwestlich von Dhahran erreichten.

So war auch der Tageslauf an den folgenden Tagen. Am nächsten Tag starteten wir nach Süden. Heute wollten wir nach Gerrha suchen und fuhren nach Ukair hundert Kilometer die Küste hinab. Das ist keine bequeme Route. Nördlich von Ukair breitet sich die ungeheure Salzebene, die wir aus der Luft gesehen hatten, zwischen den Sanddünen längs der Küste und denen des Inneren aus. Wir mußten einen Engpaß der Dünen bezwingen, um die Ebene zu erreichen, wobei wir im niedrigsten Gang und mit Vierradantrieb durch den staubförmigen Sand dröhnten und rutschten. Die Sabkha dahinter war trügerisch, offensichtlich eine jener Küstenebenen, deren Tragkraft je nach dem

Stand der Gezeiten variiert. Sie war durch die Räder des Schwerlastverkehrs tief ausgefahren, denn hier verläuft für die Obst- und Gemüselastwagen aus dem Libanon, die auf der Straße der Pipeline kommen, die Hauptroute nach Katar. Immer wieder stießen wir auf mit Wasser gefüllte Gruben in der Piste, wo Fahrzeuge durch die Oberflächenkruste gebrochen und wieder ausgegraben worden waren; vorsichtige Umwege mußten um diese Stellen herum gemacht werden, und zwar über Sabkha, die nicht einmal den zweifelhaften Vorzug hatte, vom vorhergehenden Verkehr festgewalzt zu sein. Es war gefährlich, die ausgefahrene Piste durch den Salzsumpf zu verlassen. Trotzdem verließen wir sie dreißig Kilometer nördlich von Ukair an einer Stelle, wo wir meinten, das Gebiet der früheren Bewässerung leicht finden zu können. Aber das war nicht der Fall. Wir tauchten in ein Labyrinth von kleinen Sandhügeln, das durch Büsche und kleine Sabkha-Flecken noch verwirrender wurde, und kamen nach wenigen Augenblicken vollständig vom Wege ab. Unsere wüstengängigen Fahrzeuge versanken eines nach dem anderen bis zur Achse im Sand und mußten mit den vereinten Kräften unserer ganzen zwanzig Mann wieder herausgeschoben und -gezogen werden. Nur der siebenjährige Michael hatte, glaube ich, wirklich Spaß daran. Sein Kindergarten hatte nie einen so schönen Sandkasten gehabt.

Wir fuhren unter Schwierigkeiten ostwärts wieder zur Sabkha zurück und überquerten sie vorsichtig, bis wir wieder auf die Straße nach Ukair trafen.

Die verfallene Stadt Ukair bedeckt eine größere Fläche, als es von der Luft aus schien. Als ich der Nordmauer durch die Sabkha zur Küste hin folgte, schien der verfallene Turm – sicher eine spätere Hinzufügung –, der die Südwestecke markierte, unermeßlich weit entfernt, und die anderen Topfsucher, die sich, jeder auf seiner eigenen Route, auf ihn zubewegten, sahen aus der Entfernung wie Zwerge aus. Vor mir endete die Mauer bei einem Küstenturm an der Meerenge, der wie die Mauer nur etwa eine Lage hoch war, und jenseits der Meerenge lagen die Lehmziegelhäuser und das gelbe Fort des jetzigen Dorfs. Die Mauer unter meinen Füßen war breit und aus dem korallenähnlichen Konglomerat erbaut, das die Bewohner des Golfs bei Ebbe aus dem Meeresboden gewinnen und das sie Farusch nennen. Aber das schien irgendwie nicht normal zu sein, wie auch der Umstand, daß die Stadtmauer die Sabkha durchquerte, durchaus nicht normal war. Ich dachte daran, wie wir tags zuvor der Stadtmauer von Thaj gefolgt waren, bis sie an die Sabkha stieß und aufhörte. Langsam wuchs in mir die Überzeugung, daß überall dort, wo heute Sabkha war, Wasser noch vor zweitausend Jahren gewesen sein mußte. Wenn das stimmte, konnte diese Mauer nicht so alt wie die von Thaj sein. Überdies, in der Stadt aus der «griechischen» Periode auf Bahrain und der Tempelstadt der Seleukiden auf Failaka war nirgends Farusch verwendet worden. Die Mauern dort waren alle aus gebrochenem Kalkstein. Ich wandte mich von der Mauer ab und machte mich auf den Weg durch die Stadt hindurch bis zum Südwestturm.

Als ich dort mit einem Sack voll Topfscherben ankam, war ich zu einem Schluß gekommen; und die Prüfung der von den übrigen Teilnehmern der Fahrt aufgelesenen Scherben bestätigte die Diagnose, die nicht nur ich, sondern alle anderen auch gestellt hatten. Schließlich waren ja die meisten von uns tags zuvor in Thaj gewesen. Dort hatten wir Scherben, Figurinen und Stücke von Räucherbüchsen aus genau den Jahrhunderten, als Gerrha blühte, aufgesammelt. Wir hätten alle diese Scherben und Artefakte wiedererkannt, wenn wir sie hier gesehen hätten. Aber es gab hier keine. Hier gab es Scherben von glasierter Töpferware, gravierter gelber Ware, Fragmente von Ringböden und Gefäßen mit Henkeln. Es war ein typisch islamisches Sortiment. Natürlich konnte hier, wie in Bahrain, eine islamische Stadt über einer Stadt aus der seleukidischen Zeit erbaut worden sein, und in diesem Falle würde natürlich die islamische Töpferware vorherrschen. Aber hier gab es überhaupt nichts aus einer früheren Zeit. Negative Evidenz beweist freilich nicht viel. Und über einen großen Teil der Stadt waren die Sanddünen in einer Tiefe herangerollt, die leicht eine frühere Stadt bedecken konnte. Aber mindestens die Stadt, die an der Oberfläche in Erscheinung trat, war nicht Gerrha. Und wenn Gerrha unter den Sanddünen lag, konnte es auch irgendwo anders liegen. Gerrha war noch immer eine verlorene Stadt.

Es ist immer noch eine verlorene Stadt. Auf archäologischem Gebiet ist in Saudi-Arabien seit jener ersten Erkundungsfahrt im Jahr 1962 viel geschehen, aber Gerrha mit seinem Reichtum an Gold und Silber und seinen mit Elfenbein und Edelsteinen eingelegten Häusern wartet noch immer auf seinen Entdecker.

Als wir 1963 in Dänemark zurück waren, stellten wir einen formellen Antrag, unsere Forschungen auf Saudi-Arabien ausdehnen zu dürfen. Zu dieser Zeit gab es bei der saudischen Regierung keine Abteilung, die mit der Sorge für die Altertümer des Landes betraut war, und unser Antrag blieb anscheinend unbeachtet. Aber in diesem Jahr wurde eine Kommission ernannt, die prüfen sollte, wie eine Behörde für die saudischen Altertümer eingerichtet werden könnte.

1964 verbrachte ich wieder fünf Tage in Dhahran, und diesmal kam auch P. V. Wir besichtigten noch einmal Thaj und setzten auch nach der Insel Tarut über.

Im Jahr vorher hatten wir von der Luft aus den kleinen steilwandigen, von seiner verfallenen Burg gekrönten Tell in der Mitte der Stadt, die im Zentrum der Insel Tarut liegt, gesehen. Jetzt sahen wir den Tell vom Boden aus: er sah vielversprechend aus – und auch vollständig unmöglich. Er war außerordentlich steil und auf drei Seiten völlig von Häusern eingeschlossen, die an den Tell an- und in ihn hineingebaut waren, so daß der Abhang des Hügels direkt an die obere Kante ihrer Rückwände heranreichte. Als wir versuchten, zur vierten Seite herumzugehen, wo uns das Gelände zugänglicher erschien, wurden wir von den Männern der Stadt zurückgehalten. Diese Seite war *haram*, sagten sie, verboten. Sie war den Frauen vorbehalten, die dort wuschen. Wir durften die Frauen nicht sehen.

Wir fanden eine enge Gasse, die zu der erlaubten Seite des Tells hinaufführte, und kletterten den schmalen Streifen des steilen, kahlen Abhangs zwischen den Dächern der darunterliegenden Häuser und dem Fuß der massiven Mauern der Ruinen auf dem Gipfel hinauf. Sogleich las ich eine Randscherbe unserer typischen «Barbar»-Keramik auf. Überall auf dem Tell lagen unsere vertrauten roten gerippten Scherben. Wir waren wieder in Dilmun.

Leider konnten wir gar nichts tun. Wir hatten keine Erlaubnis zu graben; wir hatten keine Zeit zu graben – und hätten wir auch Erlaubnis, Zeit und Geld für Grabungen gehabt, so hätten wir nicht gewußt, wie wir bei einer so völlig eingeschlossenen Stätte anfangen konnten. Wir sammelten einen Sack voll Scherben zum Beweis, daß das hier tatsächlich eine Stätte der «Barbar-Kultur» und deshalb die bei weitem älteste Stadt von Saudi-Arabien war. Dann kehrten wir nach Dhahran zurück.

Am nächsten Tag fuhren wir fünfhundert Kilometer nach Riad, der Hauptstadt von Saudi-Arabien. Die Kommission für die Altertümer beriet immer noch über ihre Empfehlungen, und es war ein Zeichen für das wachsende Interesse für die Archäologie, daß wir gebeten wurden, vor der historischen Fakultät der Universität von Riad über unsere Arbeit in den Staaten des Golfs einen Vortrag zu halten. Die Straße nach Riad war in gutem Zustand und schnell; wir hatten keine Städte zu passieren, und bei dem geringen Verkehr schaffte unsere amerikanische Limousine die Entfernung glatt in vier Stunden, zuerst zwischen endlosen Sanddünen, dann eine felsige Abdachung hinunter und schließlich quer durch hundertsechzig Kilometer Kiesebene. Vor

78 Der «unmögliche» Tell in Tarut in Saudi-Arabien, gekrönt von den Ruinen eines ziemlich modernen Forts und mit dem Badehaus der Frauen im Vordergrund (und einigen Damen). Die Scherben von der Oberfläche stammen aus frühdilmunischer Zeit, während aus der schmalen Schattenpartie etwas über dem Boden neolithische Feuersteine und Obed-Keramik, wahrscheinlich aus der Zeit um 4000 v. Chr., kamen

fünfzig Jahren war ein früherer dänischer Forscher, Barclay Raunkiaer, in der umgekehrten Richtung von Riad an die Küste bei Ukair mit einer Kamelkarawane gereist und hatte vierzehn Tage gebraucht. Wir hatten seine Zeichnungen von Riad gesehen, einer kleinen, von Palmenhainen umgebenen, ummauerten Stadt mit einem großen Fort, das sich über die niedrigen Lehmhäuser erhob. Davon steht jetzt nur noch das Fort, ein Nationaldenkmal, dessen dramatische Einnahme durch Abdul-Aziz ibn Saud im Jahr 1908 den Beginn für die saudische Eroberung von fast ganz Arabien markiert. Um das Fort herum war eine moderne Hauptstadt entstanden, mit einer imposanten Avenue, an der die Ministerien liegen, jedes in seinem eigenen Park und mit den anderen im Wettstreit um architektonische Prachtentfaltung. Meinen Vortrag über zehn Jahre archäologischer Arbeit an der Ostgrenze des Landes hielt ich in einem großen und sehr modernen Vortragssaal. Die große Zuhörerschaft aus Studenten und Professoren folgte meinen Worten mit gespannter Aufmerksamkeit, und wir verbrachten danach eine volle Stunde mit Fragen und Diskussionen, die sich alle darum drehten, wie man der Archäologie in Saudi-Arabien einen Start geben könnte. Wir hatten keine Zweifel mehr daran, daß mindestens die jüngere Generation in Arabien begierig darauf war, daß wir unsere Forschungen auf ihr Land ausdehnten.

In diesem Sommer richteten wir wieder einen Antrag an die Regierung. Und wieder erhielten wir nicht einmal eine Empfangsbestätigung. Aber als ich 1965 wieder von Bahrain nach Dhahran herüberkam, um ein zweites Mal vor der Aramco einen Vortrag zu halten, erfuhr ich, daß innerhalb des Ministeriums für Erziehung eine Abteilung für die Altertümer eingerichtet worden war.

Während dieser Reise brachten wir die Suche nach Gerrha einen Schritt weiter. Am zweiten Tag fuhren mich Bert und Marny zu dem dreißig Kilometer nördlich von Ukair gelegenen Gebiet hinaus, das wir vor zwei Jahren so schmählich verfehlt hatten.

Diesmal gab es keine Schwierigkeit. Das Gebiet war durch die Topfsucher erschlossen worden, und wir folgten einem ausgetretenen Pfad durch die Sabkha bis an den Rand der Dünen. Hier waren die Dünen in die Sabkha vorgedrungen, so daß Hunderte von kleinen «Seen» flacher Salzpfannen von niedrigen Hügeln aus feinem weißen Sand umgeben waren. Auf all den niedriggelegenen Pfannen waren die regelmäßigen rechteckigen Muster der Bewässerungsgräben zu sehen, manchmal als mit Sand angefüllte Vertiefungen, manchmal dreißig Zentimeter über das Niveau des umgebenden Salzes aufragend. Wir hielten uns an das übliche Erkundungsprogramm, das Programm, wie es sich nun schon seit einem Dutzend Jahren bei jeder neuen Stätte bewährt hatte. Wir schwärmten zwanzig Meter voneinander entfernt aus und suchten zunächst nach Topfscherben und anderen Objekten an der Oberfläche. Als wir uns dann wieder zu Hähnchen-Sandwiches und Kaffee aus Papiertassen zusammenfanden, hatten wir einen Sack voll verschiedenster Dinge zu besichtigen und zu vergleichen. Zunächst eine Kupfermünze, leider nicht zu entziffern. Dann zwei blattförmige Bronzepfeilspitzen und eine Pfeilspitze aus Feuerstein mit Widerhaken und Zapfen. Dann einige Perlen. Schließlich einige zwanzig Topfscherben. Und diese paßten nirgends in unsere Keramik-Abfolge.

Es gab keine glasierte Ware und nichts Islamisches; aber ebensowenig Thaj-Ware, auch keine kassitische, keine Barbar-Ware. Die Randscherben, die wir fanden, stammten von Gefäßen mit einem Hals und einem nach außen und unten gebogenen Rand. Wir konnten sie beim derzeitigen Stand unseres Wissens nicht datieren. Zweifellos war es eine vorislamische Stätte, aber ebenso zweifellos war nicht alles aus derselben Zeit. Die Münze konnte nicht älter als 500 v. Chr. sein, die bronzenen Pfeilspitzen waren wahrscheinlich aus derselben Zeit oder ein wenig früher; die Pfeilspitzen aus Feuerstein konnten kaum später als 3000 v. Chr. sein. Die Stätte selbst schien fast gänzlich der Ackerbaukultur anzugehören. Wir hatten ein Fort gefunden, ein kleines Rechteck aus Wällen, die sich gerade einen halben Meter über die umliegende Sabkha erhoben; aber sonst keine Spur von Gebäuden. Hier war keine Stadt.

Aber wir hatten nur einen kleinen Teil eines recht ausgedehnten angebauten Gebiets besichtigt. Und weiter landeinwärts verschwanden die Bewässerungsgräben unter Dünen, die sich bis zu dreißig Meter hoch erhoben. Der Ort hatte auf den Landkarten keinen Namen, und wir nannten ihn übereinstimmend «Gerrha», mit dicken Anführungszeichen.

Am nächsten Tag flog ich nach Riad, um die Abteilung für Altertümer zu besuchen. Sie bestand aus einer Gruppe von vier begeisterten jungen Männern, die erst kürzlich an der Universität von Kairo in Geschichte oder islamischer Architektur promoviert hatten. Sie waren sehr begierig, in Fragen der Organisation ihrer Abteilung Rat zu bekommen. Wir verbrachten zwei Tage mit Besprechungen über die Grundausrüstung, die Einrichtung eines Archivsystems und wie man praktische Erfahrungen in Ausgrabungen sammeln könnte. Dann kehrte ich nach Bahrain zurück.

Drei Jahre sollten vergehen, bis ich «Gerrha» wiedersah.

16. KAPITEL

«Das Lagerhaus des Landes»

Anfang der sechziger Jahre gab es ein paar Jahre, in denen es schien, als ob Expansion das Naturgesetz unserer Expeditionen am Arabischen Golf sei.

In Kuwait nahmen die Expeditionen von Jahr zu Jahr an Umfang zu. Kristian arbeitete noch an der Umgebung seines griechischen Tempels, der nun durch die Platte mit der Inschrift und den Schatz von Silbermünzen sehr sicher datiert war.

Als Kristian die Abklatsche der Inschrift in Dänemark studieren konnte, stellte er fest, daß sie, wie ja zu erwarten gewesen war, tatsächlich datiert war. Die zweite Ziffer des Jahrs war nicht sehr deutlich, aber es sollte wohl 73 heißen. Das mußte man vom Beginn der seleukidischen Zeit im Jahr 312 v. Chr. an rechnen, so daß der Tempel 239 v. Chr. unter der Regierung von Seleukos II. Kallinikos errichtet wurde.

Die Münzen wurden von den Konservatoren der Abteilung für Münzen und Medaillen des Nationalmuseums in Kopenhagen behandelt. Der Bericht des Direktors der Abteilung, Otto Mørkholm, verdient es, ausführlich zitiert zu werden:

«Es rief zunächst einige Enttäuschung hervor, daß nicht weniger als zwölf der dreizehn Silbertetradrachmen, in die der Metallklumpen hatte zerlegt werden können, vom gleichen Typ waren. Aber gerade dieser Umstand ist, wie sich zeigen wird, von besonderer Bedeutung.

Die Datierung des Schatzes beruht auf dem einen Außenseiter der Sammlung. Von diesem kann mit Sicherheit gesagt werden, daß er unter dem syrischen König Antiochus III., der das seleukidische Reich von 223 bis 187 v. Chr. regierte, geprägt wurde. Aber die Genauigkeit wird noch größer. Das Porträt des Monarchen auf der Vorderseite zeigt nämlich Antiochus III. als einen sehr jungen Mann, und unsere Kenntnis der Entwicklung seiner Porträts erlaubt uns, diese Münze in die Anfangszeit seiner Regierung, ungefähr 223–12 v. Chr. zu datieren ... Die Münze ist noch in einem so ausgezeichneten Zustand, daß sie kaum sehr viele Jahre in Umlauf gewesen sein kann. Wenn wir also annehmen, daß sie, und mit ihr der ganze Schatz, ungefähr um 210–200 v. Chr. vergraben wurde, sind wir sicherlich nicht weit von der Wahrheit entfernt.

Die übrigen zwölf Münzen müssen annähernd gleichzeitig mit der seleukidischen Münze sein, da sie gerade so gut erhalten sind wie diese. Die Münzen wurden ... im Namen Alexanders des Großen geprägt, obwohl zwischen seinem Tod im Jahr 323 v. Chr. und dem Datum ihrer Prägung ungefähr hundert Jahre vergangen sein müssen.

Ein Vergleich mit einer Münze aus Alexanders Zeit zeigt auch, daß seit seiner Zeit viel Wasser durch den Persischen Golf geflossen sein muß. Die Münzen von Failaka sind in jeder Hinsicht grob im Stil. Das sieht man vielleicht am besten an der merkwürdig verzerrten sitzenden Figur auf der Rückseite der Münzen, aber auch die Darstellung des Kopfes von Herakles muß jedem Freund der Griechen einen Schauder über den Rücken jagen. Außerdem waren die Stempelschneider ihrer griechischen Schrift offensichtlich nicht ganz sicher, denn die Inschrift zeigt einen unbekümmerten Mangel an Genauigkeit im Gebrauch der Buchstaben A, Λ und Δ. Der Buchstabe P wird häufiger als ϙ geschrieben.» (Das letztere Zeichen, so darf ich hinzufügen, ist ein Buchstabe des ‹südarabischen› Alphabets.)

Es mag vielleicht merkwürdig erscheinen, daß die Münztypen und der Name Alexanders des Großen in dieser Zeit noch in Gebrauch waren, aber die Erklärung liegt ziemlich nahe. Eine Folge der sehr umfangreichen Prägungen Alexanders an Gold- und Silbermünzen von sehr hoher Qualität war, daß diese Münzen mehrere hundert Jahre lang das bevorzugte Zahlungsmittel im internationalen Handel waren ... Im dritten und zweiten Jahrhundert vor Christus wurden sie daher an verschiedenen Plätzen nachgeahmt ...

Woher stammen dann vermutlich die vergröberten Münzen von Failaka? Eine genauere Untersuchung des Schatzes zeigt, daß bei nicht weniger als acht von den zwölf Alexandermünzen die Vorderseite mit demselben Münzstempel geschlagen wurde und daß bei den Rückseiten der gleiche Stempel ebenfalls in mehreren Fällen vorkommt. Eine solche Konzentration von Münzstempeln in einem einzelnen Schatz bedeutet normalerweise, daß die Münzen auf ziemlich direktem Weg von der Münzstätte zu dem Ort der Vergrabung gelangt sind, ohne in der Zwischenzeit in Umlauf gewesen zu sein. Sie zeigt auch an, daß Ort und Zeit der Vergrabung nicht allzu fern von Ort und Zeit der Prägung waren, obwohl über diesen Punkt natürlich keine Gewißheit bestehen kann. So erhebt sich das Problem, im Osten einen Ort zu finden, der außerhalb der Grenzen des hellenistischen Königreichs (wo natürlich die Münzen im Namen des regierenden Königs geschlagen wurden) liegt, aber gleichzeitig mit der griechischen Welt so eng verbunden war, daß man dort vernünftigerweise Münzprägungen ‹à la grecque› erwarten durfte. Er müßte außerdem an einer der hauptsächlichsten Handelsrouten in diesem Gebiet liegen, denn ohne Handel würde es dort keine Münzen geben. Man ist versucht, Failaka selbst als den Ort der Münzstätte zu bezeichnen, aber dagegen spricht der Umstand, daß Failaka offenbar genau in dieser Zeit unter seleukidischer Herrschaft stand, was aus der gleichfalls 1960 entdeckten Inschrift hervorzugehen scheint. Eine andere Hypothese ist reizvoll. Das führende Handelsvolk in Ostarabien waren in dieser Zeit die Gerrhaner, ein arabischer Stamm, dessen Hauptstadt Gerrha auf dem arabischen Festland, genau gegenüber von Bahrain, lag. Von dem Geographen Strabo, der in der Zeit von Augustus lebte, aber früheres, hellenistisches Quellenmaterial benützte, wissen wir, daß dieses Volk durch den Handel mit kostbaren Gütern aus Arabien und Indien, insbesondere Gewürzen, gewaltige Einkünfte erzielte, und wir erfahren ferner, daß ihre Handelsroute von Gerrha zur Mündung des Euphrat und des Tigris (mit anderen Worten, unmittelbar an Failaka vorbei) und diese Flüsse hinauf bis zu den großen Städten Seleucia und Susa verlief. Von dort reisten diese unternehmenden Händler weiter entlang der Oberläufe der Flüsse und auf den alten Karawanenstraßen bis zur Küste von Syrien und Phönizien. Sie kamen sogar bis Delos im Ägäischen Meer, wie Inschriften auf dieser Insel aus der Mitte des zweiten Jahrhunderts vor Christi Geburt beweisen. In diesem Zusammenhang ist es erwähnenswert, daß Antiochus III. es 205 v. Chr. für notwendig hielt, eine großangelegte militärische Demonstration gegen die Gerrhaner durchzuführen, die das Ziel hatte, ihm einen Anteil an ihrem Handel zu sichern. Es findet sich jedoch kein Hinweis auf eine Unterwerfung ihres Gebiets, und der Friede scheint rasch wiederhergestellt worden zu sein. Man ist versucht, irgendeinen Zusammenhang zwischen der Vergrabung des Schatzes auf Failaka und diesem Feldzug zu sehen. Aber wie dem auch sei, man kann sagen, daß es recht wahrscheinlich ist, daß die vergröberten Alexandermünzen in dem Schatz von Failaka aus Gerrha stammen.»

In ihrer kleinen Stadtgemeinde der «Barbar-Kultur» auf Failaka, nur einen Steinwurf entfernt, hatten Poul und Oscar bis 1962 insgesamt 290 Dilmun-Stempelsiegel gefunden. Diese Stadtgemeinde hatte auch etwa ein Dutzend Keilschrift-Inschriften auf Siegeln, Tontafeln, Bruchstücken von Steatitschalen und den Rändern von Keramikgefäßen geliefert. Auf zwei davon fand sich die gleiche Inschrift wie die früher gefundene: «Tempel des Gottes Inzak», und mindestens vier weitere nennen diesen Schutzgott von Dilmun. Eine zerbrochene und kaum zu entziffernde Steatit-Inschrift nennt sogar Dilmun selbst. Unsere Überzeugung, daß die «Barbar-Kultur» die Kultur von Dilmun war, schien dadurch über jeden Zweifel hinaus bewiesen.

In Katar durchforschte Holger mit zwei oder drei Kameraden systematisch die Halbinsel und trug jedes Jahr zwanzig oder dreißig neue Feuersteinstätten in die Landkarte ein. Holger ist eine Figur aus den Sagas. Damals schon fast siebzig Jahre alt, mit durchdringenden blauen Augen und markantem weißem Bart, hatte er jahrelang als Amateur-Feuersteinarchäologe beim Dänischen Nationalmuseum gearbeitet und war eine anerkannte Autorität auf dem Gebiet der dänischen Steinzeit. Jetzt war er eine geachtete und beliebte Persönlichkeit in Katar geworden, die allen Scheichs und Beduinen als der Anführer jener sonderbaren Gruppe von Dänen bekannt war, die die Halbinsel *zu Fuß* durchwanderten, während auch der armseligste Araber wenigstens auf einem Esel reitet, und die jederzeit aus ihren Taschen eine Handvoll Feuersteinschaber und -speerspitzen hervorziehen konnten.

Im Oman arbeiteten wir in Buraimi am östlichen Rand von Abu Dhabi, und in diesen Jahren hatten wir noch Hoffnung, auch nach Maskat hineinzukommen. In einem Jahr konnten wir auch tatsächlich das Gebirge nach Osten überqueren, wenn auch nicht in Maskat.

Die Vertragsstaaten, zu denen Abu Dhabi gehört, liegen zum größten Teil entlang der Westküste der Halbinsel von Oman. Aber einer von ihnen, Schardschah, erstreckt sich über das Nordende des Gebirges von Oman hinweg und berührt die Ostküste bei Dibba; und ein anderer, Fudschaira, liegt ganz an der Ostküste und schneidet so das Hauptgebiet von Maskat von seinem Stützpunkt auf dem Vorgebirge von Ras Musandam am Eingang des Arabischen Golfs ab. 1964 fuhren P. V. und ich nordwärts nach Schardschah und über die Berge nach Dibba.

Es war eine haarsträubende Reise. Bis zum Kamm des Gebirges verlief die Route in einem breiten Wadi, wo unser Geländewagen teils in, teils neben dem Bett des seichten Flusses, der sich durch das Wadi wand, fahren mußte. Zu beiden Seiten waren steile Kiesfelsen, in die sich der Fluß eingeschnitten hatte, und als wir hinauffuhren, traten an ihre Stelle Felsabhänge, die den Blick auf dahinterliegende steile Berge freigaben. Die Landschaft war wild und schön, mit Buschwerk und Bäumen und einer Fülle blühender Pflanzen. Schließlich erreichten wir das von einem verfallenen Fort auf einem senkrecht abfallenden Berg beherrschte Dorf Musafi und das Lager der Trucial Oman Scouts am Rand des Dorfs.

Die Scouts sind ein einheimisches Regiment mit britischen Offizieren, deren Aufgabe es ist, den Frieden zwischen den ungebärdigen Stämmen der Vertragsstaaten aufrechtzuerhalten. Wir waren ihnen schon in ihrem Fort in der Oase Buraimi begegnet, und dort hatten wir auch von Dibba gehört. Die Scouts hatten dort im Verlauf von Übungen Gräben gezogen und waren auf eine alte Stätte mit Topfscherben und einer großen Zahl von Bruchstücken verzierter Steatit-Gefäße gestoßen. Wir hatten das Hauptquartier des Regiments in Schardschah aufgesucht und vom Oberst widerwillig und nach einigem Zögern die Erlaubnis erhalten, nach Dibba zu gehen, um uns zeigen zu lassen, was dort gefunden worden war. Der Oberst war offensichtlich keineswegs sicher, ob Dibba der richtige Ort für Zivilisten war.

Als wir bei einem warmen Bier auf der Veranda des Barasti der Offiziersmesse in Musafi saßen, erfuhren wir, warum. In den Bergen von Ras Musandam, sagte der Adjutant der Schwadron, wohne ein Stamm von Schafhirten und kleinen Bauern mit dem Namen Schihu. Das sind strikt auf ihre Unabhängigkeit bedachte Krieger, fanatische Mohammedaner, und während sie die Autorität des Sultans von Maskat anerkennen, gestatten sie keinem Fremden, ihr Gebiet zu betreten. Das interessierte mich sehr, denn von den Schihu hatte ich schon vorher gehört. Vor vielen Jahren, noch in den Tagen der alten Ölgesellschaft, hatten Ron und ich oft über sie diskutiert. Ron war unser Repräsentant in Dubai und studierte seltenere arabische Dialekte. Er war durch das Gerücht neugierig geworden, daß die Schihu eine Sprache sprachen, die kein Araber verstehen konnte. Auch ich als angehender Archäologe und früherer Student der Keilschrift, war neugierig. In dieser äußersten Ecke der Arabischen Halbinsel konnte alles Beliebige die Zeiten überdauert haben, wie das Keltische in den walisischen und schottischen Bergen und das Baskische in den Pyrenäen am Leben geblieben sind. Hier konnte sogar das Sumerische oder die noch unbekannte Sprache von Dilmun überlebt haben.

Mit großer Vorsicht und unter einiger Gefahr hatte Ron die Bekanntschaft von Leuten in Ras al-Khaima an der Grenze des

Gebiets der Schihu gemacht, die Beziehungen zu dem «verlorenen Stamm» hatten, und sogar mit zwei oder drei «abtrünnigen» Schihu, die über die Grenze gekommen waren und sich in Ras al-Khaima niedergelassen hatten. Er sammelte einige sechzig Wörter der Schihu-Sprache, sowie zwei kleine eiserne Äxte an einem langen, schweren Schaft, wie sie jeder männliche Schihu trägt. Die Sprache war jedoch eine Enttäuschung. Es war ein Dialekt des Persischen – wie ich als Archäologe eigentlich hätte erwarten sollen; denn die Menschen, die eine indoeuropäische Sprache hatten, zu denen das Persische gehört, und die sich im zweiten Jahrtausend vor Christus über Europa und Asien verbreiteten, hatten auch die Streitaxt. Wenn die Schihu wirklich Überlebende aus der Frühzeit waren, dann deuteten ihre kleinen eisernen Streitäxte darauf hin, daß sie vielleicht von jener Invasionswelle stammten.

Die Schihu waren gerade dabei, wie uns der Adjutant aus Musafi erzählte, sich in den Bergen über Dibba zu sammeln. Die Grenzen zwischen Maskat, Schardschah und Fudschaira trafen sich in Dibba und waren nie für alle Parteien befriedigend definiert worden. Die Schihu behaupteten, daß Schardschah einen Teil ihres Territoriums besetzt habe, und drohten, dem Mißstand mit Waffengewalt abzuhelfen. Seit zwei Monaten saß eine Schwadron der Scouts in einem Lager auf der Ebene südlich von Dibba in der Hoffnung, daß die Leidenschaften sich abkühlen und Verhandlungen an die Stelle von Drohungen treten würden. Aber ein Stammeskrieg konnte jeden Augenblick ausbrechen.

Wir fuhren weiter. Der Charakter der Landschaft änderte sich. Die Berge von Oman haben auf der Westseite, woher wir gekommen waren, sanftere Abhänge. Im Osten stürzen sie jäh zum Meer ab. Wir kamen in ein steiles Wadi, dessen Seiten schnell zu Felswänden wurden, die sich über uns auftürmten und fast das Sonnenlicht abhielten. Die Schlucht erweiterte sich ein wenig, und wir kamen durch ein Dorf mit Lehmziegelhäusern, die an den steilen Abhängen klebten. Dann verengte sich der Weg wieder, wurde steiler und verlor sich in einem Gewirr von Felsblöcken, durch das sich der kleine Bach wand, der allein von den Wassermassen übriggeblieben war, die die Kluft gegraben haben müssen. Unsere Weiterfahrt war nur noch ein Kriechen, mit Aufenthalten, um den Weg zu erkunden oder die Tiefe des hinter dem nächsten Block versteckten Absturzes zu prüfen, und mit Kehrtwendungen, um unpassierbare Felsen zu umgehen. Wie ein Maultier suchte sich der Geländewagen seinen Weg von Felsblock zu Felsblock, streifte an den senkrechten Wänden der Klüfte und schwankte nach links und nach rechts, daß er fast umkippte. Wo auch immer ein Schuttkegel oder eine Lücke in den Felsklippen war, gab es kleine Hirsefelder, kaum größer als Blumenkästen, deren Boden durch massive Mauern aus Trockenziegeln vor dem Verwehen geschützt wurde. Entlang der Felswände und quer über die Fahrspur verliefen Bewässerungskanäle, die überaus geschickt angelegt waren, um Wasser zu den Miniaturfeldern zu bringen.

Unser Weg hinab schien Stunden zu dauern. Aber dann machte die Schlucht plötzlich einen Knick, und die Felsklippen traten auf beiden Seiten zurück. Vor uns dehnte sich ebener Grund aus, eine grasbewachsene Kiesebene, die sich zehn Kilometer bis zum Meer erstreckte und durch die Ablagerungen aus Schluchten, wie wir sie gerade durchquert hatten, entstanden war.

Die Scouts hatten ihr Lager am Ufer; dort tauchten wir symbolisch unsere Kellen in den Indischen Ozean, wie Sargon von Akkad, Hammurabi und Tiglatpileser ihre Schwerter in das Mittelmeer getaucht hatten, um die ihren Reichen durch die Natur gesteckten Grenzen zu bezeichnen. Östlich von uns lag Indien, achthundert Kilometer entfernt. Vielleicht war es Einbildung, daß der Indische Ozean tiefer blau war als der Arabische Golf; aber ganz konkret zu unseren Füßen lagen die prächtigen, leopardengefleckten Muscheln, die in dem seichten Gewässer unseres Golfs nirgends vorkamen, die aber von Zeit zu Zeit bei unseren Grabungen gefunden werden und bezeugen, daß sich die Seeleute auf Indienfahrt in fünftausend Jahren wenig verändert haben. Im Norden und Süden endeten die Berge als steile Vorgebirge im Meer; denn Dibbas Kiesebene ist auf drei Seiten von Bergen umgeben. Sie ist nur vom Meer her und auf der gefährlichen Route, auf der wir gekommen waren, zugänglich.

Die Stätte, zu der wir am frühen Abend hinausfuhren, war so ausdruckslos wie die Ebene, die sie umgab. An der Oberfläche gab es keinerlei Anzeichen dafür, daß irgend etwas darunterlag. Aber auf dem Grund der Zickzacklinie von Gräben, vielleicht einen Meter unter der Oberfläche, sah man Knochen und Topfscherben herausragen. Es war nicht leicht, die Stätte zu deuten. Nichts sieht so unwissenschaftlich aus wie eine Ausgrabung aus dem Vorjahr, bei der die scharfen Abgrenzungen verwittert und durch angewehten Sand verwischt und die Schichten durch die Sonne eines ganzen Sommers zu einem gleichförmigen Ziegelweiß zusammengebacken sind. Diese Gräben waren vor zwei Jahren angelegt worden, wobei wissenschaftliche Korrektheit nicht an erster Stelle stand. Obwohl wir mit unseren Kellen kratzten und kratzten, konnten wir in den zementharten Seitenwänden der

Gräben keine Stratigraphie entdecken, nichts, das vermuten ließ, daß das hier Gräber waren, die von einer der heutigen ähnlichen Oberfläche hinuntergegraben worden waren. Mit aller gebotenen Vorsicht möchte ich die Meinung aussprechen, daß die Dibba-Stätte (ungefähr zweieinhalb Kilometer südwestlich von Dibba selbst) sich als eine Siedlung erweisen wird, eine Stadt oder ein Dorf, und daß die hundert Zentimeter Kies darüber durch Hochwasserfluten angeschwemmt worden sind.

Durch unser Kratzen in den Gräben förderten wir eine große Menge von Topfscherben, Steatitfragmenten und Tierknochen zutage. Die Töpferware bestand hauptsächlich aus Bruchstücken von tiefen Schalen mit einer schmalen Schulter unter einem nach außen gebogenen Rand, ziemlich von der gleichen Form wie die Schalen, in denen die Schlangen in der assyrischen Periode auf Bahrain geopfert worden waren. Aber hier waren viele mit geometrischen Mustern bemalt, schwarzen Zeichnungen auf pflaumenrotem Grund oder Rot auf Lederfarben. In vielen Fällen war die Verzierung auf der Innenseite der Schalen. Die Steatitgefäße waren in der Hauptsache die bienenkorbförmigen Töpfe, die wir so oft, sowohl in Steatit wie auch in Alabaster, in der seleukidischen Periode antreffen. Es gab auch eine blattförmige Pfeilspitze aus Bronze, die sehr stark denjenigen ähnelte, die wir im folgenden Jahr auf der «Gerrha»-Stätte in Saudi-Arabien finden sollten. Auch fanden sich zwei Knöpfe aus Muscheln, von denen einer fünf Zentimeter Durchmesser hatte und mit Vertiefungen verziert war, die jede von zwei eingravierten Kreisen umgeben war.

Ein solches Sortiment, das radikal von allem verschieden war, was wir bisher gefunden hatten, und das aus einem Gebiet stammte, das weit entfernt war von jedem anderen, in dem wir – oder tatsächlich irgendein Archäologe überhaupt – vorher gearbeitet hatten, ist schwer mit einiger Sicherheit zu datieren. Es war eindeutig vorislamisch und ebenso eindeutig ohne Zusammenhang mit unseren Kulturen des dritten Jahrtausends vor Christus von Barbar und Umm an-Nar. Die bronzene Pfeilspitze ließ an ein Datum im frühen ersten Jahrtausend vor Christi Geburt denken, und als wir in diesem Jahr in unseren Büchern in Dänemark nachforschten, fanden wir einen Muschelknopf, der dem unsrigen von Dibba sehr glich und in Ninive in Schichten der assyrischen Periode um 900 v. Chr. gefunden worden war. Das ist eine gefährliche Parallele, denn Ninive ist anderthalbtausend Kilometer entfernt, und Muschelknöpfe gehören nicht zu den Artikeln mit bestimmten Stilrichtungen. Aber wir müssen das Beste aus dem machen, was uns zur Verfügung steht, bis weitere Nachforschungen möglich sind. Weitere Forschungen in Dibba stellen aber logische und finanzielle Probleme extremer Natur dar.

In der Zwischenzeit ging unsere Arbeit auf Bahrain weiter; Jahr um Jahr kamen die gleichen Geldbewilligungen von der Regierung, der Ölgesellschaft und der Carlsberg-Brauerei. Jahr für Jahr wickelte eine Mannschaft vom selben Umfang, die aber in der Zusammensetzung mehr wechselte, als mir lieb war, das Programm ab, das bald einmal die Arbeit bis zu einem Punkt abrunden sollte, wo wir eine Pause machen und sie publizieren konnten.

Nach all den anfänglichen Wechselfällen hatte sich schließlich ein festes System herausgebildet. Die Mannschaft war immer sieben Mann stark, von denen einer das Lager bewirtschaftete. Seitdem Junis uns verlassen hatte, hatte Vibeke zwei Jahre lang diese Tätigkeit ausgeübt, aber jetzt waren die Kinder in der Schule, und Svends Frau Lillian hatte Vibeke abgelöst. Sechs Archäologen arbeiteten in drei Gruppen zu zwei Mann.

Wir hatten die Ausgrabung des Barbar-Tempels beendet und ihn mit Hilfe von Planierraupen wieder mit Sand zugedeckt. Vom Standpunkt der Public Relations mag das vielleicht ein Fehler gewesen sein. Aber obwohl die Regierung und die Scheichs stolz auf ihren Tempel waren, gab es noch immer keine Stelle in Bahrain, die die Altertümer der Insel wirksam hätte bewahren können. Steinräuberei war so häufig, wie sie immer gewesen war, und auch wenn Vandalismus hätte verhindert werden können, so hätte doch nur eine leistungsfähige Behörde für die Altertümer die Tempelmauern vor dem Einsturz durch die natürliche Auswitterung des freigelegten Sands darunter bewahren können.

So konnten wir uns nun auf den Stadt-Tell konzentrieren und sogar noch Arbeitskräfte für einige der Projekte auf der «Warteliste» freistellen.

Eine Mannschaft grub in dem «Palast»-Gebiet im Zentrum der Kalaat al-Bahrain-Stätte; eine andere folgte der Festungsmauer um die Stadt. Die dritte war unsere taktische Reserve, die eingesetzt wurde, wo sich eine Gelegenheit bot oder die Umstände es erforderten. 1963, als ein Projekt zur Gewinnung neuen Bodens dazu geführt hatte, daß der Kies von den Spitzen mehrerer hundert Grabhügel mit Bulldozern abgegraben wurde, öffnete diese Mannschaft über fünfzig der freigelegten Kammern und sammelte zum erstenmal ein wirklich umfassendes Sortiment der für die Grabhügel typischen Töpferware.

Offenbar waren in jedem Falle Räuber vor uns dagewesen. Nichts von wirklichem Wert war geblieben, außer einem einzelnen Glied einer goldenen Kette. Es gab keine Siegel, was sehr merkwürdig war, denn man hätte erwarten können, daß Siegel ein ganz spezieller persönlicher Besitz waren, die wie in anderen Ländern und zu anderen Zeiten ihre Besitzer ins Grab begleitet hätten. Die Sache wurde dadurch noch merkwürdiger, daß wir zwei «falsche Siegel» fanden, Gegenstände von der Größe und der Form von Siegeln, die aus den inneren Windungen großer Seemuscheln geschnitzt waren, wobei die spiralförmige Innenfläche der Muschel eine «falsche Zeichnung» auf der Vorderseite des Siegels ergab. Aber in fast jeder Grabkammer fanden wir die Bruchstücke von zwei, drei oder vier Gefäßen und manchmal sogar ganzgebliebene Töpfe. Die eiförmigen Gefäße mit Hals der roten gerippten Barbar-Ware waren so stark vertreten, daß wir keine Zweifel darüber haben konnten, daß die Grabhügel aus der Barbar-Zeit stammten. Am häufigsten waren die hohen sackförmigen Gefäße aus rotem Ton mit zylindrischen, gerillten Hälsen, wie wir eines 1954 im ersten von uns geöffneten Grab gefunden hatten. Anscheinend war es ein Gefäßtyp, der fast ausschließlich zur Begräbnisausstattung gehörte, denn bei all unseren Grabungen in Kalaat al-Bahrain und in Barbar hatten wir nur eine Handvoll Scherben dieses Gefäßtyps gefunden. Unter den etwa hundert Gefäßen waren drei oder vier – rundbödige Becher mit sich erweiternden Hälsen –, die, wie wir der Fachliteratur entnahmen, von mesopotamischem Typ waren. Sie gehörten in die Zeit von Sargon von Akkad und seinen Nachfolgern oder in die darauffolgende Periode der Dynastien von Isin und Larsa 2300–2000 v. Chr., in die wir bisher schon unsere «Barbar-Periode» datiert hatten.

Im folgenden Jahr nahm P. V. eine Mannschaft hinaus, um in zwei der riesigen «Königshügel» bei dem Dorf Ali hineinzugraben. Wir hatten immer gezögert, diese gewaltigen, bis zu fünfundsechzig Meter hohen Hügel in Angriff zu nehmen. Denn ihre Zahl war begrenzt, vielleicht dreißig im ganzen, und die meisten waren schon geöffnet worden und wiesen klaffende Tunnel oder Schächte auf, die zu den gewaltigen Steinkammern im Zentrum führten. Einige dieser Grabungen waren das Werk unserer Vorgänger Durand, Prideaux und Theodore Bent, aber in den meisten Fällen gab es keine Ausgrabungsberichte darüber. Wir konnten die Ausgrabung eines der «Königshügel» nur dann rechtfertigen, wenn wir es besser machten als die anderen, indem wir wissenschaftlich vorgingen, mit Schnittzeichnungen und Plänen, was bedeutete, daß der größere Teil des Hügels entfernt werden mußte. Das war ein Projekt, wie es unsere ganze Mannschaft

79 Die «Königshügel» bei Ali auf Bahrain sind eine Gruppe von einigen zwanzig Tumuli, die sich bis zu über zwölf Meter Höhe erheben und komplizierte Systeme von Ringmauern und zentralen Kammern bedecken. Rund um den Hügel in der Mitte kann man Spuren eines Rings sehen, der allein von einer alten Umfassungsmauer übriggeblieben ist

für eine oder zwei Kampagnen in Anspruch genommen hätte. Und wir hatten noch nie eine Kampagne übriggehabt.

Aber jetzt trieben die Ereignisse uns an. Die Bauunternehmer waren am Werk gewesen. Bulldozer hatten zwei der anscheinend nicht geöffneten Riesentumuli attackiert, schnitten in die Hügel hinein und entfernten die Erde für das Projekt zur Gewinnung neuen Bodens. Tief in den Hügeln hatten sie eine feste, drei Meter hohe Mauer getroffen, die die Hügel ohne eine Unterbrechung umgab, außer auf der Westseite, wo die Ringmauer auf den Eingang zu einer Passage traf, die ins Innere des Hügels führte. Diese Mauer war von den Bauunternehmern ebenfalls weitgehend entfernt worden, denn die so gewonnenen Steine sind wertvoll, während die Monumente der vergessenen Könige von Dilmun es nicht sind. Aber dort hatten sogar die Bauunternehmer aufgehört. Denn hinter der Ringmauer türmte sich die Masse des Hügels auf, und dieser konnte sich selbst verteidigen. Jeder Versuch, weiterzugraben, würde Sand- und Kiesrutsche zur Folge haben, die die Angreifer überwältigen würden.

P. V. fing bei der freigelegten Passage in ihrer halben Breite zu graben an, um einen Schnitt stehen zu lassen, der zeigen sollte, wie der Hügel erbaut war. Im ersten Hügel stellte er sogleich fest, daß er entlang einem Räubertunnel grub. Obwohl dieser von Sand erfüllt war, kam in der Schnittfläche klar heraus, wie er geradewegs die Eingangspassage entlang, ein wenig höher als deren Boden, vorgetrieben worden war. Die Räuber waren in die Kammer eingedrungen, aber wir konnten es nicht. Denn als P. V. das Ende der Passage erreichte, vierzehn Meter tief im Hügel, während die steinerne Stützmauer sich nun viereinhalb Meter über ihm auftürmte, fand er die Decksteine der Kammer unter ihrem eigenen Gewicht zerbrochen, nach unten durchhängend und nur von dem Sand gehalten, der die Kammer erfüllte. Diese Steine, die jeder mehrere Tonnen wogen und dazu noch das ganze Gewicht des Hügels über sich hatten, abzustützen, während die Kammer vom Sand entleert wurde, hätte hydraulische Hebevorrichtungen und Tragbalken erfordert, die wir nicht besaßen. Wir ließen den staatlichen Ingenieur und die Ingenieure der Ölgesellschaft kommen, damit sie sich die Situation ansahen, aber auch sie hatten keine Ausrüstung, die mit dem Werk der Ingenieure von vor viertausend Jahren fertig geworden wäre. Wir kehrten an dem schweren Schwellenstein um. Aber die Räuber waren drinnen gewesen, und aus ihrem Tunnel bargen wir Proben der Schätze, die in dem Grab gelegen hatten und vielleicht noch dort liegen. Einer der Räuber hatte seine Last fallen gelassen. Sie war zerbrochen und liegen gelassen worden. Es war ein kleines Häuflein Topfscherben. Wir setzten sie im Lager zusammen und stellten fest, daß sie einen Satz von drei kleinen Schalen, dünn wie Eierschalen ergaben, sowie zwei weinglasförmige Becher mit Fuß, die mit Winkeln und Dreiecken in schwarzer Bemalung auf weinrotem Grund verziert waren. Es war ein Tafelservice, das der Könige von Dilmun würdig war.

Mit dem zweiten Tumulus ging es uns genauso. Ohne die ganzen neun Meter Erde und Kies, die darüberlagen, zu entfernen, war es unmöglich, die zerbrochenen Decksteine der Kammer so zu unterstützen, daß man diese ohne ein ernstes Risiko für unsere Arbeiter ausgraben konnte. Aber in einer Saison werden wir, wenn Allah will, mit den gewonnenen Vorkenntnissen und der erforderlichen Ausrüstung zurückkommen und feststellen, was die Räuber von den «Königsgräbern» von Dilmun übriggelassen haben.

Wieder zurück in der Hauptstadt von Dilmun, begannen wir inzwischen, uns mit den Kassiten zu beschäftigen.

Den geduldigen Leser, der hier nicht unmittelbar sagen kann:

«Ach ja, Stadt Drei», muß man entschuldigen. Wir hatten selber Schwierigkeiten, unsere Abfolge von Kulturen in Kalaat al-Bahrain zu behalten, obwohl sie die Grundlage für unsere ganze Vorgeschichte des Golfs war. Auch wir mußten vorne anfangen mit «Stadt Eins – Kettenrippen-Ware; Stadt Zwei – Barbar, Siegel und Grabhügel; Stadt Drei – kassitische Ware; Stadt Vier – der «assyrische Palast»; Stadt Fünf – griechische Ware; Stadt Sechs – die islamische Periode; Stadt Sieben – die Portugiesen». Diejenige Stadt, von der wir am wenigsten wußten, war die mit der kassitischen Ware.

Sie überhaupt eine Stadt zu nennen war schon unzutreffend. Vom geduldigen Leser kann nicht erwartet werden, daß er sich daran erinnert, aber wir hatten nicht vergessen, daß in der Sondage, die die Sieben-Städte-Folge ergab, die kassitische Ware nur in den in die Ablagerungen der «Barbar-Periode» gegrabenen Abfallgruben gefunden worden war. Abfallgruben lassen irgendeine Form der Besiedlung nicht weit davon entfernt vermuten, aber wir hatten keine Spuren von Gebäuden aus dieser Periode gefunden.

Wir glaubten, daß das auch gar nicht anders sein konnte. Die Periode war annäherungsweise datiert, denn die Töpferware war identisch mit derjenigen, die in Mesopotamien in der Zeit von etwa 1700 bis 1200 v. Chr. in Gebrauch war, als mindestens Nordbabylonien von den kassitischen Eindringlingen beherrscht wurde. Und A. L. Oppenheim hatte 1954 einen Artikel «Die seefahrenden Kaufleute von Ur» (‹*Journal of the American Oriental Society*›, 74) geschrieben, der auf Grund der sumerischen Handelskorrespondenz darlegte, wie der mesopotamische Handel mit Dilmun, Makan und Meluhha ständig zurückging. In der Zeit von Sargon, etwa 2300 v. Chr., ankern Schiffe aus allen drei Ländern in seiner Hauptstadt; in der Zeit der Dritten Dynastie von Ur, zweihundert Jahre später, wird nur über Reisen nach Makan berichtet; wieder zweihundert Jahre später segelt unser Freund Ea-nasir nur bis nach Dilmun. Aber danach ist Schweigen – außer zwei Briefen aus der kassitischen Periode, die sich nur mit der einheimischen Dattelproduktion befassen –, bis dann die Expansion der assyrischen Könige sie an die Grenze von Dilmun führt. Oppenheims Theorie war, daß Dilmuns Wohlstand von dem Transithandel von Luxusgütern aus der Induskultur und von Kupfer aus Makan abhing; daß der Handel mit dem Industal durch die Plünderung der dortigen Städte unterbrochen wurde (die Aryer wurden immer einhelliger dafür verantwortlich gemacht und das Datum 1600 v. Chr. als wahrscheinlich angenommen) und daß irgend etwas, vielleicht eine ähnliche Invasion von Menschen indogermanischer Sprache, zur selben Zeit den Kupferhandel von Makan unterbunden hatte (dabei dachte ich, «die Schihu?»); und daß Dilmun dann stagnierte. Auch uns schien es so. Der Tempel von Barbar war verlassen worden, Grabhügel wurden keine mehr erbaut, die Häuser an der Nordmauer von Kalaat al-Bahrain wurden aufgegeben. Wir stellten uns vor, wie die Menschen der kassitischen Zeit – sie konnten übrigens sogar wirklich kassitische Eindringlinge gewesen sein – in den zusammengeflickten Ruinen ihrer Vorgänger aus der Barbar-Periode wohnten, die Ruinen nach Bausteinen absuchten und die dabei entstehenden Löcher mit Abfall füllten.

Aber jetzt kamen unsere Kassiten doch langsam zum Vorschein. 1962 hatten wir einen vollständigen Schnitt durch die Westmauer der Stadt angelegt und kassitische Scherben in dem oberen, wiedererbauten Teil der Mauer eingebettet gefunden, was anzeigte, daß die Kassiten wenigstens ihre Verteidigungsanlagen repariert hatten. 1963 gruben wir an drei Stellen, um die Südmauer der Stadt zu finden. Alle drei Sondagen waren interessant, wenn auch zu klein, um uns all das zu sagen, was wir wissen wollten. Die westlichste traf auf die Ecke eines viereckigen Turms, der unter einer ganzen Reihe von späteren Befestigungen, von denen einige erst aus der islamischen Zeit waren, aus der Mauer der Barbar-Zeit herausragte. In der mittleren Sondage lag die islamische Befestigung, eine massive Zementkonstruktion, die man nur mit Dynamit hätte zerstören können, unmittelbar über der Mauer aus der Barbar-Zeit. Es wäre unmöglich gewesen, die untere Mauer zu untersuchen, wenn wir nicht in der späteren Mauer ein enges Tor gefunden hätten, das eine Lücke bildete, in der wir tiefer graben konnten. Zu unserer größten Überraschung stellten wir hier fest, daß die «Barbar»-Mauer in ihrer vollen ursprünglichen Höhe erhalten geblieben war, wir konnten es kaum glauben.

Aber es konnte kein Zweifel bestehen. Zuerst erreichten wir eine schmale, oben abgerundete Mauer von zwanzig Zentimeter Stärke, und einen Meter zwanzig tiefer stellten wir fest, daß diese auf dem äußeren Rand der Stadtmauer selbst stand. Unmittelbar hinter ihr war der Gang für die Wachen, dessen Zement durch ihre Schritte abgenützt und dreimal erneuert worden war. Darunter ging die Mauer noch weitere zweieinhalb Meter in die Tiefe. Die Brustwehr war hier vollständig erhalten, und von außen konnten wir an der senkrechten, verputzten Seite der Stadtmauer hinaufschauen und sie so sehen, wie sie den Angreifern, die sich von der Landseite her näherten, erschienen sein muß. Die Innenseite der Mauer war von Steinräubern entfernt worden. Die Brustwehr brach scharf ab, und die Ränder der Grube der

Räuber hoben sich deutlich in den Wänden unserer Sondage ab. In dem schmalen Zwischenraum hinter dem Graben der Steinräuber, auf dem Niveau des Fußes der Mauer, lagen die verbrannten und zerstreuten Knochen von mindestens sechs Personen in völliger Unordnung. Was diese Knochen hier zu schaffen hatten, fanden wir freilich nie heraus. Unsere Sondage, die mit fünf Metern im Quadrat angefangen hatte, wurde durch die Mauer auf die Hälfte reduziert und verringerte sich noch weiter durch namhafte Gebäude aus der Zeit der Stadt IV, die wir unzerstört lassen wollten. Und schließlich – wohl infolge eines Naturgesetzes, das besagt, daß alles, was schiefgehen kann, auch wirklich schiefgeht – war ein islamischer Brunnen genau auf der Linie hinabgetrieben worden, die wir für unseren Hauptschnitt ausersehen hatten. Als wir die «Leichenhaus»-Schicht, fünf Meter tief, erreichten, betrug der uns noch belassene Raum nur noch zweieinhalb auf eineinviertel Meter. Die Knochen können sehr wohl ein Hinweis auf die Plünderung der Stadt der Barbar-Periode sein, aber um sicherzugehen, müßten wir die Sondage auf ein größeres Gebiet ausdehnen. Wir setzten die Skelette an der Südmauer auf die lange Liste der Dinge, die eines Tages, wenn wir mehr Geld und Zeit hätten, genauer erforscht werden müßten.

Die dritte Sondage war weit im Osten, in der Nähe der Südostecke des Tells. Bisher hatten wir nur auf der westlichen Hälfte des Tells gegraben, und dieses neue Loch war dreihundert Meter von unserer bisher nächsten Ausgrabung entfernt. Wir legten einen langen Graben über die Flanke des Tells hinunter an und kreuzten die Verlängerung der Linie, auf der wir bei den vorangegangenen Sondagen die Mauer lokalisiert hatten. Wir fanden auch eine Mauer, aber es war nicht die, die uns so vertraut war. Sie war nicht so breit wie die Mauer aus der Barbar-Periode, obwohl noch mächtig genug – ein Meter achtzig immerhin –, um keinen Zweifel daran zu lassen, daß es sich um eine Befestigung handelte. An ihrer Außenseite war an ihrem Fuß ein Glacis, eine schräge Basis, die verhindern sollte, daß Steigleitern angelegt wurden. Innerhalb der Mauer waren in ihrer vollen Höhe vier Meter Besiedlungserde, voll mit großen Mengen kassitischer Töpferware. So war das also eine kassitische Mauer, und es schien, als hätte sich die kassitische Stadt über eine größere Fläche erstreckt als die Stadt, die ihr vorausgegangen war. Wir mußten unsere Vorstellung von den Kassiten revidieren.

Auch die Grabungen, die gleichzeitig im Zentrum des Tells vor sich gingen, trugen dazu bei. Jahr für Jahr war der «Palast» gewachsen, denn jede Ausgrabungskampagne erbrachte drei oder vier neue Räume. Wir neigten jetzt dazu, den Begriff «Palast» als etwas übertrieben anzusehen. Denn es hatte nun den Anschein, als hätten wir zwei aneinander angrenzende Paläste, was eigentlich ein Widerspruch in sich ist. Es gab mindestens zwei Eingänge, jeder mit einem Schwellenstein, der zwei Tonnen gewogen haben muß, und es gab eine Zwischenmauer ohne irgendeine Tür, die die beiden Komplexe von Räumen trennte. Beide waren außergewöhnlich groß, wenn man sie als Privathäuser ansah, und hatten zur Straße eine unglaublich schön gemauerte Fassade. Der erste hatte auf einer Seite der Eingangshalle eine Kapelle mit einem Altar an genau der Stelle, nämlich rechts vom Haupteingang, wo Kapellen immer in den Häusern in Ur aus der Zeit von 1800 v. Chr. standen. Der anstoßende «Palast» hatte einen sehr großen und schön proportionierten Raum mit Doppeltüren an beiden Enden und in der Mitte jeder Seite, den wir sogleich den «Thronsaal» nannten. Beide hatten mindestens drei Toiletten, jede mit zwei oder drei «orientalischen» Trockenklosetts, was uns für ein rein privates Haus als recht übertrieben vorkam. Aber waren es nun Paläste oder nicht – diese Gebäude waren zweifellos die Herrschaftshäuser sehr reicher und hervorragender Bürger.

Wir machten uns immer noch Gedanken über die Datierung dieser Gebäude. Sie konnten nicht später als die Badewannensärge sein, die durch ihre Fußböden hindurch begraben worden waren und von denen wir jetzt vier gefunden hatten. Und diese mußten um das Jahr 650 v. Chr. datiert werden. Aber wir waren nicht sicher, um wieviel früher die Gebäude sein konnten. 1962 begannen wir mit einer Reihe von Gräben durch die Fußböden, um die Schichten darunter zu datieren und auf diese Weise eine Zeitgrenze zu erhalten. Dabei trafen wir auf die Kassiten.

Unmittelbar unter dem Fußboden des östlichen «Palastes» stießen wir auf massive Mauern aus behauenem Stein; sie waren beinahe einen Meter dick, also fast das Doppelte der Stärke der «Palast»-Mauern darüber. Wir gruben an ihnen hinunter bis zu einem neunzig Zentimeter tiefer liegenden Zementboden. Als wir unsere Gräben fortsetzten, ergab sich nach und nach ein großes rechteckiges Gebäude mit einem regelmäßigen Grundriß. Es bestand aus einem langen schmalen zentralen Hof mit einer Reihe von fünf kleinen quadratischen Räumen auf beiden Seiten.

Ebenso sicher wie das obere Gebäude ein Wohnhaus war, war es dieses nicht. Hier gab es keine Kapellen, Thronsäle oder Toiletten, sondern nur eben diese Reihe gleichförmiger Räume, die von dem langen zentralen Saal oder Hof ausgingen. Und während das obere Gebäude

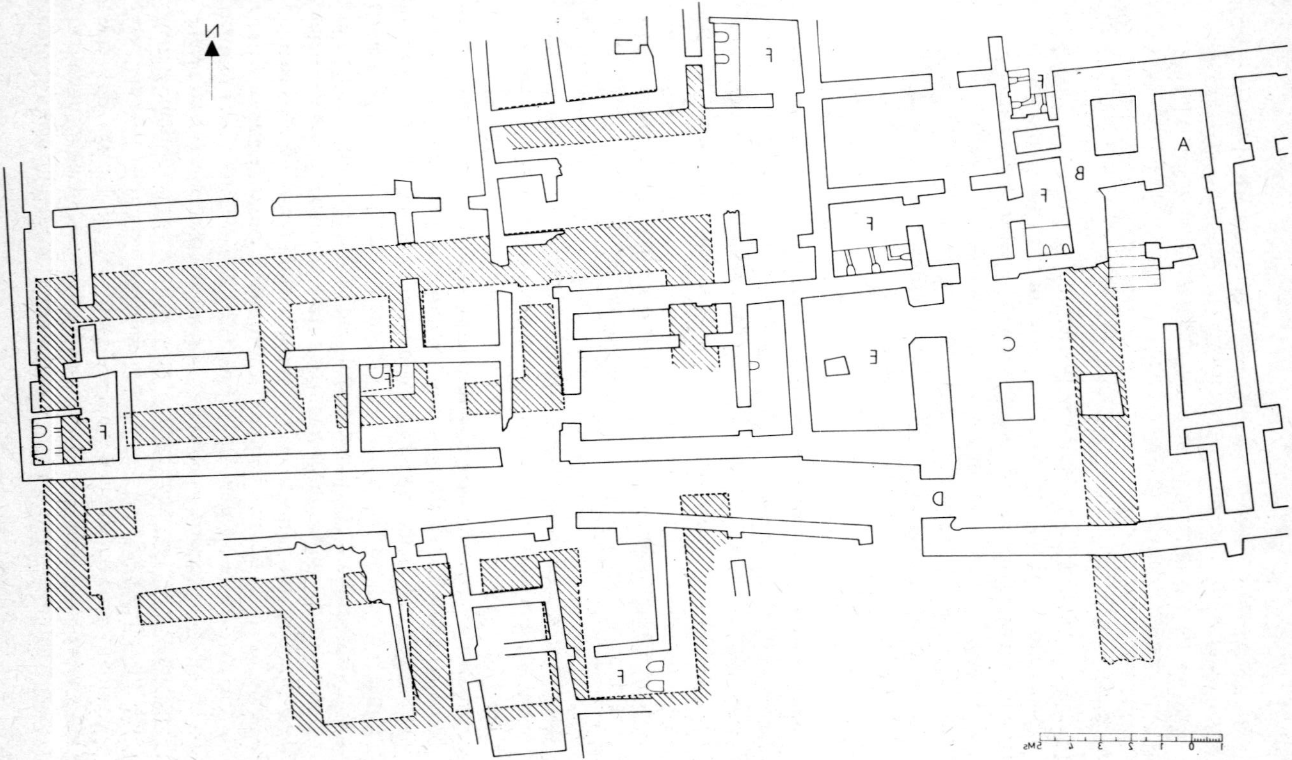
N
A
B
C
D
E
F
1 0 1 2 3 4 5Ms

vollständig von seinem Inhalt entleert wurde, als man es verließ, war in diesem Gebäude der Inhalt noch an Ort und Stelle. Der Grund dafür war klar ersichtlich. Das kassitische Gebäude war niedergebrannt. Die Mauern waren bis zu einer Höhe von sechzig Zentimetern über dem Boden geschwärzt – der Rest der Mauern hatte wahrscheinlich die Trümmer überragt und war vom Regen saubergewaschen worden –, und eine stellenweise ganze sechzig Zentimeter dicke Ablagerung von schwarzem, verkohltem Material lag auf dem Boden. Die Räume hatten offensichtlich große Mengen von organischem Material enthalten, und in mindestens zwei Räumen waren dies zweifellos Datteln. Der größere Teil des verbrannten Materials bestand aus Dattelkernen.

Archäologen haben Feuersbrünste gern. Bei einem Brand ist selten genug Zeit, um den Inhalt brennender Gebäude zu retten, und es lohnt sich kaum, nachher die Asche zu durchstöbern, um verbrannte Besitztümer zu retten. So kann man erwarten, daß das meiste an nicht brennbarem Inhalt des betreffenden Gebäudes noch seiner Entdeckung harrt. In jüngster Zeit hat sich die Vorliebe des Archäologen für Brände noch verstärkt. Feuer bedeutet Kohlenstoff, und dieser kann datiert werden, indem man seinen Restgehalt an dem radioaktiven Isotop Carbon-14 mißt. Bisher hatten wir kein Glück mit unserer Suche nach C-14-Datierungen. Seit meinen drei Mustern aus der Zerstörung von Stadt I, die sich als mit Bitumen vermischt herausstellten und völlig unmögliche Daten ergaben, hatten wir uns vor allem anderen als einwandfrei erkennbarer Holzkohle gehütet – und diese kam selten vor. Aber nun lieferten uns die Dattelkerne aus dem kassitischen

80 Die zentrale Ausgrabung in Kalaat al-Bahrain. Die Mauern des «Palastes» (Stadt IV) aus der assyrischen Periode sind hell, die des kassitischen Warenhauses darunter (Stadt III) schraffiert

A Hier, wo die Ausgrabung begann, wurden die «Badewannen»särge gefunden

B Diese Mauer aus der kassitischen Periode, die noch bis zu einer Höhe von dreieinhalb Metern erhalten ist, wurde so, wie sie dastand, dem «Palast» einverleibt. Eine zwölf Meter breite Straße trennt sie von dem kassitischen Gebäude im Osten

C Der große Hof, wo die ersten Schlangenbestattungen gefunden wurden, mit seinen beiden Pfeilersockeln

D Das Haupttor

E Die Kapelle mit dem Altar

F Es gibt nicht weniger als sieben «Pulverkammern» im Baukomplex des «Palastes»

Gebäude Kohlenstoff, der nicht verunreinigt sein konnte, und wir füllten einen Plastikbeutel damit. Nach entsprechender Behandlung kam im folgenden Jahr die Datierung aus dem Radio-Carbon-Laboratorium in Kopenhagen (K–827). Unser Gebäude war 1180 v. Chr. (mit einem Unsicherheitsfaktor von 110 Jahren) niedergebrannt.

Dieses Datum paßte wirklich ausgezeichnet zu unseren Vorstellungen. Wie sicher man sich auch einer Identifikation ist (und wir waren uns *sehr* sicher, daß unsere «kassitische» Ware bis zur Identität der kassitischen Ware von Mesopotamien glich), so ist es doch immer eine erregende Genugtuung, wenn diese Identifikation unabhängig davon bestätigt wird. Die mesopotamische kassitische Periode dauerte von 1700 bis 1200 v. Chr. Unser Gebäude war also so spät, wie es in der kassitischen Periode überhaupt sein konnte – und der Datierungsspielraum für den «Palast» wurde dementsprechend enger. Der «Palast» war später als 1180 und früher als ungefähr 600. Diese Eingrenzung umfaßt die assyrische und neubabylonische Periode von Mesopotamien und bestärkte unsere Hoffnung, daß die Fünfte Stadt die Stadt von Uperi war, der um das Jahr 710 regierte.

Die in dem kassitischen Gebäude gelagerten Dattelmengen gaben uns einen Hinweis auf seinen Zweck. Es muß ein Lager oder ein Laden gewesen sein, möglicherweise das Geschäftshaus eines Kaufmanns. Vielleicht sollten wir der Art seines Inhalts nicht soviel Bedeutung zumessen. Zwar besagen die beiden Dokumente von Nippur aus der kassitischen Periode, daß Dilmun in dieser Zeit Datteln exportierte, und «Dilmun-Datteln» standen in Babylonien hoch im Kurs. Aber wir müssen hier nicht unbedingt an ein Lagerhaus für den Export denken. Datteln waren sicher, so wie sie es heute noch sind, ein Hauptartikel des einheimischen Konsums.

Wir haben ein bescheidenes Anzeichen der in dem Gebäude ausgeübten Tätigkeit, das von einem Typ ist, der uns bisher recht erstaunlicherweise gefehlt hat. Wir fanden sechs oder sieben Bruchstücke von Keilschrifttafeln.

Bei mesopotamischen Ausgrabungen sind beschriebene Tontafeln so alltäglich, daß das irakische Gesetz über die Altertümer vorschreibt, daß jeder Expedition ein Keilschriftphilologe angehören muß, um die Tafeln zu entziffern. Bei der Ausgrabung eines Hauses finden sich durchschnittlich sechs oder sieben Tontafeln; Tempel und Paläste ergeben normalerweise Hunderte und in Ausnahmefällen Zehntausende. Wir hatten keine im Tempel in Barbar gefunden, keine im «Palast» und keine in den Häusern an der Nordmauer in Kalaat al-Bahrain. Es war kaum wahrscheinlich, daß die Bewohner von Dilmun

Analphabeten waren, und wir kamen notgedrungen zu dem Schluß, daß sie auf etwas anderem als Ton geschrieben hatten, etwas, das den Lauf der Jahrtausende nicht überdauerte. Aber mindestens in der kassitischen Periode hatten einige von ihnen anscheinend auf Ton geschrieben, und zwar auf babylonisch. Natürlich konnte es sein, daß das Lagerhaus einem Babylonier gehörte, also einem Ausländer mit fremder Sprache und fremden Gewohnheiten. Die erste Tontafel, die wir fanden, schien denn auch ein Schultext zu sein, eine Abschrift babylonischer Sprichwörter eines Schülers, und mir kamen die englischen Schulbücher in den Sinn, die jeder ehrgeizige arabische Angestellte einer britischen Firma in Bahrain in der Schublade seines Schreibtischs liegen hat. War das hier der Besitz eines ehrgeizigen dilmunischen Angestellten einer babylonischen Firma? Der Rest der Tontafeln befindet sich noch in der Bearbeitung; sie sind zu fragmentarisch, um schnell entziffert zu werden, aber eine davon ist anscheinend eine Liste versandter Güter und bekräftigt somit die Lagerhaus-Theorie.

Aber wer sie auch waren, es waren vermögende Kaufleute, die diese soliden, festungsähnlichen Niederlassungen errichten konnten. Diejenige, die wir ausgegraben hatten, stand nicht allein. Jenseits einer engen Gasse, die entlang der Nordseite verlief, lag die Außenmauer eines weiteren Gebäudes von anscheinend der gleichen Art. Und wenn man im Haupteingang am westlichen Ende des Lagerhauses stand, schaute man auf eine neun Meter breite Straße – und Straßen von dieser Breite waren sonst nur von den Städten Harappa und Mohendscho-Daro am Indus bekannt. Von der anderen Straßenseite hätten die Steinfassaden anderer Gebäude von der gleichen imposanten Bauweise auf einen heruntergeschaut. Ja, sie tun das heute noch. Denn eine der Innenmauern des «Palastes», die uns immer wegen ihrer ungewöhnlichen Stärke und der Schönheit ihrer Steinfassade ein Rätsel war, erwies sich nun als ein dem kassitischen Lagerhaus gegenüber gelegener Überrest von den Gebäuden dieser früheren Periode, der so, wie er stand, dem späteren Bau einverleibt wurde.

Die Kampagne von 1963 war vorüber, bevor wir damit fertig waren, das kassitische Lagerhaus und die Kassiten in unsere Karte einzutragen. Die Zeit schien nun günstig, um wieder einmal eine Bestandsaufnahme zu machen. Seit zehn Jahren waren wir jetzt im Feld. Es sah aus, als würden wir in Kuwait nicht mehr weitergraben können. Die Regierung von Kuwait hatte inzwischen eine voll ausgerüstete Behörde für die Altertümer und hatte sich einen Experten aus Syrien geholt, der darauf aufmerksam gemacht hatte, wie ungewöhnlich es sei, daß eine Regierung im Nahen Osten eine ausländische Expedition finanzierte. Die Behörde stimmte seiner Meinung nicht ganz zu, bestand aber – sehr mit Recht – auf der Vorlage eines detaillierten Berichts über unsere fünfjährige Arbeit, womöglich als Buch oder in einer Zeitschrift veröffentlicht, bevor die Arbeit fortgeführt werden könnte. Einen solchen Bericht herauszubringen würde bei unseren beschränkten Möglichkeiten zu Hause mehrere Jahre in Anspruch nehmen.

In Katar würde nach einem weiteren Jahr die Aufnahme der Steinzeit beendet sein, und es hatte wenig Sinn, danach noch fortzufahren.

Auf Umm an-Nar war das Ende in Sicht, obwohl Buraimi noch ungeahnte Möglichkeiten in sich barg. Scheich Schachbut, der anfangs ein so begeisterter Zuschauer unserer Ausgrabungen war, hatte sich verändert. Öleinkünfte strömten nun in sein Land und mit ihnen eine Menge von Händlern jeder Art und Qualität. Das Dilemma, vor dem alle neuerdings reich gewordenen Scheichs standen, bedrängte nun auch ihn, nämlich die Unterscheidung des Entwicklungshelfers vom Ausbeuter. Schachbut verstand sehr gut, daß auch die angesehenste Firma nach ihrem eigenen Gewinn strebte, und sah die Hand des Ausbeuters in jedem Vorschlag. Er zog sich in sich selbst zurück und sah Fallen in jedem Vertrag, Anzeichen für Vertrauensbruch in jeder Verzögerung. Sogar gegenüber den Ölgesellschaften, der Quelle seines Reichtums, war er zunehmend mißtrauisch, und es wurde schwierig, mit ihm auszukommen. Auch wir wurden in sein Mißtrauen einbezogen. Denn auch wir, wie die Ölgesellschaften, baten ihn nicht um Geld. Im Gegenteil, wir nahmen wie die Ölgesellschaften Dinge aus seinem Land heraus. Vorausgesetzt, daß alle Fremden nur in seinem Land waren, um möglichst viel herauszuholen, war es klar, daß das, was wir fortnahmen, sehr wertvoll sein mußte. Wir erlebten eine oder zwei überraschende Razzien bei unseren Grabungen auf Umm an-Nar, bei denen Polizeioffiziere darauf bestanden, daß wir unsere soeben gefundenen Töpfe in ihrer Gegenwart entleerten, und sehr erstaunt waren, als sie nur Sand enthielten. Aber die Tatsache, daß das, was wir fanden, keinen ersichtlichen Wert hatte, erhöhte nur das Mißtrauen des Herrschers. Entweder waren wir überaus geschickt im Verbergen des Goldes, das wir fanden, oder es hatten die Gegenstände, die wir bekanntlich fanden, einen großen und ungeahnten Marktwert. Vergeblich protestierten wir, vergeblich gaben wir ein Drittel der Töpferware aus den Gräbern zurück und versprachen den Rest, sobald wir ihn katalogisiert hätten. Wir erklärten, daß wir nach Wissen forschten und die Geschichte seines eigenen Landes aufzeigen wollten. Fünf Jahre früher hätte eine solche Darlegung unserer Absichten lange und interessierte Diskussionen zur Folge gehabt; jetzt stieß sie auf höflichen Unglauben. Kein Europäer konnte ihm Sand in die Augen streuen. Es schien, als seien auch unsere Tage in Abu Dhabi gezählt.

In Bahrain hatten wir schon selbst seit Jahren versucht, einen Punkt zu erreichen, wo wir einhalten konnten. Freilich wollten wir nicht für immer haltmachen. Dilmun war eine neue Kultur, und neue Kulturen kann man nicht zehn Jahre lang erforschen und dann einfach liegen lassen. Schließlich sind Assyrien und Babylonien, die 1843 neue Kulturen waren, seither immer weiter erforscht worden, und Dilmun brauchte keineswegs weniger bedeutend zu sein. Aber wir brauchten ein oder zwei Jahre zur Katalogisierung, Verarbeitung und – am dringlichsten – Veröffentlichung unserer Ergebnisse. Forscher in benachbarten Gebieten konnten nicht für immer mit den kurzen Zwischenberichten, die wir jedes Jahr veröffentlichten, zufriedengestellt werden.

In unserer Arbeit auf Bahrain mußte noch eine große Lücke ausgefüllt werden. Wir wußten zuwenig über die frühesten Perioden der Kalaat al-Bahrain-Stätte. Gebäude der ersten beiden Städte aus der Kettenrippen-Periode und der Barbar-Periode (die wir allmählich zusammenfaßten und Frühes Dilmun nannten) hatten wir nur bei unseren Grabungen hinter der Nordmauer gefunden. Überall sonst waren unsere Sondagen hinsichtlich dieser Perioden merkwürdig unergiebig. Innerhalb der Süd- und der Westmauer gab es zwar Schichten mit der bekannten roten gerippten Ware, aber keine Gebäude. Es schien, als habe das Barbar-Volk, als es seine Festungsmauer baute, ein viel größeres Gebiet als die Stadt selbst ummauert. Nur im Norden lagen die Straßen und Häuser nahe bei der Mauer. Auch wo es uns möglich war, unter den «Palast» und das kassitische Lagerhaus im Zentrum des Tells hinunterzugraben, hatten wir keine Gebäude aus der Barbar-Zeit gefunden, die mit denen der nördlichen Ausgrabung zu vergleichen waren. Wir entschlossen uns also, an die Nordmauer zurückzukehren und zwei Jahre darauf zu verwenden, dort eine große Fläche neben unserer früheren Ausgrabung freizulegen, die uns eine «Breitenansicht» der Stadt in ihren frühesten Phasen vermitteln sollte.

Das Ergebnis war aufregend. Denn wir stießen direkt auf das Stadttor.

Das Gebiet, das wir ausgewählt hatten, war eine Strecke der Stadtmauer, die etwa zwanzig Meter östlich der Fläche, wo wir die Nord-

mauer zuerst gefunden hatten, verlief. Die Mauer selbst sollte die nördliche Begrenzung der Ausgrabung bilden, und das zu erforschende Gebiet sollte sich innerhalb der Mauer zehn Meter nach Süden erstrecken. Wir teilten das Gebiet in zwei Hälften, wobei ein zwei Meter breiter nord-südlich verlaufender Steg zwischen ihnen stehenbleiben sollte, so daß wir je nach Wunsch zwei Schnitte zum Zeichnen hatten. Das war auch der einzige verfügbare Streifen der Nordmauer, denn weiter nach Westen war sie von den Portugiesen als Steinbruch benützt worden, und gegen Osten brach die Mauer und auch der ganze Tell ab, wo ein Gebiet längs der Küste eingeebnet worden war, wahrscheinlich, um in jüngerer Zeit Gärten anzulegen.

Der Leser erinnert sich vielleicht, daß unsere ursprünglichen Grabungen hier vor vier bis sechs Jahren eine Sackgasse freigelegt hatten, die nordwärts auf die Mauer zulief, mit ansehnlichen Steinhäusern auf beiden Seiten und einem Brunnen und einem vertieften Becken am Ende der Straße. Das waren Anzeichen für eine Stadtplanung, die in scharfem Gegensatz zu den gewundenen Gäßchen und wahllos hingestellten Häusern des zeitgenössischen Ur standen und den gitterähnlichen Grundrissen der ebenfalls zeitgenössischen Städte Mohendscho-Daro und Harappa ähnelten. Wir waren gespannt, ob das neue Gebiet die gleiche Planung in einem größeren Maßstab enthüllen würde.

Die Ausgrabung des Jahres 1964 tat das freilich nicht. Else und Svend gruben durch Schichten, die von zahlreichen sich überschneidenden Steinräuberlöchern gestört waren, während sechs Meter südlich der Mauer in dem ganzen Gebiet eine einzelne gewaltige, mit praktisch sterilem Sand gefüllte Aushöhlung zutage kam, die unsere Fläche von Anfang an auf die Hälfte reduzierte. In den noch verbleibenden sechs Metern stießen wir in jeder Richtung auf Fragmente von Hausmauern und Fußböden. Sogar die Perioden schienen hier durcheinandergeraten zu sein, denn Fragmente von Räumen und Häusern aus islamischer Zeit kamen in derselben Schicht ans Licht wie Räume und Häuser der seleukidischen Periode. Das hatten wir erwartet, denn wir glaubten, daß die Stadtmauer zweitausend Jahre in den Trümmern noch über dem Boden gestanden hatte, nachdem sie als Befestigung aufgegeben worden war, bis die Portugiesen sie dann vor weniger als fünf Jahrhunderten bis zum Erdboden – und noch weiter hinun-

81 Das prächtige Tor des «Palastes» in Kalaat al-Bahrain, hoch, aber eng wie arabische Türen bis auf den heutigen Tag. Das ist die Ansicht von der Straße her, die direkt auf das Tor zuführt

ter – abgetragen hatten. Die Menschen, die die Stätte bewohnten, hatten diese alten Befestigungsanlagen in der Weise benützt, wie die Menschen von Istanbul heute noch ihre alte Stadtmauer benützen, indem sie ihre Häuser an sie anbauten, wobei sie Steine aus ihrer Fassade und den Steinschutt im Inneren entfernten, ja sogar höhlenähnliche Räume in das eigentliche Gefüge der Mauer gruben.

In diesen gestörten Schichten fand sich eine ungestörte Struktur. Genau auf der Linie unseres Schnittstegs verlief eine zementgepflasterte Straße aus der seleukidischen Periode nordwärts zur Mauer. In der Mauer war ein Tor mit einem Schwellenstein und Angellöchern für eine Tür. Das Tor wurde in einem späteren Stadium verengt und schließlich vollständig verbaut.

Das regte uns nicht übermäßig auf. Die Mauer war zur Zeit dieser Straße – vielleicht 300 v. Chr. – nicht als Befestigungsanlage in Gebrauch gewesen. Wie wir wußten, wurden Häuser aus derselben Periode jenseits der Mauer und an ihrer Außenseite gebaut. Das war kein Stadttor, sondern nur ein Durchlaß durch ein Hindernis.

Aber im folgenden Jahr gingen wir tiefer hinunter, unter die seleukidischen Schichten ins Frühe Dilmun mit seinen sauber stratifizierten Schichten von Barbar-Töpferware. Und wieder, wie in der früheren, westlich danebenliegenden Grabung befanden wir uns in einem wohlgeordneten, geplanten Stadtbezirk. Wieder verliefen alle Mauern genau nord-südlich oder genau ost-westlich; und wieder fanden wir eine genau nordwärts auf die Stadtmauer zu verlaufende Straße. Aber diese Straße, einen Häuserblock östlich von der, die wir früher gefunden hatten, war keine Sackgasse. Sie lag unter der Straße aus der seleukidischen Zeit und führte, wie diese, zu einem Tor in der Mauer.

Das war es nun wirklich, ein Tor in der Umwallung der Stadt, ein Tor hinaus in das unbewohnte Küstengebiet. Es lag nicht genau unter dem seleukidischen Tor. Aus irgendeinem Grund war das spätere Tor einen Meter weiter östlich verlegt worden, so daß die beiden Tore sich überschnitten, aber nicht miteinander übereinstimmten. Beide Lücken in der Mauer waren etwa drei Meter breit, aber durch die Türangeln auf ein wenig unter zweieinhalb Meter verengt. Denn auch bei dem unteren Tor fand sich ein Paar Angelsteine, diesmal aus poliertem schwarzem Diorit, etwa fünfzig Zentimeter breit, bei denen oben Vertiefungen für die Anbringung der Angelpfosten ausgehöhlt waren. Auch das untere Tor war, bevor es aufgegeben wurde, mit einer Mauer aus rohen Steinen zugebaut worden.

Als wir weiter in die Tiefe gruben, stellten wir fest, daß nicht einmal dieses Tor das früheste war. Die Mauer war in der Mitte der Barbar-

82 Die Außenseite der Westmauer der Stadt von Früh-Dilmun (Stadt II) in Kalaat al-Bahrain hat in einer beachtlichen Höhe die Wechselfälle von vier Jahrtausenden überdauert

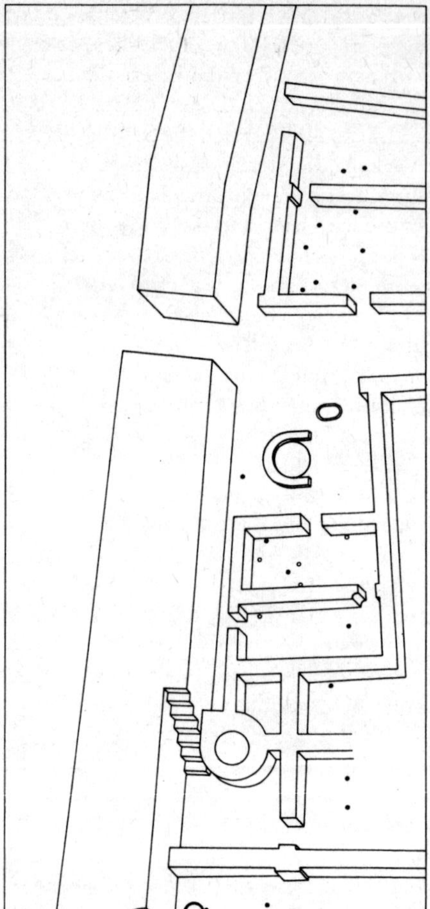

83 Isometrische Ansicht des Gebiets der Stadt II innerhalb der Nordmauer von Kalaat al-Bahrain. Unten die Sackgasse, oben das Stadttor und dazwischen die Wachstube mit ihrem Brunnen und der Treppe zur Mauer hinauf. Fundstellen von Siegeln (.) und Gewichten (o) sind eingezeichnet; es geht daraus hervor, daß sie in den Räumen beiderseits des Tors am häufigsten waren

Periode ausgiebig repariert worden, und unter der Höhe der Reparatur erschien ein drittes Tor. Auch dieses stimmte nicht mit dem darüber überein, sondern überschnitt es; seine Torpfosten standen noch einen Meter weiter westlich. Dieses tiefste Tor war nie zugebaut worden, und in der Lücke senkten sich die Sandablagerungen leicht nach unten, wo der Verkehr die Straße ausgehöhlt hatte.

Wir waren versucht, die Tore zu «öffnen», hindurchzugraben und nachzusehen, wie hier die Außenseite der Mauer ausgesehen hatte. Aber das Überschneiden der Tore machte das unmöglich. Es wäre nötig gewesen, den späteren Überbau jeder Mauer zu zerstören, um das Tor darunter zu erreichen. Das Projekt wurde auf die Liste der «später auszuführenden Arbeiten» gesetzt, und wir wandten uns der Freilegung des Gebiets innerhalb des Tors zu.

Ich hatte immer behauptet, daß ein Tor in der Stadtmauer eine wichtige Entdeckung sein würde, weil natürlich viele wirtschaftliche und behördliche Tätigkeiten einer Stadt unmittelbar hinter den Toren stattfanden. Aber irgendwie hatte ich doch nie wirklich erwartet, daß die Tatsachen mit meiner Theorie übereinstimmten, die auf Berichten über andere Ausgrabungen beruhte. Es war geradezu ein Schock, daß wir unzweifelhafte Anzeichen genau solcher Tätigkeiten entdeckten, wie ich sie vorausgesagt hatte.

Wenn man die Stadt durch das Tor vom Küstenstreifen her betritt, sieht man gleich rechts einen kleinen offenen Platz. In seiner Mitte befindet sich ein Brunnen und daneben ein ovaler Zementtrog. Das ist ohne Zweifel ein Halteplatz für Lasttiere, wo Esel getränkt werden konnten, während sie be- und entladen wurden. Aber warum mußten Lasttiere gerade hier hinter dem Stadttor anhalten, das nur zum Ufer führte? Die Antwort erhielten wir durch den Inhalt der angrenzenden Gebäude.

Auf beiden Seiten des Platzes waren zwei Häuser mit je zwei Räumen. Im einen Gebäude fanden wir nicht weniger als neun Stempelsiegel; im anderen drei Siegel und fünf Steingewichte. Zwei der Gewichte waren leicht als solche erkennbar. Es waren kleine Würfel aus poliertem Feuerstein, der eine mit weniger als einem Zentimeter Seitenlänge und der andere unglaublich klein mit nicht mehr als vier Millimeter Seitenlänge. Wir wußten, was sie bedeuteten, denn wir hatten ein Gewicht dieses Typs schon früher in der Sackgasse einen Häuserblock entfernt gefunden. Sie waren die in den Städten der Induskultur normal gebräuchlichen Gewichte. Die anderen drei erkannten wir nicht sofort als Gewichte. Sie waren größer, Kugeln aus poliertem Marmor mit zwei abgeplatteten Seiten, und wir dachten eine Zeitlang an Knöpfe von

84 Eine Reihe von Steingewichten aus dem «Zollhaus» innerhalb des Nordtors der frühdilmunischen Stadt in Kalaat al-Bahrain. Sie sind von dem Typ, der in der Induskultur in Gebrauch war, und deuten darauf hin, daß Dilmun (mindestens ursprünglich) eher innerhalb des Wirtschaftsgebiets von Indien als desjenigen von Mesopotamien lag

Amtsstäben oder unvollendete Marmorschalen. Erst als wir die drei zusammen sahen, ergab es sich, daß sie Gewichte waren, und erst als wir zu Hause unsere Nachschlagewerke durchblätterten, stellten wir fest, daß die größeren Gewichte der Harappa-Kultur genau von diesem Typ waren. Zu Hause konnten wir sie auch wiegen. Das größte wog 1370 Gramm und die anderen jeweils 685 Gramm, 170 Gramm, 13,5 Gramm und 1,7 Gramm. Dasjenige, das wir schon früher gefunden hatten, paßte in die Reihe, es wog 27 Gramm. Die kleineren waren also die Hälfte, ein Achtel, ein Fünfzigstel, ein Hundertstel und ein Achthundertstel des größten. Diese Gewichte stimmten bis auf weniger als ein Prozent mit den in den Indusstädten gefundenen überein.

Jetzt wissen wir, warum die Esel mit ihren Ladungen, die sie vom Ufer zur Stadt oder umgekehrt trugen, gerade hinter der Stadtmauer anhielten. Die beiden Gebäude auf beiden Seiten des Platzes müssen städtische Dienststellen gewesen sein, wo Ladungen gewogen und entweder diese selbst oder die Begleitdokumente auf Tontafeln mit den Siegeln der Beamten gestempelt wurden, die ein- oder ausgehende Ladungen kontrollierten. Hier haben wir wahrscheinlich das Zollhaus und die Hafenbehörde von Dilmun. Alles war sehr modern und leistungsfähig. Und man konnte sich kaum vorstellen, daß die Beamten, die Frachtbriefe und andere Papiere in den Hafenbehörden von Dilmun kontrollierten, diese ganzen viertausend Jahre schon tot waren.

Ein Rätsel blieb aber bestehen. Warum benützte Dilmun die Standardgewichte der Induskultur? Die Babylonier und Sumerer hatten ein völlig anderes System. Nicht nur waren die Gewichte verschieden, sondern es wurde auch mit anderen Verhältnissen gerechnet, mit Dritteln, Zehnteln und Sechzigsteln. Es gab nur zwei Erklärungen. Entweder waren die ersten Handelsimpulse nicht von Mesopotamien nach Dilmun gekommen, sondern von Indien, oder aber es waren die Handelsbeziehungen nach Indien für Dilmun weit wichtiger als die nach Mesopotamien.

Wir setzten unsere Grabungen fort. Denn sogar hier in der frühesten Periode der Mauer waren wir noch anderthalb Meter über dem gewachsenen Boden. Und wie schon früher, stellten wir fest, daß in diesem Gebiet die Stadt schon existiert hatte, bevor die Mauer überhaupt gebaut worden war. Die Töpferware wandelte sich zu unserer Kettenrippenware, und wir trafen auf Hausmauern, die unter der Stadtmauer hindurch verliefen. Zwischen diesen Mauern und der Stadtmauer lag wieder die Brandschicht, aus der hervorging, daß die unbefestigte Stadt durch Feuer zerstört worden war. Wir fanden sogar eine mit einer Hülse versehene kupferne Speerspitze ...

85 Eines der Siegel von dem Wasserbehälter im Barbar-Tempel, ein sich drehendes Rad aus Gazellenköpfen

Schließlich stießen wir auf Sand und einen halben Meter tiefer auf Fels, und wir glaubten, damit seien wir am Ende. Aber diesmal hatten wir eine größere Fläche freigelegt als je zuvor in diesen frühesten Schichten. Und als wir den Fels sauberfegten, stellten wir fest, daß er aus Farusch bestand. Dieses Gemisch aus Muscheln, Korallen und anderem Geröll, auf das wir auch schon früher gestoßen waren, ist eine

Art beginnender Kalkstein, der sich anscheinend sehr schnell in den flachen, den Gezeiten ausgesetzten Gewässern des Golfs bildet. Man kann ihn in große, dünne Platten aufbrechen, und er wird heute in großen Mengen als Baumaterial verwendet. Als wir ihn sauberbürsteten, konnten wir sehen, daß Topfscherben in ihn eingebettet waren. Wir brachen diesen Farusch auf einer Fläche von mehreren Quadratmetern auf und fanden Sand darunter. Und auch in diesem Sand gab es noch immer Topfscherben.

So gruben wir weiter. Und über weitere fünfzig Zentimeter tief fanden wir abwechselnd Schichten aus Farusch und aus Sand, die alle große Mengen von Topfscherben enthielten, bis wir eine Schicht von sterilem grünem Lehm erreichten, genau dem Lehm, den das Kettenrippen- und das Barbar-Volk als Mörtel für ihre Gebäude verwendet hatten; und darunter kam wieder Sand, aber diesmal ohne Topfscherben.

Jetzt hatten wir wirklich das Ende erreicht. Aber wir hatten sechs Kästen schichtweise abgelagerter Scherben, die früher sein mußten als alle Scherben, die wir je vorher auf Bahrain gefunden hatten. Nur sehr wenige dieser Scherben gehörten zur roten Kettenrippenware. Die meisten stammten von einer dickeren, strohfarbenen Ware, mit Rändern und Böden von völlig neuem Typ. Wir hatten hier eine neue und ganz unerwartete Kultur, die früher war als die Kulturen, die wir vielleicht vorschnell das Frühe Dilmun genannt hatten.

17. KAPITEL

Groß-Arabien

Die Kampagne von 1965 war zu Ende. Eine Zeitlang schien es, als ob nun auch das Ende unserer Expeditionen überhaupt gekommen sei. Kuwait und Katar waren endgültig abgeschlossen. Scheich Schachbut von Abu Dhabi war schließlich so weit gegangen, unsere Anwesenheit für unerwünscht zu erklären. In Saudi-Arabien verstaubte unser zweiter Antrag zusammen mit dem ersten. Und was Bahrain anging, so war einer unserer Hauptmäzene, die Carlsberg-Stiftung, energisch geworden. Kein Geld für weitere Grabungen würde mehr bewilligt, bis die endgültige Publizierung unserer Ergebnisse nicht wenigstens in Gang gekommen sei. Dann und nur dann würde man die Zuschüsse fortsetzen.

In gewisser Hinsicht war uns das eine Erleichterung. Denn ein Dutzend Jahre lang hatten wir jedes Jahr drei Monate oder auch mehr im Feld verbracht; drei weitere mit der Aufarbeitung nach der Feldarbeit, indem wir unsere Berichte in Ordnung brachten, Dankbriefe schrieben und unsere Kisten mit Material auspackten und sortierten; und nochmals gut drei Monate mit den Vorbereitungen für die nächste Expedition, der Beschaffung von Geldmitteln und dem Versand von Ausrüstungsgegenständen, der Zusammenstellung unserer Mannschaft und der Besorgung von Visa, Flugscheinen und Impfungen. Wenig Zeit war für die Katalogisierung unseres Materials übriggeblieben und überhaupt keine, um es zu verdauen, ein zusammenhängendes Ganzes daraus zu machen und etwas mehr zu publizieren als die dürftigen Resümees, die allein wir bisher hatten liefern können. Es war angenehm, sich entspannen und mit dem wissenschaftlichen Studium der Regale und des Materials beginnen zu können.

Sofort zeigten sich interessante Ergebnisse und unerwartete Beziehungen.

Eine vielleicht nicht ganz so bedeutende Entdeckung betraf die

Gewichte, die wir während der letzten Saison gefunden hatten. Nachdem wir auf Grund archäologischen Beweismaterials hatten zeigen können, daß in Dilmun das Gewichtssystem der Harappa-Kultur in Gebrauch war, entdeckte ich, daß wir das schon lange hätten wissen können. Im neunten Kapitel habe ich von den den dilmunischen Kupferhandel betreffenden Tontafeln erzählt, die im Haus von Ea-nasir in Ur gefunden worden waren. Ich zitierte da die Details der wichtigsten von diesen Tafeln, die von dem Kauf und der anschließenden Verteilung einer Ladung von etwa achtzehneinhalb Tonnen Kupfer berichtet. Das Dokument führt einige der betreffenden Mengen in «Minen Kupfer nach dem Maß von Dilmun» auf und andere in Talenten und Minen «nach dem Maß von Ur». Weder ich noch irgend jemand sonst war darauf gekommen, daß eine ganz einfache Rechnung das Verhältnis zwischen Dilmun-Minen und Ur-Minen ergeben hätte und damit – da wir ja das Grammgewicht der Ur-Mine kannten – das tatsächliche Grammgewicht der Dilmun-Mine.

Betrachten wir das Problem näher. Die Tontafel sagt (in einer Übersetzung, die mehr Wert auf Verständlichkeit als Buchstabentreue legt):

«Von 13,1?? Dilmun-Minen Kupfer, die in Dilmun angekommen sind, wurden uns 5,5? 2⅔ Dilmun-Minen gegeben. Im Gewicht von Ur ausgedrückt, sind 611 Talente 6⅔ Minen angekommen, davon erhielten wir 245 Talente 54⅓ Minen. 4271½ Minen (in Dilmun-Gewicht) schuldet Ea-nasir; und 325 Minen (in Dilmun-Gewicht) schuldet Nawirum-ili. Die Summe dieser Zuteilungen ist (in Ur-Gewicht) 450 Talente 2⅓ Minen, so daß 161 Talente 4⅓ Minen nicht ausgeliefert wurden.»

Da das Ur-Talent 60 Ur-Minen umfaßt und die Ur-Mine 504 Gramm wiegt, können wir die folgenden Gleichungen aufstellen:

A: 13,1?? Dilmun-Minen = 611 Ur-Talente 6⅔ Ur-Minen = 36,666⅔ Ur-Minen = 18,480,000 Gramm

B: 5,5? 2⅓ Dilmun-Minen = 245 Ur-Talente 54⅓ Ur-Minen = 14,754⅓ Ur-Minen = 7,436,184 Gramm

C: 4596½ (4271½ + 325) Dilmun-Minen = 450 Ur-Talente 2⅓ Ur-Minen minus 245 Ur-Talente 54⅓ Ur-Minen = 12,248 Ur-Minen = 6,172,992 Gramm

Die Lösung wird dadurch erschwert, daß die Tafel beschädigt ist und zwei der Zahlen für Dilmun-Minen unsicher sind (zum Glück in engen Grenzen). Sie wird dadurch noch weiter kompliziert, daß die Lösungen nicht übereinstimmen. Das kleinstmögliche Gewicht einer Dilmun-Mine nach der Gleichung A ist größer als das größtmögliche Gewicht dafür nach der Gleichung B! Aber wenn wir das Beste aus dieser Situation machen, finden wir, daß das kleinstmögliche Gewicht einer Dilmun-Mine 1329 Gramm und das größtmögliche 1411 Gramm ist. Das Mittel aus diesen beiden Zahlen ist 1370 Gramm, und das ist genau das Gewicht des größten unserer «Zollhaus»-Gewichte. (Die Abweichung der Extreme von diesem Mittel nach beiden Seiten beträgt nur drei Prozent, liegt also gut innerhalb der Grenzen, die die etwas ungenauen Maße dieser Zeit zulassen.) Der Durchschnitt aller im Industal gefundenen Gewichte dieser Größe ist 1375 Gramm.

Man freut sich immer, wenn man eine Bestätigung dessen erhält, was man schon weiß. Aber das nächste Ergebnis unserer Arbeit in den Hinterzimmern des Museums von Aarhus war eine vollständig unerwartete Entdeckung von sehr erheblicher Bedeutung.

Unsere Kisten vom Golf waren angekommen, und wir standen vierzehn Tage lang zwischen Brettern und Holzwolle und sortierten die Schachteln mit Topfscherben und Knochen, die Kartons mit Zündholzschachteln voll Siegeln, Münzen, Bronzeklumpen und Bruchstücken von bearbeitetem Stein und die Plastiksäcke mit Bodenmustern, Holzkohle und Muscheln. In dem Maße, wie die Listen anwuchsen, wurden die Stapel auf dem Boden kleiner, bis schließlich alles numeriert und leicht erreichbar seinen Platz auf den Regalen hatte. Sobald der Boden gefegt war, zog ich die sechs Schachteln mit Scherben aus den Farusch-Schichten innerhalb des Nordtors der Stadt auf Bahrain wieder hervor, um diese frühesten aller Topfscherben genauer zu prüfen. Gleichzeitig arbeiteten im nächsten Raum Jørgen und Vagn ihre Töpferware von den letzten drei Kampagnen an der Dorfstätte auf Umm an-Nar durch.

Wir brauchten eine Woche, um zu merken, daß wir an derselben Kultur arbeiteten.

Als wir dann die Scherben zusammen und Seite an Seite betrachteten, konnten wir nicht mehr daran zweifeln. Der größere Teil der Töpferware bestand aus großen kugel- oder eiförmigen Gefäßen aus dicker, leder- oder strohfarbener Ware. Die Ränder waren schwer und sorgfältig gearbeitet, scharf nach außen gebogen und hatten überhaupt keinen Hals. Die Böden waren ungewöhnlich, nämlich eine tiefe Ringbasis, die an dem runden Boden des Gefäßes angebracht

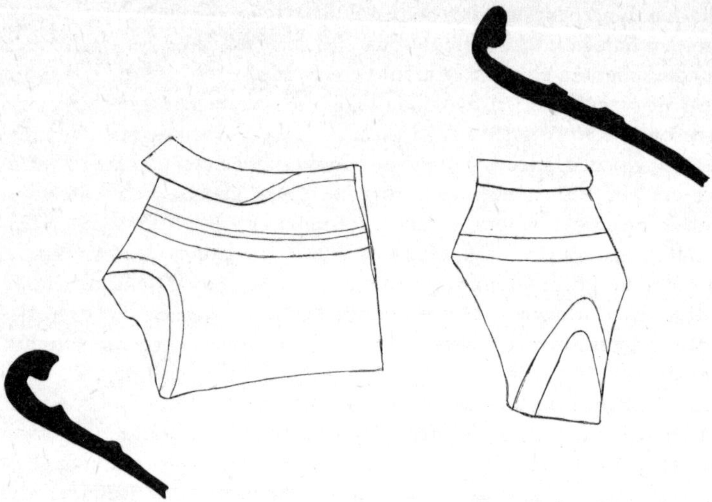

86 Diese zwei Randscherben stammen (links) aus den neuen Schichten unter Stadt I in Kalaat al-Bahrain und (rechts) aus der Siedlung auf Umm an-Nar. Es besteht kein Zweifel, daß sie praktisch identisch sind

war. Viele Gefäße waren mit aufgesetzten Rippen verziert, einer einzelnen oder doppelten gerundeten Rippe, die sich über den oberen Teil des Topfes schlängelte.

Das war nun die erste Beziehung überhaupt zwischen unseren Ausgrabungen in Bahrain und den in Abu Dhabi, die wir gefunden hatten. Bisher hätten sie an den entgegengesetzten Enden der Welt sein können, anstatt nur vierhundert Kilometer voneinander entfernt, oder durch Jahrtausende getrennt, anstatt praktisch gleichzeitig zu sein, wie wir nun anzunehmen geneigt waren. Jetzt war plötzlich die Verbindung da, und wir mußten versuchen zu erklären, was sie bedeutete.

Sie bedeutete nicht eine völlige Identität der Kulturen. Zwischen den «Barbar-Kulturen» von Bahrain und Kuwait bestand völlige Identität der Keramik, der Siegel, der Steinware und der Waffen. Hier dagegen gab es bedeutende Unterschiede. In sämtlichen frühesten Schichten von Bahrain kam die Kettenrippenware Seite an Seite mit der neuen Töpferware vor. Sogar in der allertiefsten Schicht umfaßte sie noch zehn Prozent der Scherben. Aber es fand sich nicht eine einzige Scherbe der Kettenrippenware in der Siedlung auf Umm an-Nar. Und in allen drei Schichten der Umm an-Nar-Siedlung gab es Scherben der bemalten Ware, die wir in solcher Fülle in den Grabkammern dort gefunden hatten. Doch obwohl das Material auf Bahrain vereinzelte bemalte Scherben enthielt, waren diese keineswegs gleich wie die von Umm an-Nar. Es schien, als sei das Volk, dessen Topfscherben auf der flutbespülten Nordküste von Bahrain vor dem Bau der ersten Stadt verstreut worden waren, schon eine Mischung verschiedener Kulturen gewesen. Die Indusgewichte hatten vermuten lassen, daß die ersten Handelsimpulse aus dem Osten gekommen waren. War es vielleicht so, daß Einwanderer aus dem Oman, die Umm an-Nar-Keramik benützten und herstellten, hier eine schon ansässige Bevölkerung vorfanden, die Kettenrippenware benützte und herstellte, und daß die beiden gemeinsam hier den ersten Handelsplatz an der Küste gründeten?

Es schien nun festzustehen, daß die «Umm an-Nar-Kultur» von Abu Dhabi älter war als die reife Kultur des Frühen Dilmun. Gleichzeitig tauchten zwei kleine Hinweise auf, die das bestätigten. Der eine war eine weitere «Hinterzimmer»-Entdeckung, die wir machten. Als Vagn die Topfscherben aus dem Umm an-Nar-Dorf reinigte und untersuchte, fand er eine mit einer Verzierung. Ein Rollsiegel war über den feuchten Ton unter dem Rand gerollt worden.

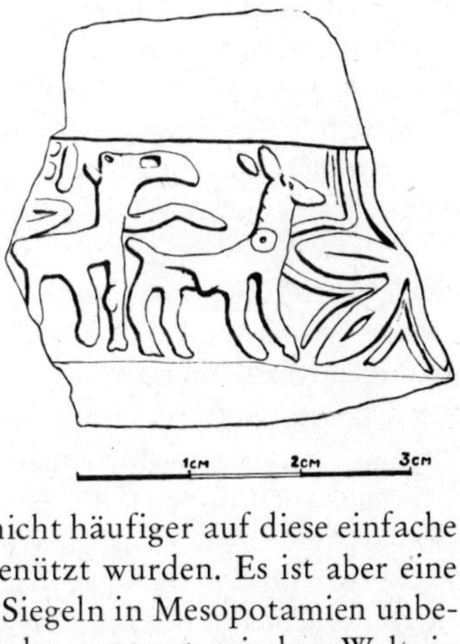

87 Die Topfscherbe von Umm an-Nar mit dem Siegelabdruck

Es ist merkwürdig, daß Rollsiegel nicht häufiger auf diese einfache Weise zur Verzierung der Keramik benützt wurden. Es ist aber eine Tatsache, daß diese Verwendung von Siegeln in Mesopotamien unbekannt ist, während man sie am Rand der mesopotamischen Welt, in Syrien im Westen und in Elam im Osten, antrifft. In Elam, das der wahrscheinlichste Herkunftsort unseres Exemplars ist, war diese Praxis nur in frühdynastischer Zeit bekannt; und unsere Abrollung ist mit ihren angreifenden Tieren und der stilisierten Rosette in der Konzeption sehr frühdynastisch. Die Zeit, in die sie am besten passen würde, ist vielleicht 2800 v. Chr. So haben wir eine Art versuchsweiser Datierung für das Umm an-Nar-Dorf und damit für die erste Siedlung in Kalaat al-Bahrain. Und 2800 v. Chr. ist zufällig etwa die Zeit von Gilgamesch, wenn es, wie es immer wahrscheinlicher wird, eine gewisse historische Grundlage für den mythologischen Heros gibt.

Die zweite Entdeckung machten wir nicht selbst. In der Yale Babylonian Collection wurde eine Tontafel mit dem Abdruck eines Dilmunsiegels entdeckt, das einem Abdruck, den wir im Jahr zuvor in den oberen «Barbar»-Schichten unserer Ausgrabung am Nordtor gefunden hatten, so sehr glich, daß man zwei- und dreimal hinsehen mußte, um sicher zu sein, daß es nicht Abdrucke ein und desselben Siegels waren. Die Tontafel kam wahrscheinlich aus Ur und ähnelte textlich sehr den merkantilen Tafeln, die vom Dilmunhandel berichten. Diese erwähnt Dilmun nicht, verzeichnet aber die Investition von Wolle, Weizen und Sesam in einer Handelsunternehmung. Sie trägt das Datum des zehnten Jahrs der Regierung von Gungunum von Larsa, des Jahrs 1923 vor Christi Geburt.

Die Kaufleute von Dilmun hatten also im zwanzigsten Jahrhundert vor Christus ihre Agenturen in Ur, wie im zwanzigsten Jahrhundert nach Christus arabische Unternehmen ihre Agenturen und Filialen in London und New York haben. Unsere frühdilmunische Periode überspannt also gerade etwa tausend Jahre. Die Zollbeamten, die vor viertausend Jahren in ihrer Dienststelle am Nordtor die Ladungen stempelten, waren Bürger einer Stadt, die damals schon so alt wie der romanische Kaiserdom von Speyer und dreimal so alt wie New York war.

Zwei Jahre lang gab es keine Expedition. Aber gegen das Ende dieser Zeit wurde allmählich unsere Erleichterung darüber, daß keine Expedition zu organisieren und durchzuführen war, merklich geringer. Gleichzeitig stellten wir eine neue Einstellung um uns herum fest. Eine Zeitlang hatte es geschienen, als ob nicht nur wir, sondern jedermann unserer Expeditionen ein wenig müde geworden sei. Es hatte ausgesehen, als ob sie ewig weitergehen sollten. Aber nachdem man zwei Jahre Zeit gehabt hatte, darüber nachzudenken, entdeckte jedermann, daß sie weitergehen *müßten*, wenn auch nicht auf ewig, so doch zumindest ohne einen fest fixierten Endpunkt. Die geleistete Arbeit konnte man nicht mitten in der Luft hängen lassen. In Bahrain waren Altertümer freigelegt worden, die man nicht ignorieren konnte, Museumsstücke, die ein dänisches Museum nur verlassen konnten, wenn es in Bahrain ein Museum gab, das sie aufnehmen konnte. Und wenn irgend etwas mit den Altertümern und dem Museum geschehen sollte, dann waren weitere Forschungen eine natürliche Folge.

In Abu Dhabi war Scheich Schachbut abgesetzt worden, und der neue Herrscher war sein Bruder Zajid, der uns ja zuerst die Grabhügel von Buraimi gezeigt hatte. Die erste Vergiftung durch die Öleinkünfte war vorüber; die anhaltende Flut unbeschränkten Ölgeldes war eine Selbstverständlichkeit geworden. Als die dringlicheren Projekte von Straßen, Schulen, Krankenhäusern, der Versorgung mit Lebensmitteln, Wasser und Elektrizität in Gang gesetzt waren, betrachtete man die Archäologie nicht mehr als eine aufgeblasene Belanglosigkeit.

In Saudi-Arabien hatte unser Drängen die Bildung eines Direktoriums der Altertümer zur Folge gehabt, und ein Direktorium der Altertümer muß Altertümer zu verwalten haben.

Wir hatten in diesen Ländern etwas in Gang gesetzt, was nun durch eigene Schwungkraft weiterlief. Und in dieser Bewegung war auch für uns Platz. Wir sahen uns in der ungewohnten Lage, daß man der Ansicht war, wir ließen den Golf in Stich, wenn wir *keine* Expedition mehr hinausschickten.

Der erste Schritt kam von Saudi-Arabien. Anfang des Jahres 1967, gerade zwei Jahre nachdem wir den Golf verlassen hatten, traf ein Brief des Direktors der Altertümer ein. Man schrieb, daß wir früher um die Bewilligung zu Forschungen in der Ostprovinz nachgesucht hätten und daß man es begrüßen würde, wenn wir unseren Antrag erneuerten, da jetzt die Wahrscheinlichkeit groß sei, daß er bewilligt würde. Jetzt mußten wir Farbe bekennen. Wir hatten uns zu entscheiden, und zwar schnell, ob wir es wagen sollten, ein Gebiet von hundertsechzigtausend Quadratkilometern, zwanzigmal so groß wie alle Gebiete zusammen, in denen wir in den vergangenen dreizehn Jahren gearbeitet hatten, in Angriff zu nehmen, und wie wir das, wenn wir es wirklich wagten, anstellen könnten.

Das Problem war im wesentlichen eines der «strategischen Archäologie», wie Sir Mortimer Wheeler es genannt hat. Es wäre nutzlos, unsere Kräfte dadurch zu verzetteln, daß wir versuchten, uns mit dem ganzen Gebiet zu beschäftigen. Aber das andere Extrem war die Gefahr, daß wir bei einer einzigen, wenn auch noch so wichtigen Stätte steckenblieben. Was wir meiner Ansicht nach brauchten, war eine bewegliche Truppe von Spezialisten, die in der Lage war, rasche Sondierungen an ausgewählten Punkten vorzunehmen und ein Maximum an Information mit einem Minimum von Zeitaufwand herauszuholen. Man müßte einen unbarmherzigen Zeitplan haben, der die Gruppe von Stätte zu Stätte jagte, so groß auch die Versuchung wäre, sich irgendwo aufzuhalten. Und doch müßte bei einer solchen Erkundung unbekannten Geländes genügend Beweglichkeit vorhanden sein, um zu verhindern, daß unerwartete Entdeckungen unzureichend erforscht würden. Das alles würde nicht leicht sein.

Beim Start hatten wir einen unschätzbaren Vorteil. Die «Topfsucher» der Ölstadt Dhahran hatten das ganze Gelände bereits sorgfältig durchgekämmt. Die vorbereitende Erkundung von Hinweisen an der Oberfläche war schon für uns getan worden. Es hätte keinen Zweck, wenn wir ihr Werk wiederholen wollten. Was wir tun konnten und mußten, war graben, und zwar an Punkten, wo die Hinweise an der Oberfläche vermuten ließen, daß eine Grabung weitere Informationen liefern würde. Ich wählte vier Gebiete aus, wo man erwarten konnte, daß Grabungen spezifische Antworten auf spezifische Fragen geben würden.

Während die Regierung von Saudi-Arabien noch unseren Antrag, Ausgrabungen durchzuführen, erwog, wurde unsere Bitte um finanzielle und logistische Unterstützung an die Ölgesellschaft in Dhahran gesandt. Und als die Regierung unsere Pläne genehmigte, erwiderte gleichzeitig die Aramco, daß ihre Forschungsabteilung ermächtigt worden sei, die praktische Seite unserer Expedition zu organisieren, während die Abteilung für arabische Angelegenheiten sich «um die weniger praktischen Dinge, wie zum Beispiel Geld, kümmern wurde».

Nun, wenn eine Bodenaufnahme des Mondes oder des Mars durchgeführt werden muß, dann könnte die Weltraumbehörde nichts Besseres tun, als die Sache in die Hände der Forschungsabteilung der Aramco zu legen. Sie ist es gewohnt, eine alltägliche Routine aus Wüstenreisen zu machen, die vor dreißig Jahren ihren Teilnehmern das Adelsprädikat und unsterblichen Ruhm verschafft hätten. Sie unterhält und versorgt mit allem Komfort Lager inmitten jener unzugänglichsten aller Wüsten, der Rub al-Khali, der Großen Arabischen Wüste.

Unser unerschrockener Vorstoß tief in archäologisch unbekanntes Territorium war für sie eine Spritztour innerhalb des normalen Picknickgebiets rund um Dhahran und größtenteils bequem in Pendlerreichweite. Er konnte in den von Zeit zu Zeit auftretenden Entspannungspausen zwischen der Organisation wirklich ernsthafter Expeditionen arrangiert werden.

Aber unsere Vorbereitungen wurden mit derselben entgegenkommenden Aufmerksamkeit für alle Details in die Wege geleitet wie die größeren Projekte. Denn die Forschungsabteilung arbeitet nach einem sehr einfachen Prinzip. Der Mann im Feld hat immer recht. Er weiß, was er braucht; der Mann im Depot hat nur dafür zu sorgen, daß er es bekommt. Ob man zehntausend Gallonen Dieselöl anfordert oder bittet, daß ein Buch aus der Bibliothek umgetauscht wird, oder ob man ein Geburtstagstelegramm aufgegeben haben möchte – es wird erledigt. Fordert man per Funk sechs Büchsen mit Spargelspitzen auf einem Extralastwagen an, kommt der Lastwagen mit sechs Büchsen Spargelspitzen. Man wird nicht fragen, ob das nicht Zeit hätte bis zum nächsten regelmäßigen Nachschublastwagen; wenn man um eine spezielle Lieferung bittet, hat man einen Grund, und das genügt der Forschungsabteilung.

So wurden wir, als wir im Januar 1968 nach Thaj, dem ersten Punkt unserer Liste, aufbrachen, in einem Maße ausgerüstet, wie Archäologen es nicht gewöhnt sind. Voraus fuhr ein Bobtail, wie die Forschungsabteilung ihn nannte, ein ungeheurer Lastwagen mit Zehnradantrieb, einem Führerhaus wie der Brücke eines Dampfschiffs (einschließlich einer Leine über dem Kopf des Fahrers, um die Sirene aufheulen zu lassen) und einem Auspuff, der die weiße Wolke ausstieß, die, wie ich vermute, dem Fahrzeug seinen Namen verschafft hat. Er zog einen Zweitausend-Gallonen-Tank mit Wasser und beförderte etwa ein Dutzend Fässer mit Benzin, Öl und Kerosin, sowie unsere sechs Zelte und den größeren Teil unserer Lagerausrüstung. Bobtails sind die neuen Wüstenschiffe, und ihre Fahrer sind eine spezielle Menschenrasse, verwandt mit den großen Beduinenführern von vor dreißig Jahren oder wahrscheinlich deren Söhne. Sie durchreisen ungeheure Entfernungen quer durch Arabien, oft allein und nur von Gott, den Sternen und ihrem Instinkt für Richtung und Entfernung geleitet. Sie sind die Hauptstütze des Verbindungssystems der Forschungsabteilung.

Dahinter folgten unsere beiden Geländewagen, jeder mit seiner Sprechfunkantenne, die bei jeder Bewegung wippte, und unser Drei-Tonnen-Lastwagen. Wir hatten nie und nirgends vorher einen Lastwagen zur Verfügung gehabt, aber der Fargo war kaum groß genug, um unseren Vorrat an Nahrungsmitteln, Betten, Matratzen, Stühlen und Kochherden zu befördern. Unsere Gruppe fuhr auf dem Geländewagen. Sie war dreizehn Mann stark, ein Mechaniker, zwei Fahrer, drei Köche und sieben «Wissenschaftler». Christian und ich waren die einzigen «Dreckarchäologen».

Ich hatte auf gut Glück eine Gruppe von Spezialisten. Holger, der Katar der Länge und Breite nach durchwandert und soeben an seinem einundsiebzigsten Geburtstag den ersten unserer endgültigen Berichte, nämlich über die Steinzeitkulturen von Katar, veröffentlicht hatte, sollte die Wüste innerhalb der Reichweite einer Tagesreise von unserem Lager durchstreifen und die Steinzeitkulturen von Arabien erforschen. Erling, unser Geologe, sollte, wie wir hofften, eine Menge klimatischer Fragen beantworten: Warum war Thaj am Rand einer Sabkha erbaut worden? Wo war die Küstenlinie zur Zeit von Gerrha – und von Früh-Dilmun? Was war mit dem bewässerten Gebiet nördlich von Ukair geschehen? Woher war der Sand gekommen und wann? Ole, unser Vermesser, der als Student unseren Stadt-Tell auf Bahrain kartographisch aufgenommen hatte und jetzt Professor war, wiegte seinen Theodoliten auf den Knien. Seine größte Aufgabe würde es sein, den Stadtplan von Thaj festzustellen, seine schwierigste, den Sinn der weit verstreuten Bewässerungskanäle in «Gerrha» herauszufinden. Bente war unsere Zeichnerin, die bisher Töpferware im Museum in Dänemark gezeichnet hatte. Diesmal mußte alles, was wir fanden, auf der Stelle gezeichnet werden, denn in das Museum in Dänemark würde nichts kommen. Die junge Abteilung für Altertümer in Riad wollte sichergehen. Sie wollte nicht eine schwer errungene Position dadurch aufs Spiel setzen, daß man ihr Vorwürfe machen konnte, sie verschenke nationale Schätze an ausländische Museen. Alles, was wir fanden, mußte ihr übergeben werden. Damit waren wir völlig einverstanden. Wir waren zu lange das Aschenputtel unseres eigenen Museums gewesen, um nicht die Schwierigkeiten würdigen zu können, denen sich eine Behörde gegenübersah, wenn sie versuchte etwas zu tun, was nicht schon früher getan worden war; und wir fühlten uns eher als Paten der Abteilung für Altertümer. Wir hatten ihre Geburt und ihr Zahnen mit Sorge begleitet und waren bereit, eine Menge von Unannehmlichkeiten auf uns zu nehmen, um ihre Position zu stärken.

Abdul-rahman war der Vertreter der Behörde in unserer Gruppe, ein Spezialist in islamischer Architektur und Archäologie, aber ebenso begierig wie wir, sich in die vorislamische Vergangenheit seines Landes zu verbeißen. Christian und ich würden alle Ausgrabungen zu machen haben, die es geben würde, obwohl wir noch hofften, daß P. V. sich von der laufenden dänischen Archäologie freimachen konnte, um wenigstens für einen Teil der Saison zu uns zu stoßen.

Das unmittelbare archäologische Problem bei Thaj war ganz eindeutig und konnte durch eine einzige richtig angebrachte Sondage gelöst werden. Überlagerte die Stadt aus der Zeit Alexanders, deren Existenz durch Anzeichen an der Oberfläche bewiesen wurde, eine oder mehrere Städte aus früherer Zeit? Das längerfristige historische Problem war ungeheuer viel komplizierter. Was war diese Stadt? Welche Rolle spielte sie in der Geschichte Arabiens oder der Weltgeschichte? Wer hat in ihr gelebt? Warum war sie an dieser Stelle? Wir konnten nicht hoffen, diese Fragen in einer einzigen Saison zu beantworten. Aber weil es sehr wichtige Fragen waren, wollten wir Thaj besichtigen und es hinsichtlich einer regelrechten Ausgrabung prüfen. Denn eine solche wäre nötig, wenn wir Antworten auf die historischen Fragen haben wollten. Und bei all unserer Voreingenommenheit für Dilmun durften wir nicht aus dem Auge verlieren, daß wir in Thaj eine Stätte von großer historischer Bedeutung und architektonisch vielversprechend, ja sogar eine mögliche touristische Attraktion hatten, die mancher Archäologe als ausreichend für ein ganzes Lebenswerk ansehen würde.

Wir hatten nasses und bitterkaltes Wetter. Die Zelte waren behaglich, aber es fiel schwer, morgens bei dem frostigen Wind aus den Betten zu kommen. Ich sagte mir vor, daß wir im April in Dschabrin es nicht würden glauben können, daß es eine Zeit gegeben hatte, in der wir uns wärmeres Wetter wünschten. Aber das half nichts. Das einzige, was half, war, hinauszugehen und Erde und Sand auf den drei Meter hohen Wall unserer Sondage hinaufzuschaufeln. Unmittelbar innerhalb der Südmauer der Stadt gelegen, maß sie nur zwei auf zwei Meter und war bereits mehr tief als breit. Ich hatte der Behörde versprochen, keine Löcher zu graben, die größer als zwei Meter im Quadrat waren, und sie wieder zuzuschütten, wenn wir gingen. Denn die Behörde fürchtete, daß die ungebildete einheimische Bevölkerung sich jeder Ausgrabung widersetzen würde, die Dschinns und böse Geister aufschrecken könnte. Ich hatte den Leuten gesagt, daß ich nicht glaubte, ihre Einheimischen seien abergläubischer als diejenigen, die wir am ganzen Golf so gut kennengelernt hatten. Und als wir bei unserer Grabung an der Innenseite der Mauer aus behauenem Stein hinunter die erste Schale mit einer anderen Schale als Deckel genauso wie im «Palast» in Bahrain gefunden hatten, holte ich sie herauf und zeigte sie der Gruppe junger Beduinen, die am Rand der Ausgrabung hockten. «Was meint ihr wohl», fragte ich, «ist unter diesem Deckel hier? Ein Dschinn?» Einer grinste. «So Gott will», sagte er, «ist Gold darin.» «Nichts ist darin», meinte ein anderer. «So Gott will», sagte ich, «ist eine Schlange darin.» Sie lachten. Ausländer sind ja so abergläubisch. Und sie hatten recht. Die Schale enthielt nichts als Sand. Wir fanden noch vier weitere Paare Schalen wie die erste, aber alle enthielten nur Sand. Vielleicht gibt es eine Beziehung irgendwelcher Art zwischen den Schlangenschalen von Bahrain und den leeren Schalen von Thaj

– obwohl die Schalen von Thaj drei- oder vierhundert Jahre später sind –, aber zumindest die Schlange spielte bei den Opfern keine Rolle mehr.

Es gab keine frühere Stadt als Thaj. Drei Meter tiefer waren wir unter den Fundamenten der Stadtmauer in einer Grube, die vor der Errichtung der Mauer in den sterilen Sand gegraben worden war, der zu dieser Zeit die Stätte bedeckte. Fünf Meter tief kamen wir auf den Grund der Grube. Und die Töpferware war vom Anfang bis zum Ende immer dieselbe. Thaj hatte nur eine einzige Periode der Besiedlung gehabt, und diese hatte nicht länger als vielleicht vierhundert Jahre gedauert. Wir haben Carbonmuster von der untersten und der obersten Schicht, aus denen wir vielleicht die Zeitspanne der Stadt erhalten können. Die Aschenablagerungen in den obersten Schichten sind so dick, daß es wahrscheinlich ist, daß Thaj durch Feuer und Schwert unterging.

Bei näherer Untersuchung erwies sich die Stadt sogar als noch imposanter als beim ersten Anblick. Die Stadtmauer ist viereinhalb Meter dick, hat eine Steinfassade sowohl außen wie innen und Türme, die in regelmäßigen Abständen die Mauer überragen. Nach der Ausgrabung würden die Mauern noch gut zwei Meter hoch dastehen und wären ein imposantes antikes Monument. Für die Karawanen aus Hadramaut, die vor zweitausend Jahren nach einer vierzigtägigen Wüstenreise die zinnenbewehrten Mauern sich in voller Höhe über den Palmen und Gärten südlich der Stadt mit dem blauen Wasser des Sees dahinter erheben sahen, muß der Anblick noch eindrucksvoller gewesen sein.

Die Versuchung war groß, einen Abschnitt der Außenseite der Mauer freizulegen, um zu zeigen, was getan werden konnte. Aber statt dessen riefen wir per Funk den Bobtail herbei und fuhren zur Küste hinunter.

Wir schlugen unser Lager am Rand der Oase Katif gegenüber der Insel Tarut auf. Unser Ziel war die Insel. Der Tell in der Mitte der Stadt Tarut war immer noch die einzige Ansiedlung aus der Zeit und der Kultur von Dilmun in Saudi-Arabien und immer noch Saudi-Arabiens älteste Stadt. Und wir hegten die Hoffnung – da wir ja nun «offiziell» und von einem Regierungsvertreter begleitet waren –, daß wir irgendwie das Tabu gegen die Annäherung an die *haram*-Seite des Tells umgehen könnten.

Wir hatten eine Unterredung mit dem Emir, wobei Abdul-rahman sich für unser Anliegen einsetzte, und der frühere Bürgermeister von Katif, ein einheimischer Altertumsfreund von unbestrittenem Ansehen,

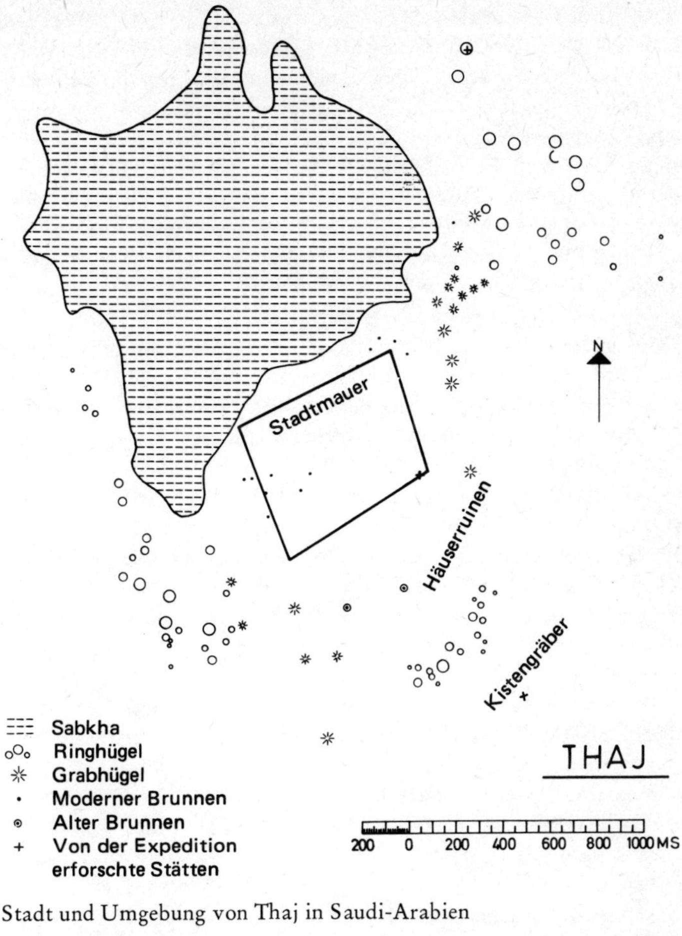

88 Stadt und Umgebung von Thaj in Saudi-Arabien

wurde gebeten, uns nach Tarut zu begleiten. Nach langen Verhandlungen mit den Ältesten dort kam man zu der Ansicht, daß unsere Untersuchung des Tells in Gegenwart des früheren Bürgermeisters keinen Schatten auf die Ehre der Damen von Tarut werfen könnte, und nachdem entsprechende Warnungen verbreitet worden waren, erlaubte man uns, nach Belieben zwei Stunden lang den Tell zu begehen.

Selten haben wir so schnell gearbeitet. Ole stellte seinen Theodoliten auf und legte in den zwei Stunden eine genaue Kartenskizze des Tells an. Bente erhielt den Auftrag, fotografische Aufnahmen zu machen – in der Annahme, daß die Damen der Stadt, die freilich keine Neigung zeigten, unsere Gegenwart zu fliehen, durch einen weiblichen Fotografen besänftigt würden. Christian, Erling und ich arbeiteten an der freien Südseite des Tells. Der von der Sonne gebackene Boden war hart wie Eisen, und nur Erlings Geologenhammer konnte einigen Eindruck auf ihn machen. Aber wir konnten immerhin wenigstens vier Besiedlungsschichten ausmachen, jede mit freigelegten Stümpfen von Mauern aus behauenem Stein, und wir begannen, in die tiefste freigelegte Schicht hineinzugraben.

Mitten in unserer Arbeit rief uns der frühere Bürgermeister, wir sollten das allerheiligste der Heiligtümer, den Badeteich der Frauen, besichtigen. Wir ließen Erling bei der Ausgrabung zurück, passierten ein Labyrinth von Mauern und kamen dicht an der steilsten Seite des Tells zu einem natürlichen Felsbecken voll mit klarem, sprudelndem Wasser. Es war eine der natürlichen Quellen, wie wir sie von Bahrain kannten. Das Wasser war über dreieinhalb Meter tief, und zweieinhalb Meter unter der Oberfläche konnte man den Fuß einer mächtigen Mauer aus ungeheuren viereckigen Steinblöcken sehen. Dieser Teich war zweifellos der Grund für die Existenz einer Siedlung an dieser Stelle und muß die Stadt seit über viertausend Jahren mit Wasser versorgt haben.

Als wir zur Ausgrabung zurückkehrten, konnte uns Erling nachweisen, daß die Besiedlung der Stadt sogar noch weiter in die Vergangenheit zurückreichte. Aus der untersten Schicht, an der er arbeitete, hatte er eine unbestimmbare Scherbe gelblicher Töpferware und drei Stücke bearbeiteten Feuersteins einschließlich einer zweifelhaften Messerklinge aus Feuerstein geborgen. Wir waren wieder zurück in der Jungsteinzeit.

Es war ein mageres Beweismaterial, um die Geschichte von Dilmun diesen weiteren Schritt in die Zeit zurückzuführen. Aber er war unausweichlich. Auf all unseren früheren «Barbar»-Stätten, in Barbar selbst, auf Failaka, in Kalaat al-Bahrain hatten wir keinen bearbeiteten Feuerstein gefunden. Zwar eine große Zahl von Feuersteinklümpchen und einige Feuersteinschuppen, sogar einen Feuersteinkern, von dem Klingen abgeschlagen worden waren, aber kein einziges Stück mit Spuren einer zweiten Bearbeitung, der Retusche, die angezeigt hätte, daß es für menschlichen Gebrauch geformt wurde. Daß drei retuschierte Bruchstücke im Verlauf einer hastigen, fast zufälligen Grabung in einer freigelegten Schicht ans Licht gekommen waren, konnte nur bedeuten, daß bearbeiteter Feuerstein in der Zeit dieser Schicht ganz allgemein gebräuchlich war.

Wir hatten kein Datum für die Schicht. Die Jungsteinzeit ist eine lange Periode, und wenn sie abseits vom großen Strom des Fortschritts liegt, hat sie die Tendenz, bestehenzubleiben. Wir wußten zu wenig über Tarut, um sagen zu können, ob es gewissermaßen ein toter Seitenarm am Strom der Geschichte war, aber das war unwahrscheinlich. Einer unserer ersten Glaubenssätze war ja, daß das Frühe Dilmun *kein* totes Wasser war, daß es im Gegenteil genau zu der Zeit, als Mesopotamien sich mit Bronze ausstattete, auf dem Hauptstrom des Fortschritts schwamm. Wenn man von irgendeinem Land erwarten konnte, daß es *früher* als Mesopotamien von der Steinzeit in die Kupferzeit übergewechselt war, dann mußte es das Land sein, das Mesopotamien mit Kupfer versorgt hatte.

In den folgenden Wochen, als wir ‹Friedhöfe› aus der seleukidischen Periode auf Tarut und an der Küste untersuchten, und später, als wir das Lager in das rätselhafte Gebiet der aufgegebenen Bewässerungskanäle nördlich von Ukair verlegten, beschäftigte ich mich vergebens mit dem Problem der Ausgrabung des Tells von Tarut. Auf einen Schlag war das nicht nur die älteste Stadt in Saudi-Arabien, sondern die älteste einstige Stätte einer Stadt am Golf überhaupt geworden. Aber man konnte sie nicht ausgraben. Es kam mir zum Bewußtsein, wieviel Glück wir bisher gehabt hatten. Anderswo im Vorderen Orient bildet die wichtige antike Stätte, die heute noch bewohnt ist, ein allgemein bekanntes Problem. Sondagen, die durch Eigentumsrechte diktiert sind, Gräben, deren Verlauf von zufällig freiem Gelände abhängt, Entschädigungen für Grundbesitzer, ja sogar der Kauf von Ausgrabungsgebieten gehören zu den üblichen Kopfschmerzen des Expeditionsleiters. Bei allen unseren Vorhaben am Golf waren wir nie auf diese Probleme gestoßen. Jetzt aber standen sie vor uns, und zwar in extremster Form. Wir hatten nie über soviel Geld verfügt, wie man brauchte, um das Zentrum der Stadt Tarut zu kaufen. Und auf jeden Fall war der Badeteich der Frauen, der Waschplatz der Gemeinde und die hauptsächlichste Wasserversorgung von Tarut unverkäuflich.

Ich dachte daran, ein Team nur aus Frauen einzusetzen. Weibliche Archäologen hatten wir genug. In einer Woche wollte ich nach Osten reisen, um Karen zu besuchen, die in diesem Jahr die Ausgrabung in Buraimi leitete. Sie könnte gut Tarut ausgraben. Aber es würde nicht gehen. Wir konnten keine weibliche Arbeitertruppe anstellen. Nur ein Dekret der Regierung konnte uns Tarut öffnen, aber ein solches würde am Ort höchst unpopulär sein; nicht bei den Frauen, die unsere

Erkundung mit Interesse und ohne eine Spur von Scheu beobachtet hatten, aber bei den Männern. Wir konnten nur die Früchte der Erziehung abwarten und den Wandel in der Haltung des Mohammedaners gegenüber der Frau, der langsam stattfindet. Das konnte Generationen dauern.

Das Problem sollte in wenigen Wochen sogar noch bedeutsamer werden. In der Zwischenzeit hatten wir unser Lager zwanzig Meilen nördlich von Ukair in einer Mulde zwischen weißen Sanddünen und blühenden Wüstenbüschen. Unser drittes Problem war, zu bestimmen, ob das Gebiet der aufgegebenen Bewässerungskanäle irgendeine Verbindung mit der verlorenen Stadt Gerrha haben könnte – oder ob umgekehrt Gerrha unter der verfallenen islamischen Stadt bei Ukair lag.

Wir fanden Gerrha nicht (falls nicht doch, wie P. V. und Christian meinen, die ummauerte Stadt bei Thaj Gerrha ist). In Ukair zeigten drei Sondagen, daß die islamische Besiedlung sich bis an den Fuß der verfallenen Stadtmauer erstreckte, die also selbst auch islamisch sein mußte. Aber darunter war nichts. Weiter nördlich durchstreiften wir das Gebiet acht Kilometer weit rund um unser Lager, hauptsächlich zu Fuß. Das ganze Gebiet war durch Sand und Wind (der in einer wilden Nacht unsere Zelte losriß) stark verwittert. Wir fanden Dorfstätten, wo die Mauern und sogar die Fußböden der Häuser vollständig weggefegt waren. Nichts hätte anzeigen können, daß hier früher Häuser gestanden hatten, wenn nicht dort, wo einst die Feuerherde waren, die Lehmfußböden so hart gebacken waren, daß sie den Sandstürmen zweier Jahrtausende widerstanden hatten. Zwischen den Herden, die jetzt gut sechzig Zentimeter über dem allgemeinen Bodenniveau standen, fanden sich Perlen, Münzen und halbverwitterte Topfscherben der Siedlungen. Auch die Anlage der Felder konnte festgestellt werden und sogar die Palmengärten, wo Ringe aus dunklerer Erde die Bewässerungsteiche um jeden verschwundenen Baum bezeichneten. Wir fanden zwei kleine Forts und gruben sie aus. Überall stimmte das Datum, die Topfscherben stammten aus der klassischen Periode; aber nirgends war eine Stadt.

Bei der Arbeit stellte es sich heraus, daß wir ein Küstengebiet erforschten. Wir waren hier fünfzehn Kilometer vom Meer entfernt, und die breite und trügerische Sabkha erstreckte sich nach Osten bis zu dem schmalen Streifen von Sandhügeln, der die Sabkha vom Meer trennt. Aber die Merkmale eines Küstengebiets waren ganz eindeutig. Unsere Dorfstätten lagen am Ende von Sabkha-Armen, die sich in Felsbuchten hineinzogen. Die Forts standen auf niedrigen Vorgebirgen. Der breiteste Streifen mit Bewässerungskanälen konnte sogar als dem Meer abgewonnenes Land identifiziert werden, und Erling zeigte in seinen Schnittgräben, wie die Deiche schließlich geborsten waren und das Meer den Polder wieder an sich genommen hatte.

Erlings Forschungen begannen sich auszuzahlen und in Einklang mit früheren geologischen Untersuchungen der Küsten-Sabkhas von Katar und der Piratenküste zu kommen, die gezeigt hatten, daß die dortigen Sabkhas erst etwa zweitausend Jahre alt waren. Es sah allmählich so aus, als habe sich das Küstengebiet von Ostarabien während der letzten Jahrtausende langsam gehoben. Unwahrscheinlich war das nicht. Vor mehreren Millionen Jahren, im späten Miozän, während der letzten großen Periode der Entstehung von Gebirgen in der Welt, war das persische Massiv südwärts vorgestoßen und hatte die ganze arabische Platte gekippt. Im Osten wurde Arabien unter die Meeresoberfläche gedrückt, wodurch der Arabische Golf entstand. Und im Westen wurde die Platte von Afrika abgesprengt, so daß die tiefe Kluft des Roten Meeres, der ostafrikanische Grabenbruch und der Riß, der jetzt der Golf von Akaba und das Tal des Jordans ist, entstanden. Es ist nicht unwahrscheinlich, daß seit damals eine Rückbewegung stattfindet und daß Arabien allmählich in die Horizontallage zurückkehrt.

Das würde manches am historischen Ablauf erklären. Eine solche Hebung Ostarabiens hätte den Zustrom unterirdischen Wassers vom Hochland im Westen verringert und ihn in extremen Fällen, wie vielleicht hier in «Gerrha», sogar ganz abgeschnitten. Der freigelegte Meeresboden wäre ausgetrocknet und als Sand und Staub weggeweht worden, was die schon durch die verminderte Wasserzufuhr gefährdete Vegetation erstickt hätte. Es wären die Vorbedingungen für Sandstaubgebiete entstanden, die noch mehr Sand auf die Dünen gehäuft hätten. Die Weidefläche für grasende Tiere hätte sich verringert, und was noch verblieb, wäre überbeansprucht worden, wodurch weitere kahle Gebiete und immer mehr Sand entstanden wären. Man kann vielleicht nicht allen Sand Arabiens auf diese einzige Ursache zurückführen, aber das Ganze mußte zum gleichen Ende führen. Der Prozeß hatte seinen Höhepunkt in der Zeit, als der Mensch versuchte, seine Kulturen längs der Küste zu errichten. Dilmun und Gerrha standen auf verlorenem Posten.

Heute ist der Kampf wiederaufgenommen; Öl hält die Dünen in Schach, tiefe Bohrungen erschließen neue Wasservorräte, planmäßige Anpflanzungen sichern den Boden und bewahren die Luftfeuchtigkeit, für die der Golf berühmt ist. Es ist ein langwieriger Prozeß, den

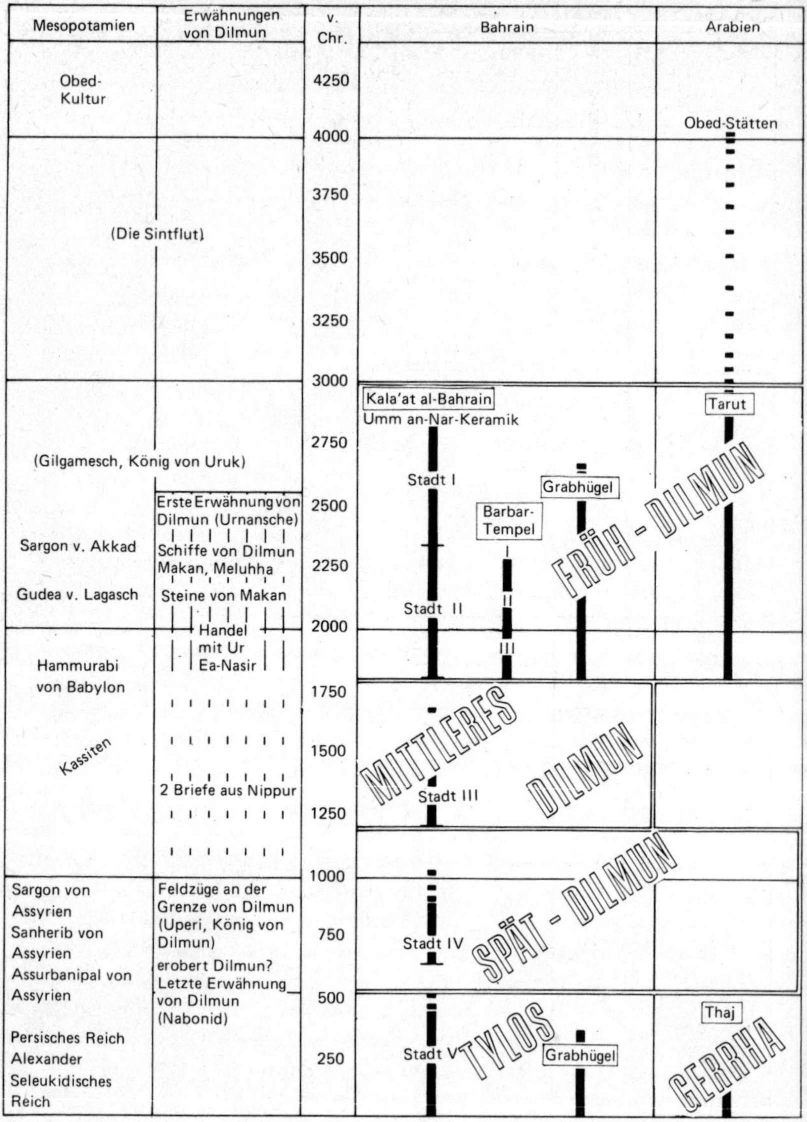

Mesopotamien
Erwähnungen von Dilmun
v. Chr.
Bahrain
Arabien
Obed-Kultur
4250
Obed-Stätten
4000
3750
(Die Sintflut)
3500
3250
3000
Kala'at al-Bahrain
Umm an-Nar-Keramik
Tarut
2750
(Gilgamesch, König von Uruk)
Stadt I
Grabhügel
FRÜH - DILMUN
Erste Erwähnung von Dilmun (Urnansche)
2500
Barbar-Tempel
I
Sargon v. Akkad
Schiffe von Dilmun Makan, Meluhha
2250
Gudea v. Lagasch
Steine von Makan
Stadt II
II
2000
Handel mit Ur Ea-Nasir
III
Hammurabi von Babylon
1750
MITTLERES DILMUN
Kassiten
1500
2 Briefe aus Nippur
Stadt III
1250
1000
SPÄT - DILMUN
Sargon von Assyrien
Sanherib von Assyrien
Assurbanipal von Assyrien
Feldzüge an der Grenze von Dilmun (Uperi, König von Dilmun) erobert Dilmun?
750
Stadt IV
Letzte Erwähnung von Dilmun (Nabonid)
500
Thaj
Persisches Reich
Alexander
Seleukidisches Reich
250
Stadt V
TYLOS
Grabhügel
GERRHA

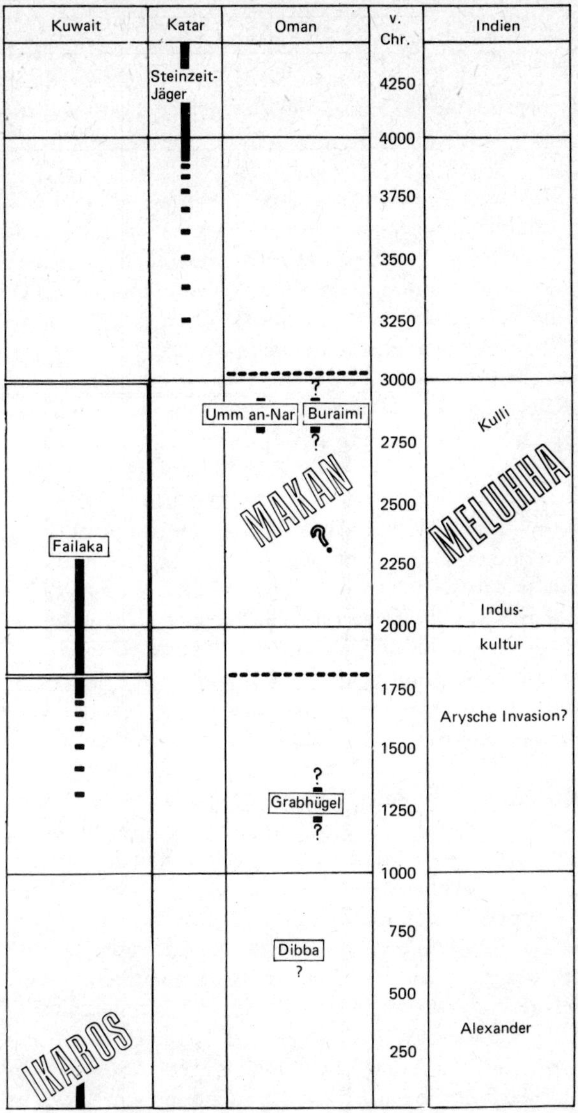

89 Chronologische Tabelle der archäologischen Ergebnisse der Expeditionen und ihrer Beziehungen zu den historischen Berichten über Dilmun

Urteilsspruch der Natur zu revidieren. Aber einst hatte ein nur geringfügiger Wechsel der Umwelt die Waagschale um einen Bruchteil zuungunsten des Menschen gesenkt; wenn seine Anstrengungen diese Benachteiligung aufheben könnten, würde alles entgegengesetzt verlaufen. Die archäologische Forschung gewann damit eine ganz unerwartete Bedeutung.

Zufällig machten wir eine ganze Menge Reisen von «Gerrha». Holger, Abdul-rahman und ich fuhren auf der langen Wüstenstraße nach Katar, eine Reise, von der wir, allerdings in der umgekehrten Richtung, seit Jahren geträumt hatten, und präsentierten dem Herrscher Holgers Steinzeitbuch. Holger und Ole schlossen sich einer Gruppe aus Dhahran an, die eine fünftägige Fahrt nach Karjat al-Fau, einem Gebiet mit Felsinschriften tausend Kilometer südwestlich und nur hundertfünfzig Kilometer von der Grenze Jemens entfernt, machte. Das war doppelt so weit als unsere Forschungsfahrten geplant waren, aber da waren wir ja nur Archäologen – unsere Reisegefährten waren Mitglieder der Forschungsabteilung auf einer Wochenendfahrt.

Außerdem war ich eine Woche in Buraimi, wo die Bulldozer Tag und Nacht wüteten und wo Karen, Eivind und Henning ein sehr merkwürdiges Gebäude mit meterdicken Lehmziegelmauern hundert Meter entfernt von dem «Rundbau» ausgruben, der sich als eine Grabkammer der Umm an-Nar-Kultur herausgestellt hatte. Die Trucial Oman Scouts hatten ihnen geholfen, die gewaltigen Steine der eingestürzten Außenseite des Rundbaus umzudrehen, und sie hatten entdeckt, daß die beiden kolossalen Türsteine auf ihren Außenflächen mit Reliefs verziert waren.

Nun sind außerhalb von Ägypten Bildreliefs aus dieser Zeit praktisch nicht vorhanden. Sie sind im Industal unbekannt, obwohl Indien voll von Reliefs und Felsgravierungen aus späterer Zeit ist; und in Mesopotamien sind die großen Steinreliefs der assyrischen Könige zweitausend Jahre später. Wir hatten Reliefs auch schon vorher gefunden, nämlich die Tiergravierungen auf den Außenplatten der Gräber von Umm an-Nar, aber die Gravierungen von Buraimi waren größer, schöner und viel abwechslungsreicher. Da waren zwei Leoparden oder vielleicht Löwen, die eine Gazelle zerrissen; da gab es zwei Antilopen, die sich gegenüberstanden, und unter ihren Köpfen zwei menschliche Figuren Hand in Hand; es gab auch eine sehr indische Geschlechtsverkehrsszene (eigentlich kaum ein Thema für die Ausschmückung einer Grabkammer, wie uns schien); und schließlich ein Mann, der einen Esel führt, auf dem eine zweite menschliche Figur reitet, was Karen spontan «Flucht nach Ägypten» benannte. Eivind war damit beschäftigt, Abklatsche der Gravierungen zu machen, als ich nach Bahrain zurückkehrte.

In diesem Jahr gruben wir auf Bahrain nicht. Aber endlich waren die Altertümer von Bahrain offiziell unter den Schutz der Erziehungsabteilung gestellt worden, und ein Büro für Altertümer war entstanden. Ich war gebeten worden, zu kommen und zu besprechen, wann und wie wir die Arbeit wiederaufnehmen könnten. Das Interesse war in Bahrain wieder so lebhaft wie die ganze Zeit nicht mehr, seit Scheich Sulman vor sechs Jahren gestorben war.

Als ich nach Dhahran zurückkam, war auch die Gruppe aus «Gerrha» zurückgekehrt, und ich bereitete mich für eine Reise weit in den Süden nach Dschabrin am nächsten Tag vor. Dort kündigte sich zwölf Stunden vor unserer Abreise jene völlig unerwartete Entdeckung an, die Entdeckung, der wir uns – ohne noch zu wissen, um was es sich handelte – trotzdem mit genügender Beweglichkeit stellen mußten. Es erwartete mich eine Nachricht von Grace, einer Lehrerin und einer der leidenschaftlichsten Topfsucherinnen. Ob ich an einer Stätte mit Pfeilspitzen aus Feuerstein und bemalter Töpferware interessiert sei?

Die Funde waren auf einem Tisch ausgebreitet, als ich zehn Minuten später eintraf. Einige zwanzig Pfeilspitzen mit Widerhaken und Zapfen und ebenso viele Werkzeuge aus Feuerstein, Messer, Schaber und Pfrieme. Und etwa zweihundert Topfscherben von einer dünnen, grünlich-gelben, mit geometrischen Mustern in dunkelbrauner Bemalung verzierten Ware. Ich war sprachlos, denn das übertraf alle unsere Träume, und plötzlich wurde mir bewußt, was die tiefste Schicht in Tarut mit ihren unbestimmbaren gelblichen Scherben und den drei Stücken von bearbeitetem Feuerstein war. Grace sah mich besorgt an, weil sie fürchtete, ich würde die Achseln zucken und sagen: «Islamisch.» Stammelnd brachte ich heraus: «Aber... aber das ist Obed!»

Irgendwann um 5000 v. Chr. herum wanderten die ersten bäuerlichen Siedler in die Wüstenei von Sümpfen längs des unteren Tals des Tigris und des Euphrat ein, des Gebiets, das später Sumer und dann Babylon werden sollte. Und diese ersten steinzeitlichen Siedler fertigten eine Töpferware aus grünlich-gelbem Ton, der mit geometrischen Mustern in dunkelbrauner Bemalung verziert war. Woher sie kamen, weiß niemand, vielleicht aus Süden, vielleicht aus Osten. Während tausend oder mehr Jahren kultivierten sie nach und nach das untere Mesopotamien, und ihre Keramik breitete sich bis zu den schon besie-

90 Von der Küste von Saudi-Arabien kommen die frühesten je gefundenen Spuren einer Kultur am Arabischen Golf – Feuersteinwerkzeuge, Obsidianklingen, und diese Scherben bemalter Töpferware der Obed-Kultur, der frühesten bekannten Kultur von Südmesopotamien, etwa aus der Zeit von 4000 v. Chr.

delten Gebieten von Nordmesopotamien und sogar Syrien aus. Ihre Kultur wird die Obed-Kultur genannt, und die Dhahran am nächsten gelegene Siedlung der Obed-Kultur, und zugleich die früheste von allen, war Eridu, sechshundertfünfzig Kilometer weiter nördlich. Und nun war sie auch hier, in Arabien!

Ich setzte mich, um nachzudenken. Grace erzählte mir dabei von der Stätte. Es war eine Oberflächenstätte, sagte sie, ein niedriger Hügel zwischen den Sanddünen, fünfhundert Meter von der Küste entfernt, etwa hundert Kilometer nördlich von Dhahran. Ich kannte diesen Küstenstreifen. Wie im Süden, von wo wir soeben gekommen waren, war auch hier ein großes Sabkha-Gebiet zwischen dem Land und dem Meer und ein Streifen mit niedrigen Sandhügeln, der die

Sabkha gegen das Meer abgrenzte. Er muß vor sechs- und siebentausend Jahren, als die Sabkha noch Meer war, eine Kette von Inseln gewesen sein. Es gebe keine Spuren von Gebäuden, fuhr Grace fort, aber Stücke von Verputz, die auf der einen Seite glatt waren und auf der anderen die Abdrücke von Strohbündeln trugen. Sie zeigte mir ein halbes Dutzend Stücke als klaren Beweis für den Häusertyp dieser steinzeitlichen Araber; sie waren verwandt mit dem Lehmverputz mit Eindrücken von Stroh, wie er bei anderen Obed-Stätten gefunden worden war. Aber das größte Stück hatte noch mehr zu sagen. Seine glatte Seite war mit Entenmuscheln überkrustet. «Ja», sagte Grace, «ich fand das an der tiefsten Stelle der Stätte.»

Als wir vierzehn Tage später die Stätte besichtigten, vermaß Ole die Höhe der Stelle, wo das Stück Verputz gefunden worden war. Sie lag vier Meter über der Hochwassermarke. Das war ein positiver Beweis dafür, daß das Land sich gegenüber dem Meer gehoben hatte.

Das war alles von überragender Bedeutung. Es war die größte Neuigkeit, die aus Arabien gekommen war, seitdem wir die Umm an-Nar-Kultur entdeckt hatten. Sie schrie geradezu nach sofortiger Untersuchung. Aber wir waren doch nicht beweglich genug dafür. Wir konnten den einmal aufgestellten Plan nicht durchbrechen. Wir hatten schon für die Reise nach Dschabrin gepackt und vorgesorgt. Die Bob-

91 In Dschabrin, 320 Kilometer im Inneren von Saudi-Arabien, liegen ausgedehnte Grabhügelfelder, offenbar aus dem zweiten Jahrtausend v. Chr. Sie liegen am Rand der Großen Arabischen Wüste und waren das Ziel unseres tiefsten Vorstoßes in das arabische Festland

tails, diesmal zwei, waren schon tags zuvor aufgebrochen und hatten keine Funkanlage. Man konnte sie nicht zurückrufen.

Am nächsten Morgen brachen wir auf – hundertsechzig Kilometer auf der Straße bis zur Oase Hufuf und dann vierhundert Kilometer nach dem Kompaß durch Dünen und endlose Kiesebenen; eine Nacht verbrachten wir, in unsere Bettücher gewickelt, neben den Lastwagen, und dann kamen noch achtzig Kilometer durch steile, erodierte Hügel. Das war eine Reise, die sogar die Forschungsabteilung etwas ernster nahm, obwohl Dschabrin für sie nur ein Zwischenhalt auf dem Weg in die Rub al-Khali war.

Dschabrin war unser Schuß ins Dunkle. Es ist eine große Oase, die, abgesehen von gelegentlichen sommerlichen Besuchen des Murra-Stamms, unbewohnt ist, und Luftaufnahmen zeigten eine große Zahl von Tumuli auf den umliegenden Hügeln. So weit landeinwärts – denn Dschabrin ist fünfhundert Kilometer von der Küste entfernt – konnten die Tumuli kaum zu unserer frühdilmunischen Kultur gehören, es sei denn, Dilmun war etwas ganz anderes als die Küstenkultur, für die wir es hielten. So konnten sie also alles beliebige andere sein.

Wir hatten geplant, vierzehn Tage in Dschabrin zu verbringen, aber wir kürzten den Aufenthalt auf zehn Tage ab, Tage gewaltiger Hitze mit einem Sandsturm, der regelmäßig jeden Tag um die Mittagszeit aufkam, unsere Gesichter peitschte, die Nasenlöcher verstopfte und unsere Zelte vom Boden loszureißen drohte. Wir gewöhnten uns daran, um sechs Uhr, sobald es hell wurde, mit der Arbeit zu beginnen, und starteten zu der langen Rückfahrt ins Lager, sobald die gelben Wolken bald nach elf Uhr am südlichen Horizont auftauchten.

Die Tumuli standen zu Tausenden auf jedem Hügel. Und unten im Buschwerk der Oase fanden wir eine Kette von größeren Hügeln mit langen Kammern aus ungeheuren Steinen, von denen die größte vierzehn Meter lang war. Diese Hügel waren zu groß, als daß unsere kleine Gruppe sie hätte in Angriff nehmen können, da die nächsterreichbaren Arbeiter dreihundert Kilometer entfernt waren. Aber wir öffneten ein halbes Dutzend der kleineren Steinhaufen auf den Hügeln. Sie waren sorgfältig aus unbehauenen Steinen erbaut und konisch mit einer rechteckigen Kammer im Zentrum, die mit Steinplatten verkleidet war. Sie erinnerten uns an die Hügel an den Abhängen des Dschebel Hafit in Buraimi, aber im Gegensatz zu diesen hatten die Hügel von Dschabrin keine Eingänge.

Sie waren gründlich geplündert worden. Fünf waren völlig leer, und der sechste enthielt nur einige verstreute Knochen und eine übersehene bronzene Speerspitze. Es war keine einzige Topfscherbe vorhanden, was so merkwürdig ist, daß man versucht ist zu glauben, die Erbauer der Hügel hätten wie die heutigen Beduinen wenig oder gar keine Töpferware benützt. Die Speerspitze war der einzige Hinweis auf ein Datum, und ihre kantige Form mit Hülse ließ an die Mitte des zweiten Jahrtausends vor Christi Geburt denken.

Wir gruben also morgens unsere Grabhügel aus oder sammelten Pfeilspitzen aus Feuerstein auf der reichen spätpaläolithischen Stätte, einen Steinwurf von den großen Hügeln im Tal entfernt. Nachmittags, wenn die Planen unserer Zelte in dem Wind, der den Sand aufwirbelte, schlugen, waren unsere Gedanken sechstausend Jahre weit zurück in der Vergangenheit. Das fünfte vorchristliche Jahrtausend muß mit allem Vorbehalt das Datum der Obed-Stätte an der Küste sein. Und das veränderte unsere ganze Vorstellung von der Geschichte des Golfs. Hatte die Kultur den Golf schließlich doch von Norden und nicht von Osten her erreicht? Oder hatte die Obed-Kultur ihren Ursprung in Ostarabien und hatte sich dann von dort nach Mesopotamien ausgebreitet? Gab es doch eine Grundlage für die alte sumerische Sage vom Fischmenschen, der den Ackerbau vom Arabischen Golf nach Mesopotamien brachte? Welche Antwort auch immer gegeben wird, eines steht fest: Die Kultur war in den Ländern des Golfs tausend Jahre älter, als wir geglaubt hatten, und irgendwie mußten diese tausend Jahre Geschichte gefüllt werden. Es war eine Qual, zu wissen, daß es einen Ort, und nur diesen Ort allein, gab, wo die fehlenden Jahrhunderte erforscht werden konnten. Der Tell von Tarut hatte Obed-Ware in seiner untersten und Barbar-Ware in seiner obersten Schicht. Dazwischen mußte die Geschichte der Entwicklung von der einen zu der anderen liegen. Aber Tarut auszugraben war so unmöglich wie je.

Die Geschichte unserer Suche nach Dilmun endet mitten in der Luft. Wir haben Dilmun gefunden. Wo vor fünfzehn Jahren nur das Geheimnis der hunderttausend undatierten Grabhügel von Bahrain war, sind nun datierte und mit Dokumenten belegte Städte und Tempel längs der vierhundert Kilometer langen Küste mit ihren Inseln von Kuwait bis Bahrain (eine Entdeckung der Kampagne von 1969 kam während der Drucklegung noch hinzu) und hundert Kilometer landeinwärts in das Innere von Saudi-Arabien bis zur Oase Hufuf.

Wir haben eine zweite Kultur fünfhundert Kilometer weiter östlich im Oman, die gleichzeitig mit den Anfängen von Dilmun war und dieses vielleicht gegründet hat. Und hinter all dem, wohl über tausend

Jahre früher, haben wir – damit wir bescheiden bleiben – das quälende und erregende Rätsel der Obed-Stätten.

Archäologisch sind diese Kulturen einigermaßen im Detail herausgearbeitet worden. Aber die Aufgabe, die Archäologie in Geschichte zu verwandeln, ist kaum in Angriff genommen. Wir wissen nicht, wie Dilmun begann, noch, warum es zu Ende ging. Aber die Untersuchung, deren erstes Ziel war, festzustellen, warum es auf Bahrain Grabhügel gibt, hat uns auf seltsame Nebenwege und in merkwürdige Länder geführt. Wir haben durch sie eine Fülle von Erfahrungen gemacht, wie sie wohl selten sogar denjenigen Archäologen zuteil werden, die normalerweise kein eintöniges Leben führen.

Die Arbeit wird natürlich weitergehen. Man wird die Meerespforte von Bahrain, durch die der Reichtum des Orients seinen Weg nahm und die zweitausend Jahre geschlossen war, wieder öffnen. Die Städte jener Umm an-Nar-Kultur, die vielleicht das Kupferland Makan ist, werden in Buraimi und, wenn Allah es will, in Maskat entdeckt werden. Man wird die Stadt Thaj und die seleukidische Festung von Ikaros, die miteinander konkurrierten, als Alexander der Große soeben gestorben war, freilegen. Die Erbauer der Grabhügel von Dschabrin wird man identifizieren, und sogar die Stadt Gerrha wird gefunden werden. Man wird das Rätsel der Obed-Siedlungen lösen und früher oder später einen Weg finden, den Tell von Tarut auszugraben.

Ob wir diejenigen sind, die all das tun werden, wird von vielem abhängen: vom anhaltenden guten Willen der Herrscher der arabischen Staaten am Golf; von ihren Völkern, unter denen wir so viele Freunde haben; von der weiteren Großzügigkeit neuer Mäzene; von den Universitäten, die die neue Generation arabischer Archäologen (darf ich sie schon Dilmunologen nennen?) ausbilden, und den Museen, die sie beschäftigen.

Und wenn dann eines Tages alles gesagt und getan ist, wenn der letzte Korb mit Erde von den Ausgrabungsstätten fortgetragen und das letzte Wort des letzten Berichts geschrieben ist – welche Bedeutung wird dann das alles haben? Daß Dilmun aus den Nebeln der Vergessenheit wiederaufgetaucht ist, daß wir die Schwelle überschreiten können, über die Uperi, der König von Dilmun, getreten ist, und hinaufschauen zu den Festungsmauern, die den Umschlagplatz Indiens beschützten – was hat das zu sagen? Ist es wichtig, wer die Menschen waren, die in der Morgendämmerung unseres Äons die Handelsstraßen von Meluhha nach Makan, von Makan nach Dilmun, von Dilmun nach Sumer eröffneten? Zweieinhalb Jahrtausende war sogar vergessen, daß sie überhaupt existierten, und die Welt ging munter weiter, ohne zu wissen, daß sie nichts davon wußte. Was bedeutet ein verlorenes Kapitel mehr bei all den verlorenen Bänden der Menschheitsgeschichte?

Sie sind tot und vergangen, diese Kaufleute und Abenteurer früherer Zeit; und weder die Kelle des Archäologen noch die Feder des Chronisten können die Schiffe wiederbringen, die einst die blauen Wasser des Golfs befuhren. Es bedeutet für sie so wenig wie für uns, daß wir nun wieder etwas von ihren Taten, einige wenige ihrer Namen wissen.

Und doch glaube ich, daß Gilgamesch, der auf Dilmun die Unsterblichkeit suchte, und Utu-nipischtim, der sie dort fand, dem zugestimmt hätten, was wir zu tun versucht haben und was ich zu beschreiben mich bemühte.

92 Ein halbes Dutzend der Dilmunsiegel stellen zwei Herren dar, die mit Strohhalmen Bier aus einem gemeinsamen Gefäß trinken, aber in keinem anderen machen die Herren den Eindruck, den Vorgang so gründlich zu genießen. Im Hinblick auf unsere Gönner überlegen wir uns, uns das Siegel als Wappen der Expedition zu eigen zu machen

Register

Bildquellenverzeichnis

Alle Fotografien außer Abb. 3, 30 und 48 sind Eigentum der Expedition und kommen mit ihrer freundlichen Erlaubnis zum Abdruck. Die Vorsätze gestaltete Heinz Grischek für die deutsche Ausgabe, zum Teil nach Vorbildern von Bente Højholt Fischer.

Aarup, Jens: Abb. 72. – Andersen, Harald: Abb. 60. – Bech, Niels: Abb. 69. – Bencard, Mogens: Abb. 14. – Bibby, Geoffrey: Abb. 1, 2, 4 (nach Durand), 5 (nach Kramer), 8, 9, 12, 15, 18, 20, 38, 40, 41 (nach Spjæt Christensen), 43, 44, 53, 55, 61 (nach Thorvildsen), 66, 78, 84, 85, 86, 87, 92. – Fischer, Bente Højholt: Abb. 6, 21, 22/23 (nach H. Andersen), 24, 31, 32, 33, 34, 35, 36, 39, 42, 45, 56, 65, 67, 68, 73/74, 76, 77, 80, 83, 88, 89. – Fischer, Christian: Abb. 91. – Forhistorisk Museum, Aarhus: Abb. 10, 13, 19, 25, 26, 27, 28, 29, 37, 59, 63. – Glob, Poul Vilhelm: Abb. 7, 11, 17, 79. – Kestell, Fr. Bartholomew: Abb. 3. – Larsen, Lennart: Abb. 16, 46, 47, 49, 51, 52, 54, 58, 81, 82. – Nielsen, Henning: Abb. 70/71. – O'Farrell, Jim More: Abb. 30. – Thorvildsen, Knud: Abb. 62. – Venge, Borge: Abb. 48. – o. Ang. i. Orig.: Abb. 50, 57, 59, 64, 75, 90.

Failaka
KUWAIT
IRAN
(PERSIEN)
Thaj
Persischer oder
Tarut
BAHRAIN
Arabischer Golf
Uqair
KATAR
Dibba
Abu Dhabi
Umm an-Nar
Buraimi
★ = wissenschaflich untersuchte Orte
200 km
N